U0905613

宗教、哲学与社会研究丛书

国家“985工程”四川大学宗教、哲学与社会研究创新基地项目
教育部人文社科重点研究基地四川大学道教与宗教文化研究所项目
四川大学“211工程”重点建设学科项目

周易正本解

（修订本）

陈德述 著

巴蜀书社

国家“985工程”四川大学宗教、哲学与社会研究创新基地丛书总序

卿希泰

1998年5月4日，江泽民同志在庆祝北京大学建校100周年大会上的讲话中提出：“为了实现现代化，我国要有若干所具有世界先进水平的一流大学。”在这个讲话精神的指导下，国家“985工程”开始启动，北京大学、清华大学等几所名校率先获得国家较大力度的支持；紧接着，教育部又与有关部委、省市签订协议，对部分基础好、水平高的高等学校进行共建，予以重点支持。这个“工程”的实施，是党中央在世纪之交，立足于中华民族的伟大复兴、落实科教兴国战略、迎接知识经济挑战而采取的重大决策，是从根本上提高我国高等学校办学水平的重大举措。经过几年的建设，“985工程”取得了明显的效果，不但有力地推动了高等学校的学科建设和队伍建设，大大提高了社会服务工作水平，而且缩小了我国高等学校与世界一流大学的差距。

当然，世界一流大学的建设不可能在很短的时间内完成，它需要

较长时间坚持不懈的努力。并且，世界一流大学的建设，不仅需要有长期形成的优良学风和深厚的文化积淀，而且需要有强大的经费投入作为支持。有鉴于此，国家于2004年6月又开始启动了“985工程”二期的建设工作。“985工程”二期的建设，是国家在经费有限的情况下，运用创新思路寻求高校持续性、跨越式发展的重大举措，其基本思路是：集中资源，突出重点，体现特色，发挥优势，重点建设一批高水平的科技创新平台和哲学社会科学创新基地，促进一批世界一流学科的形成，使之成为攀登世界科技高峰、解决重大理论和实践问题、带动相应学科领域发展的重要基地，使高等学校成为国家创新体系的重要力量；同时，引进和造就一批具有世界一流水平的学术带头人和创新团队，加快建设一支具有世界一流大学水平的教师队伍、管理队伍和技术支撑队伍。在这个思路的指导下，国家教育部、财政部决定集中经费对一些高校的名牌学科进行重点扶持，使之成为汇聚人才、持续创新的“平台”或“基地”，以加快这些学科的成长步伐。

在“985工程”的建设工作中，国家尤其重视哲学社会科学的繁荣发展。早在2003年教育部就颁发了《关于进一步发展繁荣高校哲学社会科学的若干意见》，2004年中共中央又颁发了《关于进一步繁荣发展哲学社会科学的意见》，与此同时，胡锦涛总书记在中共中央政治局第十三次集体学习时强调：一定要从党和国家事业发展的战略高度，把繁荣发展哲学社会科学作为一项重大而紧迫的战略任务切实抓紧抓好。2004年6月，教育部部长周济同志在“985工程”建设工作会议上的讲话中指出：我们一定要紧紧抓住当前繁荣和发展哲学社会科学的历史性机遇，全面推进哲学社会科学的知识创新、理论创新和方法创新，全面推进哲学社会科学的学科建设，使其在中国特色社会主义现代化建设中发挥“思想库”“人才库”的作用。同时，周济同志还指出：我们应当推动人文社会科学与自然科学、工程技术等的交叉、渗透与融合，孕育和催生新的学科研究领域和研究方法，形成一批能够解决具有全局性、战略性、前瞻性的重大理论及现实问题，为党和政府决策咨询服务，为社会主义现代化建设服务，为建设社会主义物质文明、政治文明和精神文明服务的国家级哲学社会科学基地。“985工程”的哲学社会科学创新基地，就是在这样一种思想指导下设立的，其特点在于跨学科并具有开放性，能够围绕国家、区域社会发展、经济建设中的重大问题而组织主攻方向并进行联合攻关。

在“985工程”哲学社会科学创新基地的建设中，国家提出了建立“宗教与社会研究创新基地”。经过评审，四川大学宗教研究所有幸成为承担“宗教与社会研究创新基地”建设任务的主干机构。在此基础上，还整合了四川大学中国俗文化研究所和藏学研究所两个“教育部人文社会科学重点研究基地”以及专门史、中国古典文献学两个“国家级重点学科”中与宗教学有关的科研力量，并向海内外公开招聘高级研究人员来参加建设，共同开展研究工作，以达到集合海内外本专业的学术精英和优势科研资源，突破个人分散研究的有限视野，将个人的学术专长进行整合，从而形成一个具有综合创新能力的研究集体，故这个基地实际上是一个国际性的学术研究平台。

在建设“宗教与社会研究创新基地”时，我们从中国是一个多民族多宗教国家这一国情出发，结合我国宗教学学科建设的要求，初步确定有宗教学理论比较研究、中国宗教与中国社会研究、西方宗教与当代世界研究、宗教信仰与民俗研究、中国少数民族地区宗教与社会问题研究等五个方向；考虑到基地的学术力量和国家需要等实际情况，拟定以四大课题为主要研究内容：一是中国宗教与中国社会发展研究，二是中国道教思想发展与道教和社会主义社会相适应问题研究，三是中国西部少数民族地区宗教与社会问题研究，四是中外宗教的对话与交流研究。其中，中国宗教与中国社会发展研究这个课题，主要是对中国各种宗教及其与中国社会的相互关系进行研究，其目的不仅在于通过深入研究中国历史上的各种宗教现象，来对有关宗教学的理论进行补充和发展，而且在于通过系统考察中国各种宗教与中国社会的相互关系，来为我们国家今天构建和谐社会服务。中国道教思想发展与道教和社会主义社会相适应问题研究这个课题，主要着眼于道教作为中国本土宗教的思想和行为的发展变迁，其对于中国社会发展的影响，以及在当今中国社会里的作用，挖掘其有利于中国社会发展进步的积极因素，为中华民族的伟大复兴贡献力量。中国西部少数民族地区宗教与社会问题研究这个课题，主要研究中国西部少数民族地区各种宗教的历史和现状及与之相关的社会问题，重点在于对中国西部少数民族地区现存的各种宗教进行调查研究，希望这项工作能为祖国大家庭各民族的文化建设服务，并为维护国家安定团结、促进西部大开发服务。中外宗教的对话与交流研究这个课题，目前主要是对国内外宗教研究中有代表性的优秀学术成果进行翻译，以图加强中外的学术交流并为我国宗教学学科的发展提供更多的借鉴；与此同时，逐步开展西方宗教思想同中国传统文化的交流与对话和基督教思想与中国传统文化的交流与对话等方面的研究，以适应人类文化全球多元性现代化发展的需要。

到 2009 年“985 工程”二期建设结束的时候，“宗教与社会研究创新基地”以良好的成效顺利通过验收，并在教育部、财政部的指导下转入“985 工程”三期的建设工作。为了在二期建设成果的基础上进一步拓展与深化，同时也出于学科建设的需要，基地在三期更名为“宗教、哲学与社会研究创新基地”，并设定了七个研究方向，分别是：宗教学理论与当代宗教问题、道教学与道教史、中国宗教与中国哲学、世界宗教与外国哲学、宗教与美学、道教与古代科学技术、西南少数民族宗教与社会。

我们一直希望依靠创新基地的集体力量，在上述各个方面都能够取得一些重大的标志性成果；同时，也希望在创造这些成果的过程中能够锻炼出一支优秀的学术创新团队。

当然，除了二期、三期的各个研究方向以外，我们并不排斥创新基地的成员从事其他方面的研究，所以，我们又决定出版一套以基地名称命名的学术丛书。这套“丛书”，不仅将囊括以上各个方面的研究成果，而且还可包括其他有关宗教、哲学研究的优秀学术著作；不仅出版本基地成员有关宗教、哲学研究的优秀学术著作，而且非常欢迎本基地以外的海内外学者向本“丛书”编委会申请，经过编委会评审通过之后，即可将其宗教、哲学研究的优秀学术著作列入本丛书出版。这样，或可在建设期内取得更多更好的学术成果，更大力度地促进我国宗教学、哲学学科的发展。

总之，“985工程”的建设时间虽然是有限的，但我们的学术探索却是无止境的。我们希望，“宗教、哲学与社会研究创新基地”能够为今后的科研机构提供一种新的管理模式，其学术研究能够为宗教学学科的发展贡献一些具有标志性的成果，而其所培养的创新团队中也有一些人能够成为学术界未来的领军人物。同时，也希望这个“基地”能架起一座沟通国际的桥梁，为我国建设世界一流学科和高水平研究型大学做出应有的贡献。

2005年11月12日书于四川大学芙蓉楼

2013年7月10日改于四川大学农林村

（作者卿希泰，现任国家“985工程”四川大学宗教、哲学与社会研究创新基地首席科学家）

修订本序

卿希泰

陈德述教授是四川大学哲学系的首届毕业生，毕业后，即被选送到中共中央马列主义研究院工作。我作为该系的创始者和首届总支书记兼系副主任，同时是他学年论文《唐甄的哲学思想》的指导教师。今天见到他的大作《周易正本解》（修订本）出版，感到十分欣慰和高兴。

《周易》是中华文化之源，也是中华文化之元，中华文化的许多元素都和它有一定的渊源关系，正所谓易道广大、无所不包者，也正如冯友兰先生所说"《周易》是宇宙代数学"是也。它包含有哲学、政治、经济、法律、历史、伦理、美学、文化、艺术、武术、数术、气功、天文、历法、医学、民俗等等，所以《四库全书总目·经部·易类》说，《周易》"旁及天文、地理、乐律、兵法、算术，以逮方外之炉火，皆可援易以为说"。可以这样说，不了解《周易》就很难全面地了解中华传统文化。但《周易》的灵魂是哲学的辩证智慧，它是一部哲学书籍。《周易正本解》（修订本）所揭示的“五个思维模式”和“八个哲学原理”，正是对《周易》哲学智慧的归纳和总结，讲得很系统，分析得很深入，且创见不少，填补了把《周易》作为哲学书来研究所存在的不足与缺陷。

《周易》自王弼扫象以后，长期把义理与象数割裂开来，至今犹甚。《正本解》以“义理寓于象数之中”这一观点为指导，对卦爻辞和《易传》进行详细的诠释，充分揭示《周易》经传哲学内涵，深入浅出，言简意赅，创见迭出，富有鲜明的时代感，闪耀着辩证思维的光辉，不但有利于民族智慧的开发，且有重要的学术价值，为弘扬《周易》的智慧提供了明确的方向。

《正本解》的另一重要特点是《基础篇》，共设五章，系统论述和介绍了《周易》的形成、结构、传承、特点和发展简史，特别是对“易学基本概念”和“数字卦”的介绍是其他同类书籍所没有的。在“易学基本概念”一节中，分别介绍了“易学的总体概念”、“卦及其卦与卦之间关系的概念”、“爻及其爻与爻之间关系的概念”、“各种易学学说的概念”等四个方面的内容，十分完备和系统，是读懂《周易》非常重要的基础知识，可以作为工具书用。

我原先是从事马克思主义哲学的教学和研究工作的，后又从事明清之际启蒙思想研究和道教研究。马克思主义哲学是对全人类哲学发展史的总结与升华，《正本解》所揭示的哲学思想是对马克思主义哲学最好的历史佐证，驳斥了西方文化中心论者所说的“中国只有道德学，没有哲学”的文化偏见。当前，随着世界经济向全球化方向发展和各国人民相互往来的日益频繁，在文化发展方面，也必将形成东西方文化相互沟通、相互交流的局面，虽然彼此之间的矛盾和斗争仍然是不可避免的，但同时也会存在相互吸取和相互补充。在东方文化中，具有五千年文明史的中华传统文化，随着中国经济的蓬勃发展和国际地位的日益提高，也必将受到愈来愈多人们的关注，弘扬和发展“五个思维模式”和“八个哲学原理”的春天也即将来临。

春节后，德述同志请我为他的大作《周易正本解》（修订本）作序时，我欣然应允，遂写了以上文字，是为序。

2014年3月28日于四川大学农林村寓所

原初本序

唐明邦

《周易正本解》乃陈德述同志多年研《易》的力作，可谓“易学在蜀”的又一明证。巴蜀易学家素有注重《周易》象数的传统。朱熹《周易本义》卷前所载九幅易图，实为朱子门人蔡元定自蜀地搜罗而得。明代蜀易的扛鼎之作首推蜀人来知德《周易集注》，其基本特点，在“义理寓于象数”。明清之际著名易学家王船山进一步阐发义理同象数的关系。一则曰：“《易》之象数，天地之法象也”；再则曰：“笃信文（王）周（公）之象数，冒天下之道而已足”；三则曰：“非象无彖，非彖无爻，非彖与爻无辞，则大象、彖、爻、辞、占，皆不离乎所画之象。《易》之全体在象，明矣”。王船山的著名结论是：“辞以显象，象以生辞，两者互成，而圣人作《易》之意无不达矣。”《周易正本解》正是贯彻执行先贤遗训，对数千年来解《易》方式的正本清源而获得的易学硕果，弥足珍贵。

《周易》研究，自汉至唐，分为两派，背道而驰。汉代易学主流，特重象数，易学家郑玄、京房、荀爽、虞翻等大倡卦气、爻辰、纳甲、世应等新说，烦琐至极，不重义理。魏晋以降，王弼、韩康伯解《易》，乃反其道而行，扫象而言理，以《老》解《易》，排斥象数，走向另一极端。宋明时期，不少易学家力图弥合象数、义理二派的分歧，探讨《周易》原貌，然而效果不彰。直到明清之际王船山乃大有转机，开辟了象数与义理相互发明的新风气，然而将“义理寓于象数”的原则贯彻到底，以之通解64卦的著作，实为凤毛麟角。陈德述同志《周易正本解》，堪称填补当代易林空白之作，殊为可贵。

此书之特点有三。一是训诂与释义并重，力图扫除研易的文字障碍，注音释义，务求通达，以利初学；二是义理与象数紧密结合，以象生义，以义明象，二者相互阐发，充分展示《周易》特有的“取象比类”的象数思维模式；三是阐发义理，注重古今结合，以古通今，以今证古，古为今用，彰显“易乃大道之源”的真谛，揭示《周易》蕴含的辩证智慧和深刻的文化底蕴，令人喜闻乐见，表明《周易》无愧为中华传统文化的源头活水，利于学易者慎思、明辨、笃行。

此书之另一特征在首列《基础篇》，作为学易者的入门向导。关于《周易》的性质、结构、特点、发展历史、基本概念、文化内涵等，均有简明介绍，以引起学易的兴趣，扫除读易的疑难情绪；证明《周易》虽似“有字天书”，十分难读，但为“五经”之首，不可不读，具有中等文化水平者人人可读。《周易正本解》，可帮助读者开卷有益，升堂入室，《易》之精思妙义，一览无遗。读完此书，必将明白，《易》乃三圣所遗宝典，上识天文，下通地理，中明人事，乃富有辩证智慧的“宇宙代数学”，亦为古代先贤经邦济世的宝贵经典，还是古代科学家打开宇宙迷宫之门的金钥匙。陈德述同志与杨树帆同志合著的《周易入门》出版之后，经十余年深思熟虑，撰此巨著《周易正本解》，注释更准确，分析更透彻，独得之论更加丰富而鲜明，允为普及与提高相结合的上乘之作。故乐以为之序。

武汉大学哲学学院　唐明邦

2011 年 10 月 28 日于云鹤书房

目　　录

基础篇

《经》解篇

《传》解篇

导 论

经过三十多年不断地学习、思考、探索与研究，数易其稿，拙作《周易正本解》于2012年12月面世。虽然我内心仍惴惴不安，因“易道广大悉备”，“博大精深”，“见仁见智”，可能只是获得“一管之豹”；但遵循孔圣人“述而不作”的教导，只是把自己学习《周易》的心得奉献给读者，以利于《周易》的普及，纠正时下易学的偏颇，同时在普及的基础上深入研究，进而助推国学的普及、弘扬与发展。《周易正本解》出版后，获得了专家、学者和广大易学爱好者的首肯和好评，我着手准备在近两三年内出修订本，现在终于修订完成，即将付梓再与读者见面。这个修订本经过增加和补充，增添了许多新的内容，深化了理论分析，有了一个新的面貌。

《周易》是一部“德”“智”双全的书，诚挚希望广大读者通过拙作《周易正本解》（修订本），**“走进易经的妙堂，通晓易理的玄奥，掌握宇宙的规律，获得人生的指导”**，这就是我作此书的目的和价值取向。

一

新中国成立后，由于受到要与“传统的所有制”和“传统的所有制观念”实行“彻底的决裂”的影响，1959至1964年，我在四川大学哲学系读书期间，中国哲学史的老师没有讲授《周易》，特别是“文化大革命”中极“左”思潮的泛滥，把传统文化全都当作“封建主义”加以批判，对《周易》为何物几乎全然不知。我在中共中央马列主义研究院工作期间，直至改革开放之前，没有可能学习、研究《周易》。引起我对《周易》极大兴趣的是1981年8月22日至27日，我在由杨超同志领导的在锦江宾馆召开的“吕子方遗著学术研讨会”上，遇到了从法国归来的刘子华先生和从台湾回来的胥端甫先生。刘先生介绍他在法国留学时，获得《周易》博士学位，学位论文叫“八卦宇宙论与现代天文学”，称他运用来知德的易学理论推算出了太阳系的第十颗行星，有人拿出一张报纸说，据美国合众国际社报道，美国海军天文台发现太阳系的第十颗行星，与会者莫不感到万分惊讶。

会后，我去刘博士家拜访，想借他的《周易来注》（又名《易经来注》或《易经集注》）来复印，他不愿意借。胥先生从台湾带回了许多的书，陈列在他家里，像是一个小小的图书馆，其中有许多《周易》方面的书，来知德的《来注》也有好几种，向他借出来复印，他也同样不同意。当时在成都要找《周易》方面的书，特别是《周易来注》有些困难。1982年春节后不久，我和蔡方鹿先生去邛崃县考察魏了翁“鹤山书院”的情况时，偶然在县上不避风雨、摇摇欲坠、破烂不堪的图书馆里发现了一本木刻本《周易来注》，同样也不同意借给我。是年6月15日，我去邛崃县，坐在那里抄书，打算在那里待两周，夜以继日地工作，结果只用了10天，就把《来注》的主要内容抄下来了，正当端午节那天，回到了成都。

我根据抄写的资料，写了《来知德易学及其自然哲学》一文，于7月12日至14日在由四川省中国哲学史学会主办的在四川大学召开的四川省中国哲学史讨论会上面世，不久载入四川省社会科学院哲学研究所编印的《哲学文集》中。这本《文集》本来是一份内部材料，重庆一家理发工具厂的工人霍斐然先生不知从哪里得到这本《文集》，他给我写来一封信，从信中知道他不只是一个易学爱好者，而且对《周易》很有研究[①]。《来》文后来被选入了1984年在武汉召开的全国第一次《周易》讨论会论文集、由唐明邦教授等主编的《周易纵横录》中。在这次会上，成立了“中国周易研究会筹备小组”，我是小组成员（小组成员有唐明邦、潘雨廷、刘大钧、徐志锐等）之一，研究会正式成立后任理事。我根据“筹备组”的要求，经过无数曲折和艰苦的努力，在杨超书记的全力支持下，创立了“四川省易学研究会”，并出任会长。后来，在四川师范学院图书馆复印了《周易来注》，认真学习和研究来知德的易学。

来知德（1526—1604），字矣鲜，别号瞿唐，明代夔州府梁山县（今重庆梁平县）人，他潜心研易近三十年，运用《系辞传上》中“错综其数”和“非其中爻不备”的理论，发明错、综、中爻说，以用于解《易》，建立起了“理、气、象、数、图”为一体的独特的易学体系。明代著名政治家、军事家、史学家郭子章说：“矣鲜《易

①　1988年8月底，我代表全国周易研究会筹备组主持在贵阳召开的全国性周易讨论会，第一次与霍先生见面，会后我给他厂里领导写信说，霍先生对《周易》很有研究，是你们厂的光荣，你们应该给予帮助支持。之后厂领导给霍先生以很大的支持，直至退休。霍先生著述颇丰，特别是著《周易正解》，创立“小成图预测法”，是一位于数术学有创新的大师。

注》，继往开来，亘百代而一见者。”[①] 贵州督学道按察使司副使凌惇，读《来注》后说：“向之晦蒙，释然以解。”“学易不可不读《来注》也。”[②] 清代云南少数民族诗人高雪君（1674—1707）说：“阅先生所画之图，乃合羲图之对待、文图之流行，理气象数，悉具其中。”[③]“瞿唐来夫子作错之综之，抉以中爻而象始著，象始著而易益彰，使人观象玩占，自得诸语言文字之表，瞿唐之功，诚不在禹下矣。”[④] 清代谢开宠称《来注》为“必传之书”、“不朽之著作”，说“瞿塘先生《易注》一书，于易象独有所发明，其精思朗悟，直与作易四圣人心相印合，虽濂洛考亭推测，犹有未逮，况其下者乎”[⑤]。清代诗人崔华（1632—1693）于康熙二十七年（1688）重刻《易经来注》并作序曰：“瞿唐来先生忧易象之不明于天下也，闭户万山中，殚精竭智，探索三十年，乃豁然有所解悟，独抒所见，编为《易注》，发明前圣因数取象之意，而诸儒训诂所未及。”“见其增订诸图说，分列错综卦，及剖晰中爻，独备诸理解，虽圣人复起，有不能易其言者。”“先生之致于《易》也，深矣；先生之为功于四圣人，大矣。”[⑥]《四库全书总目·经部·提要》说：“由冥心力索，得其端倪，因而参互旁通，自成一说，当时推为绝学。”近代易学家杭辛斋（1869—1924）说：元明两代易学少有发明，盘旋于程朱脚下者多，惟独来知德“崛起于川中，以二十九年之功，成《来氏集注》一书，风行大江

---

① 郭子章（1543－1618），字相奎，号青螺，明代江西泰和人，明代著名的政治家、军事家、史学家。见《刻来矣鲜先生易注序》，载来知德著《易经集注》，上海书店，1988。

② 见《重刻瞿唐来夫子易注序》，载《易经来注图解》，巴蜀书社，1988。

③ 见《周易来注序》，载《易经来注图解》，巴蜀书社，1988。

④ 见《读瞿唐来夫子注要说》，载《易经来注图解》，巴蜀书社，1988。

⑤ 谢开宠，字晋侯，号海翁，安徽寿州（今安徽寿县）人。顺治九年进士。康熙二十七年（1688）著《易经集注序》，载来知德著《易经集注》，上海书店，1988。

⑥ 崔华：《重刻易经来注序》，载来知德著《易经集注》，上海书店，1988。

以南，三百年来未绝”[①]。来知德承袭自宋以来“易学在蜀”的传统，也表明蜀易传承了苌弘重象数的特征。来氏易学是蜀学易最具特征性的代表，所以，当代著名易学家唐明邦教授把来氏《易注》誉为“蜀易的扛鼎之作”。虽然历史上有人贬评《来注》，但《来注》已经成为“必传”、“不朽”的著作这一事实证明，以往的一切贬责之辞，都毫无意义了。

作为中华民族的子孙、龙的传人，对先辈所创造的一切文化成果，都应该以敬畏的、诚挚的态度去研究它、审视它，走进先辈的心灵，汲取他们文化成果中的精华，发展和创新中华文化。巴蜀先辈留下的极为丰富的易学著作，是中华优秀文化的重要组成部分，同样应该去重视它、发掘它、整理它、研究它，弘扬它。其中，如汉代严君平的《周易骨髓诀》，扬雄的《太玄经》；晋代蜀才的《周易注》；唐代赵蕤的《关朗易传注》，李鼎祚的《周易集解》；宋代陈抟的《易龙图》，龙昌期的《周易注》，苏轼的《东坡易传》，张行成的《周易通变》，《周易述衍》，张浚的《紫岩易传》，张拭的《南轩易说》，李心传的《丙子学易编》，魏了翁的《周易要义》，《周易集义》，杨泰之的《大易要言》；元代黄泽的《易学滥觞》，王申子的《大易辑说》；明代来知德的《周易集注》，杨慎的《易解》；清代李调元的《易古文》，刘沅的《周易恒解》，廖平的《易经古义疏证》等等[②]，给中国易学发展的历史增添了光彩。

来氏易学纠正了把象数与义理割裂开来的错误倾向，对《周易》起到了正本清源的作用。所谓“正本”，指“义理寓于象数之中”，强

---

① 杭辛斋：《学易笔记初集》卷三。

② 陈德述等汇编：《巴蜀历代治易学者及其著作》，载《巴蜀文化的多维视野》第232—242页，四川人民出版社，2002。

调义理与象数的统一，把义理和象数分裂开来，都不是《周易》之正、之本。孔颖达《周易正义》之“正”，在于“正”汉易忽视义理而偏于象数和王弼“扫象”而偏于义理之误。朱熹《周易本义》之“本”，按他自己的说法是“本”之于“卜筮”，“《易》之本意只是卜筮用”，“盖《易》本为卜筮作”。朱熹没有忽视象数，但只是为卜筮服务的。所谓“正本”者，“正”割裂义理与象数之偏颇，“本”之于义理象数的统一。这正是《周易》独一无二的特征，从而也说明了卦爻辞不是占卜记录的随意黏附，彰显了《周易》在中华文化史上的独特价值。

《周易正本解》其实是来知德易学、特别是“义理寓于象数之中”这一学说的延伸和发挥。来知德解释爻辞的象数依据十分详尽，但是对卦辞的象数揭示不详，甚至有所忽视。我沿着来知德强调的“义理寓于象数之中”这一思路，不但详尽地揭示爻辞的象数依据，还对卦辞的象数依据也作了详细的注解，比来知德的解释更加简洁明了；在论述“义理寓于象数”这一重大理论观点时，更比李鼎祚的《周易集解》和尚秉和的《周易尚氏学》更清楚、更明确。《周易正本解》运用来知德的“错综中爻”的理论，除互体说以外，不用反对卦、伏卦、旁通卦、反卦、覆卦等汉代易学概念；但是，在解释卦爻的象理时，有自己鲜明的特色。一是取象的范围更广，取之于李鼎祚的《周易集解》（只释象，不释义），尚秉和的《周易尚氏学》（重在释象）、《焦氏易林注》和温少峰的《周易八卦释象》等等。二是在义理方面，运用唯物辩证法之理来阐明《周易》的义理，着重阐明《周易》中以辩证法为中心的多方面的智慧和思想，从来知德的理学思想里走出来，使《周易》的义理更具有丰富的哲学韵味和鲜明的时代特征。

《周易正本解》与现在流行的注释本比较起来有以下几个特点：第一，《基础篇》比其他注释本更详细、更系统地介绍了读懂《周易》

的基本概念和基本知识。有的注释本，虽然也有相关的知识介绍，但不够详细和系统。许多人买了《周易》而读不懂，《基础篇》为初学者提供了入门的向导。《周易正本解》中的《基础篇》与1999年出版的《周易入门》中的《基础篇》相比较，作了许多修改和补充，内容更加系统、更加充实，这个《修订本》又作了许多新的补充。《基础篇》是最受读者欢迎的。第二，对“义理寓于象数之中”进行了详尽的论述和说明，这是我注解《周易》的根本指导思想和价值取向。第三，在注解的方法上，以“训诂与义理的完美统一”为指导。对卦爻辞字义作了简要的训诂，生僻字作了注音。从卦爻象和字义中去阐释义理，不但要做到象数与义理的统一，还要做到训诂与义理的统一，把文字的训诂与义理的阐释融为一体。第四，突显理性思维和辩证智慧，《周易》与卜筮分不开，作为一种民俗，我采取存而不论的态度，重视其辩证法的智慧，不把人们的视野引导到卜筮中去。中华民族只有重视理性、探索宇宙的真实奥秘，发展科学技术，增强国家的实力，才能真正从亡国灭种的劣运中彻底走出来，才能真正把我们的祖国建成一个“富强、民主、文明”的国家。

二

作为群经之首的《周易》，为中华民族的子孙提供了两个最有价值的东西：一是“仁”，二是“智”。“仁”是五德之首，“立人之道曰仁与义”，“义”为五德之一，“仁义”皆为德，为德行、品德，在政治实践上为“体仁长人”、德主刑辅的治国方法；二是“智”，即智慧，也为五德之一。《周易》中的“智”是指认识事物、指导实践的智慧，在实践上为我们提供了认识事物、观察事物的方法论、思维方式和思维模式。何谓“思维模式”呢？是指人类在长期的社会实践活动中形成的认识事物、观察事物的立场、观点和方法的内在程式。构成“思维模式”的外在形式，不同民族有自己不同的特征，《周易》的“思维模式”是中华民族独具特色的“思维模式”。我以为，从见仁见智的角度说，独具民族特色的《周易》的“思维模式”有以下几个方面。

第一，太极思维模式。有人把人类的思维模式分为六种类型：点型、线性、面型、梯型、网型和球形，并说，中国人大致偏向球型思维模式，说这种模式有缺乏原创性、开放性、理论性、思辨性和分析性的缺点。中国人的典型思维模式应该是“太极思维模式”。这种思维模式是整体的、立体的、动态的。太极图不是平面的，是立体的、动态的。整个宇宙是一太极，一星球是一太极，一事一物都是一太极。太极中含的阴阳，有其内在的结构。宇宙各种事物的阴阳都含寓其中，对任何事物的思考都以整体来统帅各个部分。总体是部分的有机组成，部分离不开总体。中华民族的祖先运用这太极思维模式认识世界，观察事物，创立了灿烂的中华文明，如天文、历法、中医等，长期处于人类文明史的领先地位。如果有人把“太极思维模式”平面化、僵硬化、封闭化是错误的。

第二，互补思维模式。所谓“互补思维模式”，是指阴阳互补的思维模式，即在认识、观察、研究问题时，不执著于阴也不执著于阳，而以阴阳之间中介联系为其方法。阴阳是《周易》的核心范畴，阴与阳之间处于对待、互摄、依存和转化的状态中，阴是阴，阳是阳，阳中有阴，阴中有阳，阳极变阴，阴极变阳；阴息阳消，阳息阴消；相反，阴消阳息，阳消阴息。《周易》的这一哲理，要求我们认识问题、观察问题时，既要看到事物的此面，还要看到事物的彼面。此与彼、彼与此的差别、对待是相对的。此事物与彼事物自身也不是绝对静止的，彼与此之间的消长、盈虚处在动态平衡中。“物无非彼，物无非是”，“是亦彼也，彼亦是也。彼亦是非，此亦是非”①。世间的事物没有不是“彼”的，也没有不是“此”的。“此”就是“彼”，“彼”就是“此”。“彼”事物中有其是与非，“此”事物中也有其是与非。事物之间不是非此即彼或非彼即此，而是亦彼亦此，亦此亦彼的。恩格斯说：“一切差异都在中间阶段融合，一切对立都经过中间环节而相互过渡”，“辩证法不知道什么是绝对分明的和固定不变的界线，它使固定的形而上学的差异互相过渡，除了‘非此即彼！’又在恰当的地方承认‘非此即彼！’并且使对立互为中介”②。阴阳互补即是相互渗透，你中有我、我中有你，即是中道。儒家、道家以至佛家，都遵奉这种思维模式，可见它是我们民族最有特征性的思维模式，是符合辩证法、科学的思维模式。

第三，象数思维模式。这种思维模式是《周易》最具特点的思维模式。从“易者，象也”这个命题中看出，“象”是《周易》独一无二的特征。“象”分为爻象和卦象。卦象又分为经卦卦象、别卦卦象、错综卦象、中爻卦象、方位卦象、阴阳卦象、连互卦象、数字卦象、季节卦象，还有大象、半象等等。“数”有很多的内容，实则是“象”在时空中的展开。每一个爻位是一个特定的时空坐标，这个时空坐标随着爻位由下往上的爻象的“变动不居”的变化，卦象也就变了，卦位的特定时空坐标也就变了。所谓“象数思维模式”就是爻象、爻位和卦象“变动不居”的思维模式。在这种“时空坐标”的变换中，《周易》更注重的是“象”的变化。“象”是通过对宇宙万物的观察而抽象出来的“象形符号系统”，它又成为返观宇宙万物的方法论，用

---

① 《庄子·齐物论》。

② 恩格斯：《马克思恩格斯选集》第3卷，第535页，人民出版社，1972。

以认识被这个“象形符号系统”所“拟诸”过的万物，即用八卦符号所代表的卦象去演绎事物、认知事物。这种“演绎”和“认知”具有模糊推理的性质。象数思维与形象思维是不同的。“形象思维”是通过直觉、灵感去塑造艺术形象，如小说中的典型人物、典型环境，诗词中的意象、意境，书画中的意境、神韵和气势等等，都是心灵美的外化。“象数思维”是一种理性的认识方法。“易象”中形象、意象、象征与创造“汉字”的“象形、指事、形声、会意”这“四书”互为表里，是“易象”思维在造字中的运用，“汉字”中“四书”是“易象”思维的表现。象数思维模式，是中国人特有的思维模式，它具有巨大的认识功能，是任何理性思维方法或模式都不能取代的。

第四，察来思维模式。《周易》“显微阐幽”，“彰往察来”、“数往者顺，知来者逆”的思维模式，是一种辩证的思维模式。它与“天不变道亦不变”的形而上学的思想方法相反，也与“法先王”、“托古”的文化传统不同，而《周易》不但“彰往”、“数往者”，而且还能“察来”、“知来者”，更能“知几”，注重从过去走向未来，从已知探索未知，从事物微小的先兆预知事物未来发展的趋势。因为《周易》认知的事物是“变动不居”的，而它们变化的规律，是由“动之微”，经过渐进的量“变”而到突变的质“化”，由量变而引起向新质的转化。《周易》确知事物变化的内在规律和发展走向，故能预知事物未来的变化，能察知未来。《周易》由这种察来的认知理论模式求未知，由“极数知来之谓占”而形成了许多占卜、卜筮的方法，传统上称为“数术”（或术数）。这里我们不去评论数术学的长短，我要强调的是这种“察来思维模式”是一种古老的预测学的思维方式，它的价值取向是完全正确的。现在的演绎法、科学归纳法以及预测学，在探索未知方面与卜筮没有本质的区别，区别只在于其依据的理论体系、推演方法不同而已。数术学是一种庞大的体系，其中充满着无穷的智慧，如《纳甲筮法》、《梅花易数》、《大六壬》、《奇门遁甲》、《推背图》等等，它们是察来思维模式的具体运用。我们应该从数术学中汲取其智慧，发展这种极有价值的思维模式。

第五，和谐思维模式。“和”，相应也。“谐”，和也。“和谐思维模式”贯穿在上述思维模式中。和谐就是要使对待、对立、矛盾着的双方“不过”也不“不及”，不走极端，要使之处在相对的平衡状态中。任何事物中的阴阳总是处在相激、相荡、相摩、相射之中的，阴与阳的平衡是相对的。《周易》上经始于乾坤终于坎离，这四卦为纯卦，它还包含了震、艮、巽、兑四卦。乾为阳、为天；坤为阴、为地；坎为阳、为水；离为阴、为日。乾与坤皆阴阳相应，坎与离也是阴阳相应。天地间只有有水有太阳，才会有生命的和谐生长。下经始于咸恒，终于既济未济。咸卦由兑艮构成，恒卦由震巽构成，亦皆阴阳对应，表达了夫妇人伦恒久之道。既济未济由坎离二卦构成，既济表示完成，未济表示未完成，世间一切事物总是处在不断运动、变化中，每时每刻都是既完成，又没有完成。阴阳之间彼此消长的平衡“相应”过程，就是事物状态的和谐。“消长”即是“变化”。“十二月消息卦”就是阴阳消长和谐的典型表征。以这种思维模式为指导而形成的人与自然的和谐、人与社会的和谐、人与人之间的和谐、民族与民族之间的和谐、国家与国家的和谐的人伦道德、政治实践、外交策略等思维模式，具有重大的现实指导意义。当今国家奉行的构建“和谐社会”的建国理念与构建“和谐世界”的外交理念，是有深厚的文化基础的。

思维模式决定着一个民族对宇宙、社会和人生的看法，由此决定着人的价值取向、处世方式、交往方式、行为方式，甚至影响着国家的行为方式。东西方人的重大差别之一，就在于此。传统是巨大的宝藏，又是沉重的包袱，我们必须要把宝藏变成现实的财富，才利于传统思维模式的转换和革新。

三

“理寓象中”，“义理与象数”的统一，是统一于“象数”，还是统一于“义理”呢？若统一于“象数”，就可能导致没有意义的烦琐哲学，只有统一于“义理”才是有意义的。“义理”寓于“象数”中，以象数释辞，以辞阐理，追求《周易》的义理与方法，用以指导社会实践，才是可取的。

王弼在《周易略例·明象》中提出“得意忘象，得象忘言”的命题。王弼说：“夫象者，出意者也。言者，明象者也。尽意莫若象，尽象莫若言。言生于象，故可寻言以观象。象生于意，故可寻象以观意。意以象尽，象以言著。故言者所以明象，得象而忘言。象者所以存意，得意而忘象。”“象”，指卦爻象；“言”，指卦爻辞；“意”，指卦爻辞中所包含的意义，即价值取向。这三者的关系，是卦爻象、卦爻辞及意义的关系。《易经》是由爻象而卦象，而卦辞，而卦意而形成的。“象者，出意者也”，象中寓有意义、义理。“言者，明象者也”，只有解读卦爻辞，才能明确象的价值意义。“言生于象”，说明卦爻辞与卦爻象不能分离。我们研究《周易》的目的，不只在于“明象”，更重要的是要“得意”，即要通过对象数的研究而达到卦爻辞意义的理解，明确卦爻辞所包含的价值意义，所以，王弼说的“忘象以求其意，义斯见矣”。以象释言，以象得意，明言得意，是研究《周易》的目的。得意而忘象，不明象就不能得言得意，明象明言，“义（意）斯见也”，即《易》的意义、理论、价值取向就明确了。

在“言”和“意”的问题上，《庄子》也重“得意”，早于王弼提出“得意忘言”之说，强调“语之所贵者，意也”。《庄子·外篇·天道》篇中说：“世之所贵道者，书也。书不过语（言），语有贵也。语之所贵者，意也，意有所随。”《庄子·杂篇·外物》篇中说：“荃者所以在鱼，得鱼而忘荃；蹄者所以在兔，得兔而忘蹄；言者所以在意。”“言”是“得意”的手段或工具，犹如捕鱼的“荃”和捕兔的“蹄”一样，目的是得“鱼”和“兔”。语言是表达意义的工具。王弼“得意忘象，得象忘言”的理论是对《庄子》“得意忘言”学说的创造性的发展。

“易者，象也”，说明“象”是《周易》的本质特征，而《易》象的无限丰富性，是从它的基本卦象中引申出来的，它也可以根据时代的发展而不断加以扩展，同样《易》理内涵也是无限的。《易传》是对《易》理的最早的创造性解释和发挥，以后随着历史的发展，人们根据不同时代的思维水平、知识能力和价值选择，对《易》理进行了不同的、创造性的解释和发挥，所以《易》理是“苟日新，日日新，又日新”的，是新新不息的。

以儒学解《易》是《周易》义理派的主流。义理派易学最具有典型特征的有王弼的玄学《易》、程颐的理学《易》、杨简的心学《易》、智旭的禅学《易》等等。新中国成立以后，主要用辩证唯物主义之理解《易》，近年来有不少以管理之理解《易》的，但均有忽视象数的倾向。拙作以象数为基础，运用辩证法之理解《易》，着重阐明宇宙统一之理、阴阳交感之理、生生不息之理、中道和谐之理、认识摹写之理、由微知著之理、人道和谐之理、文明进化之理等等。拙作把以上这些义理思想贯穿在卦爻辞的解释和各传之中。如在解释“乾元”和“坤元”时说，它们是“构成宇宙万物及其生命的原始要素：“乾元”，即阳性元素，如阳性粒子；“坤元”，即阴性元素，如阴性粒子。再如在解释“生生之谓易”时说，“生生”是“生而又生”、生命不息地创新；“易”，变易。变易的本质和过程就是生而又生。又如在解释“知进而不知退，知存而不知亡，知得而不知丧”时说，“进与退”、“存与亡”、“得与丧”是相对待而统一的。进必有退，存必有亡，得必有丧，反之也如此。乾卦虽为纯阳之卦，其中也含有阴，不能僵化地只看见其阳的方面，二者有对待，也有转化。所谓“亢”者，只知进而不知退，只知存而不知亡，只知得而不知失，是圣人吗？再如在解释“在天成象，在地成形，变化见矣”时说，“象”，日月星辰之类；“形”，山脉、河流、动物、植物之类。“见”，现也。日月的东升西落、月亮的盈亏、昼夜的交替、寒暑的往来、四季的推移，山川的变迁、岩石的溶蚀、动物的生长和繁衍、植物的繁荣和枯萎等等，都是天地万物的变化的表现。这些解释显示了《周易》义理学的时代特征。

黄寿祺、张善文二教授说得好：“《周易》的‘经’部分，虽以占筮为表，实以哲学为里”，“《易》的本质内涵则为哲学”[①]。哲学即是智慧之学。“阴阳之道”是《周易》智慧的核心，它深邃如大海，如蓝天，掘之不尽，探之不竭。“百姓日用”皆“阴阳之道”，只是“不知”其为《周易》的智慧而已。事实上，许多《周易》智慧已被应用于我们的日常生活中，如“自强不息”、“终日乾乾”、“厚德载物”、“裒多益寡”、“与时偕行”、“仰观俯察”、“物极必反”、“极深研机”、“动静其时”、“革故鼎新”、“顺天应人”、“乐天知命”、“保合太和”等等。

还有一种中国人永远不应该忘却的“知存知亡”的忧患意识，这种忧患意识是《周易》关于阳极变阴、阴极变阳，变动不居、唯变所适，物极必反、生生不息智慧的逻辑必然。中华民族是一个历史悠久

① 黄寿祺等：《周易译注》第22页、第29页，上海古籍出版社，1989。

的、智慧的民族，但也是一个灾难深重的民族。历史上不断有外族入侵和经历过外族的统治，近代以来西方列强入侵、八国联军的战争以及日寇发动的侵略战争，使我们中华民族的生存曾经遭受到严峻的挑战。现在我们的国家虽然发展了、相对强大了、比较富裕了，但与发达国家相比还有很大的差距；同时，一些西方大国在我国周围建立军事同盟，对我国国家安全构成威胁。因此，我们不能高枕无忧，必须要有忧患意识，要有强烈的危机感；同时，要继承、发扬和拓展祖先留给我们的智慧，团结奋斗，把我国建设成为一个民主、强大、均富、文明的现代化国家，只有这样才能使我中华民族的生存和发展得到保障。

《周易》“广大悉备”，其理至精、至微、至深，因此，任何一部关于《周易》的著作，都只能是一孔之见、一隅之得而已。《周易正本解》的面世，完成了我多年的夙愿——想让更多的人了解《周易》、学习《周易》、知晓《周易》。继 1991 年巴蜀书社出版我整理的李鼎祚的《周易集解》，1996 年北京团结出版社出版了我注释智旭的《周易禅解》之后，1999 年巴蜀书社出版了由我与杨树帆先生合著的《周易入门》。《入门》是一本很受读者欢迎的书，唐明邦教授在《20世纪中国易学回眸》一文中说：“《入门》为广大易学爱好者提供了入门读本，对易学普及工作作出重要贡献。”[①] 时至今日，还有一些易学爱好者，不时地千里迢迢打来电话，寻求这本书。我深信拙作《周易正本解》受读者欢迎的程度一定会胜过《周易入门》。若能如此，甚为欣慰。

道教研究泰斗、国际著名道教学者卿希泰教授，专门为《修订本》的出版写了序。卿希泰教授是我大学时的老师，也是我的学年论

① http：//www. xici. net/d101559579. htm.

文《唐甄的哲学思想》的指导老师。该论文于 1979 年以“早期启蒙思想家唐甄的哲学思想”为题，发表在《社会科学研究》第 3 期上，在学术界引起很大的反响。我得益于卿老师的教诲和关怀良多，他不辞年事已高和身罹重病，还为之写序，我深怀感恩之心，致以诚挚的谢意。

我在原中共中央马列主义研究院哲学组工作时的领导、后任中国社会科学院常务副院长的著名历史学家丁伟志研究员，于 2012 年为拙作的出版题字：“君子知柔知刚，知微知彰，万夫之望。”切望读者诸“君子”，“知柔知刚，知微知彰”，通晓《周易》“极深而研几”的哲学智慧，传承国学，复兴中华，不辜负中华民族之“万夫之望”吧！

2014 年 3 月 20 日于蓉城南河畔青松斋

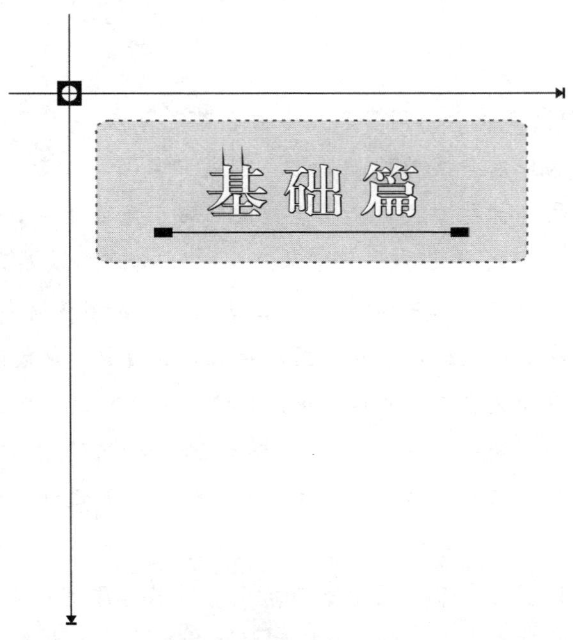
基础篇

《基础篇》是进入《周易》这个玄妙奥堂的向导。《周易》之所以玄奥，是因为它有与其他的书完全不同的“象”和“数”。它虽然有文字，但它文辞简约、玄奥，其义理又隐藏于象数之中，十分难懂，因而它与《老子》、《庄子》合称为“三玄”。为了解决难以读懂的问题，本书专门设置了《基础篇》，共五章，除了介绍《周易》的形成、名称的由来和其结构外，重点介绍八卦的方方面面、象数以及如何读懂象数的完备而又系统的知识，用以点睛《周易》之玄奥。读懂《周易》卦爻辞的秘密在《易传》，特别是《彖辞传》和《象辞传》，领悟或理解《周易》奥秘的“凡例”或“法则”皆含寓其中，在第三章中的第二节和第三节中皆一一揭示出来。凡想进入《周易》奥堂之诸君子，务必细读以上章节。至于第四章《易学基本原理》是对《周易》哲学思想的总结和提升，那是更上一层楼的事情。第五章《易学基本流派》是帮助读者增加对《周易》发展的纵向感而设立的，初学者不必细读。由于《基础篇》涉猎的关于《周易》的基本知识十分系统、全面，因此有读者说“可当工具书用”，这是《基础篇》最受读者欢迎之处。

第一章 《周易》的结构及其特点

《周易》不只是《六经》[①]之首，也是《十三经》[②]之首，是国学的重要经典之一，但是它又是一部难以读懂的书。长期以来，人们都十分着迷于《周易》，强烈渴望学习它，就是苦于不知如何着手，不知如何进入这部国学经典的堂奥，读懂博大精深的《周易》。其难懂之处在于它本为卜筮之书，后来经过《易传》的解释和改造之后，其内涵和价值发生了质的变化，才成为儒家经典之首，成为重要的国学经典。

《周易》这部书与任何时代的任何书都完全不同，它不是直接通过文字来阐明义理，其义理是“寓于象数之中”的，《易》与诸经最大的不同，就在于义理与象数的统一。自王弼扫除象数以后，离开象数来谈义理，成为了易学发展的主流，割裂了义理与象数的统一。要学懂《周易》必须要懂得它的象数，必须要首先具备系统的“学前”知识。为此，《周易正本解》首先推出《基础篇》，介绍学懂《周易》

---

① 《汉书·艺文志》六经的次序为：《易》、《书》、《诗》、《礼》、《乐》、《春秋》。

② 《十三经》的次序是：《易》、《书》、《诗》、《周礼》、《仪礼》、《礼记》、《春秋左氏传》、《春秋公羊传》、《春秋穀梁传》、《论语》、《孝经》、《尔雅》、《孟子》。

的“学前”知识，即从《周易》名称的由来、内容构成、传承过程和特点以及发展的简史开始，然后再介绍读懂《周易》的基本概念和规则，再用现代的语言详细解析《经》、《传》，深入揭示《周易》的义理、辩证思维、精深的智慧，使读者准确理解和把握《周易》，从而了解中国传统的思维模式，进而弘扬中华优秀国学智慧，提高中华民族的创新思维能力和水平，以推动中华民族当代文化的建设与发展，促进中华民族的伟大复兴。

第一节　《周易》的形成过程

《周易》标志性的存在是八卦。八卦起源于何时？传说伏羲始画八卦。伏羲是中华民族远古时代的英雄人物，此外还有有巢氏、燧人氏、神农氏（即炎帝）、轩辕氏（即黄帝），他们均为中华民族的人文始祖。有巢氏“构木为巢”，发明在树上架构窝巢（房屋的雏形）的方法；燧人氏发明钻木取火的方法，并教人学会使用火；伏羲氏发明网罟，教会人们用网罟捕鱼，而他最大的发明是创造了八卦。以后，神农氏发明了农具，创立了农业；黄帝发明了衣服、房屋，创立了文字，中华民族进入了文明的历史时代。

生活在新石器中晚期的伏羲氏是如何创立八卦的呢？《易传》本身就有三种说法：第一，凭借仰观俯察的生活经验，加以概括和归纳，抽象出阴阳两个符号，由这两个符号组成八卦。《系辞传下》说：“古者包羲氏之王天下也，仰则观象于天，俯则观法于地，观鸟兽之文，与地之宜，近取诸身，远取诸物，于是始作八卦。”这是一个合乎逻辑的、合乎生活实践的方法，得到历代学者的广泛认可。第二，二分法。《系辞传上》说，“易有太极，是生两仪，两仪生四象，四象生八卦”。太极首先分为两仪：阴（--）阳（—），再分为四象：老阴（==）、少阳（==）、少阴（==）、老阳（═），再将四象一分为二，就成了八卦。第三，《系辞传上》还说，“河出图，洛出书，圣人则之”。孔安国《尚书传》[①] 解释说：“河图者，伏羲氏王天下，龙马出河，遂则其文以画八卦。洛书者，禹治洪水，神龟负文而列于背，有数至九，禹遂因而第之，以成九畴。”就是说八卦是伏羲根据河图上的图文而创作出来的，九畴是大禹根据洛书上所列的数字画出来的。此种说法很玄乎，因为黄河中龙马身上的图文和洛水乌龟背上所列的数字是什么样子，至今无从确知，因而就无从知道他是如何受到河图、洛书的启发而创立八卦和九畴的，只能当作神话而已。还有观点认为八卦从数字卦演化而来。

八卦是《周易》中具有象征意义的、用来占卜吉凶的八个符号。那么“卦”字是什么意思呢？对于“卦”字有不同的解释。《玉篇·卜部》说，“卦，八卦，兆也”。“卦”是形声字，它由“圭”和“卜”两字构成。“卜”是龟壳经过火烧之后而产生的兆纹，用以占卜吉凶。“圭”，是古代用来测量日影长短的仪器，在“卦”字中用以表声。“卦，象也”，韩康伯在注《周易·说卦传》中提及“观变于阴阳而立卦”时如是说；“卦”，“变化”也，王念孙《广雅疏证》说，“卦、化古音相近，故卦有化义”。上面，我们从文字训诂上对“卦”作了训释，“兆”、“象”、“化”三义都与《周易》的内容相通。“兆”即是“象”，“易者，象也”。“化”，变化，《周易》是讲变化的书。

“卦者，挂也，挂万物，视而见之”，郑玄注《易纬·乾凿度》（卷下）“物有阴阳，因而重之，故六画而成卦”时如是说。如何理解

① 《尚书传》即《尚书孔氏传》或《孔安国尚书传》，后佚亡，东晋梅赜献出，南宋朱熹、明梅鷟等提出怀疑，经清代阎若璩、惠栋相继辩证，终定为伪书。

“卦者，挂也”这个说法呢？今人谢祥荣（1928—）先生认为，八卦符号起源于上古先民的巫术和图腾崇拜。先民认为外界的某些物体与人自身有着“共生关系”和某种“保护功能”，于是形成了“种种禁忌与图腾崇拜的仪式”。八卦所象征的八类自然事物——天、地、雷、风、水、火、山、泽对于先民的生产和生活有着极为重要的意义，由此十分崇拜，并对其施以“象意型巫术”或“亲因型巫术”。他们开初以实物如山、水、火作为施术的对象，后来在不便有实物或不可能有实物如风、雷之类时，就画上与之相像的符号挂起来作为施术的对象，在挂画前面祭祀或舞蹈，以乞求其保护。随着思维能力的提高和经验的积累，施术符号就会逐渐完美和系统了，于是就形成了八个挂起来的施术符号[1]，它们是：、、、、、、、。“”代表天，“”代表地，“”代表雷，“”代表风，“”代表水，“”代表火，“”代表山，“”代表泽。这一套巫术的施术符号，是八卦最原始的符号，伏羲氏用经过仰观俯察所得出来的阴（--）阳（—）符号，对八个原始的符号加以整理和规范而成八卦。

伏羲始画八卦之说历来都无可怀疑，因为没有证据否定它，至于伏羲是不是一个真实人物，还是一个部落名称或是一个时代的代称，都无关紧要。伏羲画出的八卦，其顺序是什么呢？根据《说卦传》的说法是：乾（☰）、坤（☷）、震（☳）、巽（☴）、坎（☵）、离（☲）、艮（☶）、兑（☱）。至于伏羲画卦之后，何人重为六十四卦，历史上有不同的说法：一说伏羲画卦又重卦；二说神农重卦；三说夏禹重卦；四说周文王重卦，与《系辞传下》说神农时代已经有益卦和噬嗑卦相矛盾而不成立。如果《连山易》和《归藏易》不是伪作

① 参见谢祥荣：《周易见龙》第14—18页，巴蜀书社，2000。

的话，那么伏羲画卦又重卦，就是无可怀疑的了，因为《连山易》和《归藏易》中已经有六十四卦了。数字卦的发现，充分证明文王重卦的说法难以成立。那卦爻辞又是何人所作呢？一说周文王被拘于羑里时重卦又作卦爻辞，但爻辞中多有周文王死后之事，如《升》卦之六四爻辞："王用亨于岐山"，《明夷》卦六五之爻辞"箕子之明夷"等均为周武王（文王之次子）时之事。于是出现了第二种说法：周文王作卦辞，文王之第四子周公旦作爻辞。尚秉和认为，"王用亨于岐山"之"王"不是指周文王而是指殷"王"；"箕子之明夷"之"箕子"不是周之"箕子"，而是纣臣之"箕子"，周文王作卦爻辞之事是不值得怀疑的。那么，《易传》为何人所作？从汉代司马迁开始到宋代欧阳修之前，《易传》为孔子所作，无人怀疑。现代学者均认为不是孔子所作，而是孔子的学生或其后学所作。《易传》的形成是对《周易》的质的改造，使之成为中华民族的智慧之书，成了群经之首。

至此八经卦、六十四卦、卦爻辞以及《传》的来龙去脉都有了自明的说法，《周易》的形成过程也可以明白了。

第二节　从数字卦看易卦的形成

数字卦的发现是20世纪"易学史上的大事"[①]，这一发现向传统的八卦起源说提出了挑战，但是至今很少有人知道这一重大发现。现在，我依据杨庆中（1964—）教授所著的《二十世纪中国易学史》[②]第七章中的相关资料和论述，并综合、概括和归纳其他学者所提供的

① 张立文：《帛书周易注译》第37页，中州古籍出版社，1992。

② 杨庆中：《二十世纪中国易学史》，人民出版社，2000。

相关资料，对数字卦的发现过程、数字卦与易卦的关系作简要的介绍，使读者了解数字卦以及它在易学史上的价值和意义，从而让更多的人去对数字卦进行深入的研究，以期进一步挖掘我国易学发展的历史、内涵和价值。

根据北宋金石学家王黼编纂的《宣和博古图》的记载，在出土的西周青铜器“南宫中鼎”的铭文最后有两个“奇字”（见图一）。对于这两个“奇字”，长期以来进行了种种猜测。宋代王俅在《啸堂集古录》中，把最后一行猜作“惟臣尚中臣十八大夫八大夫”。南宋薛尚功在《历代钟鼎彝器款识》中猜为“‘惟臣尚中臣赫赫者’，如‘赫赫师尹’之义”，即“赫赫”。之后，郭沫若（1892—1978）在《两周金文辞大系图录考释》中猜为“族徽”[1]。唐兰（1901－1979）于《在甲骨金文中所见的一种已经遗失的中国古代文字》[2] 中猜为“特殊形式的文字”等。1978 年 12 月，在长春召开的古文字讨论会上，徐锡台介绍了在周原出土的卜甲上刻的用数字组合的图形画，张政烺（1912—2005）对此十分感兴趣，第二天他在《古代筮法与文王演周易》的发言中，首先提出这类纪数符号为八卦的数字卦符号。后来张政烺先生把甲骨上、铜器上的相关资料搜集整理，详加考证，于 1980 年在《考古学报》第 4 期上发表《试论周初青铜铭文中的易卦》一文，系统讨论了数字卦的问题。接着经过李学勤（1933－）、张亚初（1936－）、刘雨（1938－）等专家的研究，均一致认为，甲骨、金文以及陶器上的这些数字为“易卦符号”，“数字卦”的概念正式被提出来。据此，“南宫中鼎”上的两个“奇字”是两组八卦数字符号：七八六六六六，八七六六六六，经过转换，它们是剥卦䷖和比卦䷇，

① 郭沫若：《两周金文辞大系图录考释》第 16 页，科学出版社，1957。

② 《考古学报》1957 年第 2 期。

这样这两个“奇字”就得以解读了。

中鼎铭文

（图一）

《周易》起源于卜筮，由于占卜的方法不同，记录占卜结果的方法也不同。根据考古资料发现，数字卦早于符号卦。在张政烺编撰的《甲骨金文易卦材料汇编》中有 32 组数字图画，由六个数字组成的有：六八一一五一，五一一六八一，八六六五八七，七五七六六六等。由三个数字组成的有：八一六，六六六，七五八，八五一，五八六等。在这 32 组数字图画中，共有 168 个数字，只见一、五、六、七、八，不见二、三、四，也不见九；出现频率最多的是：一 36 次，五 11 次，六 64 次，七 33 次，八 34 次[①]。张亚初、刘雨二人在《商

① 张政烺：《试释周初青铜器铭文中的易卦》，《考古学报》1980 年第 4 期。

周八卦符号登记表》[①] 中所列的 36 例筮数，其数字为一、五、六、七、八，未见九。1980 年在陕西扶风齐家村出土的周代卜骨中发现的筮数为：一、五、六、八、九，出现了九但没有了七。张政烺认为，“八卦是伏羲氏创造的，伏羲氏是东方人，数以八为纪”。周人是西方人，“数以九为纪”[②]。李学勤在对淳化陶罐、扶风和泮西卜骨的研究中，也只发现一、六、八，少见五、九，没有七。1980 年，在复查 1973 年在河南安阳小屯南地出土的陶片时，发现一包卜甲，在其中的卜甲中发现了九、六。肖楠认为，这些卜甲虽然出在殷墟，但在“整治方法、钻凿形态、字体风格等方面，都有别于殷墟，但又不完全等同于西周，呈现出从殷代卜甲到西周卜甲的过渡形态。根据这一特征，该‘易卦’卜甲似比一般的西周的卜甲为早。因此，我们推断，该‘易卦’卜甲的时代，应在殷末周初，以周初可能性大”[③]，道出了殷周筮数的同异。

数字卦又是如何转化为符号卦的呢？经过对大量的考古资料进行分析后，发现一与六出现的频率非常之高。1978 年，湖北天星观出土的战国楚墓竹简的易卦，所用数字出现频率为：一 37 次，六 49 次，八 5 次，九 4 次[④]。张政烺认为，它“已经不是筮数的自然现象，而是作为奇偶的符号”，“一是奇数也是阳数，六是偶数也是阴数，使人自然地感觉到一、六就是阳爻（—）、阴爻（--）的前身”[⑤]。一和六如何转化为《周易》的九、六呢？关于“六”，张先生

---

① 见杨庆中：《二十世纪中国易学史》第 341—346 页，人民出版社，2000。

② 张政烺：《易辨》，见唐明邦等主编《周易纵横录》第 183 页，湖北人民出版社，1996。

③ 肖楠：《安阳殷墟发现“易卦”卜甲》，《考古》1989 年第 1 期。

④ 张政烺：《试释周初青铜器铭文中的易卦》，《考古学报》1980 年第 4 期。

⑤ 张政烺：《帛书六十四跋》，《文物》1984 年第 3 期。

认为，六的古老写法作∧，由占筮资料推测，其中包含二、四、六这三个数字，早已经符号化了。关于“九”，张政烺认为，九是周人加入筮数之中的，一与七相通，由八变来[①]。可见，阳爻由一字演变而来，阴爻由∧演变而来。张政烺先生在《易辨》一文中指出：“阳爻形成的标志在于读音上，到爻题有初九、用九即已完成。”“阴爻形成的标志在字形上，到∧分裂成两段横画才算完成。安徽阜阳双古堆竹简《周易》和长沙马王堆帛书《六十四卦》是现存最早的《易经》，都有爻题，一读为九，不再有数字意义。∧的读音未变，字形的变化就慢，双古堆竹简尚作∧，保持原形。马王堆帛书作𠃊，两画皆从中间落笔，还带∧字一分为二的痕迹。如果没有这样多的考古材料，恐怕谁也想不到阳爻是由一字、阴爻是由六字变来的。”[②]。

张立文（1935—）在《帛书周易译注·浅说》中对数字卦如何演变为符号卦作了总结性的说明。他说：“比较数字卦（筮卦）、江陵天星观战国时楚墓竹简《周易》、阜阳简《周易》、帛书《周易》、通行本《周易》卦画的表示，其演变的进程大致是从‘一∧’→‘一𠃊’→‘— --’。即从数字卦→天星观和阜阳所本的竹简→帛书《周易》→今本《周易》”，“是根据数字卦的六个奇偶数所出现最多的两个数字，即‘一∧’作为其奇偶的代表，凡奇数用‘一’表示，凡偶数用‘∧’表示”。“‘一∧’中的‘∧’可以从中断开而成为‘八’，六、八皆为偶数，简化平直而成‘--’。”“至于‘一’，爻题称为‘九’，大概‘九’是由‘一’孳生的。《易纬·乾凿度》（卷上）云：‘易变而为一，一变而为七，七变而为九。九者气变之究也，乃复变而为

---

① 张政烺：《帛书六十四跋》，《文物》1984年第3期。

② 张政烺：《易辨》，见唐明邦等主编《周易纵横录》第190页，湖北人民出版社，1996。

一。‘一’与‘九’相变，且‘一’‘九’皆为奇数，同样可以表为阳爻。”① 通过以上所引的张政烺和张立文先生的论述，通行本《周易》的阳爻⚊由“一”字变化而来，阴爻⚋由“六”字变化而来的过程十分明白清楚了。

八卦为谁所重？是先有单卦后有重卦，还是先有重卦后有单卦呢？这在数字卦中已经有了答案。在出土资料的数字卦中，有三画卦、六画卦和四画卦，三画卦即是单卦，六画卦即是重卦。至于四画卦，张政烺在《易辨》中解释说，“古代的筮人常置初上两爻于不顾，只就中四爻拆补成两卦”，即互体卦，目的是“求深求细”，“求简求易”。六画卦在数字卦中占的数量很大，说明重卦在殷代就已经存在，文王作重卦之说就难以成立，从而支撑了伏羲画卦重卦或神农重卦的说法，同时也使重卦由两单卦相重而来的说法遭到了质疑，应该是先有重卦而后有单卦。

第三节 《周易》名称及其结构

关于《周易》名称的由来，有不同的说法。在《周易》之前已有《连山易》和《归藏易》两书，《周礼·春官》说，“大卜掌三《易》之法：一曰《连山》，二曰《归藏》，三曰《周易》。其经卦皆八，其别卦皆六十有四”；又说，“簭人掌三《易》，以辨九簭之名：一曰《连山》，二曰《归藏》，三曰《周易》”。又据《山海经》记载：“伏羲氏得河图，夏后因之曰《连山》”，“黄帝氏得河图，殷人因之曰《归藏》”。《连山易》以艮卦☶为首，艮为山，表示山之出云，连绵不

① 张立文：《帛书周易注译》第17—18页，中州古籍出版社，1992。

断，故曰《连山》。归藏以坤卦☷为首，坤者，地也，万物莫不归藏于其中，故曰《归藏》。其经卦为八，别卦为六十四。汉代桓谭在《新论·正经》中说："《易》：一曰《连山》，二曰《归藏》，三曰《周易》。《连山》八万言，《归藏》四千三百言。《连山》藏于兰台，《归藏》藏于太卜。"《连山易》是夏代之《易》，《归藏易》是殷代之《易》。由此顺理成章，《周易》就是周代之《易》了。《连山》和《归藏》二书，早已失传，其内容已无法知晓，但有伪书传世。

在历史上对《周易》大致有两种说法：一说《周易》是周代之易。"周"者，代名。在孔颖达之前诸儒没有明确这样说，孔颖达则说："案《世谱》等群书，神农亦曰连山氏，又曰烈山氏；黄帝亦曰归藏氏。即连山、归藏，并是代号，则《周易》称周，取岐阳（今陕西凤翔县）地名。《毛诗》云：'周原（陕西岐山南，沮水、漆水间的平原）庑庑（音 wǔ，肥美貌）'是也。又文王作《易》之时，正在羑里，周道未兴，犹是殷世也，故题'周'别于殷，以此文王所演，故谓之《周易》；其犹《周书》、《周礼》，题'周'以别余代。故《易纬》云：'因代以题周'是也。"[①] 一说"周"是周普、周流之意，此说始于郑玄，以后的贾公彦、姚配中皆信从其说。郑玄《易论》说："《周易》者，言易道周普，无所不备也"，"《周易》以纯乾为首。乾为天，天能周匝于四时，故名《易》为《周易》也"。姚配中说："周，密也，遍也，言《易》道周普，所谓周流六虚者也"，"盖《易》之为书，始终本末，上下四旁，无所不周，故云'周'也"[②]。按此说法，《周易》是兼有代名和周普两种意义的书。

关于"易"字的意义，解说也很多。一为"蜥蜴说"：此说始于

---

① 见孔颖达：《周易正义·卷首》。

② 姚配中：《周易姚氏学·系辞传下》。

许慎的《说文解字》："易，蜥易、蝘蜓、守宫也。"蜥蜴据说是水泽中的灵物，善于伸缩变化，与阴阳相通，故以之为名称，取"变化"之意。二为"日月为易说"：日为阳，月为阴，日月为易，是因为它象征阴阳。三为"变易说"：唐代大学者孔颖达在《周易正义·卷首》中说，"易者，变化之总名"，此释"易"为变易之义。四为"一易三义说"：《易纬·乾凿度》（卷上）说，"孔子曰：'易者，易（简易）也、变易也，不易也。'"郑玄说："易一名而含三义：简易，一也；变易，二也；不易，三也。"[①] 还说，"夫易者，变化之总名，改换之殊称，自天地开辟，阴阳运行，寒暑迭来，日月更出，孚萌庶类，亭毒群品，新新不息，生生相续，莫非资变化之力，换代之功"也。司马迁还说："《易》著天地、阴阳、四时、五行，故长于变。"[②] 章学诚说："读《易》如无《春秋》，虽圣人之籍，不能于一书中，备数字之攻索也。《易》曰：'不可为典要。'"[③] 总之，"不可为典要，为变所适"，变化是"易"最具核心的意义。

总而言之，《周易》是一本讲普遍变易的哲学之书。西方学者把《周易》译为"*The Management Thinking*：*The Book of Changes*"，把《易经》译为"*Yi jing*：*The Book of Changes*"，即"易经，变化之书"，是很有见地的。同时《周易》之道广大悉备，无所不包，揭示了世界的普遍规律，所以《四库全书总目·经部·易类》说《周易》"旁及天文、地理、乐律、兵法、韵学、算术"等学科。《易》道的道广大悉备，无所不包，它的抽象性和科学性，表明那时我们祖先的思维抽象能力已达到了很高的水平。换言之，也只有人类的文明发

① 见孔颖达：《周易正义·卷首》。

② 司马迁：《史记·太史公自序》。

③ 章学诚：《读史通义·答客问中》。

展到相当高的水平，知识积累相当丰富，智力得到深度开发，才能创造出《周易》这部永垂不朽的著作。随着人类认识的深化，科学技术的发展以及人类社会向更高层次文明的演进，《周易》这部书的科学价值和智慧灵光将会得到更充分的体现。

第四节　什么是《经》

“经”字何解？“经”的本意是织布用的纵线，引申为著作原创的、主体的部分，或作为学术思想的标准的、规范性的著作。《周易》分经和传两个部分，分别称为《易经》和《易传》。经是《周易》的主体，传是辅助部分，这里先介绍《易经》。通常把《周易》也称《易经》，有时也只是特指《周易》的本经部分。

经由六十四卦的卦名、卦体、卦辞和三百八十四爻的爻辞组成。

卦名：是卦的名称，每一卦都有一个名称，有六十四个卦名，如卦体䷀的名称为“乾”，卦体䷄的名称为“需”，等等。

卦体及卦画：它由爻画“--”和“—”组成，每卦六爻，共六十四卦。如乾卦的卦画为䷀，坤卦的卦画为䷁，屯卦的卦画为䷂。六十四卦的排列顺序有多种，对现在流行的《周易》六十四卦卦序的解释又各有不同。

卦辞：解释六十四卦卦义和论断一卦吉凶的文辞。卦辞也称为《彖》，“彖者，断也。断定一卦之义，所以名为彖也”[①]。如：“乾：元、亨、利、贞”；再如：“咸：亨，利贞，取女吉”。一个完整卦辞

---

① 孔颖达：《周易正义·乾卦》。

由释义辞、判断辞和告诫辞三部分构成，但不是每一个卦辞都有这样完整的结构。咸卦中，“亨”为释义辞，“利贞”为判断辞，“取女吉”为告诫辞。

爻辞：指解释六十四卦中各爻意义的文辞。如乾卦初九爻的爻辞：“潜龙，无用”；再如谦卦九三爻辞：“劳谦，君子有终，吉”等等。爻辞共有 384 条。一条完整的爻辞，由释义辞、判断辞和告诫辞三部分构成，但不是每一条都这样完整。

第五节 什么是《传》

“传”是解释经义的文字。《易传》是指对《易经》的解释、说明和发挥，共有七类、十个部分：即《彖辞》上、下，象辞上、下，系辞上、下，文言，说卦，序卦，杂卦等。这十个部分也称《十翼》。翼者，鸟类和昆虫的翅膀也。《十翼》相对于《经》来说不是主干，而是辅助的部分，如鸟类和昆虫的翅膀。《易传》本是各自独立存在的，是谁于何时把《彖传》、《象传》和《文言》与经合为一体的呢？历史上有不同的记载：北宋张观等所编的《崇文总目·经部·易类·小序》和南宋晁公武所著《郡斋读书志》卷一《易类·王弼周易》都记载说，始于西汉费直；据《三国志·魏书·高贵乡公传》说，始于东汉郑玄。到王弼时认可了经传合体，于是流传至今。

《彖辞》也称《彖传》，指论断六十四卦卦名和卦辞以及卦义的文辞，位于每卦卦辞的后边，因而随经分为上、下篇。如谦卦的《彖辞》：“彖曰：谦，亨。天道下济而光明，地道卑而上行，天道亏盈而益谦，地道变盈而流谦，鬼神害盈而福谦，人道恶盈而好谦。谦尊而光，卑而不可逾，君子之终也。”

《象辞》也称《象传》，分为《大象传》和《小象传》。这大小《象传》，解释《象》的角度不同，不是一人所作。《大象传》释卦辞，《小象传》释爻辞。《大象传》以卦象为依据释卦名、卦象和卦义，由解释卦象、卦名和卦德三义组成。《小象传》以爻象和爻位为主，辅之以当位说、得中说、比应说、刚柔说解释爻辞的意义。《象辞》随经分为上、下篇，《大象传》六十四条，《小象传》三百八十四条，加上“用九”、“用六”之《小象》两条，共四百五十条。如困卦的《大象传》说：“象曰：泽无水，困。君子以致命遂志。”“泽无水”是以困卦䷮的卦象为依据的。因为困卦是下坎上兑，水在泽底下，故泽中无水。再如谦卦䷎九三爻辞：“劳谦，君子有终，吉。”此爻辞的《小象传》解释说：“劳谦君子，万民服也。”有功劳而谦和的君子，万民都敬服他，故“吉”。

《系辞》也称《系辞传》，是通论《周易》的作者、成书年代、创作过程、运用方法、八卦起源、《周易》意蕴、功能、筮法的论文。篇幅较长，分为上下篇。在《系辞传》中也出现过“系辞”一词，其义为系论述之辞于《经》之下，与作为《易传》的《系辞》其义完全不同。

《文言》也称《文言传》。文言者，依文而言其理之意。《文言》是专门解释和赞颂乾坤两卦卦爻辞的，解释和赞颂乾卦卦爻辞的为《乾文言》，解释和赞颂坤卦卦爻辞的为《坤文言》。也即是说，除了乾坤二卦之外，其他的六十二卦没有《文言》。如释乾卦的“元、亨、利、贞”为“元者，善之长也。亨者，嘉之会也。利者，义之和也。贞者，事之干也”等。因为乾坤两卦为易之门户，弄懂了乾坤二卦，其他的卦就容易理解了。所以特别设《文言》，用以专门解释乾坤两卦的卦辞。

《说卦》亦称《说卦传》，说明重卦的由来、八卦的含义、所取的物象和所处的方位，主要说明八经卦所象之事物。如八卦的基本卦象：乾为天，坤为地，震为雷，巽为风，坎为水，离为火，艮为山，兑为泽等；还有引申卦象：乾为君、为父、为首、为马、为玉、为金、为寒、为冰、为木、为果、为大赤等；八卦方位：震东、巽东南、离南、坤西南、兑西、乾西北、坎北、艮东北等。

《序卦》也称《序卦传》，是对通行本六十四卦卦序的说明。以“盈天地之间唯万物”的观点，来解释乾坤两卦居于首位；以因果联系、物极必反、相反相生的观点解释各卦之间的相互联系；以“物不可终通”解释最后一卦䷿（未济卦），表示事物的变化不是封闭的体系。

《杂卦》也称《杂卦传》，杂乱六十四卦的排列次序，以相反（错）相成（综）的观点把六十四卦分为三十二对，解释其卦义和相互间的关系。从通行本《周易》六十四卦的顺序来看：相反卦有乾、坤，坎、离，颐、大过，中孚、小过等四对。其余的相成卦为二十八对，如屯卦䷂倒过来就是蒙卦䷃，就是相成。其对卦义的解释有和经义相同的，如“乾刚坤柔”，也有和经义不同的，如“比乐师忧”。全篇皆用韵语。

按传统的说法《易传》为孔子所作，但在宋代欧阳修就提出疑问，他在《易童子问》卷三中说：“童子问曰：‘《系辞》非圣人之作乎？’曰：‘何独《系辞》焉！《文言》、《说卦》而下，皆非圣人之作，而众说淆乱，亦非一人之言也’”，只承认《彖传》和《象传》为孔子所作。从此开始，至清人姚际恒、康有为均怀疑《易传》为孔子所作，现在学术界公认为孔子的弟子或儒家的后学所作。

《易传》在《周易》中具有非常重要的地位，如果没有《易传》，

《易经》就成了一部难以读懂的“天书”。《易传》揭示《易经》义理之学，阐明《周易》的阴阳的对待、交泰、互补、转化的规律以及《周易》的认识意义和社会功能，使《易经》从卜筮中解放出来，成为中华文明以及人类文化史上极为宝贵的经典。

第六节 《周易》的历史传承

《周易》成书之后是如何传承的呢？据《汉书·儒林传》的记载：孔子传授《易经》给鲁国人商瞿子木，子木传授给鲁国人桥庇子庸，子庸传授给江东的馯（音 hán）臂子弓，子弓传授给燕国人周丑子家，子家传授给东武人孙虞子乘，子乘传授给齐国人田何子装。秦朝时，焚书禁学，但是因《易经》是卜筮类书籍，得以幸免，所以《易经》传授没有被中断。汉朝建立后，田何又将《易》传授给东武王同子中、洛阳周王孙、梁人丁宽、齐人服生，皆著有《易传》数篇，同时又传授给杨何。汉初的易学皆传之于田何，田何是《周易》传承中的极为关键的人物，三国的嵇康在《高士传》中称田何“为《易》者宗”。

《汉书·儒林传》还说，丁宽受《易》于田何之后，又传授给同郡田王孙，田王孙再传授给沛人施雠、东海孟喜、琅邪梁丘贺，于是出现了施氏易、孟氏易和梁丘易三个学派，皆属田何易学一派。施雠授张禹、琅邪鲁伯，禹授淮阳彭宣、沛戴崇子平，鲁伯授太山毛莫如少路、琅邪邴丹曼容，由是施家有张、彭之学。孟喜字长卿，东海兰陵人，作《易》章句，授《易》同郡白光少子、沛翟牧子兄，由是孟氏易有翟、孟、白之学。梁丘贺字长翁，琅邪诸县人，先师事京房学《易》，后事田王孙，传《易》子临，子临授五鹿充宗，充宗授平陵士孙张仲方、沛邓彭祖子夏、齐衡咸长宾，由是梁丘易有士孙、邓、衡之学。焦延寿从孟喜问易，影响京房，房授东海殷嘉、河东姚平、河南乘弘，于是又出现了京氏易学一派。焦延寿易学另为一派，“其说长于灾变，分六十四卦，更直用事，以风雨寒温为候，各有占验”。后汉，范升、杨兴传梁丘派易学。

至汉宣帝、汉元帝之时，施氏易、孟氏易、梁丘易和京氏易，皆立于“学官”成为官方易学，为今文易学。此外，还有另一个传授系统，以费直为代表。《汉书·儒林传》说，费直“长于卜筮，亡章句，徒以《彖》、《象》、《系辞》十篇文言解说上下经”。《汉书·艺文志》载：“民间有费（直）、高（相）二家之说。”费直授琅邪王横，为费氏易学，为古文易学。沛人高相治《易》与费氏同，传授给子康及兰陵人毋将永，为高氏易学。东汉时期，陈元、马融、郑众、郑玄、荀爽都研究和传授费氏学，马融还为费氏《古文易》作传，并把它传授给汉代经学之集大成者郑玄，郑玄作《易注》，荀爽作《易传》。费、高二氏之学皆未立于学官，在民间流传。西晋永嘉之乱，今文易学中的施氏、梁丘之易亡佚，孟氏易、京氏易、费氏易皆无人传授，唯独郑玄、王弼所注之《易》行于世。南北朝时期，梁代、陈代正式把郑玄、王弼《周易注》“列于国学”。唐代孔颖达撰《周易正义》用王弼、韩康伯《周易注》，并誉为“独冠古今”，加上《周易正义》是官方规定的标准读本，以后就沿着这个方向不断往下传承，直到今天。

这里有一个问题，《易传》到底是不是孔子所作？如果《易传》不是孔子所作，是他的学生或儒家后学所作，甚至有人认为是战国末期的作品，那么孔子传授给商瞿的《易》有没有《易传》？如果没有传，《易》就是不完整的、读不懂的天书，这样还有传授的价值吗？这显然是不可能的。司马迁在《史记·孔子世家》中说，孔子“晚而喜《易》”，“读《易》韦编三绝”。据《帛书周易·要篇》记载：“夫子（孔子）老而好《易》，居则在席，行则在橐。”这些事实充分说明孔子对研究《易》到了何等专心致志的程度！孔子是一个伟大的平民教育家，他必定会把自己研究《周易》的心得不时地传授给学生，再由学生们把孔子传授的思想言论记录下来，并加以整理，所以《易传》中有不少的“子曰”。就是说《易传》是孔子的弟子所记录整理的孔子授《易》的内容，经过孔子认可之后而形成的。然后孔子才传授给商瞿，孔子所传授商瞿的《周易》应该是一部经与传合一的完整本子，其文献记载与传承脉络清晰且连绵不断，正因为如此，到汉初田何才有可能大加传承与弘扬。

第七节　《周易》的基本特点

认识一个事物必须要认识它的特点，只有认识到它的特点才能认识它的内在本质，我们学习《周易》也是如此。从总体上看，正如清代李光地所说，“《易》之为书，实根于象数而作，非它书专言义理者比也”①。那么，具体说来，《周易》的特点是什么呢？

第一，《周易》的特点是义理和象数的统一。义理寓于象数之中，抛弃了象数无法读懂《周易》，只讲义理不讲象数，或只讲象数而忽视义理，都是对《周易》的割裂。历史上的所谓义理派和象数派都只能代表《周易》的局部，而不能代表《周易》的全体。

《周易·卦辞》是以卦象（除了八经卦的卦象之外，还有重卦之象，错综之象以及中爻之象等等）、卦位、卦数为依据的。总之，卦辞不是把占卜记录随意搭配上去的。如屯卦䷂卦辞：“屯，元亨，利

① 李光地：《周易折中·凡例》。

贞，勿用有攸往，利建侯。”屯卦是震下坎上。屯，难也。乾卦为纯阳，坤卦为纯阴，阴爻和阳爻交合才能衍生出六十四卦，阴气和阳气交合才能产生宇宙万物。屯卦为阴阳开始交合之卦，阴阳交合而生物，初生之物而有险陷。上卦坎为险，下卦震为动，在险陷中行动，故名为“屯”。屯卦下卦为震，震为东、为春，故说“元亨”。上卦为坎，坎为北、为冬，故说“利贞。“利贞”，利于行正道，即合乎阴阳运动之规律。初九为乾初，故说“勿用”。险难之时，不宜发挥作用。震为动，与六四为正应，利于有所前往。初九为卦之主。震为侯、为君。互体坤为国、为众、为民。九五之君，得位得中，下临万民，利于分封建立诸侯。再如中孚卦的卦辞：“豚鱼吉。利涉大川，利贞。”“豚”，音 tún，小猪。巽为豕、为豚、为鱼。只要中心诚信，即使用小猪和鱼这样的微薄之物来祭祀鬼神，亦可以取信于鬼神，获得吉祥。兑为利、为泽、为川；巽为涉、为水、为大川，故有“利涉大川”之象。“贞”，正也。利于坚守正道。初爻变或上爻变，均为坎。坎，险也。若信而不正，就会陷入凶邪之道，故要求“利贞”。六十卦卦辞无一例外都是有其卦象依据的。

《周易·爻辞》也是以爻象、爻位、爻数以及乘、承、比、应关系等等为依据的。以屯卦䷂六三爻辞为例：“六三，即鹿无虞，惟入于林中，君子几，不如舍，往吝。”“即”，就也。鹿作麓。屯卦互体为艮，艮为山。六三为艮卦之初爻，麓之象。虞者，管理山林的人。三四为人位，虞人之象。“无虞”指六三与上六无正应。下卦震卦的错卦为巽，巽为入，入之象。互体卦艮又为木，下震为竹，有竹有木，林中之象。总的来是说，在山脚下打猎，无虞人指引，必陷入林中。坎错离，离为明，见“几”之象。“几”通“机”，“机微”的意思。“舍”，舍去，放弃，不要进山去狩猎。艮，止之象。六三阴柔不中不正，又无应爻，当屯之时，故有“即鹿无虞，入于林中之象”。

君子见这样的时机，不如舍去，否则必遭致吝难。这是从卦的各爻之间关系的象数来解释爻辞的。

《周易》的基本特征就在于它有“象”。《周易·系辞传》说：“易者，象也。八卦成列，象在其中。夫象，圣人有以见天下之赜，而拟诸其形容，象其物宜，是故谓之象。象也者，像此者也。”就是说，言不尽意，只有象才能充分反映客观存在的各类物宜和事项。

来知德说：“夫易者，象也。象也者，像也。此孔子之言也。曰象者，乃事理之仿佛近似可以想象者也，非真有实事也，非真有实理也。《易》与诸经不同者”；又说《易》，“惟有此象而已。有象则大小、远近、精粗、千蹊万径之理，咸寓乎其中，方可弥纶天地。无象则所言者止一理而已，何以弥纶？故象犹镜也，有镜则万物毕照，若舍其镜，是无镜而索照矣，不知其象，《易》不注可也”①。来知德说：《周易》的卦象“有卦情之象，有卦画之象，有大象之象，有中爻之象，有错卦之象，有综卦之象，有爻变之象，有占中之象。如释卦名卦义，有以卦德释者，有以卦体释者，有以卦综释者，皆言象也。所以说拟诸其形容，象其物宜，但形容物宜可拟可象，即是象矣。”② 除卦象外，还有爻象。《系辞传下》说：“夫乾，确然示人易矣；夫坤，隤然示人简矣。爻也者，效此者也；象也者，像此者也。”朱熹解释说：“‘此’谓上文乾坤之示之理。爻之奇偶，卦之消息，所以效而象之。”③ “爻也者，效天下之动也。”“象”在《周易》中具有特殊的功能，它可以概括天地间“大小、远近、精粗、千蹊万径之理”，可以“弥纶天地”间的一切事物。尚秉和也说：“卦名、易辞皆

---

① 《周易集注·来瞿唐先生易注自序》。

② 《周易集注·来瞿唐易经字义·象》。

③ 朱熹：《周易本义》卷八。

由象生”[1]，即卦名、卦爻辞是由象中产生出来的，易辞中所蕴涵的义理皆寓于象中。朱熹解释说，“言之所传者浅，象之所示者深”[2]。可见，《周易》不但与“诸经不同”，而且是与世界上一切的书都不同，那就是通过象数来表达义理，理寓于象中，所以要研究和学习《周易》必须要懂得卦象、爻象和爻数（爻位）的意义。

割裂义理与象数的统一，不但背离了《周易》本身固有的特点，而且会导致偏颇，给学术的发展和社会生活带来不利的影响。汉代易学重象数，不但成了烦琐哲学，而且进入了荒谬的境地；王弼为了纠正汉代易学的流弊而扫除象数，首创了只讲义理不讲象数的先例，走进了空洞的、空泛的境地，新中国成立以来易学发展尤其如此。现在市场上有许多关于《周易》的书，割裂象数，只讲空理，脱离了《周易》的本义，而走偏了方向。

第二，以象数为依据的卦爻辞，其义理有高度的抽象性和包容性。由于《周易》把宇宙间的万事万物都抽象成阴“--”和阳“—”这两个符号，并用它来弥纶概括宇宙间的事物，因而易象具有概括性。阴阳既表示宇宙间的物质形态阴阳二气，也反映宇宙间任何事物及其内部的对待、对立的倾势，这种对立的倾势及其转化推动了事物的运动、变化和发展。“一阴一阳之谓道”，“夫《易》，广矣大矣，以言乎远则不御，以言乎近则静而正，以言乎天地之间则备矣”，“易与天地准，故能弥纶天地之道”，“与天地相似，故不违”，“范围天地之化而不过”，“曲成万物而不遗”。所以，易道“广大悉备”，无所不包，具有极大的包容性和普遍性。换言之，《周易》的盈天地之间惟万物，阴阳对立与转化，生生无穷、变动不居的原理，科学地反映了

---

① 《周易尚氏学》第3页、第7页，九州出版社，2005。

② 朱熹：《周易本义》卷七。

宇宙间一切存在的本质和发展的普遍规律。宇宙间万事万物存在的本质及其运动、变化、发展的规律，莫不如此。

那么，《周易》义理的抽象性和包容性包括了哪些普遍性的原理呢？根据我的研究，它包含了以下几个方面的原理：（一）宇宙统一原理；（二）阴阳交感原理；（三）生生不息原理；（四）中道和合原理；（五）由微知显原理；（六）认识摹写原理；（七）人道和谐原理；（八）文明进化原理。《周易》中包含的以上八个方面的原理，是中国人的思维模式，这种思维模式不但具有普世性，而且它将导引人类历史发展的正确方向，因而它是《周易》最有价值的部分。

没有抽象就没有哲学。抽象思维及其抽象思维的水平是一个民族智力水平的表现，也是一个民族文明程度的指示器。《周易》的抽象思维是通过易象和易理来实现的。易理是通过阴阳的高度概括性来表现的，易象是通过卦象的开放性和爻位的多元性及其转换来实现的。易象的错象、综象、中爻（互体）象以及乘、承、比、应的多元取向，表现了《周易》的发散性思维。历来有、现在也有一些人沉浸在占卜算命中，这不是学习、研究《周易》的正确方向。理论家们、科学家们以及一切想为国家和民族的复兴作出贡献的人，应该多研究《周易》的哲学思想，提高中华民族的思想水平和理论创新能力。

第三，易象的无限开放性。《周易》的象包括卦象和爻象。“圣人有以见天下之赜（复杂），而拟诸其形容，象其物宜，是故谓之象。”这里“象”指卦象。这是圣人“仰以观于天文，俯以察于地理”，“仰则观象于天，俯则观法于地，观鸟兽之文，与地之宜，近取诸身，远取诸物”的结果。“圣人立象以尽意，设卦以尽情伪。”[1] 易象主要指八卦的卦象，它们的基本象是：乾为天，坤为地，震为雷，巽为风，

---

① 《周易·系辞传上》。

坎为水，离为火，艮为山，兑为泽，由基本卦象引申出其他的许多卦象。卦象在《周易·说卦传》中作了充分的叙述：如乾，健也。坤，顺也。震，动也。巽，入也。坎，陷也。离，丽（附）也。艮，止也。兑，悦也。乾为马，坤为牛，震为龙，巽为鸡，坎为豕，离为雉，艮为狗，兑为羊。乾为首，坤为腹，震为足，巽为股，坎为耳，离为目，艮为手，兑为口。再如，乾为父，坤为母，震为长男，巽为长女，坎为中男，离为中女，艮为少男，兑为少女。卦象虽然很多，不可穷尽，但是它不外乎三类：形象、意象、象征。八卦重为六十四卦之后，由于卦与卦之间的不同组合而形成了新的卦象，如晋卦䷢是下坤上离，坤为地，离为日，日出地上，有上升之象；再如泰卦䷊是下乾上坤，乾为阳，坤为阴；阳气轻而上升，阴气重而下沉，阴阳上下交感，故有亨通之象。六十四卦都因相重而有新的卦象。

“象”是《周易》之所以成为《周易》的表征性东西，因此舍象无以言易，所以历来对易象研究的著作很多，如汉代的《焦氏易林》、唐代李鼎祚的《周易集解》。民国末年著名易学家尚秉和（1870—1950）的《周易尚氏学》是很有成就的一部。他从《左传》、《国语》、《逸周书》、《焦氏易林》等古籍中发现了百余个不见于《易传》的、被佚亡的易象（逸象）。他发现的“逸象”有：乾为日、为河海、为山陵、为石等等；坤为水、为江淮河海、为渊、为鱼、为蛇、为云、为墟、为茅茹、为逆、为北、为志、为心等等；震为武、为田、为征伐、为鸿、为鹳、为龙、为嬴、为姬、为旗等等；巽为母、为姜、为陨落、为实、为宾客、为齐、为盗贼等等；坎为首、为肉、为夫、为鬼、为西等等；离为星、为邻、为东、为金、为巷等等；艮为火、为须、为鸟、为面、为谷、为木等等；兑为月、为华、为西、为老妇、为雨、为酒等等。这些逸象的发现，使许多解释不通的卦爻辞迎刃而解，对易学的研究作出了重大的贡献。

巴蜀书社于2005年出版的温少峰先生所著《周易八卦释象》一书，对八卦之象进行了专门的研究，认为八卦取象的方法有“四个条例”：以象形方法取象；以指事取象；以会意方法取象；以引申方法取象。他根据这四条原则，对八卦的卦象进行了深入挖掘和阐释：乾为天、为日、为直、为川（江、河）、为气、为绳带、为三及其引申诸象，共210多个；坤为土、为地、为水、为目、为门、为朋及其引申诸象，共240多个；震为山崩、为口、为丘、为鹿及其引申诸象，共270多个；艮为山、为外刚内柔、为门阙、为床及其引申诸象，共240多个；坎为水、为坚多心之木、为弦及其引申诸象，共250多个；离为火、为外刚内柔、为外实中空及其引申诸象，共250多个；巽为月、为雨、为风、为曲木、为床及其引申诸象，共240多个；兑为口、为舌、为风、为月、为泽、为山、为契、为羊、为少女及其引申诸象，共240多个。这些引申出来的卦象不是随意的，而是与本象有其内在的逻辑相关性或形式的相似性。如坤为目，引申为见、为窥、为敦（考察）、为知等。再如兑为少女，引申为妾、为妹、为娣、为女、为妇、为妻、为姬、为弱等。可见，《周易》的卦象是可以引申的，它是一个开放的系统。

易象还可以“扩象”，可以按八卦的基本性质和卦象特征，把与之相关和相似的事物、事项，扩展到其相关的卦中去。如乾为元、为首、为君，可以把主席、部长、省长、市长、县长、厂长、经理等扩充进去；坤为民，可以把工人、农民、职员、知识分子等扩充进去；坤为臣，为吏，可以把下属、处长、科长、部门经理、主管等扩充进去；震为车，可以把自行车、摩托车、轿车、汽车、火车等扩充进去；震为电为动，可以把电动摩托车、电车、电汽机车等扩充进去；巽为长女，可以把女部长、女省长、女处长、女科长、女经理、女强人等扩充进去；坎为水，可以把自来水、矿泉水、纯净水、各种饮料等扩充进去；离为电，可以把不动的电器如收音机、电视机、录音机、空调、微波炉、电灯、电脑等扩充进去；艮为径路，可以把公路、高速路、铁路等扩充进去；兑为口，可以把演说、讲课、唱歌、作报告、辩论、说相声等扩充进去。总而言之，卦象是可以进行扩充和扩展的。

易象有很大有包容性，加上易理的高度抽象性，所以，著名的中国哲学史学界的泰斗冯友兰教授说：“《周易》哲学可以称为宇宙的代数学。《周易》本身并不讲具体的天地万物，而只是一些空套子，但是任何事物都可以套进去，这就叫‘神无方而易无体’。”① 这是一个很值得深思和玩味的见解。

以上简要地叙述了《周易》的基本特点。要认识《周易》的特点，必须要了解《周易》的易象。为此，来知德说：“易与诸经不同者，惟有易象而已。”总而言之，《周易》的最大特点就是“易象”。《左传·昭公二年》载：“春，晋侯使韩宣子来聘，且告为政，而来见礼也。观书于大史氏，见《易象》与鲁《春秋》，曰：‘周礼尽在鲁矣，吾乃今知周公之德与周之所以王也’。”这里，把《周易》直称为“易象”，说明了“易象”是《周易》的基本特征。

第八节　易学发展简史

八卦起源于上古时代，但到底起源于何时、是怎样起源的，因上古历史渺茫难以作出定论。关于《周易》一书的形成，学术界趋向于

① 冯友兰：《代祝词》，载《周易纵横录》第7页，湖北人民出版社，1986。

《经》形成于西周，《传》形成于战国。《传》是对经首次作出的创造性的解释，对《周易》发展的历史有不可估量的作用。

汉代是易学发展史上的重要时期。汉代易学的主流是象数学，以孟喜、焦延寿、京房为代表，主要包含孟喜的卦气说，京房的八宫卦说、纳甲说，《易纬》的太易说、八卦方位说、九宫说，郑玄的五行说、爻辰说，荀爽的升降说，虞翻的卦变说、旁通说、互体说，魏伯阳的月体纳甲说等。这就是汉代的象数易学，亦称“汉易学”。汉代象数派易学的主要特征是：认为宇宙间的一切事物和现象都包含在八卦之中，只要掌握了八卦变化的规律，就掌握了宇宙的一切，包含国家的治乱和人世间的吉凶祸福。其次还有以费直、高相为代表的义理派易学和以严君平、扬雄为代表的道家易学。

到了晋代，为了克服汉代象数派易学的弊端，王弼独树一帜，摈弃象数而发挥义理。王弼著《周易注》、《周易略例》，开创了玄学解易的新风。唐代孔颖达受皇帝的诏命编纂《五经正义》，其《周易正义》采用王弼、韩康伯注本，对其注加以疏解，以此对经传文加以发挥，此书成为官方教材，从此以后义理派易学在相当的时间内占了主导地位。

宋代是易学发展的另一个重要时期。宋代易学的基本特征是：把《周易》中的义理加以充分阐释，使《周易》的原理高度哲理化。陈抟首创先天易学，开易学图书一派的先河，经过种放、穆修、李之才、周敦颐等人，发展成为邵雍易学。宋代象数学重视先天图、河图、洛书和太极图，因而称为图书学派。重视易理的探索是宋代象数学的一个特色。继邵雍之后，宋代象数派的代表人物有邵伯温、张行成、祝泌、朱震、蔡元定等。宋代的义理学派的著名代表人物是程颐，程颐的《伊川易传》继承了义理派的传统，排斥了汉易象数中的弊端，把《周易》从占卜中解放出来，具有划时代的意义。朱熹的

《周易本义》不株守一家之言，对象数派和义理派都有所批评，兼取各家之长，并有自己独到的见解。义理派中还有心学易一派，首创者是陆九渊，其后的代表人物是杨简。杨简著《杨氏易传》建立起了心学一派的易学体系。

从明初到清初是宋易继续发展的时期。义理派以胡广等人的《周易大全》，蔡清的《易经蒙引》，孙奇逢的《读易大旨》，王夫之的《周易裨疏》、《周易外传》、《周易内传》，李光地的《周易折中》为代表。其中王夫之的成就最为突出。《周易大全》、《周易折中》以折中程朱为特征。由于这两本书是官方易学，影响很大。象数派以来知德的《周易集注》、黄道周的《易象正》、方以智《东西均》为代表，来知德集易学象数之大成，在易学历史上具有极高的地位。

清代易学称为考据易学或朴学易学。清初，顾炎武著《易本音》，开考据学的先河，黄宗羲兄弟著《易学象数论》、《图书辨惑》，首开图书派易学的辨伪之风。毛奇龄、胡渭继之而著《河图洛书原舛编》、《太极图说遗议》、《易图明辨》，指出河图洛书是道士们的伪撰，非羲文周孔的原作。清代考据易学，一以惠栋、张惠言、姚配中为代表，他们推崇汉代易学，重在发掘、整理。惠栋著《易汉学》，重点研究孟喜、虞翻、京房、郑玄、荀爽的易学。张惠言著《周易虞氏义》，专门研究虞翻易学。姚配中《周易姚氏学》极力推崇郑玄易学；一以焦循为代表，重在用数学和语言学的一些新成就来研究《周易》经传本身。焦循著《雕菰楼易学三书》，是新象数派——科学易的萌芽。

现代易学，是指用现代的哲学社会科学和自然科学的最新成就去研究《周易》，从而使《周易》获得新的发展的学说。现代易学分为义理派、象数派和考据派。现代象数派易学就是所谓“科学易”。（详见本篇第五章第五节）

第二章　八卦基本知识

我们在第一章中，从整体上对《周易》的有关知识作了介绍。从本章开始，我们一层一层由浅入深地来介绍《周易》，先从八卦讲起。

第一节　八经卦

八卦狭义说即“八经卦”，广义说还包括六十四别卦，它是阴阳两爻组成的象征自然现象和人事变化的八个符号，即乾卦☰、坤卦☷、震卦☳、巽卦☴、坎卦☵、离卦☲、艮卦☶、兑卦☱。经卦中的三爻代表着天、地、人三才，从上至下，分别代表天、人、地，由此可见，八经卦是一个宇宙的初级结构模型。上为天，下为地，人立于天地之间，即人是宇宙的一个重要构成部分，是仰观俯察的主体，这是我们祖先的宇宙观。

八卦象征天地间不同的事物和现象：

乾卦为天，为君，为君子，为阳，为父，为夫，为金，为玉，为刚，为健，为寒，为晴天，为秋，为头，为肺，为西北，为马，为良马，为老马，为瘠马，为驳马，为木果，为清，为尊贵，为高，为增高，为山，为陵，为危，为厉，为惕，为愠，为疾，为药，为敬，为圜，为周，为含，为汇，为同，为包围，为城，为墉，为邑，为田，为场，为野，为郊，为旋，为岁，为终，为夕，为复，为习，等等。

坤卦为地，为臣，为民，为阴，为母，为妻，为土，为云，为大暑立秋，为腹，为胃，为西南，为柔，为顺，等等。

震卦为雷，为电，为刚，为刑，为长男，为动，为东，为肝，为春，为足，为竹，为龙，为车，等等。

巽卦为木，为风，为教令，为长女，为东南，为胆，为股，为鸡，为长，为高，为进退，为入，等等。

坎卦为水，为雨，为北，为中男，为肾脏膀胱，为冬，为耳，为猪，为弓，为月，为盗，为隐伏，为众，为陷，等等。

离卦为火，为日，为电，为中女，为甲胄，为戈兵，为晴，为南，为心脏小肠，为夏，为眼，为虎，为文，为明，为丽，等等。

艮卦为山，为径，为土，为贵族，为贤人，为少男，为雾，为东北，为胃，为手，为狗，为门，为果，为止，等等。

兑卦为泽，为金，为少女，为雨，为西，为大肠，为口，为羊，为畜牲，为悦，等等。

因为八卦的卦象是一个开放的体系，所以用举例的方法是举不完的。凡阳卦都可以为阳，为刚；凡阴卦都可以为阴，为柔。前面已经讲过，每卦的卦象，还可以按照事物不同的性质和特征，进行扩象。扩象十分重要，只有进行有效的、准确的扩象，才能使“易象”具有新的时代气息，使它具有现代性。

八卦分为先天八卦和后天八卦。所谓先天八卦，即是伏羲八卦，它并不是什么神秘的东西，它是按照《易传》说的“易有太极，是生两仪，两仪主四象，四象生八卦”的规律产生出八卦。来知德对“先天”的解释是“自然而然”的意思，即是按照一分为二的方法来排列八卦顺序：

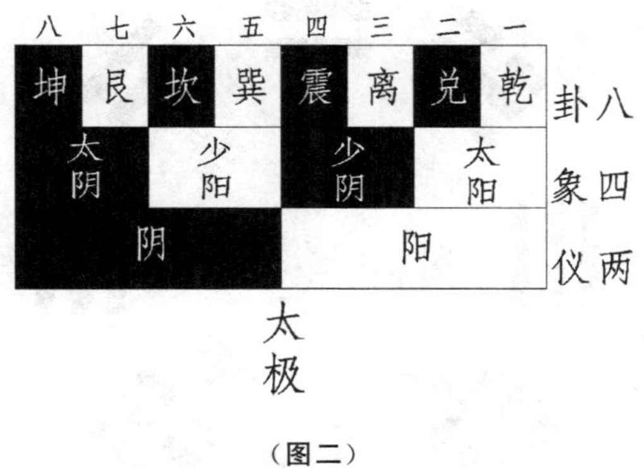

（图二）

乾一，兑二，离三，震四，巽五，坎六，艮七，坤八。

☰ ☱ ☲ ☳ ☴ ☵ ☶ ☷

（图三）

这一排列合乎二进位制规律。现在我们将八卦的顺序颠倒过来，并且把阴爻“--”换为“0”，阳爻“—”换为“1”，其图如下：

☷	☶	☵	☴	☳	☲	☱	☰
坤八，	艮七，	坎六，	巽五，	震四，	离三，	兑二，	乾一。
000	001	010	011	100	101	110	111

（图四）

二进制只有两位数：0 和 1，1+1 就要进位，为 10。读者可以自己去进行运算。

先天八卦的方位是：乾南，坤北，离东，坎西，震东北，兑东南，巽西南，艮西北。

先天八卦方位图如下：

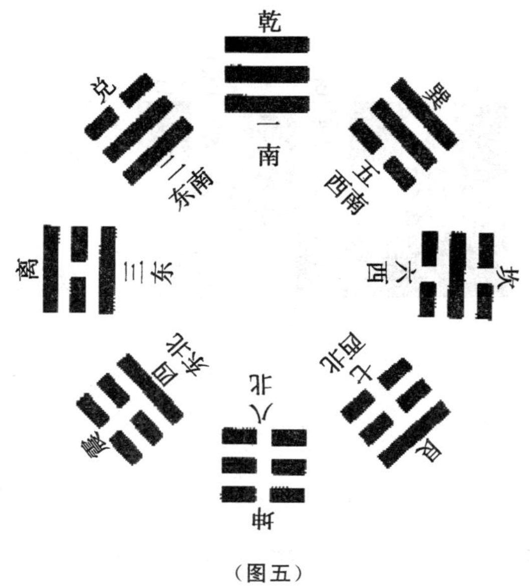

（图五）

《说卦》中的“天地定位，山泽通气，雷风相薄，水火不相射，八卦相错，数往者顺，知来者逆”，说明了以上先天八卦的情况：“天地定位”，说的是天高地卑，上下矛盾对立而存在；“山泽通气”，说的是山为阳，泽为阴，阴阳相交感而相通；薄者，搏击也，“雷风相薄”，说的是雷风相矛盾而相搏击；“水火不相射”，“不”可能是衍生之文，应是“水火相射”，射者，相互攻击也，即水火相对立而不相容。由于这四对卦都是相互矛盾的，因此“八卦相错”。错者，两卦之间各爻位之阴阳一一相对应。先天八卦的方位图中对应两卦之间的关系正好就是如此。

后天八卦即文王所演之卦。《说卦》云：“乾，天也，故称乎父；坤，地也，故称乎母；震一索而得男，故谓之长男；巽一索而得女，故谓之长女；坎再索而得男，故谓之中男；离再索而得女，故谓之中女；艮三索而得男，故谓之少男；兑三索而得女，故谓之少女”。后天八卦，按照《说卦》之顺序为：

乾	坤	震	巽	坎	离	艮	兑
☰	☷	☳	☴	☵	☲	☶	☱

（图六）

依京房易之顺序为：

乾	坤	艮	兑	坎	离	震	巽
☰	☷	☶	☱	☵	☲	☳	☴

（图七）

依洛书数之顺序为：

☵	☷	☳	☴	☰	☱	☶	☲
坎一	坤二	震三	巽四	乾六	兑七	艮八	离九

（图八）

后天八卦的方位规定是：离南坎北，震东兑西，巽东南，艮东北，坤西南，乾西北。《说卦》云："帝出乎震，齐乎巽，相见乎离，致役乎坤，说言乎兑，战乎乾，劳乎坎，成言乎艮。万物出乎震，震东方也。齐乎巽，巽东南也。齐也者，言万物之洁齐也。离也者，明也，万物皆相见，南方之卦也。圣人南面而听天下，向明而治，盖取诸此也。坤也者，地也，万物皆致养焉，故曰：致役乎坤。兑，正秋也，万物之所悦也，故曰：悦言乎兑。战乎乾，乾，西北之卦也，言阴阳相薄也。坎者，水也，正北方之卦也，劳卦也，万物之所归也，故曰：劳乎坎。艮，东北之卦也，万物之所成终，而所成始也，故曰：成言乎艮。"邵雍据此而画出后天八卦方位图：

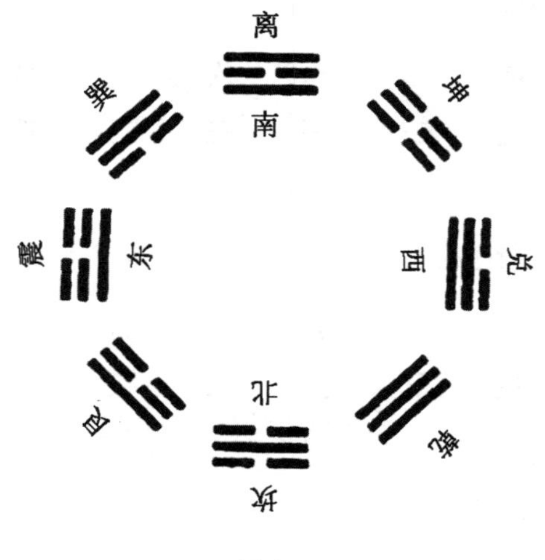

（图九）

八卦与五行相配：乾兑属金，震巽属木，坎为水，离为火，坤艮属土。

八卦配天干：八纯卦配以甲、乙、丙、丁、戊、己、庚、辛、壬、癸，即乾的内卦纳甲，外卦纳壬；坤的内卦纳乙，外卦纳癸；震纳庚，巽纳辛，坎纳戊，离纳己，艮纳丙，兑纳丁。八卦纳甲的顺序是乾为父纳甲壬，坤为母纳乙癸，其次按震长男纳庚，巽长女纳辛，坎为中男纳戊，离为中女纳己，艮为少男纳丙，兑为少女纳丁，等等。

乾卦	坤卦	艮卦	兑卦
— 壬	-- 癸	— 丙	-- 丁
— 壬	-- 癸	-- 丙	— 丁
— 壬	-- 癸	-- 丙	— 丁
— 甲	-- 乙	— 丙	-- 丁
— 甲	-- 乙	-- 丙	— 丁
— 甲	-- 乙	-- 丙	— 丁

坎卦	离卦	震卦	巽卦
-- 戊	— 己	-- 庚	— 辛
— 戊	-- 己	-- 庚	— 辛
-- 戊	— 己	— 庚	-- 辛
-- 戊	— 己	-- 庚	— 辛
— 戊	-- 己	-- 庚	— 辛
-- 戊	— 己	— 庚	-- 辛

（图十）

八卦与天干为何要这样相配呢？因为乾卦、震卦、坎卦、艮卦为阳卦，甲、丙、戊、庚、壬在天干顺序为奇数为阳；同样的道理，坤卦、巽卦、离卦、兑卦为阴卦，乙、丁、己、辛、癸为偶数为阴。阳与阳配，阴与阴配。

八卦配地支：八纯卦配以子、丑、寅、卯、辰、巳、午、未、申、酉、戌、亥，即乾卦从初爻起至上爻止，从地支的子起，每隔一地支而纳入。即初九爻纳子，九二爻纳寅，九三爻纳辰，九四爻纳午，九五爻纳申，上九爻纳戌。震卦为长男，震卦纳地支与乾卦相同。坎卦从寅开始，每隔一支而纳入，至子纳入上爻。艮卦从辰开始，每隔一支而纳入，至寅纳入上爻。坤卦按地支的先后顺序逆推，从未开始每隔一支而纳入，即初六爻纳未，六二爻纳巳，六三爻纳卯，六四爻纳丑，六五爻纳亥，上六爻纳酉。巽卦自丑开始逆推至卯止。离卦自卯开始逆推至巳止。兑卦自巳开始逆推至未止。

乾卦	坤卦	艮卦	兑卦
— 戌	-- 酉	— 寅	-- 未
— 申	-- 亥	-- 子	— 酉
— 午	-- 丑	-- 戌	-- 亥
— 辰	-- 卯	— 申	-- 丑
— 寅	-- 巳	-- 午	— 卯
— 子	-- 未	-- 辰	— 巳

坎卦	离卦	震卦	巽卦
-- 子	— 巳	-- 戌	— 卯
— 戌	-- 未	-- 申	— 巳
-- 申	— 酉	— 午	-- 未
-- 午	— 亥	-- 辰	— 酉
— 辰	-- 丑	-- 寅	— 亥
-- 寅	— 卯	— 子	-- 丑

（图十一）

总结起来，以下是八卦纳天干地支之总图：

	乾卦	坤卦	艮卦	兑卦
上爻	—壬戌	--癸酉	—丙寅	--丁未
五爻	—壬申	--癸亥	--丙子	—丁酉
四爻	—壬午	--癸丑	--丙戌	—丁亥
三爻	—甲辰	--乙卯	—丙申	--丁丑
二爻	—甲寅	--乙巳	--丙午	—丁卯
初爻	—甲子	--乙未	--丙辰	—丁巳
	坎卦	离卦	震卦	巽卦
上爻	--戊子	—己巳	--庚戌	—辛卯
五爻	—戊戌	--己未	--庚申	—辛巳
四爻	--戊申	—己酉	—庚午	--辛未
三爻	--戊午	—己亥	--庚辰	—辛酉
二爻	—戊辰	--己丑	--庚寅	—辛亥
初爻	--戊寅	—己卯	—庚子	--辛丑

（图十二）

第二节　六十四别卦

六十四卦又称别卦，它们是由六个爻画组成的六十四个图形。从乾卦䷀到未既卦䷿，每一卦都由六爻组成，从下往上，一、二爻代表地位，三、四爻代表人位，五、六爻代表天位。《系辞传》说："《易》之为书也，广大悉备。有天道焉，有人道焉，有地道焉。兼三才而两之，故六。六者，非它也，三才之道也。"天道有阴阳，人道有仁义，地道有刚柔，即六十四卦是由经卦的三才分而为二而形成的。

六十四卦中每一个卦都有卦名、卦体、卦辞、爻题、爻象、爻辞等六个要素，它们是构成每一个卦的全部内容。

六十四卦的排列顺序有两种：一为通行本《周易》的排列，分为上下篇，上篇始于乾坤，终于坎离；下篇始于咸恒，终于既济未济。二为长沙出土的帛书《周易》，它的排列顺序为：上篇始于键（乾）卦，终于恒卦；下篇始于川（坤）卦，终于益卦。

关于何人何时重卦，旧有四说：一说伏羲画卦而又重卦；一说神农重卦；一说夏禹重卦；一说文王重卦。司马迁主张的文王重卦说，对后世影响很大。

到底八卦是如何变为六十四卦的呢？一是如前所说的重卦说，即八经卦两两相重而成为六十四卦，重卦法是八卦演为六十四卦的最早说法，也是最符合历史实际的说法；一说是二分法，即加一倍法，是邵雍关于八卦和六十四卦形成的理论。它的基本方法是：太极一分为二，二分为四，四分为八，八分为十六，十六分为三十二，三十二分为六十四，这是一个数学法则。按这样方法排列的六十四卦完全符合二进制规律。

到底是先有八卦后有六十四卦，还是先有六十四卦而后有八卦呢？这个问题虽然有不同的说法，但是按照人类的认识由简单到复杂的发展规律来看，应该是先有八卦，再由八卦演为六十四卦的。我们祖先最早对宇宙的认识相当粗略和模糊，只认识到了宇宙由天地人三才构成，于是形成了八卦宇宙模型。随着生产力的发展和认识的深化，我们的祖先发现了事物内部的对待法则，即事物是对立的两种因素构成的，天道有阴阳，人道有仁义，地道有刚柔，因此原先由单一的原则来反映天道、人道和地道的运行规律，已不符合实际了，于是有把八卦演为六十四卦的必要。当然要完成这一任务，必须是有高超智慧的圣人。

第三节　卦　象

八经卦之象已在前面讲过了，这里着重讲讲六十四卦的卦象。

六十四卦之名，皆依据卦象而来。来知德说，不论是以卦德、卦象、卦体还是以卦综命名，“皆言象也”①。

具体说来，六十四卦的卦象是由八经卦的卦象构成的，相重两经卦的卦象相联系，构成六十四卦的卦象。两经卦相联系的情况，取决于两经卦在八卦中的位置。如晋卦和明夷卦都是由坤卦和离卦构成的，但由于它们的位置不同，因而两卦的卦象就不同。晋卦䷢是上离下坤，离为日，坤为地。晋卦的卦象是日出地上，日出地上，就要不断地上升。因此，晋者，进也。晋卦有上升的卦象。明夷卦䷣是

① 《周易集注·易经字义·象》。

上坤下离，离为日，为明。明夷卦的卦象是日入地中，日入地中，明消失了。夷者，灭也。因此，明夷卦有太阳落山之象。泰卦和否卦都是由乾卦和坤卦构成的。泰卦䷊是上坤下乾，坤为地，为阴；乾为天，为阳。阴重浊而下降，阳轻飏而升，阴气下沉阳气上升而发生交感，阴阳交感而亨通。所以，泰卦有亨通之象。相反，否卦䷋是上乾下坤，阴阳二气不发生交感作用，不发生交感，因而不亨通。所以否卦有闭塞之象。咸卦䷞和损卦䷨都是由兑卦和艮卦构成的。咸卦是上兑下艮，兑为少女，艮为少男，女上而男下，因此，咸卦有少男向少女求婚之象，少男与少女交感，又有家道亨通之象；兑为阴，艮为阳，阴气下降，阳气上升，又有阴阳上下交感之象，所以，咸者感也。损卦是上艮下兑，泽低山高，有损下以增高之象；艮为阳卦，为刚，象贵族，兑为阴卦，为柔，象庶民，有损民之财物以济富贵族之象。总之，六十四卦的卦象是以八卦的卦象为基础的，由于所处的位置的不同，因而形成六十四卦卦象的区别。

六十四卦的卦象，依据其不同的情况，可以分为不同的类。明代易学家来知德在《周易集注·易经字义·象》中，把六十四卦的卦象分为卦情之象、卦形之象、卦体大象之象、中爻之象、错卦之象、综卦之象、阴阳之象、相因之象、爻变之象、占中之象。

所谓“卦情之象”，指两卦之间阴阳相交感而形成的卦象。如咸卦䷞下艮为阳卦、为少男；上兑为阴卦、为少女。咸卦为男下女，少男主动向少女求爱，没有不发生相感之情的。爻象初拇、二腓、三股、四憧憧、五脢、六辅颊舌。憧憧，往来不断，从脚趾到舌，从舌到脚趾，全身上下无不相感应，这就是卦情之象。

所谓“卦形之象”，指以卦的形状来取象。如艮卦☶有门、有床、有门庭之象。再如剥卦䷖有宅、有床、有庐之象，因为剥卦一阳在上，五阴在下，如宅、如床、如庐，这就是卦形之象。

所谓“大象之象”，如凡阳在上者皆象艮巽；阳在下者皆象震兑；阳在上下者皆象离；阴在上下者皆象坎。益卦下震上巽，上下皆为阳象离，离为龟，故益卦有龟之象，六二“或益之十朋之龟”，其根据来源于此。同样，大过卦下巽上兑象坎，坎栋材之象，故卦辞爻辞言“栋桡”、“栋隆”的根据在此。

所谓“中爻之象”，指一卦六爻中，中间的四爻二与四、三与五组成两个新的卦象。如渐卦䷴为下艮上巽，二三四合为坎，坎为水、为陷、为血、为膏、为中男等等。三四五合为离，离为日、为火、为电、为龟、为中女等等。中爻之象又称“互体之象”或称“互象”。

所谓“错卦之象”，指某卦本来没有某象，相错后有了某象，如履卦言虎，下卦兑与艮错，艮为虎，所以履卦就有了虎象。错卦之象，又称“伏象”。

所谓“综卦之象”，指把一个卦颠倒过来就成为另一个卦之象。如井卦䷯与困卦䷮相综，井卦为下巽上坎，巽为木，坎为水，水下有木，故为井卦。颠倒过后为困卦，困卦为下坎上兑，坎为水，兑为泽，水在兑下，故为困卦。因为是把一个卦颠倒过来形成的卦象，又称“覆象”。

所谓“阴阳之象”，即以爻的性质取象。如乾为马，为本象，而坎卦和震卦得乾之一画，亦有马象；坤为牛，为本象，离得坤的一画，亦有牛象。

所谓“相因之象”，如革卦九五说“虎变”，是因为革卦下离上兑，兑与艮错，艮为虎，因而兑也为虎；上六说“豹变”，因为虎豹同为猫科动物，因而兑也为豹，等等。

此外还有方位之象：八经卦在八卦方位图中，各自代表一个自己的方位，于是就产生了方位之象。有先天八卦方位和后天八卦方位之象：先天八卦的方位是乾为南，坤为北，离为东，坎为西，兑为东南，震为西北，巽为西南，艮为西北；后天八卦的方位是离为南，坎为北，震为东，兑为西，巽为东南，艮为东北，坤为西南，乾为西北。

数字卦象：八经卦各自代表一个数字。按先天八卦顺序：乾为一，兑为二，离为三，震为四，巽为五，坎为六，艮为七，坤为八。先天八卦与洛书相配：坤为一，巽为二，离为三，兑为四，艮为六，坎为七，震为八，乾为九。后天八卦与洛书相配：坎为一，坤为二，震为三，巽为四，乾为六，兑为七，艮为八，离为九。

连互之象：指在卦体的上下两卦中，取四爻或五爻连组成两个新的卦而形成的卦象。这又分为两种情形。一是“五画连互”：从初爻至五爻中，以初、二、三，三爻组成一卦；三、四、五，三爻组成一卦，再合组成一个别卦。如井卦䷯初、二、三组成为兑卦，三、四、五组成为离。两经卦合组成为睽卦䷥。按照同样的方法，还可以从二爻至六爻组成“五画连互”之卦象；二是“四画连互”：指初至四、或二至五，或三至上，四爻组成的新的卦象。初、二、三和二、三、四各自组成新的卦象，如困卦䷮的初、二、三为坎卦，二、三、四组成离卦，合成为未济卦䷿。以上就是连互卦象的构成方法。

半象：指某卦的一部分得此卦的全象，如⚍可以视为震或离或兑的一半，它可以得震或离或兑的全部卦象；再如⚎可以视为离或艮或巽的一半，照样可以得离或艮或巽卦的全象。以此类推，⚏可以得坤、艮、震的全象，⚌可以得乾、巽、兑的全象，等等。

以上不同的取象方法，使一个别卦中新生出好多不同的卦体来，增加了用不同的方法思考问题的角度，丰富了思维的方式。

总之，取象有不同的方法，但总体来说，按现代科学方法，六十四卦的卦象可以分为三大类：一、形象；二、意象；三、象征。所谓“形象”，是以卦的构成形象来取象的。如颐卦䷚：颐，腮也。颐卦象腮中含物，上下二阳为刚，象上下两齿；中间四阴为柔，象柔软的食物，所以，以颐取象。再如，鼎卦䷱初爻阴象鼎下之足，中间三阳爻象鼎的腹部，六五之阴象鼎上部之耳，上九之阳象鼎的铉，所以取鼎之象。所谓“意象”，即会意之象，如晋卦䷢是下坤上离。晋者，升也。坤为地，离为日，晋卦的卦象是日出地上，日出地上之后，要不断地升高，所以，晋卦有上升之象。再如，升卦䷭为下巽上坤。巽为木，坤为地。升卦的卦象是地中生木，地中生木，由矮而高，由小而大，是逐渐生长的过程，所以有上升之象。所谓“象征”，如乾卦䷀为纯阳之卦，坤卦䷁为纯阴之卦，古人认为阳气轻清上升为天，阴气重浊下凝为地，所以，用纯阳纯阴象征天地。形象、意象、象征的划分不是绝对的，有的卦的卦象是兼而有之的。《周易》的卦象是实象，而不是虚象，即是客观事物的反映。

卦所含摄的象十分广泛，并且不是固定不变的。根据《易传·说卦传》所列举的卦象有 154 种，《荀氏九家易》增补了 31 种，《虞氏易》增补了 68 种，马融、干宝等人增补了 10 种；还可以根据需要扩象，扩象的原则是依据基本卦象，各依其象的性质进入基本卦象之中。

第四节　卦　序

八经卦的排列顺序前面已经讲过了。这里着重讲六十四卦的卦序。通行本六十四卦的顺序起于乾坤，终于既济卦和未济卦。关于为什么要这样排列，《序卦》有个解释。作者据唯物主义的观点认为天地是生成万物的根源，整个宇宙充满着万物，并以此为出发点，以物极必反、相反相生的因果联系，解释其他各卦之间的关系，用物不可终穷来解释最后一卦，表示事物的变化没有终结。为了便于记忆，朱熹根据六十四卦的排列顺序，编了一首歌诀：

乾坤屯蒙需讼师，比小畜兮履泰否。
同人大有谦豫随，蛊临观兮噬嗑贲。
剥复无妄大畜颐，大过坎离三十备。
咸恒遁兮及大壮，晋与明夷家人睽。
蹇解损益夬姤萃，升困井革鼎震继。
艮渐归妹丰旅巽，兑涣节兮中孚至。
小过既济兼未济，是为下经三十四。

关于通行本《周易》六十四卦的卦序，来知德有一个解释。来知德认为，《序卦》是孔子恐怕后人杂乱文王的卦序，而特地为之的；还认为，《序卦》“非为理设，乃为象设也”。来知德讲错综卦，他用错综关系来解释《杂卦》。根据来知德的错综说，知道两卦的错综关系后，只要知道了其中一个卦的卦画，就知道了另一卦的卦画。如屯蒙两卦相综，知道了屯卦的卦画，将屯卦颠倒过来就是蒙卦。据此，我重新编了一首歌诀如下：

乾坤屯蒙需讼兮，师比小畜履泰否。
同人大有谦豫兮，随蛊临观噬嗑贲。
剥复无妄大畜兮，颐大过兮坎离备。
咸恒遁兮及大壮，晋与明夷家人睽。
蹇解损益夬姤兮，萃升困井革鼎继。
震艮渐与归妹兮，丰旅巽兑涣节至。
中孚小过既未济，是为易卦六十四。

邵雍所排的六十四卦序，其卦与卦之间的关系是二进位制的关系。其具体顺序如下：（注：为了阅看方便，分为八组，连贯看下去，以下同。）

坤、剥、比、观、豫、晋、萃、否。

谦、艮、蹇、渐、小过、旅、咸、遁。

师、蒙、坎、涣、解、未济、困、讼。

升、蛊、井、巽、恒、鼎、大过、姤。

复、颐、屯、益、震、噬嗑、随、无妄。

明夷、贲、既济、家人、丰、离、革、同人。

临、损、节、中孚、归妹、睽、兑、履。

泰、大畜、需、小畜、大壮、大有、夬、乾。

再次，还有帛书《周易》的排列顺序与通行本不同，这说明《周易》的排列顺序在古代不是只有一种，还有别的排列方法。帛书《周易》的排列顺序如下：

乾、否、遁、履、讼、同人、无妄、姤。

艮、大畜、剥、损、蒙、贲、颐、蛊。

坎、需、比、蹇、节、既济、屯、井。

震、大壮、豫、小畜、归妹、解、丰、恒。

坤、泰、谦、临、师、明夷、复、升。

兑、夬、萃、咸、困、革、随、大过、离。

大有、晋、旅、睽、未济、噬嗑、鼎、巽。

小畜、观、渐、中孚、涣、家人、益。

帛书《周易》与通行本《周易》的卦名也有不同之处。帛书《周易》六十四卦的顺序何以这样排列，有待进一步的研究。

第五节　易　图

易图是《周易》的重要组成部分，是我们祖先智慧的结晶，也是他们认识世界成果的标识。把对世界的认识成果用图形标识出来，是人类认识的一个阶梯，是认识的一种形式。因此，易图不仅在我国文化史上有重要的价值，而且对今后科学的发展也具有重要的意义。下面我们来讨论几种极重要的易图：

一、太极图：太极图是陈抟传下来的，在陈抟之前只有“太极”这个概念，而没有太极图。北宋周敦颐著《太极图说》，有图式和解说两部分，太极图是其中之一。陈抟以后，太极图由三条路线传下来：一是华山刻石无极图，到周敦颐作太极图，再传至程颢、程颐；二是朱熹令蔡季通入蜀从西蜀隐者手中所得之太极图，并刊在《周易本义》的前面；三是穆修传之李之才，李之才传之邵雍。现今流行的“太极图”为朱熹所修定。其图如下：

（图十三）

现在，我们从太极图的结构来分析一下太极图的部分寓意。太极图的结构是：外形是一个圆圈，圈内有两条呈首尾相拥抱姿态的阴阳鱼，黑为阴，白为阳。两条阴阳鱼各占一半的空间，鱼的头部各有一个黑白相反的鱼眼，两条鱼的中间呈一个S形曲线。这个太极图看起来很简单，其实寓意很深：

第一，以圆为形，周流不息。从形式上看，圆形既简单又稳定；从内容上看，圆形的东西转动自如，是积极的、易变的、常动的。这是太极图结构的本质，也反映了事物发展的普遍规律。宏观世界的宇宙天体都是圆球，都按一个圆的轨迹运行，并能够自转。微观世界的原子、电子、中子、介子、层子等等都是圆形的，同样也按一定的轨迹做圆周运动，并且也有自旋。植物中的种子大都呈圆形，野草出芽呈蜗圈形。动物中的长寿者，其体形、运动、睡眠或冬眠的方式都与圆形有关等等。图的外形，给我们一个灵活的信息，初看起来是静的，平面的；凝视它，就会有动态的、立体的感觉，仔细玩味，将会使你领悟无穷。

第二，两鱼首尾相接，姿态妙合而凝。图形指阴阳未分的混沌状态，犹如老子说的“万物负阴而抱阳”，它形象地说明宇宙间的一切事物无不包含着阴和阳，有阴必有阳，有阳必有阴；并且总是处在消长的相互联系和制约之中，阳长则阴消，阴长则阳消，整个宇宙以及每一个事物或状态的内部都处守恒的状态之中。

第三，鱼眼所显示的阴阳互含性。阴中有阳，阳中有阴，这是阴阳同一和转化的内在根据或前提。此外，还代表着事物的内在潜能或新生事物的潜在生命力。科学已经证明，每一种物质都在不同层次上存在着对立的结构，鱼眼代表着物质更深层次上的对立结构或倾势，它起着事物内部的吸引和排斥的作用，从而使事物乃至整个宇宙保持平衡。

第四，双鱼走势的S曲线，是螺旋线的正侧视投影线（俯视则为圆）。它表示事物平衡的相对性，事物发展过程中的波浪性、曲折性以及它的上升性、前进性和周期性。

随着现代自然科学的发展，将有更多的事实证明太极图的科学价值的重大意义。朱灿生指出：太极（阴、阳）是科学的“灯塔”，“牛顿从开普勒天体运行规律中概括出来的万有引力定律，是今日科学结构大厦的根基。现在，当用太极说重新审查这个基础时发现：定律的系统封闭性是对现实系统开放性的歪曲和强加，是一把锁住牛顿及以后一代代科学家通往认识自然本质大门的大锁，是造成今日理论困难重重危机四起的根本原因”，我们在“灯塔的指引下，从天体运行的特征规律中概括出太极学说的一种翻译，将走出另一条认识自然本质的道路”。“人们将逐步看出：表现为哲学、自然科学、社会科学、数学和宗教学的一切领域的人类活动，都不自觉地翻译着太极学说。”①

傅正懿先生经过研究，得出“太极图—S 曲线—突变理论”的结论。他指出：“太极的中心是一个圆，包含着 S 曲线。现代预测理论指出，有两个系统：一是封闭型系统，即有发展、生长限度的系统。这种系统的发展过程可用 S 曲线表示。二是开放型系统，它的发展过程如指数曲线。可以认为，太极图中的圆是封闭型系统的形象表示，S 形曲线是说明这一系统的发展过程的曲线。”他还指出：“S 曲线又称为逻辑型规律曲线，许多自然、社会现象都可以用它来说明。世间万物都随时间推移作持续性的发展运动，呈现出一定的规律性。人们通过长期的观察，发现许多自然、社会现象的发展变化过程都遵循一种逻辑规律，它可用 S 形曲线表示。S 形曲线由一条指数曲线和一条对数曲线平滑衔接而成。从阴阳理论的观点来看，太极图中的 S

---

① 朱灿生：《“太极（阴、阳）——科学灯塔”初揭》，载唐明邦等编：《周易纵横录》，湖北人民出版社，1986。

曲线是一分为二的阴阳双方互相依存、制约、消长、转化的动态说明。阴阳的消长转化是S曲线的成因。”①

徐子评先生将太极图用于中医理论的研究，他指出：“根据天人相应的原理，将脏象学说与太极原理结合起来，便是人体结构模式。”② 傅正懿还应用S曲线的理论来分析太阳、少阳、阳明、太阴、少阴、厥阴等六经的转变过程，得出了令人信服的解释。地球的板块结构也是一个太极图。总之，太极图有无限丰富的内涵和科学价值。

1985年8月，在钱学森教授和张振寰教授的指导下，由国防科委航天医学科学研究所梅磊教授对武汉体育气功研究室主任夏双全在气功状态下进行脑电监测，通过大脑功能扫描技术拍摄到一张脑潮涨落太极图。一般健康人的大脑内有两个宏观的太极图象，一个在天目穴，一个在百会穴，阴阳鱼均呈白色，但亮度有所不同。训练有素的气功师，即使在常态下也能呈现出清晰的太极图，颜色为紫红色和红色或粉红色，S波频率高。病人则太极图外圈变虚变大或太极图消失，S波消失。这足以证明人人有太极，事事有太极，物物有太极。

从审美度角度看，太极图也是书画美的秘诀，S曲线一波三折，体现了流动的韵律美。S形的布局是绘画布局的重要手段之一，好的书法和绘画尽皆如此。在书画方法中有所谓黑布白，就是要考虑到阴阳在画面上的比重或比例关系。在书画的创作过程中，若能深刻领悟太极图作为宇宙万物的意象图所具有运动气韵感，使作品协调而具有艺术的深度，定会大大提高书画的审美价值。人的体型呈S形，表现出人体的曲线美，曲线美（其他还有匀称美、清秀美、丰满美、健

---

① 傅正懿：《太极图—S曲线—突变理论》，载唐明邦等编：《周易纵横录》，湖北人民出版社，1986。

② 徐子评：《太极图的作法及中医解》，见唐明邦等编：《周易纵横录》第542页，湖北人民出版社，1986。

康美等）是人的形体美的重要方面之一。因此，太极图是宇宙间形体美、协调美和曲线美的缩影。

总之，太极图是我们祖先的一项绝妙的发明，它概括了宇宙间一切事物和现象，表达了宇宙万物生成演化的基本规律，因而它也概括了易学的阴阳、三才、四象、五行、八卦、九宫的基本内容，体现了象、数、理、占的统一，含有哲学、天文、历法、医学、养生等学科的内容。宇宙间的一切事物和现象，不外乎是阴阳两种对立的物质和由这些物质运动所产生出来的。来知德在《周易集解·古太极图序》中说："天地间形上形下，道器攸分，非道自道、器自器也。器即道之显诸有，道即器之泯于无，虽欲二之不可得也。是图也，将以为沦于无邪？两仪、四象、八卦，与夫万象森罗者，已具在矣。抑以为滞于有邪？凡仪象卦画，与夫群分类聚，森然不可记者，曾何形迹之可拘乎？"即世间无形的道与有形的物体，都已具于太极之中，不能说它"无"，因为其中已经包含有阴阳两种物质和阴阳运动形成的道；但也不能说它是"有"，因为它并不就是具体的物质形体。这一解释非常具有价值，即太极图是无形与有形、具体与抽象的统一。

太极图是怎么得来的呢？根据清代学者毛奇龄的考证，陈抟所创造的太极图，是将《周易参同契》中的"水火匡廓图"与"三五至精图"合并而成的。太极图为陈抟首创，陈抟易学，不用烦琐的文字解说，只用图以寓阴阳之数。陈抟把数学传授给穆修，把象学传授给种放，种放传授给许坚，许坚传授给范谔昌。朱熹曾派友人蔡季通入蜀寻找陈抟的易图，蔡季通从蜀隐者那里得到三图，其一就有太极图。太极图从此就在我国学术史上被记载下来。由此可见，太极图的首创者及传播情况都十分清楚。但是，有人怀疑这一科学的东西是我们祖先的发明创造，说什么"如果视太极图为某种神秘信息以巫觋文化方式的整合，那就有可能来自外星文明”[①]，这种“可能”是随意的猜测，不足为据。

太极图还有很多奥秘需要我们去揭示：1. 古太极图的两个阴阳鱼究竟象征什么？（水火？光气?）2. 太极图的旋转结构为什么同大气对流运动如此巧合？3. 太极图、两仪运动的基本形态为什么同热核反应的连锁分裂完全相似？4. 古太极图的 S 曲线与圆的夹角为什么同黄道与赤道的夹角（23 度 26 分 21 秒）如此暗合？5. 太极图的具体模式是地球吗？对于以上问题的深入研究，要从历史的、现实的、实验的层次上去展开，不应该把它推到外星人那里去。

二、伏羲八卦次序图：此图又称小横图，是北宋所传的先天图之一。其内容是说明八卦是太极生两仪、两仪生四象、四象生八卦的过程。朱熹评论说：“此乃易学纲领，开卷第一义，然古今未有识之者，至康节先生始传先天之学而得其说，且以此为伏羲之易也。”[②]（见图三）

三、伏羲八卦方位图：此图是北宋邵雍所提出的先天图之一。这个图的内容是：乾坤始交为震，震为一阳生，表示阴消而阳生。巽为一阴生，表示阳消而阴生。兑为二阳生，表示阳长。艮为二阴生，表示阴长。左半球表示天始生万物，有交泰之义，所以震兑两卦象，皆阴爻在上，阳爻在下。右半球表示地始成万物，所以巽艮两卦象皆阴爻在下，阴爻在上意味着阳尊而阴卑。乾上为南，坤下为北，离左为东，坎右为西。乾为天，左半圈自下而上，表示阳气生长，施生万物；坤为地，右半圈由上而下，表示阴气生长，收藏万物。离为日，日起于东方，坎为月，月生于西方。天地开阖，形成四时运行；日月

① 高峰：《飞碟研究》1990 年第 1 期。

② 朱熹：《易学启蒙・明蓍策第三》。

出入，形成昼夜长短与晦明弦望。这个图将八卦的方位与四时的变化相联系而展示出来，用以说明天时与节气变化的规律性。（见图五）

四、伏羲八卦配太极图图：

（图十四）

伏羲八卦即是先天八卦，它所配太极图，其八卦之顺序与太极图中的S曲线相配，即先天八卦的走向也是一个S曲线。来知德说，伏羲之易“对待不移者也”，两相对之卦皆相错，乾与坤相错，兑与艮相错，离与坎相错，震与巽相错，且相对之卦数之和是相等的，乾一加坤八、兑二加艮七、离三加坎六、震四加巽五，皆为九，皆奇偶阴阳相协。

五、文王八卦次序图：此图为邵雍后天易学图式之一，其学说来源于《说卦传》中乾坤生六子的说法，认为乾坤为父母，其余六卦为乾坤两卦相交而生，兑离震三卦合起来为五阳四阴，巽坎艮三卦合起来为五阴四阳，五阴对五阳，四阴对四阳，如同水火相生相克，而生成万物。邵雍将其说归为文王八卦，目的在于说明伏羲八卦次序图是出于心法，乾坤六子说只是文王的推演。（见图六）

六、文王八卦方位图：此图是邵雍后天易学图式之一，此图起于震，终于艮。其方位为离南坎北，震东兑西，坤为西南，乾为西北，巽为东南，艮为东北。其中坎离震兑为四正卦。邵雍把此图定为文王八卦方位图，以此证明乾坤坎离四正卦的模式早于坎离艮兑的模式，从而进一步以此作为区分先天易学和后天易学的证据。（见图九）

七、后天八卦配太极图图：

（图十五）

来知德说："文王之易，气也，流行不已者也。"就是说，后天八卦主气的流行，从北方坎水（冬天）阳气始生，由东方震木（春天）渐次增长到南方离火达到极点就会转化，同时阴气始生，经由西方兑金（秋天）到北方坎水达到极点，同时阳气又始生，一年四季运行的变化与太极图中的阴阳消长是一致的。阴极之时，阳气始生；阳极之时，阴气始生，气之流行就会永无止境，因而宇宙万物就生生不息。

此外，除坤与艮相比和外，其余相对卦皆相克，兑阴金克震阳木，乾阳金克巽阴木，坎水克离火。以顺时针转，则为相生，震巽木生离火，离火生坤艮土，坤艮土生兑乾金，兑乾金生坎水，水生震巽木，包含有五行的相生相克。

八、伏羲六十四卦顺序图：此图又称大横图，是邵雍所传的先天图之一。其内容讲的是六十四卦的形成过程，就是一分为二或叫加一倍法以形成六十四卦，即一分为二，二分为四，四分为八，八分为十六，十六分为三十二，三十二分为六十四，换言之，即是 2 的 6 次方。此图从右至左，起于乾终于坤，从右到左来看，六十四卦从乾到坤也经六变，乾䷀上九爻变，为夬䷪卦，为一变；夬卦䷪九五爻变，为大壮卦䷡，是为二变；大壮䷡卦九四爻变，为泰䷊卦，为三变；泰䷊卦九三爻变，为临䷒卦，是为四变；临䷒卦九二爻变，为复䷗卦，复卦的初九爻变为坤卦䷁，是为六变而为六十四卦。从右至左反映了阳消阴长的过程，相反从左至右反映了阴消阳长的过程。从左至右符合二进位制的规律，即是合二而一的过程；相反，从右至左是一分为二的过程。此图有重要的科学价值。

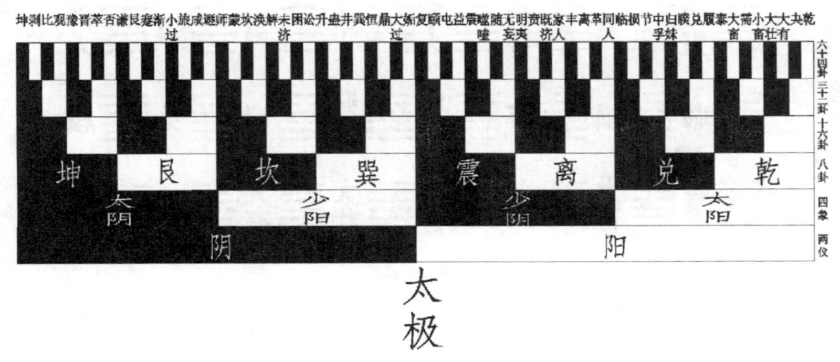

（图十六）

九、伏羲六十四卦方图：此图是邵雍的先天图之一，这个六十四卦方图由四个层次组成。中间巽、震、恒、益四卦为第一层，其外以坎卦、离卦、未济卦、既济卦为四隅的十二卦为第二层，之外以艮卦、兑卦、咸卦、损卦为四隅的二十卦组成第三层，再之外以乾卦、坤卦、泰卦、否卦为四隅卦的二十八卦组成第四层。此图意在说明六十四卦各有定位，如乾居西北，坤居东南，泰居东北，否居西南。凡对角线上之卦皆相反对。此图的理论意义主要在于说明了空间结构是三十二个对立面所组成的。

坤	剥	比	观	豫	晋	萃	否
谦	艮	蹇	渐	小过	旅	咸	遁
师	蒙	坎	涣	解	未济	困	讼
升	蛊	井	巽	恒	鼎	大过	姤
复	颐	屯	益	震	噬嗑	随	无妄
明夷	贲	既济	家人	丰	离	革	同人
临	损	节	中孚	归妹	睽	兑	履
泰	大畜	需	小畜	大壮	大有	夬	乾

（图十七）

六十四卦方图二进位制的数学表达

000000	000001	000010	000011	000100	000101	000110	000111
001000	001001	001010	001011	001100	001101	001110	001111
010000	010001	010010	010011	010100	010101	010110	010111
011000	011001	011010	011011	011100	011101	011110	011111
100000	100001	100010	100011	100100	100101	100110	100111
101000	101001	101010	101011	101100	101101	101110	101111
110000	110001	110010	110011	110100	110101	110110	110111
111000	111001	111010	111011	111100	111101	111110	111111

（图十八）

十、伏羲六十四卦圆图：此图是邵雍先天图之一，用六十四卦组成一个圆形图。以乾坤坎离为四正卦。左半圆自复至乾，共三十二卦，阳爻共一百一十二，阴爻共八十，阳爻占优势，故称为阳；右半圆自姤至坤，也是三十二卦，阴爻一百一十二，阳爻八十，阴占优势，故称阴。左半圆从复到乾，阳爻由少到多，为阳长阴消的过程；右半圆从姤到坤，阴由少到多，为阴长阳消的过程。这两个相反的过程说明宇宙间的事物总是处在阴阳消长的过程之中的，并且是无穷的。

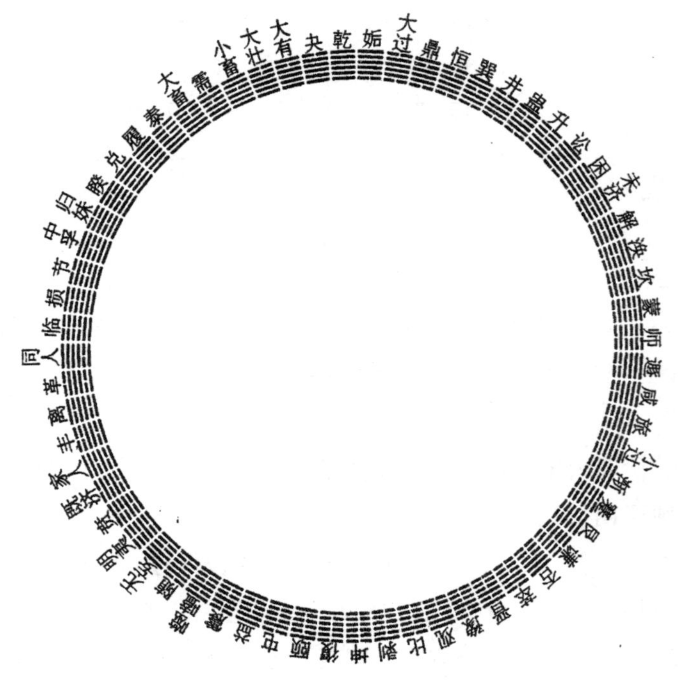

（图十九）

十一、河图、洛书：传说“河图”为黄河龙马身上的图像，洛书为洛水乌龟背甲上的纹象。《系辞传》上说，“河出图，洛出书，圣人则之”。即圣人依据河图洛书，画出八卦。但是，据清初学者毛奇龄考证，河图、洛书之图出于宋代陈抟。毛奇龄指出：河图、洛书之名自古皆有之，大抵“图”为规画，“书”为简册之类。在陈抟之前只有文字没有图画，到了陈抟传出河图、洛书之图，又没说明受自何人，得自何处，传自何家。根据这一事实，河图、洛书之图为陈抟所创。

其河图之图如下：

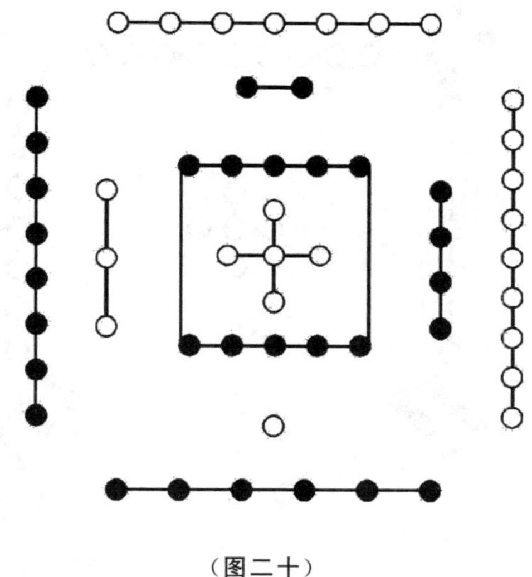

（图二十）

河图数五与十居中，其核心是“五”。分为两层，内层为生数：一、二、三、四；外层为成数：六、七、八、九。白圈代表奇数为阳，黑圈代表偶数为阴。五加一为六，“一与六共宗居乎北”；五加二为七，“二与七为朋居乎南”；五加三为八，“三与八同道居乎东”；五加四为九，“四与九为友居乎西”；五与十相守居乎中。外圈的六、七、八、九，四象也。胡煦解释说：“河图既为先天，先天所配，即属未发之中。则看图之法，但当玩其浑沦周匝，万理静合，合而未分，全无倚著，与未发相似，然后可耳。岂宜动著丝毫，如拆补之说耶？今观河图，不过自一至十之数耳。然数一也，而奇偶殊矣[①]；奇偶易察也，而多寡辨矣。又且生成之数，各有合而不分；生成之象，各有居而无缺矣。”

其洛书之图如下：

① 胡煦：《周易函书约存》。

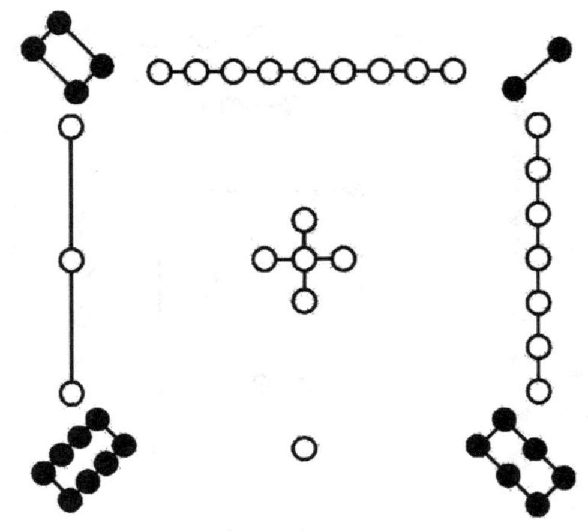

（图二十一）

洛书图是以黑白圆点取代九宫图中的相应数字而形成的。九宫图的构成是：戴九履一，左三右七，二四为肩，六八为足，五居中央。九宫图中的数字，不论是横竖还是对角之数相加，均为15。奇数为阳，以白圈为代表；偶数为阴，以黑圈表示。胡煦解释说："洛书中，阳数居正，而阴数居偶，以万物生于阳而成于阴也。其生成相间而各居，则内外之体别矣。而奇偶亦相间而各居，则阴阳之体别也。"[①]

可见，陈抟创造的河图、洛书图不是没有根据的杜撰。河图、洛书之名最早见于《尚书》，《论语》亦有"河图"一词，《周易·系辞传上》中有"河出图，洛出书，圣人则之"的记载，开始把河图、洛书与周易联系起来。以后，汉代孔安国、刘歆又把河图洛书与八卦联系起来，孔安国说："河图八卦，伏羲氏王天下，龙马出河，遂则其文以画八卦。"[②] 禹治水时，"天与禹洛出书，神龟负文而出，列于

① 胡煦：《周易函书约存》。

② 孔颖达《尚书正义·周书·顾命》。

背，有数至于九。禹遂因而第之，以成九类，常道所以次叙”[①]。刘歆也认为：“伏羲氏继天而王，受河图而画之，八卦是也。禹治洪水，锡洛书，法而陈之，《洪范》是也。圣人行其道而宝其真，河图、洛书相为经纬，八卦、九章，相为表里。”[②] 他们均认为，八卦起源于河图，九畴起源于洛书，但是只有文字说明，没有图式。到了宋代，陈抟根据《易龙图》首创河洛图式，区分河图、洛书之名者是宋代刘牧，今存的河洛图式为蔡元定所定。由此可知，陈抟所创的河洛图是有所依据的。

至于何为河图，何为洛书，历史上有不同的看法，对于河图、洛书的意义亦有不同的见解。如清代胡煦认为：“道原于天，始之者河图、洛书也。盖河图、洛书为天地自然之易，则图画卦之理具其中，而天人妙契之精微，历圣相传之心法，无不包含于其中。圣人之道尽在《易象》、《春秋》，《易象》为其大体，《春秋》为其大用。《易象》所阐，乃天合之旨。夫自图、书以及先天，自先天以及卦爻，全是一个道理，则是天之与人，非有歧旨；而开天之图书，与穷理尽性之《周易》，非有二道也。”[③] 所以，若要学习和研究《周易》，应自河图、洛书开始。

古代圣哲对河图、洛书的意蕴有很多的解释，现代学者亦在不断地研究河图与洛书的意蕴和价值。如内蒙古的韩永贤先生，经过多年精心的研究，认为：河图是无文字时代的气候图，它揭示了人类先有记号，后有文字，记号时代已产生数的观念，并且具备了透视概念和几何知识。河图的作者很可能是游牧部落的首领伏羲氏。洛书则是方

① 孔颖达《尚书正义·周书·洪范》。
② 《汉书·五行志》。
③ 胡煦：《周易函书约存》。

位图，也就是上古游牧时代刻在石头上的罗盘，这说明那个时代天文学已经萌芽。韩先生的见解是很有价值的新颖的见解[①]。

河图配先天八卦图：

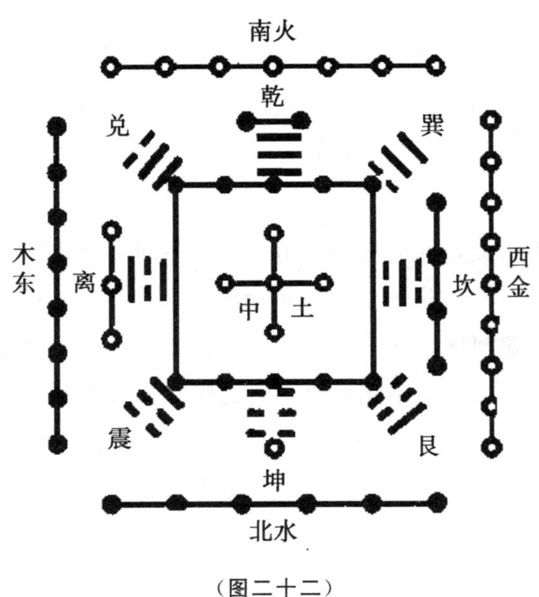

（图二十二）

从图二十二中看出：以生数一配成数六，居北，再配以坤卦；以生数二配成数七，居南，再配以乾卦；以生数三配成数八，居东，再配以离卦；以生数四配成数九，居西，再配以坎卦；以生数五配成数十，居中央。乾、兑、离、震四卦为老阳、少阴所生。巽、坎、艮、坤为少阳、老阴所生。生数之一、二、三、四分别代表坤、乾、离、坎四正卦，坤为北方、乾为南方、离为东方、坎为西方，为四正方位。兑为东南、震为东北、艮为西北、巽为西南，为四隅卦。与生数

① 请参见韩先生著的《周易探源》，中国华侨出版社，1990。

相配的成数分别为：六、七、八、九，四象也。中央五为阳，十为阴；未配八卦，为虚位，表示太极。

河图配后天八卦图：

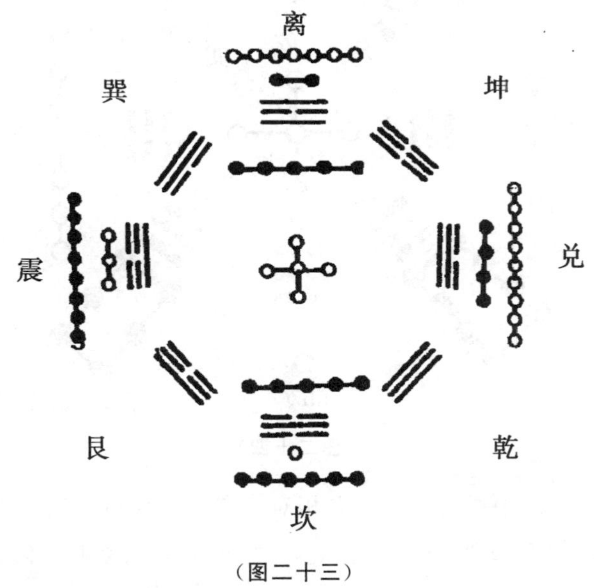

（图二十三）

从图二十三中看出：以天地之数的生数一配成数六，居北，配以坎卦，坎为水；以生数二配七，居南，再配以离卦，为火；以成数三配八，居东，再配以震，为木；以生数四配九，居西，再配以兑卦，为金；以生数五配十，居中央，为土。由此得出五行的顺序是：一坎水、二离火、三震木、四兑金、五坤土，即水、火、木、金、土。

洛书配先天八卦图：

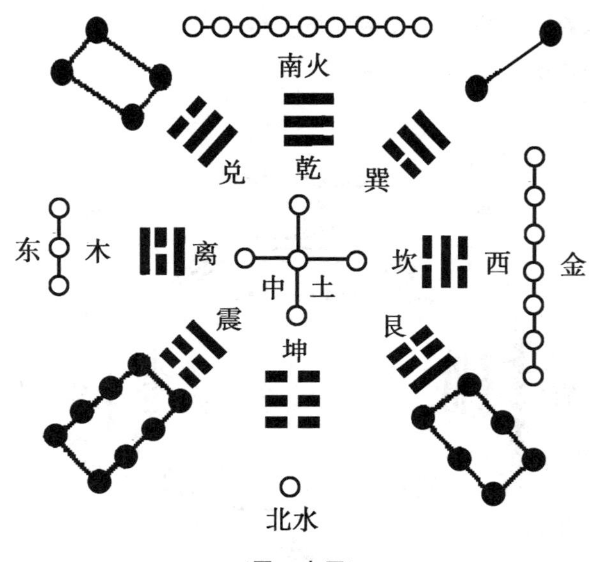

（图二十四）

从图二十四中看出：一与九相对，二与八相对，四与六相对，三与七相对，其和皆为十。一含九，二含八，三含七，四含六。六、七、八、九，为四象之数。四正卦的奇数生出乾、坤、离、坎，四隅卦的偶数生出兑、震、巽、艮。四正卦和四隅卦皆是阴阳对应的两对卦。按阳上阴下的规律，九为乾，一为坤。又自九而逆数之震八、坎七、艮六，为乾卦生三阳卦；又自一而顺数之，巽二、离三、兑四，为坤生三阴卦。八数配以八卦，与先天之位相合。

洛书配后天八卦图：

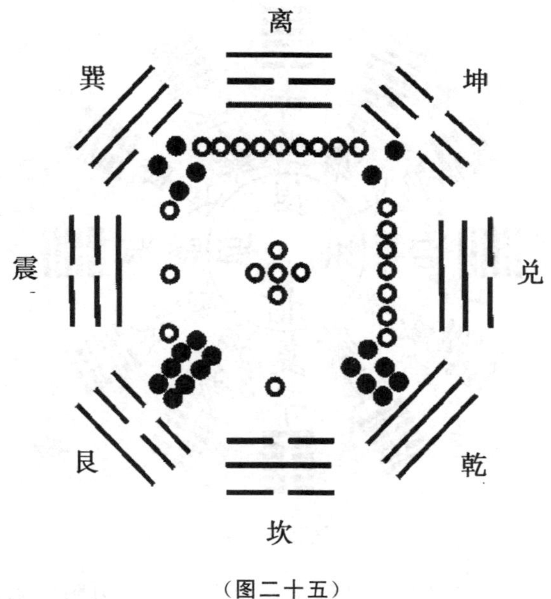

（图二十五）

从图二十五看出：洛书九与离卦相配，居南方；一与坎卦相配，居北方；三与震相配，居东方；七与兑卦相配，居西方。坎、离、震、兑为后天八卦的四正卦。四与巽卦相配，居东南；八与艮卦相配，居东北；六与乾卦相配，居西北；二与坤卦相配，居西南。巽、艮、乾、坤为后天八卦的四隅卦。按照此图，则八卦的顺序为：坎一、坤二、震三、巽四、乾六、兑七、艮八、离九。此图是八宅风水的基础理论之一，对于了解八宅方位的吉凶至为重要。

地支配十二辟卦图：

（图二十六）

十二辟卦即十二月卦，又称十二消息卦，它由阳息阴消、阴息阳消的有规律地变化的十二个特殊的卦组成。由复卦开始，中经临卦、泰卦、大壮卦、夬卦、乾卦、姤卦、遁卦、否卦、观卦、剥卦，到坤卦结束。每一个卦代表一个月。复卦配地支子，代表十一月，子属水，为冬，为冬至，为北方。大壮卦配地支卯，代表二月，卯属木，为春分，为东方。姤卦配地支午，代表五月，午属火，为夏至，为南方。观卦配地支酉，代表八月，酉属金，为秋分，为西方。十二辟卦与地支和方位配合起来，它形象说明了一年十二个月、春夏秋冬四季阴阳消长的具体情况。

以上我们介绍了几种易图，这是学易者不可不知道的几种易图。但是，易图不只有这些，若有兴趣进行深入研究者，请参阅施维先生、邱小波女士主编的，中国工人出版社于1994年12月出版的《周易图释大典》一书。

第三章　易学基本概念

不论是初步学习还是深入研究《周易》，都必须首先了解易学的若干基本概念，这是读懂《周易》、了解《易》理、认识《周易》奥妙的基础。

何谓“易学”？所谓易学是指对《周易》的经和传中所包含的义理与象数之学进行注释、解释、引申和发挥而形成的学问。易学主要有三大派：义理派、象数派和图书学派。《四库全书》把易学分为两派六宗：“两派”指义理派和象数派；“六宗”指占卜宗、禨祥宗、造化宗、老庄宗、儒理宗、史事宗。六宗实际上可归属于两派，占卜、禨祥、造化三宗归属于象数派；老庄、儒理、史事三宗归属于义理派。《四库全书总目·经部·易类》说：“《左传》所记诸占，盖犹太卜之遗法。汉儒言象数，去古未远也。一变而为京（房）、焦（延寿），入于禨祥；再变而为陈（抟）邵（雍），务穷造化。《易》遂不切于民用。王弼尽黜象数，说以老庄。一变而胡瑗、程子，始阐明儒理。再变而李光、杨万里，又参证史事。”易学各派在形成和发展过程中，提出了自己独特的概念和理论体系。为了对这些学派的学说有所了解和深入研究，必须要对它们的概念有所了解。下面对易学的一些概念作简要的介绍。

第一节 关于易学的总体概念

太极：是《周易》哲学中的一个重要的本体性质的范畴。“太极”一词出自《周易·系辞传》上：“易有大（读为太）极，是生两仪，两仪生四象，四象生八卦。”自汉以来，对太极有多种不同的解释：(1) 太极，无也。王弼《周易注》：“夫有生于无，故太极生两仪也。太极者，无之称。”王肃《易注》：“太极，无也。”魏晋玄学王弼一派，主张以无为本，认为“无”是宇宙的本源。无形无名者，万物之宗也。这是玄学家对太极的解释。宋代邵雍说：“太极何物也？曰：‘无为之本也。’”[①] (2) 太极，元气未分的状态。汉代刘歆在他所著的《汉书·律历志上》中首先把“太极”解释为“元气”。他说：“太极，中央元气。”郑玄说，太极“极中之道，淳和未分之气也”[②]。孔颖达《周易注疏·系辞上疏》：“太极谓天地未分之前，元气混而为一，即是太初、太一也。”宋代张载认为：“一物两体，气也，其太极之谓与？”[③] 明代易学家来知德认为：太极不过阴阳之浑沦耳，自有太极含阴阳。“浑沦”即混沌。这是一种唯物主义的最有科学价值的解释，认为太极是处于淳合状态的“元气”。也即说，“太极”是物质的原始混沌状态，是量子场系统能量最低的状态，即“物理真空”。(3) 太极者，理也。朱熹说：“太极者，其理也。”[④] “太极只是一个

---

① 转引自李光地：《周易折中》卷第十四《系辞传上（下）》。

② 转引自南朝萧统所编：《昭明文选》。

③ 张载：《正蒙·参两》。

④ 朱熹：《周易本义·系辞传上》。

浑沦底道理，里面包含阴阳、刚柔、奇偶，无所不有。”[①]朱熹的得意门生陈淳说：“太极只是浑沦极至之理，非可以形气言。”胡居仁说：“太极，理也。道理最大，无以复加，故曰‘太极’。”[②] 来知德也说：“太极者，至极之理也。理寓于象数之中，难以名状，故曰太极。”[③]刘沅说：“太极，理之极致也。”[④] 理学家们说“理”是一种超越于宇宙万物之上的脱离物质的“理念”。应该说，这是客观唯心主义的解释。此外，还有其他的种种解释如：（4）太极者，筮法也。一说五十之数聚而未分为太极；一说四十九之数未分为太极。（5）太极者，一也。徐在汉说，“同一乾坤也，以其一神则谓之太极，以其两化则谓之两仪”。此以数“一”释太极[⑤]。（6）太极者，北辰也。以北极星释太极。（7）太极者，心也。以人心释太极。总而言之，过去学者对太极的解释，众说纷纭。那么，现代学者如何解释“太极”呢？下面我们举例说明之：

例一，金景芳教授等说：大极是什么？大极就是大一。大一是整体的一，绝对的一。《说文》第一个字就是一，许慎解释说：“惟初大一，道立于一，造分天地，化成万物。”许慎的说法符合《易》的原意。仪是什么？《诗·鄘风·柏舟》：实为我仪。《毛传》：仪，匹也，“匹配”的意思。两仪就是一对儿，就是事物对立统一着的两个方面。太极生两仪，就是一分为二，说的是矛盾，它具有普遍意义，可以象天地、夫妇、君臣、幽明、昼夜、进退等等，而在这里则是象浑沦未分的“大一”剖判为天地两个方面。“易有大极，是生两仪，两仪生

---

① 黎靖德：《朱子语类》卷七十五。

② 均转引自李光地：《周易折中》卷第十四《系辞传上（下）》。

③ 来知德：《周易集注》卷十三《系辞传上》。

④ 刘沅：《周易恒解·系辞传上》。

⑤ 转引自李光地：《周易折中》卷第十四《系辞传上（下）》。

四象，四象生八卦，八卦定吉凶，吉凶生大业”这段话，讲的是八卦产生的原理，也是讲天地造分，化成万物的过程[①]。

例二，朱伯崑教授说：太极一词在先秦的文献中，仅见于《庄子·大宗师》：“在太极之先而不为高，在六合之下而不为深。”此处“太极”同六合对文，太极指空间的最高极限。《系辞》说的“太极”，指的是大衍之数或奇偶两画未分的状态，乃卦象的根源，故称其为太极。庄子说的“太极”指空间的最高极限，是这个词的最初含义，而《系辞传》由是借用庄子的太极解释筮法。在老庄学说中，太一乃实体，但不等于太极。《吕氏春秋·大乐》：“太一出两仪，两仪出阴阳，阴阳变化，一上一下，合而成章”，“万物所出，造于太一，化于阴阳”。《大乐》作者用“大一”而不用“太极”表达世界的本原，说明在先秦文献中，太极尚无实体意义。予太极以实体的意义，或者以大一为太极是汉朝人的观点[②]。按照朱教授的说法，“太极”是个筮法概念，为前面说的第四种。

两仪：易学中的一个重要范畴。仪者，“匹配”的意思。其具体内容，说法不一：（1）指两画或奇偶二数。（2）指天地。唐代孔颖达说：太极“又谓混元既分，即有天地，故曰太极生两仪”。“不言天地而言两仪者，指其物体，下与四象相对，故曰两仪，谓两体容仪也。”[③]《易纬·乾凿度》（卷上）：“易始于太极，太极分而为二，故生天地。”（3）指阴阳。南宋俞琰《周易集说》说：“仪也者，一阴一阳对立之状态。”周敦颐《太极图说》：“太极动而生阳，动极而静，静而生阴，分阴分阳。两仪立焉。”两仪指阴阳，具有普遍的代表意义。两画象征阴阳，奇数为阳，偶数为阴。天为阳，地为阴。所以以

---

① 见金景芳、吕绍纲：《周易全解》第500页，吉林大学出版社，1989。

② 见朱伯崑：《易学哲学史》（上）第49页，北京大学出版社，1986。

③ 孔颖达：《周易注疏·系辞上疏》。

阴阳释两仪，最具有概括性的意义。

四象：易学中的一个重要范畴。《系辞传》上说“易有四象，所以示也”。其具体内容，有不同的说法：（1）指春、夏、秋、冬四时；（2）指七、八、六、九四数；（3）指坎、离、震、兑四卦；（4）指金、木、水、火四行；（5）指太阴⚏、少阳⚍、少阴⚎、太阳⚌；（6）还有以乾、坤、震坎艮、巽离兑为四象的。通常以太阳、太阴、少阳、少阴为四象者居多。

八卦：即八经卦。八卦是由阴爻和阳爻所构成的八个符号：☰、☱、☲、☳、☴、☵、☶、☷，也包含八卦相重的六十四卦。

三才：易学中的重要范畴之一，指天、地、人，引申为天道、地道、人道。才者，质也，材质之谓。三才即是构成宇宙的三种材质。在八经卦中，天以上爻代表，人以中爻代表，地以初爻代表。在别卦中，天以上爻、五爻代表，人以三爻、四爻代表，地以二爻、初爻代表。《系辞传》下说：“易之为书也，广大悉备，有天道焉，有人道焉，有地道焉。兼三才而两之，故六。六者，非它也，三材之道也。”《说卦传》说：“立天之道曰阴与阳，立地之道曰刚与柔，立人之道曰仁与义，兼三才而两之。”即是说，三才是构成宇宙的三种物质实体和与之相联系的三种规律。

阴阳：易学中的重要范畴之一，指两种相互对立的气或两种相互对立的倾势。阴阳的本意是：阳指山之南，朝向太阳为阳；阴指山之北，背向太阳为阴。以后发展成为具有普遍意义的哲学范畴。《易传》大量使用阴阳这个概念。如立天之道曰阴与阳，一阴一阳之谓道，阳卦多阴，阴卦多阳，阳卦奇，阴卦偶。阳一君而二民，君子之道也；阴二君而一民，小人之道也。乾，阳物也；坤，阴物也。阴阳合德，而刚柔有体。即《易传》把宇宙间的事物均概括为阴阳两种对立的物质实体和两种对立的属性、倾势和状态。因而它是一个具有科学意义的哲学范畴。

变易：易学中的重要范畴之一。变易原意指阴极变阳，阳极变阴。《周易·系辞传》下说：“易之为书也，不可久远。为道也屡迁，变动不居，周流六虚，上下无常，刚柔相易，不可为典要，唯变所适。”“道有变动，故曰爻。”“爻也者，效此者也”，“爻也者，效天下之动者也”。爻有阴阳，爻仿效天下的各种运动，是通过爻的阴阳转化来实现的。变易思想是《周易》哲学的核心。变易即是变化。随着易学的发展，变易一词不只局限在六虚变动的范围之内，它成了反映普遍变化的概念。朱熹在解释乾卦中的“乾道变化，各正性命”时指出：“变者化之渐，化者变之成”，明代的来知德亦发挥这个思想。在这个解释中已包含着事物从量变到质变的思想，变的过程是事物达到质变之前的渐进过程，化是事物通过渐进的量的改变而达到的性质的根本转变。变易、变化的思想是贯穿《周易》哲学的十分重要的、核心的思想。

中行：易学中重要的哲学概念，指守持中道、实行中道。《周易》崇尚中行、中正，即《周易》尚中。“中”指二、五爻位，不论是二五皆刚还是二五皆柔，不论是二刚五柔还是二柔五刚，即不论是二五刚柔相敌，还是刚柔相应，都是“大吉”或“吉”，不是“凶”，即使是“凶”，也可化为“吉”。意即人只要守持中道，就不会遇到任何凶险或不利的事情。

刚柔：是阐释易学理论的一对重要范畴。阳为刚，阴为柔。凡积极的、向上的、有朝气的阳性之物，皆为刚性之物；相反，凡消极的、弱小的、衰减的，没有发展前途的事物，皆为柔性之物。刚与柔之间的关系是相对的，变化的。在易卦中，刚与柔处中位有以下五种情形：一刚得中；一柔得中；双刚得中；双柔得中；刚柔分中。

道器：是表示宇宙事物抽象与具体的概念。道，本意为道路，引申为原则、规律。即是“一阴一阳之谓道”、“形而上者谓之道”的

"道"。阴阳对立、变化及其相互转化的规律就是道。这个"道"是形而上的，是超越于具体的、感性经验之上的存在。"器"，指具体的感性事物或现象，是人可以用感官感觉到的事物或现象。任何事物只有上升到一般意义，才能认识它的普遍规律即"道"。

元、亨、利、贞：指宇宙万物的四种德行或性质，乾卦为纯阳之卦，宇宙万物之原始，犹如现在说的阳粒子，它具有元始、亨通、利物和贞正四种性质。"元"：始也，开始、开端。"亨"：通也，通畅、顺畅，"没有阻塞"的意思。"利"：利物，即利人、利益、利于人。作为乾卦四德的"利"是"公利"的意思，作为判断词的"利"是利于自己、"利己"的意思，它们是有区别的。"贞"：正也，正道、正固，"不偏邪"的意思。

吉、凶：是卜筮时用的判断词，是一对矛盾对立的概念。吉，美善、有利、幸福，对于人有喜庆、吉祥、吉利的事情。吉有"吉"、"大吉"、"元吉"三个层次之分。凶，不利，不吉、灾难、凶险、险恶，对于人有种种不利或危险的事情或事物。《说文》说："吉，善也"；"凶，恶也"。《说文》是从普遍的道德层面上所作的解释。《周易》的"吉凶"，是从人趋吉避凶的行为选择上作出的价值判断。

悔、吝：是卜筮时用的判断词。"悔"，悔恨，较小的不幸，不是凶兆，但也是不祥之运。有"悔"、"有悔"、"无悔"、"悔有（又）悔"、"悔亡"之分。"吝"，难也，困难、危难、过失。有"小吝"、"终吝"、"贞吝"和"往吝"之分。

咎、厉：是卜筮时用的判断词。"咎"，灾也，"灾难"的意思。"无咎"，没有灾难，不吉，也没有凶。"厉"，危也，"危难"的意思。与"咎"和"吝"相比有程度的不同，"厉"的危险程度更严重一些。

利：是卜筮时用的判断词，指对占筮者或预测者有利、有益、吉祥的结果的事情。《周易》中有 215 个"利"字，"利"是《周易》重要的价值追求，是对占卜者作出的价值判断，导人做善事。凡“中”、“正”皆为有“利”：或“利见大人”、“利攸往”、“利涉大川”；或“利建侯”、“利行师”；最高境界是“无不利”。

贵贱：《周易》认为，阳为贵、阴为贱；上为贵、下为贱；君为贵、臣民为贱。天尊地卑，尊为贵、卑为贱，“卑高以陈，贵贱位矣”。在一卦的六爻中也有贵贱的不同，“三与五同功而异位，三多凶，五多功，贵贱之等也”。三与五同为阳位，五居上卦之中位，为尊为贵，故有功；三居五之下，为卑为贱，又居下卦之终，故多凶。

象数：包括象和数。“象”，指爻象和卦象，包括八经卦卦象和六十四卦卦象；“数”，指六爻的爻位数、天地之数、大衍之数和乾坤策数。

伏羲：我国远古时代的部落首领，亦称包羲、包牺、伏戏，与燧人、神农合称为三皇。传说他教民结网，渔猎畜牧，画八卦。《白虎通·三皇》载：“伏羲仰观象于天，俯察法于地，画八卦以治天下，天下伏而化之，故谓之伏羲氏。”

文王：姓姬，名昌，商末周族领袖，周代的奠基人。商纣时封为西伯，亦称伯昌。后即位，实施善政，国势强大，灭商建立周朝，晚年称为文王。曾被商纣囚于羑里。据《史记》记载：“文王拘而演《周易》”，说他在被囚于羑里时，将八卦重为六十四卦。现代根据考古证明，此说不可信。

周公：西周时杰出的政治家，姓姬，名旦，周文王第四子。辅佐周成王管理国家，制礼作乐，制定出治国的典章制度，称为“周礼”。汉代马融认为，《周易》的爻辞为周公所作。现代人认为，这个说法无据，只认为周公与易象有密切的关系。

孔子（前551—前479）：名丘，字仲尼，春秋鲁国陬邑人。中国古代著名的思想家、政治家、教育家，儒家学派的创始者。孔子学说的核心是“仁”，“仁者，爱人”，认为人与人之间应该相爱；提出

"己所不欲，勿施于人"，"施诸己而不愿，亦无施于人"，"己欲立而立人，己欲达而达人"等观点，即所谓"忠恕"之道；强调仁的施行，要以礼为规范，提出"克己复礼为仁"。政治上提倡德治，主张"导之以德，齐之以礼"，对民众要实施教化，反对用残酷的手段对民众，"不教而杀谓之虐"；还主张"富民"，要"因民之所利而利之"，使民"足食"。在知识论上，强调"温故而知新"，强调学与思相结合。首创私人办学，提倡"有教无类"，培养出三千多弟子，其中有名的有七十二人。晚年整理《诗》、《书》、《易》、《春秋》等古典文献。据司马迁《史记·孔子世家》载："孔子晚而喜易，序《彖》、《系》、《象》、《说卦》、《文言》。读《易》，韦编三绝。""韦"，熟牛皮。上古时代用竹简木椟写书，用熟牛皮编联起来。"韦编三绝"，说明孔子深入研究过《周易》，连编联竹简的牛皮条都翻断了三次。由此司马迁断言，孔子作"《彖》、《系》、《象》、《说卦》、《文言》"。孔子自己也说过："五十以学《易》，可以无大过也。"[①] 马王堆出土的《帛书·要篇》说："夫子（孔子）老而好《易》，居则在席，行则在橐。"正是由于孔子经过深入的研究，作《十翼》对《周易》进行了创造性的解释和发挥，才使《周易》成为儒家的经典。孔子对《周易》所作出的贡献是功不可没的。

第二节 关于卦及其卦与卦之间关系的概念

卦体：即用阴阳二爻构成的卦的形体，如乾卦的卦体是䷀，泰卦的卦体是䷊等。卦体也称卦形、卦画。

---

① 《论语·述而》。

卦位：指六十四别卦中两经卦所重的位置。每一别卦都是由两经卦构成的，一经卦在上，一经卦在下。高亨把六十四卦的卦位分为五种情形：（1）异卦相重是上下位，即一别卦是不同的两经卦相重，象征两种事物，这两种事物有上下的关系。如蒙卦䷃是上艮下坎，艮为山，坎为水，所以蒙卦的卦象是山下有水；（2）异卦相重是内外位，即一别卦是不同的两经卦相重，象征两种事物，这两种事物的关系是内外关系。如明夷卦䷣是内离外坤，离为文明，坤为柔顺，明夷卦的卦象是内文明而外柔顺；（3）异卦相重是前后位，即所重的不同两经卦所象征的事物是前后关系，上卦为前，下卦为后。如需卦䷄的前卦为坎，后卦为乾。坎，陷也。乾，健也。所以需卦的卦象是有险在前。健者处于险，不冒险，故没有陷入于险；（4）异卦相重是平列之位，即所重的两经卦所象征的事物是平列的关系。如屯卦䷂下震上坎，震为雷，坎为水，所以屯卦的卦象是雷行雨施，雷雨并动；（5）同卦相重不分其位，即所重的卦所象征的事物是融为一体的，不含有重复的意义，如乾卦、坤卦、震卦、巽卦、坎卦、离卦、艮卦、兑卦等属于同卦相重，因此，不分其位次。卦位关系是卦象的重要构成部分，因此弄懂六十四卦的卦位关系是学习《周易》所必须具备的知识。

下卦、上卦：由两经卦组成的六十四卦有上下关系，在下位为下卦，在上位为上卦。如比卦䷇，坎为上卦，坤为下卦。

内卦、外卦：由两经卦组成的六十四卦中有内外关系，下卦为内卦，上卦为外卦。如旅卦䷷是由离卦和艮卦构成的，下艮卦为内卦，上离卦为外卦。再如否卦䷋为坤内乾外，因此彖辞说："内阴而外阳，内柔而外刚，内小人而外君子。"此外，根据《梅花易数》之理论，占卜时所得之本卦中的体卦、用卦、两互体卦和变卦为内卦，一切由外应之物而得出来的卦为外卦。

同卦、异卦：由相同两经卦组成的别卦为同卦，如乾、坤、震、巽、坎、离、艮、兑八个卦均是由两相同的经卦组成的。相反，由不相同的两个经卦组成的别卦为异卦，六十四卦中除前面所述的八个卦之外均为异卦。

阳卦：爻画数为奇数的经卦为阳卦，如乾卦☰、震卦☳、坎卦☵、艮卦☶，四个卦分别为三、为五，三与五均为奇数，奇数为阳数，故乾、震、坎、艮为阳卦。《系辞传下》说："阳卦奇，阳卦多阴。"乾卦其爻三画为奇数，为纯阳之卦。"阳一君而二民，君子之道也。"阳指阳卦，在阳卦中一阳二阴，象一君统治多数之臣民，所以称为"君子之道也"。

阴卦：指爻画为偶数的经卦，如坤卦☷、巽卦☴、离卦☲、兑卦☱，四卦分别为六画、四画，均为偶数，偶数为阴，故为阴卦。坤为三阴爻组成，共六画，为纯阴之卦。《系辞传下》说："阴卦耦，阴卦多阳，阴二君而一民，小人之道也"。巽卦、离卦、兑卦中皆二阳爻一阴爻，所以叫做阴卦多阳。阴卦两阳爻一阴，象征着一民受多数君主的层层统治，所以叫做"小人之道也"。

贞卦、悔卦：指在组成六十四卦的经卦中，内卦为贞卦，外卦为悔卦。卦有贞悔。从卦体而论，内贞外悔。《尚书·洪范》曰："曰贞曰悔。"孔传曰："内卦曰贞，外卦为悔。"例如，坤卦六三爻辞说"含章可贞"，乾卦的上九爻辞说"亢龙有悔"。《左传·文公三年》曰："秦伯伐晋，卜徒筮之，其卦遇蛊曰：蛊之贞，风也；其悔，山也。"以上是内贞外悔之例。从占卜而论，本卦为贞，之卦为悔；本卦为静卦，之卦为动卦，因此也可以叫静贞而动悔。例如《国语》曰："秦伯召公子重耳于楚，楚子厚币以送子于秦，公子亲筮之曰：

‘尚有吾国，得贞屯䷂悔豫䷏，皆八。”① 震在屯为贞，在豫为悔。这就是本卦为贞，之卦为悔，即静贞动悔的例子。

本卦、之卦：卜筮时所得的卦叫做本卦或正卦，因爻变而得出来的卦叫做之卦或变卦。《左传·庄公二十二年》：“周史有以《周易》见陈侯者，陈侯使筮之，遇观䷓之否䷋”。观卦为本卦，或正卦，由于第四爻由阴变阳，由观变为否，否卦为之卦或变卦。再如《左传·僖公二十五年》：“公曰：‘筮之。’筮之，遇大有䷍之睽䷥”。大有卦为本卦或正卦，睽卦为之卦或变卦。

卦主：每一卦中都有为主之爻，叫做卦主。卦主又分为成卦之主和主卦之主。（1）成卦之主：指某卦之所以成为某卦的那一爻，这一爻不分其爻位的高下，德性的善与不善，只要卦的意义因这一爻而存在，就称为“成卦之主”。如复卦䷗一阳复生于下，初九成为复卦的成卦之主；再如夬卦䷪一阴终极于上被决，上六为夬卦的成卦之主。（2）主卦之主：指某卦中起主要作用的那一爻，此爻必德美善，一般是得位者当之，往往是第五爻或第二爻为多，间或亦有取他爻的。如乾卦䷀的第五爻，再如比卦䷇的第五爻，皆为“主卦之主”。比卦第五爻的《象辞》说：“显比之吉，位正中也。”各卦的《彖辞》往往反映出卦主的所在位置。但是由于各卦情况的不同，对于卦主要作具体的分析。依据清代李光地《周易折中》的说法，大致有四种情况：（1）成卦之主也即是卦主之主，此卦有一卦主；（2）既有成卦之主，又有主卦之主，此两爻皆为本卦之主；（3）成卦之主有两爻，此两爻皆为本卦之主；（4）成卦者取两象，两象之爻皆为本卦之主。因此对于每一卦的卦主要进行具体分析。

① 详解见尚秉和：《周易尚氏学》第578页，九州出版社，2005。

错卦：指八卦和六十四卦中的阴阳两爻一一相对应的卦，如经卦中乾卦☰与坤卦☷、震卦☳与巽卦☴、坎卦☵与离卦☲、艮卦☶与兑卦☱。八卦皆错，六十四卦亦不外皆错。错卦又称“反对卦”、“伏卦”、“旁通卦”。

综卦：指一卦颠倒过来又成另一新卦，如屯卦䷂颠倒过来就成为蒙卦䷃，在六十四卦中除乾卦䷀与坤卦䷁、颐卦䷚与大过卦䷛、坎卦䷜与离卦䷝、中孚卦䷼与小过卦䷽外，其余的 28 对卦皆相综。综卦又称为“反卦”或“覆卦”。

互体卦：指别卦中的二三四爻、三四五爻组成的卦。如咸卦䷞的二三四爻组成巽卦☴，为内互卦（又叫下互卦）；三四五爻组成乾卦☰，为外互卦（又叫上互卦）。《系辞传下》说：“若夫杂物撰德，辩是与非，非其中爻不备。”还说：“二与四同功而异位，其善不同，二多誉，四多惧，远近也。柔之道不利远者，其要无咎，其用柔中也。三与五同功而异位。三多凶，五多功，贵贱之等也。其柔危，其刚胜邪?”这是互体说的依据。《左传·庄公二十二年》记载：“周史有以《周易》见陈侯者，陈侯使筮之，遇观䷓之否䷋，曰：‘坤，土也。巽，风也。乾，天也。风为天，于土上，山也。有山之材而照之以天光，于是乎居上，故曰：观国之光，利用宾于王。’”这里观卦的第四爻六四变为九四，巽卦变乾卦，所以说“风为天”。之卦否的二三四组成互卦为艮卦，艮为山，所以说“有山之材”。这条材料证明在先秦时期就有互体说了。汉代易学多讲互体，有一卦含四卦之说，即一个别卦除上下卦之外，还可以组成两个互体之卦。“互体”卦又叫“约象”，来知德称作“中爻”卦。

飞卦、伏卦：汉易象数学概念。凡卦所见者为飞卦，不见者为伏卦。如乾之伏卦为坤卦，震卦之伏卦为巽卦，离卦之伏卦为坎卦，艮卦之伏卦为兑卦，它们互为飞伏，此为飞，彼为伏，此为伏，彼为飞，即是相错之卦。

体卦、用卦：《梅花易数》之概念。凡占卜所得到的本卦之中，无动爻之卦为体卦，有动爻之卦为用卦。体卦代表占卜者自己，用卦代表被占问之事。如占得观卦䷓，假定四爻动得出之卦否卦䷋，上卦巽☴变为乾☰，巽卦为用卦。下卦坤卦未变，静止不动，为体卦。凡静者为体，动者为用，体卦只能有一个，用卦可以是多个。本卦中的动卦、上下互卦、变卦以及外应之卦，皆可以为用卦，叫做“一体多用”，这为占卜者判断吉凶提供了多种选择和解释空间。

四正卦：指在八卦方位中位于东、南、西、北四个方向之卦。它有后天八卦方位和先天八卦方位之分：一在文王八卦方位图中的离卦、坎卦、震卦、兑卦，即离居南，坎居北，震居东，兑居西。震为东，为春；离为南，为夏；兑为西，为秋；坎为北，为冬。离上坎下，震左兑右，所以离坎震兑为四正卦。二在先天八卦方位图中的乾卦、坤卦、离卦、坎卦。乾为南，坤为北，离为东，坎为西。乾坤定上下之位，坎离列左右之门，所以乾坤坎离为四正卦。

四隅卦：指在八卦方位中位于东南、西南、西北、东北四个方向之卦，它有后天八卦方位和先天八卦方位之分：在文王八卦方位图中，乾卦居西北、坤卦居西南、艮卦居东北、巽卦居东南，所以乾坤艮巽为四隅卦；在先天八卦方位图中，兑居东南、巽居西南、艮居西北、震居东北，所以兑巽艮震为四隅卦。

数字卦：是以数字为表现形态的卦（“筮数”），它源于古代的“数卜”。我们的祖先最早把占筮的结果不用兆纹而用数字记录下来而形成的卦，有三个数字为一组的，有六个数字为一组的，六个数字一组者居多。根据奇数为阳偶数为阴的原则，把数字组转化为卦，三个数字一组的，如八一六为坎卦、六六六为坤卦、七五八为巽卦、一六一为离卦等等；六个数字一组的，如六八一一五一为大壮卦、六六八一一六为升卦、八六六五八七为明夷卦等等。数字卦是由出土的殷、周甲骨中数字的组合，结合铭文和《帛书周易》的研究而发现的，是20世纪对《周易》研究的最大贡献。还有从筮法上说，数字卦就是用数字的方法所起的卦，一为用先天八卦数所起的卦，一为用求筮者所给定数所得出来的卦。

六冲卦：指依据京房的纳甲法，八卦纳支之后上下两卦相应位置的地支相冲（即子午冲、丑未冲、寅申冲、卯酉冲、辰戌冲、巳亥冲）之卦，共有10个，除八纯卦（乾卦、坤卦、艮卦、兑卦、坎卦、离卦、震卦、巽卦）之外，还有无妄卦和大壮卦。如乾卦，下卦纳子、寅、辰，上卦纳午、申、戌。六个爻位之间是子与午相冲、寅与申相冲、辰与戌相冲。其他9卦依此方法可以得出。

六和卦：指依据京房的纳甲法，八卦纳支之后上下两卦相应位置的地支相和（子丑和、寅亥和、卯戌和、辰酉和、巳申和、午未和）之卦，共有8个，它们分别是泰卦、否卦、节卦、贲卦、豫卦、旅卦、复卦、困卦。如泰卦，下卦乾纳子、寅、辰，上卦坤纳丑、亥、酉。泰卦上下六个爻位的地支是相和，即子丑和、寅亥和、辰酉和，故称六和卦。其他7卦依此方法可以得出。

八卦正位：指八卦的每一卦在卦的六个爻位中所处的真正位置，即阳卦在所属卦中处阳位，阴卦在所属卦中处阴位。乾在五位，兑在六位，离在二位，震在初位，巽在四位，坎在五位，艮在三位，坤在二位。乾属阳，五以阳居阳位，故以五为正位；兑属阴，六以阴居阴位，故以六为正位；离为阴，二以阴居阴位，故以二为正位；震属阳，初以阳居阳位，故以初为正位；巽属阴，四以阴居阴位，故以四为正位；坎属阳，五以阳居阳位，故以五为正位；艮属阳，三以阳居阳位，故以三为正位；坤属阴，二以阴居阴位，故以二为正位。乾与坎同，离与坤同，八卦正位是不可以移动的。八卦正位为来知德所创的学说。

第三节　关于爻及其爻与爻之间关系的概念

爻：构成易卦的基本符号，即“--”、“—”。符号“--”为偶数，代表阴；符号“—”为奇数，代表阳。《系辞传》下说：“爻也者，效此者也。”“爻也者，效天下之动也。”《系辞传》上说：“爻者，言乎变者也。”“六爻之动，三极之道也”。“此者”，指阴阳。即“爻”是仿效宇宙间的阴阳事物及其运动和变化的符号，由它组成《周易》的八卦。

爻画：指用来表示爻性质的图画，即符号“--”、“—”。

爻象：指爻画“--”、“—”所象征的事物，“—”象征阳性的刚健的事物；“--”象征阴性的柔顺的事物。

爻题：指表示易卦的各爻性质和位次的称谓，由两个字组成，一个字表示爻的性质，用“九”表示“阳”，用“六”表示“阴”；另一个字表示爻的位次，自下而上，为初、二、三、四、五、六。如泰卦䷊：“初九，拔茅茹以其汇，征吉。”“初九”即爻题，表示泰卦的初爻为阳爻。依此类推，易卦的爻题有初九、九二、九三、九四、九五、上九或初六、六二、六三、六四、六五、上六等。

爻位：指易卦中每卦置爻的位次，自下而上有初、二、三、四、五、上等六个爻位。初与二为地位，三与四为人位，五与上为天位；初、三、五为阳位，二、四、上为阴位；初为下位，上为上位，二与五为中位；五为尊位。六个爻位中可能阴爻居之，也可能阳爻居之，或阳爻居阳位，或阴爻居阴位，或阳爻居阴位，或阴爻居阳位。爻位是六十四卦的重要组成部分。爻位又称爻数。

天位：指八卦和六十四卦中代表天的爻位。易卦中爻位代表天地人三才，上天下地，中为人。经卦由三爻组成，第三爻为天位，天在上，天地浑然一体。别卦中五爻与上爻为天位，表示天道有阴阳对立的二重性，这种变化说明我们祖先认识的深化。

地位：指八卦和六十四卦中代表地的爻位。地为三才之一。经卦中初爻代表地位，别卦中初爻和二爻代表地位。初爻与二爻代表地位，表示地道含有刚柔对立的两重性。如乾卦："初九：潜龙勿用。"由于初九爻是地位中的下爻，表示地底之下，所以曰"潜"，表示一个事物还处在发展的初期阶段，或表示一个仁人君子还处于民间，所以不能发挥作用。乾卦九二爻辞说："见（现）龙在田，利见大人。"由于九二爻处于地之表面，所以爻辞说"见龙在田"，"田"在地之表。"见龙在田"表示一个事物已经过一个潜在的发展阶段，由潜在状态变为显现状态，可以发挥某种作用的时候。

人位：指八卦和别卦中代表人的爻位。人为三才之一。在八卦中第二爻为人位，在别卦中第三、四爻为人位，即易卦中的中心爻为人位。《周易》很重视人的地位，人是宇宙的中心，是观察宇宙、认识宇宙的主体。别卦用三四两爻代表人位，表示人道具有仁义的两重性。如屯卦䷂，"六三：即鹿无虞，惟入于林中，君子几，不如舍，往吝"。"虞"，看护山林的人。由于三为人位，所以有虞人之象。

上位、中位、下位：易卦中上爻为上位，上卦的中爻与下卦的中爻为中位，初爻为下位。上下位的规定是从六爻的整体来看的。由于《周易》尚中，故特别重视上下两卦的中爻，这两爻在占断中具有十分重要的作用。

同位：别卦中的初爻与四爻、二爻与五爻、三爻与上爻为同位。因为，初爻为下卦的下位，四爻为上卦的下位，同为下位；二爻为下卦的中位，五爻为上卦的中位，同为中位；三爻为下卦的上位，上爻为上卦的上位，同为上位。

当位：阳爻处阳位，阴爻处阴位者为当位。在易卦中初、三、五为奇数，为阳位；二、四、六为偶数，为阴位。即阳爻居初、三、五位，阴爻居二、四、六位为当位。在判断吉凶时，当位者则吉。如谦卦䷎中，初爻、五爻不当位，二爻、三爻、四爻、六爻皆当位。因为，二、四、六皆阴爻居阴位，三爻居阳位。

不当位：阳爻居阴位，或阴爻居阳位者为不当位。如未济卦䷿各爻均不当位，因为，初、三、五位为阳位，均由阴爻居之；二、四、六为阴位，均由阳爻居之。由于各爻均不当位，故其事未成。相反，既济卦䷾各爻均当位，故其事已大功告成。

乘：凌驾于其上也。指在相邻的两爻中，阴爻位于阳爻之上，这一阴爻对于下面的阳爻来说就是“乘”，即凌驾于阳爻之上。如屯卦䷂的六二的《象辞》说：“六二之难，乘刚也。”这里指的是“六二”之阴柔乘“初九”之阳刚，六二之阴凌驾于初九阳刚之上。再如豫卦䷏中的第五爻的象辞说：“六五贞疾，乘刚也。”第四爻为阳，为刚，六五在九四之上，故六五之象辞说：“乘刚也。”就是说，阴爻在阳爻上，阴爻对于阳爻来说为“乘”。

承：承载，承负。在相邻的两爻中，阴爻位于阳爻之下，对于上面的那一阳爻来说为“承”。如节卦䷻的六四爻的《象辞》说：“安节之亨，承上道也。”这里的“承”指六四之阴承载九五之阳刚，“承上道”指六四承载九五君王的节省之道。即是说，阳爻在阴爻上，阴爻对于阳爻来说为“承”。

比：亲辅，指相邻两爻之间的阴阳相应的关系，叫做“相比”或“比应”。即初与二、三与四、五与上之间的亲比关系，只有阴阳相对应才能亲比。有亲比就能有辅助。如比卦䷇的六四爻《爻辞》：“外比之，贞吉。”此卦中，六三为阴爻居阳位，与六四不亲比，转而求与九五亲比；九五为阳爻居中位，六四为阴爻位，得正，又与阳刚、中正之尊位的九五相亲比，故吉。

应：对应，指上下两卦同位爻之间的阴阳、刚柔的对应关系。即初爻与四爻、二爻与五爻、三爻与上爻是一阴一阳的叫做“应”，或者叫相应；如果都是阴，或者都是阳就叫做“不应”，或“敌应”。“相应”与“敌应”有以下几种情形：（1）三双同位爻都相应者，如既济䷾和恒卦䷟。在恒卦中，初六应九四，九二应六五，九三应上六。（2）上下卦的两中爻相应，如同人卦䷌和损卦䷨。同人卦中的六二应九五，损卦中的九二应六五。（3）三双同位爻刚柔敌应，如坎卦䷜和艮卦䷳。在坎卦中，初爻与四爻、三爻与上爻全都为阴爻，二爻与五爻全都为阳。在艮卦中初爻与四爻、二爻与五爻全都为阴，三爻与上爻全都为阳。此为《象传》所持的对六十四卦中相应两爻之间关系的学说。

与：指对六十四卦中相应两爻之间关系的解释，与为“应”的另一种说法。凡阴阳相对应者，《易传》或曰“应”，或曰“与”。这里的“与”，主要是《象传》所持的学说，如升卦的九四《象传》说：“虽不当位，有与也。”这里的“有与”即是与初六相应。再如，井卦九二《象传》说：“井谷射鲋，无与也。”九二与九五相敌，故说“无与”。相与，指本应位的两爻之间相异者，分为两种情况：一是“一阴一阳”，二是“一阳一阴”，均为“有与”，即相应。两爻之间相同者，即均为阴或均为阳者，为“敌”，为“无与”。“有与”者吉，“无与”者凶。

据：指阳爻位于阴爻之上者，有两种情形：一是在一个卦中，如阳爻处于阴爻之上，此阳爻对于下面的阴爻来说为“据”。如未济卦䷿九二在初六之上，就是九二爻据初六爻。二是若一个卦中只有一个阳爻，其位置在卦中又偏上，它对于其他阴爻来说为据。如豫卦䷏九四为阳，它位于其他三阴爻之上，对于其他五个阴爻来说为“据”。以此，“乘、承、据”的区别是：阴爻在阳爻之上为“乘”；阴爻位于阳爻之下为“承”；阳爻位于阴爻之上为“据”。

顺：指相邻两爻之间，下爻对于上爻来说为顺。阴爻居于阳爻之下为柔顺刚。在一般的情况下，柔顺刚吉。如旅卦䷷的《象传》说：“柔得中乎外，而顺乎刚，止而丽乎明，是以小亨，旅贞吉也。”这里指六五，上卦为外，顺乎上九之阳刚。

得：指爻画在爻位中应该得到的位置。如“居中”、“处中”、“当位”就是“得”的意思。“得”在《周易》中有它特殊的意义：“得中”、“得位”、“当位”。“得中”又分为“柔得中”和“刚得中”，是《象传》和《象传》的用语，用在二、五中位之上。如讼卦䷅《象传》说：“刚来而得中”，指九二。再如否卦䷋《象传》说：“柔得位得中”，指六二。“离卦”六二《象传》说：“得中道也。”

时：趋时、时态、卦时，指六十四卦中每一卦在某一瞬间的特定时空状态或时空背景，六个爻位代表着六个不同的时态，表示事物发展变化过程或阶段中的某一瞬间的特定时机和状态，它是不断变化的，有趋时和适时的特性。抓住时机、把握好时间就是“趋时”。荀爽有“趋时说”，王弼有“适时说”。王弼说：“夫卦者时也，爻者适时之变也。”[①]《周易》是讲变化的哲学，事物的某一时刻、每一阶段或过程都在发生变化，都有其不同的存在形态。要认识事物的本质、特点和状态，掌握好“时”十分重要；在行动上，要做到“动静不失其时”，才是有利的。

---

① 王弼：《周易略例·明卦适变通爻》。

第四节 关于各种易学学说的概念

卦气说：此说首倡于汉代易学家孟喜，他以阴阳来解释《周易》，以易卦之卦象与四时气候相配来解释一年二十四节气的变化。如坎、离、震、兑，其爻配二十四节气，坎主冬，震主春，离主夏，兑主秋，这四正卦各爻分别代表二十四节气。

坎卦☵
初六，主冬至
九二，主小寒
六三，主大寒
六四，主立春
九五，主雨水
上六，主惊蛰

震卦☳
初九，主春分
六二，主清明
六三，主谷雨
九四，主立夏
六五，主小满
上六，主芒种

离卦☲
初九，主夏至
六二，主小暑
九三，主大暑
九四，主立秋
六五，主处暑
上六，主白露

兑卦☱
初九，主秋分
九二，主寒露
六三，主霜降
九四，主立冬
九五，主小雪
上六，主大雪

（图二十七）

除以上四正卦外，其余六十卦，分别配以七十二候。这六十卦，按辟（君）、公、侯、卿、大夫五爵位，分为五组，每组十二卦。十二辟卦为：复卦、临卦、泰卦、大壮卦、夬卦、乾卦、姤卦、遁卦、否卦、观卦、剥卦、坤卦，亦称十二月卦。十二侯卦为：屯卦、小过卦、需卦、豫卦、旅卦、大有卦、鼎卦、恒卦、巽卦、归妹卦、艮卦、未济卦。其他卦分别为公、卿、大夫卦。二十四节气，每一节气分为三候，即初候、次候、末候，共七十二候。配六十卦时，初候为始卦，次候为中卦，末候为终卦。凡始候二十四，配以公卦和侯卦；次卦二十四，配以辟卦和大夫卦；末候二十四，配以侯卦和卿卦。六十卦配七十二候，缺十二卦则以侯卦补之。侯卦又分为内外。每月首称为节，月中称为中。二十四节气，又分为中气和节气，中气十二，节气十二。孟喜认为，十一月中冬至，初候为公卦中孚，次候为辟卦复，末候为侯卦屯。此为一年节气变化的开始，到次年的十一月节气大雪，初候为侯卦既济，中候为大夫卦蹇，末候为卿卦颐，为一年节气变化的终结，以此解释一年二十四节气的变化。

十二辟卦说：即以十二辟卦代表一年十二月，其顺序如下：

复卦	䷗	十一月中	冬
临卦	䷒	十二月中	冬
泰卦	䷊	正月中	春
大壮卦	䷡	二月中	春
夬卦	䷪	三月中	春
乾卦	䷀	四月中	夏
姤卦	䷫	五月中	夏
遁卦	䷠	六月中	夏
否卦	䷋	七月中	秋
观卦	䷓	八月中	秋
剥卦	䷖	九月中	秋
坤卦	䷁	十月中	冬

（图二十八）

这十二卦代表一年节气的中气。十二卦共有七十二爻，代表七十二候。这十二卦有规律地反映了阴阳的消长过程。从复卦到乾卦这六卦，反映了阳长阴消的过程，复卦表示一阳复生，临卦表示二阳生，泰卦表示三阳生，大壮卦表示四阳生，夬卦表示五阳生，乾卦六爻皆阳，表示阳气已到极盛的程度，必将走向其反面。从姤卦开始到坤卦，表示阳消阴长，姤卦一阴生，遁卦二阴生，否卦三阴生，观卦四阴生，剥卦五阴生，坤卦六爻皆阴，表示阴气极盛，阴气到了极点，也必将走向反面，阳气又要开始复生了。这也表示阳极变阴，阴极变阳的由量变到质变的过程。

八宫卦说：京房之易说。汉代京房将八经卦的重卦称为“八宫”，又称为“八纯”，其排列顺序是乾、震、坎、艮、坤、巽、离、兑。每一宫又统帅七个卦，如乾宫所属之卦，按其顺序为姤卦、遁卦、否卦、观卦、剥卦、晋卦、大有卦。坤宫所属之卦，按其顺序为复卦、临卦、泰卦、大壮卦、夬卦、需卦、比卦等。按此规律，开始于乾卦，终于归妹卦，构成六十四卦的排列顺序。各宫所属之卦，各又有自己所处的地位，前五个卦分别为一世、二世、三世、四世、五世。第六卦称为游魂，第七卦称为归魂。京房说：“易有四世，一世、二世为地易，三世、四世为人易，五世、八纯为天易，游魂、归魂为鬼易。”

八宫卦卦次图

世游归	八			宫			卦	
八纯上世	乾	震	坎	艮	坤	巽	离	兑
一世	姤	豫	节	贲	复	小畜	旅	困
二世	遁	解	屯	大畜	临	家人	鼎	萃
三世	否	恒	既济	损	泰	益	未济	咸
四世	观	升	革	睽	大壮	无妄	蒙	蹇
五世	剥	井	丰	履	夬	噬嗑	涣	谦
游魂	晋	大过	明夷	中孚	需	颐	讼	小过
归魂	大有	随	师	渐	比	蛊	同人	归妹

（图二十九）

以上八宫卦次序图，是清代易学家惠栋根据京房之义制作而成的。

世应说：是八宫卦说的一个内容。在每卦的六爻中，初爻为元士，二爻为大夫，三爻为三公，四爻为诸侯，五爻为天子，上爻为宗庙。每一卦都有一爻为主，一世卦以初爻元士为主，二世卦以二爻大夫为主，三世卦以三爻三公为主，四世卦以四爻诸侯为主，五世卦以五爻天子为主，八纯卦皆以上爻宗庙为主。为主之爻称为“居世”、“临世”、“治世”等。初爻元士居世，与四爻诸侯相应；二爻大夫居世，与五爻天子相应；三爻三公临世，与上爻宗庙相应。相反，五爻天子治世，与二爻大夫相应等。此说源于上下卦的爻位相应说。根据纳甲筮法，世爻代表“我”，即占卜者自己。应爻代表“彼”，即被占问的事物或事情。在八宫卦中，各八纯卦的上爻为世爻，三爻为应爻。其余五爻的变爻为世爻，它们分别是一爻、二爻、三爻、四爻、五爻为世爻。游魂卦以第四爻为世爻，归魂卦以第三爻为世爻。它们各自与世爻相隔两爻的爻为应爻。

纳甲说：汉代易学家京房提出的学说。八宫卦分别配以十天干，其各爻又分别配以十二支。因为“甲”为十干之首，所以称为纳甲说，用乾纳甲壬、坤纳乙癸、艮纳丙、兑纳丁、震纳庚、巽纳辛、坎纳戊、离纳己（详见第二章第一节“八卦配干、支”条）。纳甲说含有丰富的天文知识，魏伯阳采用纳甲之说炼丹以及京房创立的纳甲筮法，对后世产生了重大的影响。

五行说：指用五行学说来解释卦爻象和卦爻辞的吉凶。以五行说解《周易》始于京房。京氏说:“生吉凶之义，始于五行，终于八卦。”此说归纳起来有三个方面：（1）五星配卦说。五星指土星镇，金星太白，水星太阴，木星岁，火星荧惑。从乾卦开始，按八宫卦的顺序，分别配以五星周而复始，直至终卦归妹。京房用五星配以八宫卦，取当时天文学中的占星术，用以说人事的吉凶。（2）五行爻位说。以五行配八宫卦及卦中各爻，即以八卦分阴阳，六位配五行来解释《周易》。如解姤卦䷫说："阴爻用事，金木互体，天下风行曰姤。"这是以乾为金，以巽为木，以金木相遇解《象辞》中"天下有风"这句话。八宫卦配五行，本于《说卦传》；各爻配五行，本于《礼记·月令》五行配四时十二月说。五行爻位说，其图表示如下：

八卦		乾	坤	震	巽	坎	离	艮	兑
属性		金	土	木	木	水	火	土	金
爻位	上爻	土	金	土	木	水	火	木	土
	五爻	金	水	金	火	土	土	水	金
	四爻	火	土	火	土	金	金	土	水
	三爻	土	木	土	金	火	水	金	土
	二爻	木	火	木	水	土	土	火	木
	初爻	水	土	水	土	木	木	土	火

（图三十）

（3）五行生克说。以八宫卦为母，以其爻位为子，按五行关系，母子之间存在相生相克的关系，以解说卦爻象的吉凶。其解乾卦说："水配位为福德，木入金乡居宝贝，土临内象为父母，火来四上嫌相敌，金入金乡木渐微。"是说乾为母，为金；其初爻为水，母子关系是金生水，此为福德。其二爻为木，母子关系是金克木，称为宝贝。其三爻为土，母子关系是土生金，称为父母。其四爻火，母子关系是火克金，称为鬼或官鬼，相敌对。其五爻为金，母子皆为金，此种关系称为同气，即相等关系，互不相害，反而伤木。又说："八卦鬼为系（束缚）爻，财为制爻，天地为义爻，福德为宝爻，同气为专爻。"这是以子克母为系，母克子为制，子生母为义，母生子为宝，母子同位为专。据此，其释震宫归魂随卦说：“金木交刑，水火相敌，休废于时，吉凶生焉。”此卦与巽卦为飞伏、三公居世。巽卦九三爻为金，震卦为木。其阴爻居巽卦三爻之位，为金克木，即子克母，所以说，金木交刑，即为鬼爻。五行生克说本于《淮南子》中的《天文训》和《地形训》，京房引以入易学。

太易说[①]：汉代《易纬·乾凿度》所持的学说。认为有形的东西是从无形的东西中产生出来的。天地这种有形的东西是经过太易、太初、太始、太素四个阶段而形成的。“昔者圣人因阴阳，定消息，立乾坤，以统天地也。夫有形者生于无形，乾坤安能从生？故曰：有太易，有太初，有太始，有太素。太易者，未见气也：太初者，气之始也；太始者，形之始也；太素者，质之始也。气形质具而未离，故曰浑沦。浑沦者，言万物相浑沦，而未相离也。视之不见，听之不闻，循之不得，故曰‘易’也。易无形埒，易变而为一，一变而为七，七变而为九。九变者，气变之究也，乃复变而为一。一者，形变之始。清轻者上为天，浊重者下为地。”太易是指浑然而未见气的状态，太初是指气开始分为阴阳的状态，太始是有形开始的状态，太素是指区分一个事物的开始状态。这四个阶段是形质还未分离的浑沦状态。浑沦者，言万物相浑成而未相离。视之不见，听之不闻，循之不得，故曰“易”也。易为无形状态，易变而为一，一变而为七，七变而为九，九者气变之究也。乃复变而为一。一者形变之始，清轻者上为天，浊重者下为地。物有始有壮有究，故三画而成乾。乾坤相并俱生。物有阴阳，因而重之，故六画而成卦。以上所说的四个阶段是先

---

① 《列子·天瑞第一》的说法与《易纬·乾凿度》大同小异。《列子》一书汉代后有所散失，现存《列子》八篇是东晋人张湛据其先人藏书及收集到的残卷，依照《汉书·艺文志》所记八篇，辑录、增补、编撰而成，疑为伪托，故难以认定其说孰先孰后。

于太极的混沌阶段，太易说指出了宇宙的本原及其演化过程，具有重要的哲学意义。

九宫说：是关于阴阳二气的运行及其八卦关系的学说。《易纬·乾凿度》（卷下）说："阳动而进，阴动而退。故阳以七、阴以八为象。易一阴一阳，合而为十五之谓道。阳变七之九，阴变八之六，亦合于十五，则象变之数若一也。阳动而进，变七之九，象其气之息也。阴动而退，变八之六，象其气之消也，故太一取其数以行九宫，四正四维皆合于十五。五音六律七宿，由此作焉。""象"：指爻之不动者，即筮法中的七八之数为少阴少阳之象，为不动之爻，故称为"象"。九六之数和老阴老阳之象为可变之爻，称其为"变"。七、九为阳数，六、八为阴数，阳数前进止于九，阴数后退止于六，七八之数为不变之爻，九六之数为可变之爻，易主变易，所以《周易》以九六之数代表阴阳二爻。"太一"取阴阳之数，即从 1 到 9 的次序，运动于九宫之中，九宫有四正四维，其数相加皆为 15。其九宫图如下：

九　宫　图

巽 ☴ 4	离 ☲ 9	坤 ☷ 2
震 ☳ 3	中 5	兑 ☱ 7
艮 ☶ 8	坎 ☵ 1	乾 ☰ 6

（图三十一）

"太一"即"太乙"，即是北极星。古代的天文学，以北极星主管一年四季的节气，故奉北极星为天神。九宫说与卦气说一样，目的在于以阴阳之数的变化，说明一年节气的变化。

八卦方位说：是卦气说、九宫说的一种形式。首见于《易纬·乾凿度》（卷下）。以八卦配十二月的节气，以坎离震兑为四正卦，乾坤巽艮为四维卦，各占据自己的方位，主持四时的变化，体现一年四季阴阳消长的过程。卦气周行一遍当一年三百六十日，每卦主四十五日。认为四维卦标志阴阳二气运行的始终，四正卦确定二至二分的顺序。阴气从十月（亥）开始，到十二月（丑）形成，乾居西北，表示阳气处于开始萌生的地位。阳气开始于四月（巳），形成于六月（未）所以居西南之位。坤所以不像乾那样居于阴气开始的地位，因为不能同阳气抗衡，表示以卑为其美德，成就阳气的事业。就卦气而言，这是对阴生于子、阳生于午的补充说明，其目的在于解释乾坤是阴阳的根本。以震离兑坎四正卦配仁礼义信，中央不配卦，但是维系四方之卦，故配以智。以五行配五常，五行主四时，四时分属于卦气。震居东方，为木，阳气生，生万物，所以其德为仁；离居南方，为火，阳气居上，阴气居下，阳尊阴卑，其德为礼；兑居西方，为金，阴气治万物，其德为义；坎居北方，为水，阴中含阳气，万物归藏，其德为信。中央统率四方，善于决断，其德为智。此是对卦气说的进一步发挥。

爻辰说：始于《易纬·乾凿度》（卷下），指按六十四卦的顺序，每对立两卦，其六爻配以十二辰，代表十二月份，为一岁。三十二对卦象，则代表三十二年，从乾坤到既未济往复循环，推算年代。天左旋，地右动。天为阳，地为阴。天地的旋转乃为阳随阴之象。以此说明在六十四卦中，二二相偶，一为阳卦，一为阴卦，相互配合，阳卦六爻配阳爻，阴卦六爻配阴爻，两卦十二爻，代表十二个月，成为一年。举例如下：

乾坤爻辰图

乾☰爻左行		坤☷爻右行	
九月	戌	四月	巳
七月	申	二月	卯
五月	午	十二月	丑
三月	辰	十月	亥
正月	寅	八月	酉
十一月	子	六月	未

（图三十二）

上面配十二辰的方法是：乾贞于十一月子，左行。贞，正也。初爻以此为正，次爻行者，各依次从之。初九为十一月，九二为正月，九三为三月，九四为五月，九五为七月，上九为九月。坤贞于六月未，即是说初六为六月，六二为八月，六三为十月，六四为十二月，六五为二月，上六为四月。乾坤两卦一为阳一为阴，交叉并行，配成十二个月，为一岁。爻辰说是纳甲说和律历相结合的产物，其本义是讲一年节气的变化，并以六十四卦为周期，计算年代。从理论上说，是以阴阳二气的消长和循环来解释一年四季的变化。此说后来为东汉经师所吸收，用以解释《周易》。

升降说：是汉代荀爽用来解释《周易》的学说。认为乾坤两卦是基本的卦，此两卦的爻位互易，即乾卦的九二当升到坤卦的六五为君，坤卦的六五当降到乾卦的九二为臣。此即是乾升坤降，由此形成坎离两卦，为上经之终。坎离两相配合，则形成既济卦和未济卦，为下经之终。由此可见，乾坤两卦的爻位的升降是八卦和六十四卦的基础。荀爽以阴阳爻位升降说解释六十四卦，以阴阳爻位变易解释易学原理，丰富了易学象数派的内容。

卦变说：指卦与卦之间的变化关系，即在六十四卦中，卦与卦之间有着某种变化关系，此一卦可以看做是由某一卦变化而来。虞翻发挥了孟喜的卦气说和荀爽的升降说，以卦的爻位的变化来解释《周易》的经传，形成了所谓“卦变说”。虞翻卦变说的主要内容有两个方面：(1) 乾坤父母卦变为六子卦。他说：“太极，太一也。分为天地，故生两仪也。四象四时也。两仪谓乾坤也。乾二五之坤则生震、坎、艮，坤二五之乾则生巽、离、兑，故‘四象生八卦’。”

乾坤生六子图

(图三十三)

虞翻此说是荀爽升降说和京房“乾坤者阴阳之根本，坎离者阴阳之性命”的发挥。(2) 十二消息卦变为杂卦。十二消息卦指复卦、临卦、泰卦、大壮卦、夬卦、乾卦、姤卦、遁卦、否卦、观卦、剥卦、坤卦。从息卦即自复卦到夬卦的变化过程，叫以乾推坤；从消卦即自姤卦到剥卦的变化过程，叫以坤推乾。他认为复卦、夬卦为一阳一阴之卦，临卦、遁卦为二阴二阳之卦，泰卦、否卦为三阴三阳之卦，大过卦、观卦为四阴四阳之卦。除乾坤中孚小过卦之外，将其他卦按阴阳爻画的多少，分别纳入以上四大类之中。每一类的其他卦，都是由消息卦爻象互易的结果。其图如下：

卦变图

一阴一阳之卦

		复䷗					姤䷫		
剥	比	豫	谦	师	夬	大有	小畜	履	同人
䷖	䷇	䷏	䷎	䷆	䷪	䷍	䷈	䷉	䷌
初之六	初之五	初之四	初之三	初之二	初之六	初之五	初之四	初之三	初之二

二阴二阳之卦

			临䷒									遁䷠			
颐	屯	震	明夷	蒙	坎	解	升	大过	鼎	巽	讼	革	离	家人	无妄
䷚	䷂	䷲	䷣	䷃	䷜	䷧	䷭	䷛	䷱	䷸	䷅	䷰	䷝	䷤	䷘
二之上	二之五	二之四	二之三	初之上	初之五	初之四	初之三	二之上	二之五	二之四	二之三	初之上	初之五	初之四	初之三

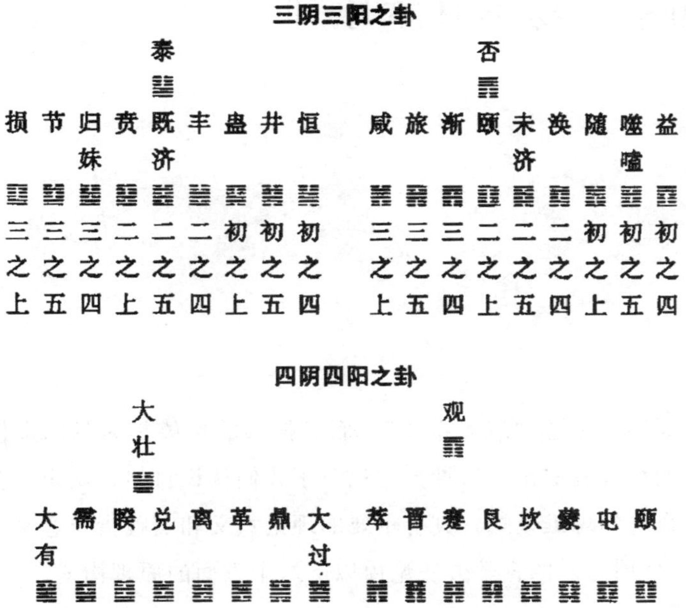

三阴三阳之卦

泰

损	节	归妹	贲	既济	丰	蛊	井	恒
三之上	三之五	三之四	二之上	二之五	二之四	初之上	初之五	初之四

否

咸	旅	渐	颐	未济	涣	随	噬嗑	益
三之上	三之五	三之四	二之上	二之五	二之四	初之上	初之五	初之四

四阴四阳之卦

大壮

大有 需 睽 兑 离 革 鼎 大过

观

萃 晋 蹇 艮 坎 蒙 屯 颐

（图三十四）

第四章　易学基本原理

《周易》之道“广大悉备”，而其核心的价值是为我们提供了认识世界的哲学方法论，这种方法论对于我们认识自然、认识社会以及认识人自身的思维模式，具有重要的理论意义和实践指导意义。归纳起来说，《周易》的哲学方法论由以下八个方面的原理构成。

第一节　宇宙统一原理

中华民族是一个富有智慧的民族，《周易》的创始者和发展者没有把世界二元化，而认为宇宙是一元的，它的本原是“元气”。《说文》：“元者，气之始也。”“元气”，宇宙始元之气。《周易》明确指出：“易有太极，是生两仪，两仪生四象、四象生八卦。”“太极”是原始未分化的混沌状态的“元气”。“两仪”，即阴阳二气，是混沌状态的元气所分化出来的。“四象”：老阴、少阳、少阴、老阳，是阴阳二气又分为二的状态。“八卦”，代表天、地、雷、风、水、火、山、泽等八类物质。宇宙万物是“元气”分化为阴阳二气，阴阳的凝聚、分解和转化生成宇宙万物，宇宙统一于物质性的“元气”。《易纬·乾凿度》（卷上）说："孔子曰：'易始于太极，太极分而为二，故生天地。天地有春夏秋冬之节，故生四时。四时各有阴阳刚柔之分，故生八卦'。"天地万物，四时节令皆由"太极"所生、所化、所演。

《易纬·乾凿度》（卷上）把宇宙元气的演变分为四个阶段："太易"、"太初"、"太始"、"太素"①。"太易者，未见气也"，是寂然不动、浑然无物之元气；"太初者，气之始也"，是元气分化为阴阳的开始；"太始者，形之始也"，是元气进一步演化，阴阳二气形成有形事物的开始；"太素者，质之始也"，是有形事物性质分化的开始。"气形质具而未离，故曰浑沦。"《易纬·乾坤凿度》（卷上）进一步解释说："太易变，教民不倦，太初而后有太始，太始而后有太素。有形始于弗形。"认为宇宙万物是从"气、形、质具"未分化的"浑沦"状态的"元气"中分化出来的，"元气"是天地万物存在的共同本源。

宋代张载的"太虚即气"论发展、提升了《周易》"元气"一元论。他说："太虚者，气之体"，"虚空即气"②。"太虚"即是宇宙，整个宇宙皆由"气"构成。天上的日月星辰、风云雷雨、太阳系乃至整个星系，地上的高山平原、湖泊河流、花草树木、飞禽走兽、龟蛇鱼鳖以及作为万物之灵的人类都是由"气"这种物质构成的。来知德在解释"理"与"气"的关系时指出，世间的万物之始终，人自身的生死皆源于"气"的运动。他说："人、物之始终，皆此阴阳之气。其始也，气聚而理随以究，故生；其终也，气散而理随以尽，故死。""天地之气本虚，而万物之质则实，其实者乃虚气之化而凝，得气成形，渐渐凝实。""天地氤氲，气交也。"来知德还认为，万物之"理"随"阴阳"之"气"的聚散而存在。他说："理乘气机以出入，一阴

---

① 《列子·天瑞篇》也有同样的说法，此处讲《易》故引《易纬》。

② 张载：《正蒙·太和篇第一》。

一阳。气之散殊，即太极之理各足而富有者也。气之迭运，即太极之理流行而日新者也，故谓之道。”[①] 现代科学证明，不论是宇观的、宏观乃至微观的事物，大至宇宙天体，小至微观的原子、分子、基本粒子，都是由物质构成的，并且是密不可分的统一整体，宇宙统一于物质。

总结起来说，《周易》把宇宙分成天地人三大部分，构成宇宙的三才是一个统一的整体：（1）整个宇宙由“气”这种物质构成，“有天地然后万物生焉，盈天地之间者唯万物”。“天地”指阴阳二气，宇宙万物都是由阴阳二气构成的。宇宙统一于“气”，即“气”是宇宙统一的物质基础。（2）“生生之谓易”。宇宙的生生不息，是由于阴阳二气的相互作用和相互转化的结果。宇宙间各种事物之所以充满生机、不断发展，就是阴变阳、阳变阴、阴阳相互转化的一个没有止境的连续过程。人类的社会实践和生活实践都证明：《周易》所揭示的这个宇宙统一原理是一个科学的真理。

第二节　阴阳交感原理

《周易》中的阴阳这一概念，含有两层意思：（1）指构成宇宙中一切事物的物质实体，即阴气和阳气。（2）指两种相互矛盾着的倾势，由此它们具有对立的交感的性质。

阴阳是《周易》中的具有普遍意义的范畴。天为阳，地为阴。日为阳，月为阴。山为阳，水为阴。在动物中雄为阳，雌为阴。天道有阴阳，地道有刚柔，人道有仁义。在人类社会中，君为阳，臣为阴。

① 《周易集注·系辞上》。

君子为阳，小人为阴，等等。总之，宇宙间的一切事物，都是由相互对立的阴阳二气组成的。这就是爻有阴阳，卦有阴阳，这些都是对外界的阴阳的摹写和反映。

由于阴阳发生交感，发生相互作用，由此促进事物的变化。世上的事物具有一个共同的规律，就是同性相斥，异性相吸。因为阴阳是两种性质相反的事物，因而具有相吸的作用，这样就阳长阴消，阴长阳消，当阴阳的交互作用处于平衡状态时，事物处在“变”的量化阶段；当阴阳消长失去平衡时，达到物极必反的时候，事物处于“化”的阶段，事物的性质就发生了质变。

现代科学证明：原子由电子和原子核组成，原子核是带正电（阳）的，电子是带负电的（阴）；原子核由质子和中子组成，它们之间相互作用，主要不是来自电磁力，而是来自核力。质子有反质子，中子有反中子。电子具有自旋和磁矩的特性。一切基本粒子，诸如层子、质子、中子、介子、光子、电子都具有波动性和微粒性这两重性。总之，微观客体都是由两种相反的物质微粒和两种相反的倾势构成的，并且不断地发生交互的作用。

在生物机体的内部也同样具有两重性，如同化作用和异化作用、遗传性和变异性等。在细胞内部，具有复杂性和秩序性这两重性。细胞内部各种化学成分之间发生相互联系、相互制约，如染色体、核糖体和细胞膜等组成完整的细胞，细胞里有主要成分——蛋白质，又有次要成分——脂质、糖分、氨基酸、ATP、矿物质和水分等；既有带遗传信息的核酸和主要成分蛋白质的统一，又有在酶的作用下的各种新陈代谢过程。

总之，在物质的各个层次上，即层子（夸克）—基本粒子—原子—分子—凝聚态—恒星—星团、星协—星系，都具有对立而又相互联系的状态。如果把这两种对立的实体和势力概括为阴阳，也未尝不可。由此可见，在自然界，关于阴阳对立、交感的原理具有真理性价值。

《周易》把奇数规定为“阳”，偶数规定为“阴”。事实上，在数学中，确实存在着两种对立而又相互联系的性质。如实数和虚数是对立的统一，正数和负数是对立的统一，整数和分数是对立的统一，奇数和偶数是对立的统一，加和减、乘和除也是对立的统一。“一”不是单纯的“一”，而是“一”与“多”的统一，一中包含着多，多中包含着一。所以佛教说：一即多，多即一；一即一切，一切即一。《墨经》上也说：“一少于二，而多于五”，讲的也是这个道理。有人误把“0”当作空无，当作纯粹的无，这也是错误的。零是矛盾，它既是正数，又是负数。零是有和无的统一，零不是虚无，其中包含着有。在数轴上，它确实占有空间的一个位置；在任何一个数的右边加上零，都使这个数增大 10 倍，任何大的数乘以零，都变成零，零除以任何数，都使这个数变成为无穷大等等。从以上分析中，我们可以看出，反映客观事物数量关系的数，也是相互对立和联系的，即它们既是对立的，又是发生交感作用的。

总之，《周易》的阴阳交感、阴阳互补的原理是一个科学的原理，得到了现代物理学家们的充分肯定。如灌耕在根据 F·卡普拉的《物理学之道》所编译的《现代物理学与东方神秘主义》一书中说：“为了更好地理解每一组经典概念之间的关系，玻尔引进了互补的概念。他把粒子图像和波的图像看成是同一实体的互补性描述。”“实际上，互补性的概念在 2500 年以前就已经被证明是极其有用的。它在中国的思想中起着重要的作用。中国圣贤用阴和阳来表示对立的互补性，并且把它们之间的相互作用看成是所有自然现象和人类情况的本质”。“玻尔充分认识到他的互补性概念与中国思想之间的平行性。当他在 1937 年访问中国时，他对量子理论的解释早已周到。古代中国关于对立两极的概念使他感到震惊。”“从此以后他对东方文化一直保持着兴趣。为了感谢玻尔的科学成就和他对丹麦文化的贡献他被封为爵士，当他必须选择一种盾形纹章的主要花纹时，他选中了中国的太极图表示的互补关系，同时还加上‘对立即互补’的铭文。玻尔认为，在古代东方智慧与现代西方科学之间有着深刻的协调性。”[①]

第三节　生生不息原理

《周易·系辞传上》说：“生生之谓易”，即生而又生为“易”。“易”，变异、变化。“生而又生”者，即事物连续的质的变化。《周易》有圣人的四大道理、理论，即“辞、变、象、占”，可见“变”是《周易》的四大内容之一。“变化”是《周易》思想的核心，“乾道变化”、“天地变化”、“四时变化”、“刚柔相推而生变化”，“变化者，进退之象也”，“天地变化，圣人效之”。“变化即成万物”，“知变化之道者，其知神之所为乎”，《周易》就是教导人们认识和掌握“变化之道”的。什么是“变化”？朱熹解释说：“变者化之渐，化者变之成。”[②]“变”是渐变，是量变。“化”是变化的完成，是渐变的积累而发生的质变。“变化”是量变和质变的统一。每一质变都有新的事物产生，连续不断的量变和质变，就是“生而又生”的变化。“生生之谓易”者，说明《周易》的变易哲学不是循环论，而是生生不已的新陈代谢过程。

《周易》“生生”不息的变化理论，是对“乾道变化”、“天地变化”、“四时变化”的仿效，即《周易》生生不息的理论是对客观世界

---

① 灌耕：《现代物理学与东方神秘主义》第132—133页，四川人民出版社，1984。

② 朱熹：《周易本义》卷三。

的正确摹写和反映，它贯彻在《周易》的象数和义理之中。如乾卦的爻辞鲜明地说明了《周易》变易理论的前进性、上升性及其科学性。初九：潜龙，勿用。九二：见龙在田，利见大人。九三：君子终日乾乾，夕惕若，厉无咎。九四：或跃在渊，无咎。九五：飞龙在天，利见大人。上九：亢龙有悔。由初九到上九都是层层递进的。从爻位看也是如此，任何一个爻位都是虚的、没有固定性的。“易之为道也屡迁。变动不居，周流六虚，上下无常，刚柔相易，不可为典要，唯变所适。”“唯变所适”道出了《周易》变易的普遍性特征。

宇宙生生不息的原理是科学的真理，不论是从哲学、历史学、生物学还是宇宙学都得到了坚实的证明。古希腊哲学家赫拉克利特说：一个人不能两次走入同一条河，因为第二次走进的那条河，已经不是第一次走入的那条河了，河已经发生变化了。孔子站在河边感叹地说：时光的流逝像河水一样，日夜不停地，永不复返。庄子也认为，万物是“变化无常”的，“方死方生，方生方死”，“物化而未始有恒”等等。佛教的三法印之一的“诸行无常”，也肯定世间事物的变化。诸行指客观的一切现象。这些现象，时刻处在生灭的变幻之中，今天有的，先前没有；先前有的，今天没有。世间没有恒常不变的事物。天地之间，日月如梭，星移斗转，寒来暑往，春去冬来，山川变迁，沧海桑田，古今之变，昨是今非。古人感叹，人的一生如白驹过隙，李白形容人生的短暂“朝如青丝暮成雪”，从儿童，到少年，到青年，到壮年，到老死，真有寄蜉蝣于天地之感。总之，宇宙的一切事物，从庞大的宇宙天体，到微观的基本粒子；从非生命的到有生命的；从动物到人，没有一样东西是不变化的。所以，《周易》的生生不息原理正确地概括了宇宙间的普遍现象的本质。

宇宙间的事物何以生而又生、“生生不息”呢？它们的内在动力机制是什么呢？《周易》说，“一阴一阳之谓道”，“刚柔相摩，八卦相荡”，

"雷风相薄，水火（不）相射"，"刚柔相推而生变化"。即《易》理揭示宇宙间的一切事物都是由阴阳这两种相反的物质构成的，阴阳相互对待、对立、相荡、相摩而促进它们此消彼长、此长彼消，即阳消则阴长，阴消则阳长，等到消长达到了极限时，就要发生向相反方向的转化，这种相摩、相荡、相推的转化过程是一个无限的连续不已的过程，因而宇宙间的事物就呈现出"生生不息"的充满生机的过程。

《周易》的生生不息原理，有两个重要的特点：第一，生生不息的主体是阴阳二气及其所形成的事物。"盈天地之间唯万物"这一命题，表明了《易传》作者的唯物主义的本体观念。从宏观来说，是日月星辰，风云雷雨，山川草木，鸟兽虫鱼，社会人事；从微观来说，是阴阳二气。这些物质性的东西是生生不息的运动变化的主体。第二，生生不息原理，讲的是生而又生、连续不已，它肯定事物变化的前进过程，讲的不是循环论。在生生不息中包含事物变化中的质变，变化的过程是新的东西不断地产生的过程，是新生的东西连续不断地产生取代旧事物的过程，是新陈代谢的过程，因而称为"生生之谓易"。《周易》的生生不息的这两个特点，正确地揭示了宇宙过程的真正本质。科学与实践将进一步证明，生生不息的原理是科学的真理。

第四节　中道和合原理

宇宙及宇宙中的任何事物都是多矛盾、多因素之间相互作用的对立统一体，正是这种矛盾、同一的相互作用，才构成了宇宙及其事物的多样性、复杂性和均衡性。正由于事物中这种矛盾的均衡和均衡中的矛盾，才使事物具有和合性，才使事物的存在与发展成为可能。《周易》则揭示宇宙中这种和合的规律，正确认识易卦、易图、易传中的和谐和合规律，对于正确认识《周易》的科学价值，具有十分重要的意义。

太极图（图十三）是我们民族独有的文化遗产。太极图的结构是：外形一个圆圈，圈内有两条首尾相互拥抱姿态的阴阳鱼，黑色为阴，白色为阳。两条鱼各占一半的空间，鱼的头部各有一个黑白相反的鱼眼，两条鱼的中间呈一个 S 形曲线。这是一个具有典型特征的和合图形。

两条阴阳鱼示表宇宙及其事物的物质、倾势的基本构成及其统一性。阴与阳之间始终是矛盾着的、互补的，同时又是和谐的，此消彼长，彼消此长，永远处在均衡互补之中。从静态上看，阳必有阴，阴必有阳，孤阴不生，独阳不长，一方以另一方为存在的前提，没有单独的阴，也没有单独的阳，阴阳总是处在相互联系、互为补充之中。从动态上看，阳长则阴消，阴长则阳消，阴阳之间的消长、盈虚，总是处在一个动态平衡中。太极以圆为形，表示宇宙及宇宙中的一切事物是一个整体。在这个整体中，存在着多元的、多质态的事物，它们都是流转不停、生生不息的。不论太极的混沌状态，还是从已成的宇宙状态看，都是如此。两个黑白不同的鱼眼，表示阴阳的互含性，阳中有阴，阴中有阳，它揭示了阴阳之间的同一和相互转化的内在依据，同时也表明了事物异质性的普遍性。S 曲线则表示事物平衡的相对性，发展过程中的波浪性、曲折性、前进性和周期性。

太极图是我们祖先的一项绝妙的发明，它概括了宇宙间的一切事物和现象，既概括了宇宙中有形的事物，也概括了宇宙中无形的事物。明代易学家来知德在他的《太极图说叙》中说：“天地间形上形下，道器攸分，非道自道，器自器也。器即道之显诸有，道即器之泯于无，虽欲二之，不可得也。是图也，将以沦为无耶？两仪、四象、八卦，与夫万象森罗者，已具在矣。抑以为滞于有耶？凡仪象、卦画，与夫群分类聚，森然不可纪者，曾何形迹之可拘乎!”即世间无形的道与有形的物，都包容在太极图之中。不能说它“无”，因为其中已经包含着阴阳两种物质和阴阳运动的道；但又不能说它“有”，因为它没有包含任何有形的物质实体。即太极图是一个有形与无形、抽象与具体相统一的和合模式。

河图、洛书之名最早见于《尚书》，《论语》中亦有河图一词，《易传》中有“河出图，洛出书，圣人则之”的说法。但是有河、洛之“图”还是宋代的事。河图、洛书是把1至10、1至9这些自然数中的奇数作为阳，偶数作为阴，并按照一种规律组合成的世界上绝无仅有的独特的图式。这个图式的内涵十分丰富，不少的学者都提出了自己独到的见解，但只能是仁者见仁、智者见智。如果我们仔细地研究一下，它也是一个阴阳对立、统一、协调的和合图式。

河图（见图二十）：其结构为“天一生水，地六成之，居北；地二生火，天七成之，居南；天三生木，地八成之，居东；地四生金，天九成之，居西；天五生土，地十成之，居中”。图中的白圈为奇数代表阳，黑圈为偶数代表阴。5、10居中属土；3、8居东属木；2、7居南属火；4、9居西属金；1、6居北属水。在东、西、南、北、中内部以及东与西、南与北之间，从性质上看，都有阴阳的对立统一；从数学上讲，也有奇与偶、少与多的对立统一；从五行上看，有南北的水与火、东西的金与木相克；从物质形态上看，有天与地的对立统一。如果上下左右四方各配上八卦，不论是先天八卦还是后天八卦配河图，四正、四隅之间都是阴卦与阳卦相对应的。以先天八卦配河图为例，四正为：乾南、坤北、离东、坎西；四隅为：东南兑、西南巽、西北艮、东北震。从卦的对应关系来看，乾南与坤北、离东与坎西，是阴阳相对应的，其他的四隅也是如此。按照《周易》的逆数原则，其八卦之顺序是合乎自然规律的。可见，河图是包含着多要素的、多元的、多性质的对应和合图式。

洛书（见图二十一）：其结构是一个正方图，横向和纵向行列均等。从下至上之数目排列为：8、1、6；3、5、7；4、9、2。这个数字结构，古人称为“戴九履一，左三右七，二四为肩，六八为足”。这个图的特点是，不论是横向还是纵向数之和均为15。这表示图在横向、纵向的数量上是均衡的、协调的。不仅如此，两条斜线上的数之和也为15，表示其交叉关系上的均衡性。它同样也可以配上八卦和五行。以后天八卦配洛书为例：离南坎北，震东兑西，巽东南，坤西南，乾西北，艮东北。东西、南北之卦是阴阳相对应的，四隅之间的卦也是如此。可见，在洛书中不仅在数量关系上达到了均衡，而且在性质上也达到了相应与协调。也可以说，洛书也是一个和合图式。

汉代刘歆认为：“河图”“洛书”互为经纬，八卦九畴互为表里。清代江慎修解释说：“以‘河图’言之，火南水北，木东金西，合四方之正位，似为经，而‘洛书’为纬；以‘洛书’言之，奇数居四正，偶数居四隅，似为经，而‘河图’为纬；以八卦言之，天地水火雷风山泽，各居其方，似为表，而数为里；以‘洛书’言之，生数成数，阴阳配偶，各得其位，似为表，而卦为里。”① 由此可见，“河图”与“洛书”、八卦与“洛书”之间存在着经与纬、表与里的对立统一的和合关系，相互间构成一个有经纬、表里的网络。

作为《周易》特有的太极图、河图、洛书的和合性，亦是宇宙及其事物的和合性的反映。人们认识世界，不仅要认识它的本质和规律，还要认识事物的数量关系和空间形式，这是认识过程中不可忽视的重要方面。易图的和合性，揭示了客观世界中数量关系和空间形式的和合性，因此，它具有极为重要的价值和意义。

---

① 江慎修：《河洛精蕴》第8页，学苑出版社，1989。

中道和合：中道是中华文化和合思想的重要内容。中道要求在矛盾对立的两极、两端、两边中，不能偏执一端，不能过，也不能不及，使矛盾得以同一或统一，其对立的两极中有一个因时而移的、不确定的中介点。事物的两端互相包容、含摄、渗透、和谐、相应。正如佛理说所的：“色不异空，空不异色；色即是空，空即是色”，“一多相即相入”。你中有我，我中有你，既是“中”，又是“和”。从这个意义上说，“和”即是“中”，“中”即是“和”。《广韵·戈韵》释“和”为“不刚不柔也”。郑玄在《周礼·春官》注中，释“和”为“刚柔适也”，刚柔适中即为“和”。可见，中道即是中合。

《周易》崇尚中道主要表现在推崇二、五这两个爻位上。在《易》卦中二、五之爻位为中位。二与五相应、相敌皆为吉，不论是当位或不当位。二与五当位，得中得正皆吉，如屯卦䷂、既济䷾、比卦䷇、益卦䷩等等。倘有不当位得中皆吉，如泰卦䷊、临卦䷒等。再有得中相敌者亦吉，如复卦䷗、剥卦䷖、夬卦䷪、姤卦䷫等等。也就是说不论是阳刚得敌还是阴柔得敌都是如此，说明《周易》十分重视中正。唐人阮逸在《文中子·中说序》中说：“大哉‘中’之义，在《易》为二、五。”凡二、五之爻位，皆吉，即使是凶也可以化为吉，或无咎、悔亡等。如巽卦䷸九二《爻辞》说：“巽在床下，用史巫纷若，吉，无咎。”《象辞》说：“纷若之吉，得中也。”九五《爻辞》说：“贞吉，悔亡，无不利。”《象辞》说：“九五之吉，位正中也。”离卦䷝九二《爻辞》说：“黄离，元吉。”《象辞》说：“黄离，元吉，得中道也。”乾卦䷀《文言》说：“九二曰：‘见龙在田，利见大人’，何谓也？子曰：‘龙德而正中者也。”总之“中道”即中和协调、和谐合作之谓。乾卦之《卦辞》为“元、亨、利、贞”。“元”，大也；“亨”，通也；“利”，利物利他也；“贞”，正也。这是乾卦之四德或四种性质。大而亨，利而正，即为正中之道。正中之道也就是中合之道。

交泰和合：在《周易》中凡是发生交感的事物，则是向上的、亨通的、成长的。如泰卦是发生上下交感之卦，所以“吉”。《象辞》说：“天地交而万物通”，“上下交而其志同”。《象辞》说：“天地交，泰。”泰者，通也。亨通表示一切皆顺利。既济卦䷾是一个吉卦，它的每一爻都是当位，并且都是一一相应的，即每个对应位都是发生交感的。《咸卦·象辞》说“天地感，而万物化生”，但是，《周易》并不把吉凶绝对化，它们之间是可以转化的。正是由于阴阳之间是交感的，是不断发生交互作用的，所以，变是宇宙中恒常的、普遍的规律。“变动不居，周游六虚”，“穷则变，变则通，通则久”，这是《周易》的至理名言。《周易》也不是从一个封闭的系统来看待世界的，它认为世界是一个开放的、动态的系统。所以，它以未济卦䷿来结束它的体系，所谓“未济”者表示事物还处在发展之中，做事要奋进不息，不要半途而废。

消息和合：任何事物的发展变化都有两种趋势：向上的趋势和向下的趋势。“消”者，减损、消退，指事物向下的运动趋势；“息”者，增长、上进，指事物向上的发展趋势。《易传》认为，事物发展的“消”与“息”是相互依存的，两种相反的趋势是同步的。阳息则阴消，阴息则阳消，它们相互依存，但又总是处在不平衡状态中。如十二月消息卦：

复	临	泰	大壮	夬	乾	姤	遁	否	观	剥	坤
䷗	䷒	䷊	䷡	䷪	䷀	䷫	䷠	䷋	䷓	䷖	䷁

（图三十五）

从复卦到乾卦是阳息阴消的过程，从姤卦到坤卦是阳消阴息的过程。在这两个过程中，阴阳之间的消息过程是相逆的。十二消息卦反映了一年四季阴阳寒暑的变化规律，这个规律就是阴阳相互依存而消长、盈虚，保持了总体上的平衡。甚至这十二个卦的阴阳爻数的总量也是均衡的，反映了阴阳消长过程中，从不平衡到平衡，又从平衡达到不平衡的和合性质。

既济和合：既济卦䷾中的每一爻都当位，即阳爻处阳位，阴爻处阴位，并且阴阳位是一一对应的。既济和合反映事物的对应性和相应性以及协调性。《周易》十分强调对应性和相应性。所谓“相应”，是指两种性质相反的事物之间的一种联系，表示异质事物之间的协调性和互补性；“敌应”也是一种对应，是相应的一种特殊情况，表明同质事物之间不是绝对没有联系，而是有某种间接的联系，在易卦中表明它们还有爻位之间的一种关系。《说文·口部》：“和，相应也。”《中孚》卦：“鸣鹤在阴，其子和之。”和即应也。反之，相应即为“和”，所谓和声、和弦之类。《易传》把是否相应作为判断吉凶的一个条件，即和合为吉或大吉，否则为不吉或凶。

生克和合：“生克”指五行之间的相生相克关系。“生”是指事物间的相互生存、相互促进、相互推动，即水生木、木生火、火生土、土生金、金生水；“克”是指事物间相互对立、相互制约、相互限制，即水克火、火克金、金克木、木克土、土克水。“生克和合”是指以五行为代表的五类事物之间，因相互促进、相互制约而处于和谐、平衡状态之中的情形。

在易术中，五行的生克关系是判断吉凶的主要依据。天干地支也可以分属五行，甲乙属木，丙丁属火，戊己属土，庚辛属金，壬癸属水，亥子属水，寅卯属木，巳午属火，申酉属金，辰戌、丑未属土。子丑相合，寅亥相合，卯戌相合，辰酉相合，巳申相合，午未相合。子午相冲，丑未相冲，寅申相冲，卯酉相冲、辰戌相冲，巳亥相冲。

还有相刑、相害方面的情况。所有这些，反映了事物之间的矛盾、和谐、冲突、统一的相互关系。

《易传》的和合思想是对易卦、易象和合性的说明或论证，它们相互补充，互为表里，形成了《周易》和合思想的完整体系。这种阴阳互补、和谐和合思维模式是中华民族典型的思维模式，对于建构和谐世界，消除民族之间、国与国之间的对立和纷争，具有极为重要的指导意义。

第五节　认识摹写原理

《周易》中的一系列概念、范畴、爻画、符号，到底是怎样来的？是圣人凭先天的理念想出来的，还是先哲对宇宙现象的摹写或反映呢？历史上对此有不同的见解，明代易学家来知德的解释十分正确。他在对《系辞传上》中的“天尊地卑，乾坤定矣。卑高以陈，贵贱位矣。动静有常，刚柔断矣。方以类聚，物以群分，吉凶生矣。在天成象，在地成形，变化见矣”作解释时说：“此一条言天地万物，一对一待，易之象也。盖未画易之前，一部易经，已列于两间。故‘天尊地卑’，未有易卦之乾坤，而乾坤已定矣。‘卑高以陈’未有易卦之贵贱，而贵贱已位矣。‘动静有常’，未有易卦之刚柔，而刚柔已断矣。‘方以类聚，物以群分’，未有易卦之吉凶，而吉凶已生矣。“在天成象，在地成形”，未有易之变化，而变化已见矣。圣人之易，不过摹写其象数而已，非有心安排矣。”[①] 来知德的以上解释，合乎《周易》的原意，它摈弃了神秘主义的色彩，使之置于科学的基础之上。

---

① 来知德：《周易集注·系辞传上》。

事实上，《易传》在解释《周易》的概念、原理的来源时所遵循的“观察”法，即经验的反映论。《周易》的观察论是以承认客观现象为其前提的。在《易传》中反复讲如何对宇宙进行观察。《系辞传上》说：“古者包牺氏之王天下也，仰则观象于天，俯则观法于地，观鸟兽之文，与地之宜，近取诸身，远取诸物，于是始作八卦。”这里说明八卦是根据对宇宙的种种现象进行观察之后而作的。《系辞传上》还说：“圣人有以见天下之赜，而拟诸其形容，象其物宜，是故谓之象。圣人有以见天下之动，而观其会通，以行其典礼，系辞焉以断其吉凶，是故谓之爻。言天下之至赜而不可恶（妄言）也，言天下之至动而不可乱（乱说）也。”“物宜”，指万物各有其本性。经过观察而获得的“象”与“数”，已经不是事物的表面现象，而是深入到了事物的内在本质。易象是“象其物宜”，反映万物的本性，易象的客观依据是物“象”和“物宜”，这是对事物静态的反映。不仅如此，《周易》还要从动态上反映事物。《系辞传下》说：“爻也者，效天下之动者也。”“爻”是仿效天下事物的运动状态的，即反映阴阳的相互变化及其过程。“仰以观于天文，俯以察于地理，是故知幽明之故。”“是故君子居则观其象，动则观其变。”《说卦》说：“观变于阴阳而立卦，发挥于刚柔而生爻。”“昔者圣人之作易也，将以顺性命之理，是以立天之道曰阴与阳，立地之道曰柔与刚，立人之道曰仁与义。”总之，《周易》十分肯定，其概念、范畴、象数、义理均是通过对宇宙现象的观察、仿效和摹写而形成的。

由观察而形成的抽象，是科学的抽象。如阴阳本来是两个具体的概念，在天指太阳和月亮；在地指山之南为阳，山之北为阴。我们的祖先经过深入的观察，不但认识到天上有日月、星辰、风云、雷电，而且地上有山刚水柔，动物有雌雄，人有男女，物有大小、坚软等等，于是他们把宇宙间相互对立、矛盾的一切事物和现象，都概括为阴阳，从而使得“阴阳”这个具体概念上升为具有普遍意义的哲学范畴。这种抽象是以经验为基础，再经过心思的加工而完成的。《周易》的作者进一步把“阴阳”这个范畴抽象为爻画：“--”、“—”，再由这两个爻画组成八卦，进而再演变为六十四卦。所以，八卦或六十四卦就是对宇宙间种种复杂的事物和现象最为抽象的反映。

根据《系辞传下》的记载：包牺时代根据离卦䷝的卦象而发明罔罟；到了神农时代，根据益卦䷩的卦象而发明耒耨（农具）；根据噬嗑卦䷔的卦象而发明了市场。到了黄帝尧舜的时代，根据乾卦䷀和坤卦䷁的卦象发明了衣裳；根据涣卦䷺的卦象发明了舟船；根据随卦䷐的卦象发明了马车牛车；根据豫卦䷏的卦象发明了木梆；根据小过卦䷽的卦象发明了杵臼；根据睽卦䷥的卦象发明了弓矢；根据大壮卦䷡的卦象发明了宫室；根据大过卦䷛的卦象发明了丧葬之礼；根据夬卦䷪的卦象发明了文字等等。以上说明了“以制器者尚其象”的道理，同时也说明了《周易》的特点。

以上记载说明了我国古代的科技发明的详细情况。这里，我不想对这个问题作进一步的说明，我想要说明的是，从认识论的角度来说，上述解释是值得商榷的。《系辞传下》这一段话的意思是说，古代若干技术发明是仿效易卦而来的，也即是说先有易卦，而后有技术工具，这恐怕是后人为了神化《周易》而颠倒了两者的因果关系。事实上应该是相反：先有技术工具，然后依卦象去说明技术工具。任何一个民族的技术发明，都是依据对客观事物的认识和实践的需要而实现的。如舟楫的发明，是在人们发现水的浮力和发现竹木之类能浮于水上之后才有可能的。同时，人们在生产实践中常常需要渡越江河，在不断地探索中才把上述那种可能性变成为现实性，这才是完成舟楫发明的真正原因。其他的发明也同样是如此。即有了实物之后，人们为了解释这些发明，才去和卦象联系起来。如舟浮于水上，并在水上航行，这一状况和涣卦卦象完全一致。涣卦的卦象上巽下坎，其卦象是木在水上。这一卦象正好就是舟楫运行的情况。再如商品交易市场，是在生产力发展到了相当水平的时候才出现的。古代的商品交换是中午进行，所以称为“日中为市”。噬嗑卦是上离下震，上日而下噪动。中午阳光照耀，市场上众人熙熙攘攘，往来不停。所以将噬嗑卦与日中为市联系起来。其实，市场的出现是人们相互交换产品的需要，而不是因为有了噬嗑卦才有市场。“市”这个概念，正是由于观察了大量的“日中为市”这个社会活动而形成的。

《周易》反复论证爻、象与客观现象的关系。《系辞传下》说：“爻也者，效此者也。象也者，象此者也。”“爻”反映事物的运动状态，“象”反映事物的静止状态。这里的“此”，指天地万物的相对静止和运动的状态，即爻、象是天地及其变化的模仿和象征。《易传》还指出，研究三才之道，在于“明于天之道，察于民之故”，以引导民众生活之用。总而言之，《周易》中的易象、易数、易理都是对宇宙事物的形象、现象、数量关系、空间形式和内在联系的摹写和反映。所以《周易》的观察、仿效、摹写以及抽象，是完全正确的唯物主义的认识路线，是合乎科学和人类实践经验的。

第六节　由微知著原理

由于《周易》认为宇宙的本源是“元气”，宇宙间充满着由“元气”所构成的万物，万物又是阴阳两气所构成的，不同的事物只是阴阳构成形式的不同而已，阴阳的对待、消长、转化的方式推动事物的运动、变化与发展，因而一切事物的结构和变化的规律都是可以察知的，可以由微而知著，由隐而知显，由小而知大，由往而知来，由变而知化，可以由对事物现象的认识进而形成对其本质和规律的预测性的认识。《易传》说："君子知微知彰。""知几，其神乎？几者，动之微，吉凶之先见者也。""夫《易》彰往而察来，显微而阐幽。"《周易》强调"知几。""几"者，动之微。微，隐微，即事物发展的初始阶段所出现的难以捉摸的某种状态或先兆。要认识和掌握这一神妙的状态是很难的，是一般人不可能达到的，只有对事物的变化规律有深入的掌握，其熟悉的程度达到了神妙无穷的地步时，才有可能。所以《易传》说："知几，其神乎！"当然，要想做到这一点就得花费大力气去研究事物生生不息的发展规律。

从事物的本质联系中，认识事物的发展规律，就可以预知事物发展的趋势，获得实践的主动权。如坤卦初六爻辞说："履霜，坚冰至。"霜降以后天气逐渐变冷，脚踩着地上的霜，说明冬天已经到来。随着天气一天天地变冷，坚硬的冰一定会出现。坤《文言》用"积善之家，必有余庆；积不善之家，必有余殃。臣弑其君，子弑其父，非一朝一夕之故，其所由来者渐矣，由辩之不早辩也"这段话来解释"履霜，坚冰至"，说明事物发展由渐变到质变的过程，如果及时注意就能预知它的必然结果。《系辞传下》说："善不积，不足以成名；恶不积，不足以灭身。小人以小善为无益而弗为也，以小恶为无伤而弗去也，故恶积而不可掩，罪大而不可解"，同样说明"由微知著"、"防微杜渐"的道理。《周易》的卦辞几乎每一条都作出吉凶、悔吝、厉咎或中性的判断，以告知未来可能出现的情况，《象辞》只作补充解释而已。其判断不仅是根据上下卦象、内外卦象、错综卦象以及中爻卦象等等，还根据爻象、爻位以及爻象和爻位之间的关系等等作出的。如 屯卦六三爻辞说："即鹿无虞，惟入于林中，君子几不如舍，往吝。”要进入林中打猎，如果没有守林人的引路，一定会遇上困难。从每一卦的卦辞中，就可以知道未来可能出现的情况，从而实践了《周易》“知几”、“知微”、“知著”、“知彰”的理论。

《周易》主张世界是可知的这一理论，具有重要的科学实践意义。形形色色的大千世界极其丰富多彩，事物的多彩性在于其差别性，没有差别就没有世界。世界是差别性和同一性的统一。世界是可以认识的，就在于事物的差别性，找出事物之所以存在差别的内在根据以及它们之间的内在联系，它们之间的同一性、统一性，就是人类对自然和社会的认识。事物之所以能认识，就在于它们之间存在着差别中的同一和同一中的差别。事物的差别性是事物能够被认识的前提，如果事物之间没有差别，一片混沌状态是无法认识的。人类的理性是自明的，不是混沌的，因而它有认识宇宙的能力。

《易传》中的“太极”是原始状态的“元气”，八卦所代表的八类物质虽然是各不相同的，但它们统一于“元气”。世间的任何事物都有“同”也有“异”，八卦之所以有“同”也有“异”，是因为它是宇宙间事物有“同”有“异”的摹写、模仿和仿效。战国时期有“离坚白”和“合同异”两个学派：“离坚白”派强调认识事物之间的“异”，“合同异”派强调认识事物之间的“同”，两派都是不合乎辩证法的。任何事物都是“同”和“异”的统一，把事物之间的“同”和“异”割裂开来、对立起来，不利于对事物的认识。而《周易》明确认定事物之间有“同”也有“异”。卦有同异，卦位也有同异，有等序，有正偏，有贵贱等等。“二与四”、“三与五”，皆“同功而异位”，“君子以同而异”。《周易》在强调“同”的同时，更强调“异”，“君子以同而异”，“君子以辨上下”，“君子以类族辨物”。“类”，同也。“辨物”者，分辨、弄清事物之间的差别。明白事物之间的“同”和“异”，是认识事物的结果，没有认识事物之“异”，就不会认识事物之“同”。由于《易传》正确认识到事物之间的同异关系，所以十分肯定能够认识事物的“几微”、“幽隐”，能“彰往而察来”、“由微而知著”，不但能认识现在，还能察知“未来”。

庄周是中国先秦时代的智者，他的思想充满着深邃的辩证的智慧。《庄子》依据“道”浑然为一的特点，得出“万物皆一”的理论，提出“齐彼此”、“齐物我”、“齐是非”、“齐生死”的哲学学说，认为事物的彼与此之间是没有差别的，物与我之间、生与死之间也是没有差别的，因而是与非之间更是没有差别的，既然这样就没有必要认识，也没有必要区别事物之间的不同，进而也没有必要区别认识的是与非。据《庄子·齐物论》记载：“齧（音 niè）缺问乎王倪曰：‘子知物之所同是乎？’曰：‘吾恶乎知之！’‘子知子之所不知邪？’曰：‘吾恶乎知之！’‘然则物无知邪？’曰：‘吾恶乎知之！虽然，尝试言之：庸讵知吾所谓知之非不知邪？庸讵知吾所谓不知之非知邪’？”这段话的意思是说，“齧缺问王倪：“你知道各种事物相同的道理吗？”王倪说：“我怎么知道呢！”齧缺又问：“你知道你为何不知道吗？”王倪回答说：“我怎么知道呢！”齧缺接着又问：“那万物就无法知道了吗？”王倪说：“我怎么知道呢！虽然这样，我还是试着来回答你的问题。你怎么知道我所说的‘知道’不是‘不知道’呢？你又怎么知道我所说的‘不知道’不是‘知道’呢？”齧缺问王倪，王倪回答四不知，最后王倪还反问齧缺，这段对话十分精彩，是在借寓言人物齧缺与王倪对话的方式来宣传事物不必认识、是非不可区分的理论。另一方面，《庄子》对人有没有能力认识事物持怀疑态度，认为人的生命是有限的，而知识是无限的，以有限的生命去追求无限的知识是危殆的。“以有涯随无涯，殆已！已而为知者，殆而已矣！”[①] 同时又认

① 《庄子·养生主》。

为，事物本身是无限的，“有始也者，有未始有始也者，有未始有夫未始有始也者；有有也者，有无也者，有未始有无也者，有未始有夫未始有无也者”[①]，以有限追随无限是不可能的。可是应该明白，人类的认识能力也是无限的。《庄子》的这种观点，揭示了人类认识过程中的矛盾运动，是十分深刻的，但是他设定了认识的界限，没有从认识—实践—认识的矛盾运动去看问题，是有局限性的。

如果世间的事物全都浑然为一，人类何以能区分天上的日月星辰、风云雷雨、太阳的东升西落、月亮的阴晴圆缺呢？何以能区分地上的山川河流、崇山峻岭、丘陵平原、飞禽走兽、花卉草木呢？何以区分男人和女人、老人和幼童？何以区分亲疏尊卑？……世间的一切事物都是独立自存的，他们都有自己的规定性，有自己存在的依据，有自己存在的特点，他们之间有自己存在的空间，有自己运动的规律，因而世界呈现出多样性和复杂性。事物之同是它们的内部联系，不是显现于外部由感官所能感知的，而是要用理性思考、深入探索才能把握。

几千年以前的易理认为，世界是统一的，又是有差异的。世界统一于“元气”，“元气”分而为阴阳，阴阳是有差异的，爻位是有差异的，八卦更是有差异的。阴阳的消长过程和结果也是有差异的。正是由于世界是差异性的统一，所以世界不但有被认识的可能，事实上是可以认识的。《周易》的这些理论，被今天人类发展的历史所证实。随着社会实践在横向上的拓展和纵向上的深入，随着科学技术的高度发展和进步，人类不但能认识事物的现象，还能认识事物的本质；不但能认识过去，还能从事物的萌芽状态，预知它未来的发展趋势。所以“知几”、“知微”、“知隐”、“知来”是完全可能的。

---

① 《庄子·齐物论》。

人类的社会实践和认识活动都证明：世界是可以认识的。人类为了自身的生存和发展，必须得认识自然、认识社会、认识人自身，攫取人类所需要的全部能量。没有认识，人类必将永远处在蒙昧时期，永远在黑暗中不能前进。西方认识史上休谟、康德和赫胥黎所主张的不可知论不可取。《周易》所主张的“知几”、“知微”、“彰往察来，显微阐幽”的认识论思想是很有历史和现实意义的，这是中华文明为人类的认识史所作出的积极贡献。

第七节　人道和谐原理

《周易》哲学是和谐互补的哲学，即它讲天道、地道、人道的和谐。天道是阴阳的对立体，地道是刚柔的对立体，人道是仁义的对立体，对立即互补，互补即是对立统一，也即是矛盾的和谐。天道和地道是自然的和谐，人道和谐是宇宙整体和谐的一部分。人道和谐是人类社会生存和发展的重要条件，因此《周易》告诉我们，要效法天地之则而实现人道的和谐。

《周易》认为，天地之道是最公正无私的，天无私覆，地无私载，人道也应仁民爱物，公正无私。天始生万物，天道按照自己的规律运行，使天地之间的一切不失其序，生出万物，普利万物，使人类具备生存之物质条件。这就是“乾道变化，各正性命。保合太和，乃利贞。首出庶物，万国咸宁”[①]。地顺承天之道，使万物赖以生长，它“至哉坤元，万物资生，乃顺承天。坤厚载物，德合无疆。含弘光大，

① 《乾卦·彖辞》。

品物咸亨”[1]。即地道具有元善亨美之性质。乾坤皆具有元亨利贞之德。乾卦《文言》说：“元者，善之长也。亨者，嘉之会也。利者，义之和也。贞者，事之干也。”《周易》主张，君子要依据这四德而实践仁礼义正之德，这是人道和谐所必须遵守的基本准则。

《说卦传》说：“立人之道曰仁与义。”“仁”为阳，“义”为阴。人道也表示阴阳的和谐。孔子说：仁者，“爱人”[2]。即仁是处理人与人之间相互关系的原则，它的核心是互爱。同样，《周易》也强调仁。仁是内在的道德理念，其实质是善。所以《周易·乾卦·文言》说：“君子体仁，足以长人。”孔颖达疏：“君子之人，体包仁道，汎爱施生，足以尊长于人也。仁则善也，谓行仁德，法天之元德也。”[3] 孔颖达对“体”的解释值得商榷。这里的“体”应是亲身躬行之意。即是说，只有君子亲身实践仁德，才能成为真正的领导者。把内在的仁体现于外者，就是礼、义、正。礼是依据于仁而规定的在人际交往中的行为规范，这种行为规范是人道和谐中不可缺少的。“嘉会足以合礼”者，苏轼解释得很好：“阴阳和而生万物曰嘉”，即宇宙间的阴阳二气和合协调才能生成万物。孔颖达疏：“言君子能使万物嘉美集会，足以配合于礼，法天之享也。”即是说君子能法宇宙间阴阳和合的规律，使人间的关系也协调起来，这就是合于礼仪。“利物足以和义”者，孔颖达疏：“言君子利益万物，各得其宜，足以和于义，法天之利也。”“义”即“利物”，对于宇宙来说，是使万物各按其本性而生存；对人世间来说，利物即利他，即人不能自私自利，要自利利他，人人能利他，就能使人各自获得自己应得的利益，这就是合于义。

---

① 《坤卦·彖辞》。

② 《论语·颜渊》。

③ 孔颖达：《周易注疏·乾卦文言》。

“贞固足以干事”者，孔颖达疏：“言君子能坚固贞正，令物得成，使事皆济，此法天之贞也。”《广雅·释诂一》：“干”，正也。坚固而又中正的意志，就能做出正而无邪的事来。不去欺骗别人，也就是信。总之，《周易》认为，人道和谐的根本依据是宇宙的协和原则，人必须要遵循宇宙的法则行事。这也就是《周易》关于天人合一理论的重要内容之一。

宇宙是阴阳的对立和谐体，有阴和阳这两种对立的事物和倾势，由对立构成和谐。人类社会也一样是光明与黑暗的对立体，它并不时时处处都是和煦的阳光，它有君子，也有小人；有仁善，也有邪恶；有光明，也有黑暗。所以，为了实现人道的和谐，君子首先要进德修业。乾卦的《象辞》说：“君子进德修业，忠信所以进德也。修辞立其诚，所以居业也。”进德要从小事做起，经过修身，升华人性，完善人格，即进入仁民爱物的境界。由此出发，去教育广大的民众，也就是“德博而化”，教化民众。人之所以为人，有他自己的本质规定。如何才能保持这种本质规定而不至于丧失呢？就是要不断地施以教化，不断提高人的道德素养，使人性获得升华，人格获得完满。为此，每一个人都要“积善存诚”、“遏恶扬善”、“利物利人”。孟子曾说：“人之所以异于禽兽几希？庶民去之，君子存之。”[①] 所去者所存者何？“义”耳。义者，宜也。即人在社会中活动要合于“义”，不做邪恶的事情，不做损人的事情，不做过头的事情。总之，一切都要合于“义”，这样人道就可以和谐。

人道和谐是人类社会进步的条件，也是人类社会进步的标志。所以《周易》所强调的人道和谐是具有极为重要的进步意义的。

① 《孟子·离娄下》。

第八节　文明进化原理

人类社会由野蛮进入文明、由低级到高级经历了漫长的历史。由旧石器时代进入新石器时代，大约经历了三百万年，由新石器时代过渡到文明时代，又经历了一万多年。中华文明至少有七千年的历史，其史前时代，以传说的方式传承下来。在黄帝之前有四帝，他们是有巢氏、燧人氏、伏羲氏、神农氏，直至黄帝、尧、舜以及大禹时期，都称为传说时代。有的学者对中华文明存在几千年的传说持怀疑甚至否定的态度。现在根据考古发现，大禹治水不是传说，而是真实的历史，因此对古代的传说妄加否定是完全错误的。这里我不讲中华文明的史前史，而主要讲《易传》作者的历史观。

《易传》认为人类的文明是逐步进化的、前进的，这已为人类的发展历史所证实，绝不是社会越古越文明而否定文明的前进性。法家的代表人物韩非子在其著作《韩非子·五蠹》篇中也强调人类文明的进化。它描述了中华民族文明进化的历史过程，分“上古之世、中古之世、近古之世”三个历史阶段来说明：“上古之世，人民少而禽兽众，人民不胜禽兽虫蛇。有圣人作，构木为巢，以避群害，而民悦之，使王天下，号之曰有巢氏。”原始人类“穴居”，北京猿人在山洞中住了几十万年。有巢氏“构木为巢”住在树上，发明了简单的房子，这是一个历史的进步。“民食果蓏蚌蛤，腥臊恶臭而伤害腹胃，民多疾病。有圣人作，钻燧取火以化腥臊，而民说之，使王天下，号之曰燧人氏。”它的思想与《周易》的思想是完全一致的。《礼记·礼运》篇也记载：“昔者先王，未有宫室，冬则居营窟，夏则居橧巢。未有火化，食草木之实，鸟兽之肉，饮其血，茹其毛。未有麻丝，衣其羽皮。后圣有作，然后修火之利，范金合土，以为台榭、宫室、牖户；以炮、以燔、以亨、以炙，以为醴酪。治其麻丝，以为布帛。以养生送死，以事鬼神上帝，皆从其朔。”“修火之利”指燧人氏发明“钻燧取火”，这不只是个传说，而是有历史为证的。据考古发现，早在170多万年前的元谋人和约70万年前的北京人都学会了用火，但不知他们用的是天然火还是摩擦得来的火。恩格斯指出：“摩擦生热，在实践上是史前的人就已经知道了，他们也许在十万年前就发现了摩擦取火。”① 用火烧烤或烹饪食物，不但除去了腥臊恶臭，减少了疾病，还增加了营养，保证了人类的身体健康。从火的发现和利用直到“钻燧取火”或摩擦起火，大大推动了人类文明的进步与发展。韩非子还说：“中古之世，天下大水，而鲧、禹决渎。近古之世，桀、纣暴乱，而汤、武征伐。”韩非子从上古之世到中古之世再到近古之世的对中华民族社会状况的描述，阐明了他的历史进化观是完全正确的，这种对人类的历史持进化的观点是科学的。

《周易·系辞传下》从伏羲氏讲起，认为从伏羲、神农到黄帝、尧、舜的历史是不断进化的历史，主要是生产生活工具、房屋的发明，礼仪的制定和文字的发明等等。伏羲时代，发明了网罟，用以捕鱼和打猎；神农氏时代发明了犁和锄等农具，有了先进的农具，生产发展了，有了剩余产品，需要进行交换，于是发明了市场。黄帝、尧、舜时代的发明就更多了：发明了舟船、牛马驾的车子，以作运输之用；发明了杵臼，以作加工谷物之用；发明了弓箭，以作打猎和捍卫部落安全之用；发明了衣服、房屋，使人的身体和生命安全得到了更好的保护；发明了丧葬之礼，使人与动物根本区别开来；特别是发明了文字，使人成为了符号化的存在，人类社会发生了根本性的质

① 恩格斯：《马克思恩格斯选集》第3卷，第547页，人民出版社，1972。

变。有了文字，人类的经验得以保存和传承，信息得以传播，思想得以远距离交流等等；有了文字，国家的行政管理进入了“百官以治，万民以察”的文明阶段。《易传》认为，黄帝是中华民族的人文初祖，从黄帝、尧、舜开始，中华民族跨入了文明的时代。

文明的国家管理采用“仁”和“智”两种方法。由于天无私覆，地无私载，天地之德无私，人和人类社会也应该是无私的。“元者，善之长。”人的本质是“仁”，因此对社会的治理也必须是行仁政和德治。“体仁足以长人。”《乾卦》九五爻辞说：“飞龙在天。”《文言》解释说：“上治也。”九五为中位，为君位，象征国君以中正之仁德，实行宽柔相济的中和之政策，临民而治理国家。但是《周易》始终认为，任何事物都具有其相反的方面，人有善的本性，也有善丧失的时候，所以除了德政以外还要有法制，以德政与法制结合，来保证社会的文明稳定。《噬嗑卦·象辞》说：“雷电，噬嗑。先王以明罚敕法。”噬嗑卦的卦体是下震上离，震为雷，离为明。离表示明察，雷威严，令人恐惧，象征刑罚。高亨教授解释说：“先王观此卦象，从而明察其刑罚，修正其法律。然欲明察其刑罚，修正其法律，必须玩味法律条文，知其利弊，正如口含食物，咀嚼以知其味。”[①] 治理国家除了“仁”以外还要有“智”，要认识变化的规律，要认识物极必反的道理，要知吉知凶、知存知亡、知进知退、知得知丧，要根据事物的具体情况采取相应的方法和策略，趋吉避凶，促进社会文明的健康发展。

由于宇宙是“生生不息”、“变动不居”的，所以和谐稳定是相对的，人们的行动必须要“与时偕行”，顺应时空的变化。因此，在政治实践上必须要“革故鼎新”，不断适应形势的变化而变革，要“趋时”而行，不能保守，《周易》为此专门设立“革”卦与“鼎”卦来

---

① 高亨：《周易大传今注》第220页，齐鲁书社，1979。

阐明革故鼎新的道理。革卦䷰是兑上离下，兑为泽，离为火，泽下有火曰革。泽中有火，说明泽中已经无水而干枯，火烧泽上干枯的草木，泽已经发生大变革了。《革卦·彖辞》说："天地革而四时成。汤武革命，顺乎天而应乎人。"人要顺应宇宙变革的规律来革新自己的观念、思想、治国的方略以及历法，只有与时偕行，才能事业有成，才能吉无不利。鼎卦䷱的卦体是下巽上离，火在木上，象征烹饪；下巽上离有"鼎"的形象。经过烹饪的食物，由生变成熟之后，已经发生了质变，由旧质变成了新质。"鼎"象征取新、创新。基于宇宙的"生生不息"、"变动不居"而产生的"与时偕行"、"革故鼎新"思想也是科学的，有着极为重要的现实指导意义。也就是说，要不断地革故鼎新，《周易》甚至主张进行社会革命，"天地革而四时成。汤武革命，顺乎天而应乎人"[①]，只有取新、创新、革命，才能推动社会文明的不断进步。

《周易》希望社会文明不断进步，最终达到一种理想的境界。"正邦化邦，万国咸宁，化成天下，吉无不利"是《周易》追求社会文明的基本目标。《周易》大讲"利"，全书用"利"215处，用"天下"67处，这说明《周易》的眼光不只是盯住家、邦、国，而是有着广阔的视野，其中体现治理目标的有"天下治"、"化成天下"、"天下化成"等。"正邦"是一种治理目标，中正而不偏邪。贤君贤臣管理国家，以德育民，政治平和，刑罚清明，称物平施，以怀柔的政策对待外邦，以达到内外和谐的状态；在这样的基础之上"教化德化"邦国，从而使得"万国"皆安宁，化成天下，达到天下大治、天下文明的境界。这些思想充分体现了《周易》社会文明进化的原理。

---

① 《周易·革卦·彖传》。

第五章　易学基本流派

《周易》系辞传说："易有圣人之道四焉，以言者尚其辞，以动者尚其变，以制器者尚其象，以卜筮者尚其占。"这段话已经说明《周易》中包含了义理和象数、卜筮的内容。以后，随着易学的发展，形成了义理派和象数派，到了宋代，又从象数派中演化出了图书派，从此义理派、象数派和图书派鼎立于易坛。

第一节　义理派

《周易》的义理派又称为义理易，它主要是以阐明《周易》中所包含哲学理论为内容的学术派别，是易学的最重要的派别之一。义理派始于孔子在《易传》中对《周易》的哲学要义的阐释，《易传》通过对《易经》要义的揭示和阐释，确立了《周易》在我国学术思想史上的价值。晋代王弼"扫象"，用老庄玄学解《周易》，大张义理之学的旗帜。唐代孔颖达所作《周易正义》是沿王弼所开创的学术方向作出的重要成果，宋代程颐的《程氏易传》和朱熹的《周易本义》把义理学推向顶峰。现代用马克思主义哲学解《周易》应属于现代义理学的范围。

王弼（226—249）字辅嗣，是我国魏晋时期的著名学者，玄学家。王弼虽然只活了24岁，但却才华横溢，史称他“幼而察慧，年十余，好老氏，通辩能言”，在学术上取得了丰硕的成果，著有《老子道德经注》、《老子指略例》、《论语释疑》、《周易注》、《周易略例》、《易辨》、《周易穷微》、《易传纂图》等等。《周易注》、《周易略例》是王弼义理易学的代表之作。他用玄学解释《周易》，是要把《老子》、《庄子》与《周易》沟通起来，开创了易学研究的新领域。

王弼易说，主义理而排斥象数。魏晋以前的汉代易学都重视象数，专以承、乘、比、应，伏、飞、互、反等易象解易。自王弼以后，义理之学一度占了主导的地位。唐代孔颖达称王弼的《周易注》为“独冠古今”之作。王弼的义理之学以老庄的哲学思想为中心。王弼玄学思想的基本命题是“天地万物皆以无为本”。他在《老子指归》中说：“夫物之所以生，功之所以成，必生乎无形，由乎无名，无形无名者，万物之宗也。”即把“无”作为宇宙万物的本原。老子主张“道法自然”，王弼则强调“万物以自然为性，故可因，而不可为也；可通，而不可执也”，“舍己任物，则无为而泰”[①]。这里王弼所说的“无为”就是因其“自然”，并用这种“自然无为”的思想去注释易卦，如释临卦䷒六五爻辞“知临，大君之宜，吉”时说：“处于尊位，履得其中，能纳刚以礼，用建其正，不忌刚长而能任之，委物以能而不犯焉，则聪明者竭其视听，知力者尽其谋能，不为而成，不行而至也。大君之宜如此而已。”临卦䷒九二爻为阳，六五爻为阴。六五为尊位，比喻君德，与九二又相应，比喻任人以能，无为而治。这

① 王弼：《老子注》。

是以老庄玄学思想解易的例证。

王弼还首倡“得意忘象”之说：“夫象者出意者也，言者明象者也。尽意莫若象，尽象莫若言。言生于象，故可寻言以观象。象生于意，故可寻象以观意。意以象尽。”[①] 他认为《周易》的言（辞）、象、意三者的关系是“象者出意”，“言者明象”，“意以象尽”，“象以言著”。“故言者所以明象，得意而忘言。象者所以存意，得意而忘象。犹蹄者所以在兔，得兔而忘蹄；筌者所以在鱼，得鱼而忘筌也。然则言者象之蹄也，象者意之筌也。是故存言者，非得象者也。存象者，非得意也。”可见，王弼把“言”“象”当作是“蹄”和“筌”一样的工具，得鱼得兔之后，就可以像忘却筌蹄一样，忘却象和言。

王弼主张卦主之说，认为每一卦都有一个或两个中心爻。卦主分为成卦之主和主卦之主。清代李光地对王弼的卦主说作了发挥和详细的论述。他在《周易折中》一书中说：“凡所谓‘卦主’者，有成卦之主焉，有主卦之主焉。成卦之主，则卦之所由以成者，无论位之高下，德之善恶，若卦义因之而起，则皆得为本卦之主也。主卦之主必皆德之善而得时得位者为之，故取于五位者为多，而他爻亦间取焉。其成卦之主即为主卦之主者，必其德之善而兼得时位者也。其成卦之主不得为主卦之主者，必其德与时位参错而不相当者也。大抵其说皆具于夫子《彖传》，当逐卦分别观之。若其卦成卦之主，即主卦之主，则是一主也；若其卦有成卦之主，又有主卦之主，则两爻皆为本卦之主矣；或其成卦者兼取两爻，则两爻皆为本卦之主矣；或其成卦者兼取两象，则两象之两爻，又皆为本卦之主矣，亦逐卦分别观之。”

关于王弼的卦主说，朱伯崑教授认为，系来源于京房的“定吉

① 王弼：《周易略例·明象》。

凶，只取一卦之象”[①] 的观点。他说：“概括起来说，讲了三种情况：其一是，指爻辞直接同卦辞相联系的一爻。”[②] 如屯卦䷂的卦辞说：“元、亨、利、贞，勿用有攸往，利建侯。”此卦为吉，《彖辞》解释是因为“刚柔始交”。所谓“刚柔始交”是指初九与六二开始交接。初九的爻辞说：“磐桓，利居贞，利建侯。”屯卦䷂直接与卦辞相联系的一爻是初九爻，所以，屯卦䷂的主爻为初九爻。王弼分析说：“屯，此一卦，皆阴爻求阳也。屯难之世，弱者不能自济，必依于强，民思其主之时也。故阴爻皆先求阳，不召自往，马虽班如，而犹不废，不得其主，无所凭也。初体阳爻，处首居下应民所求，合其所望，故大得民也。”按王弼的说法，屯卦初九爻是阴求阳之义，民思其主之时，其他爻义皆本于此爻。所以，初九爻是主爻。

朱伯崑说：“其二是，指居中位之爻，即二五爻。”[③] 王弼说：“故六爻相错，可举一以明也。刚柔相乘，可立主以定也。是故杂物撰德，辩是与非，则非其中爻，莫之备矣。”[④] “故举卦之名义有主矣，观其彖辞，则思过半矣。夫古今虽殊，军国异容，中之为用，故未可远也。品制万变，宗主存焉；彖之所尚，斯为盛矣。”[⑤] 此论证中爻为一卦之主。如讼卦䷅、困卦䷮的九二爻均为主爻，此二卦都是阳爻处阴位，并与九五敌应，讼卦就上下相违而争讼不已，困卦就上下相敌而困穷。

朱伯崑说：“其三是，指一卦之中阴阳爻象之最少者，如五阴一阳或五阳一阴之卦，其中的一阳或一阴为该卦的主爻。”[⑥] 王弼说：

---

① 京房：《京氏易传·姤》。

② 朱伯崑：《易学哲学史（上）》第249页，北京大学出版社，1986。

③ 朱伯崑：《易学哲学史（上）》第250页，北京大学出版社，1986。

④ 王弼：《周易略例·明象》。

⑤ 王弼：《周易略例·系辞》。

⑥ 朱伯崑：《易学哲学史（上）》第250页，北京大学出版社，1986。

“夫少者多之贵也，寡者众之所宗也。一卦五阳而一阴，则一阴为之主矣；五阴而一阳，则一阳为之主矣。夫阴之所求者阳也，阳之所求者阴也。阴苟一焉，五阴何得不同而归之；阳苟一焉，五阳何得不同而从之。故阴爻虽贱，而为一卦之主者，处其至少之地也。”① 如谦卦䷎的九三阳爻为其主爻，因为谦卦是五阴一阳之卦，阳统阴也；大有卦䷍的六五阴爻为其主爻，因为大有卦是五阳一阴之卦，阴统阳也。

韩康伯（332—380）的《系辞注》是王弼义理学派的代表作。王弼注《周易》没有注释《系辞》。孔颖达将其收集在《周易正义》之中，并加以疏解。韩康伯运用老庄的思想来注释《系辞》，同时也借助注《系辞》来发挥老庄的思想。他用“无”来解释“太极”，在注“易有太极，是生两仪”时说，“夫‘有’必始于‘无’，故太极生两仪也。太极者，无之称，不可得而名，取‘有’之所极，况之太极者也”。可见，韩康伯把“无”当作宇宙本体，宣传老庄“有生于无”的思想。他还说：“道者何？无之称也，无不通也，无不由也。况之曰道，寂然无体，不可为象。必有之用极，而无之功显，故至乎神无方而易无体，而道可见矣，故穷变以尽神，因神以明道。阴阳虽殊，无一以待之。在阴为无阴，阴以之生；在阳为无阳，阳以之成，故曰一阴一阳也。”②。韩康伯认为，“道”和“太极”都是“无”，并且是产生形下之器的本原，这完全是借《周易》来发挥老庄的哲学思想。

唐代官方命孔颖达（574—648）撰《五经正义》。孔颖达撰的《周易正义》，用王弼和韩康伯的注。所谓《周易正义》就是对王、韩的注加以疏解，所以《周易正义》又称为《周易注疏》或称《孔疏》，

① 王弼：《周易略例·明象》。

② 孔颖达：《周易注疏·系辞上疏》。

解释或阐发“注”称为“疏”。孔颖达在《周易注疏》的《序》中对王弼的注进行肯定，并对当时易学的状况进行了批评。他说：“其传易者，西都（西汉）则有丁（宽）、孟（喜）、京（房）、田（何）；东都（东汉）则有荀（爽）、刘（表）、马（融）、郑（玄），大体更相祖述，非有绝伦，唯魏世王辅嗣之注独冠古今。所以江左诸儒并传其学，河北学者罕能及之。其江南义疏十有余家，皆辞尚虚玄义，多浮诞。原夫易理难穷，虽复玄之又玄，至于垂范作则，便是有而教有；若论住内住外之空，就能就所之说，斯乃义涉于释氏，非为教于孔门也。既背其本，又违于注。”接着，他论述其撰写《周易正义》的宗旨：“今既奉敕删定，考察其事，必以仲尼（孔子）为宗，义理可诠，先以辅嗣（王弼）为本，去其华而取其实，欲使信而有征，其文简，其理约，寡而制众，变而能通。”可见，孔颖达十分推崇王弼的《周易注》，称它“独冠古今”，其注疏以王弼“为本”。孔颖达的《周易正义》虽以王弼的注“为本”，但不墨守一家，而是兼采众家之说，在坚持以义理为主的同时，不绝对排斥象数。由于孔颖达的《周易注疏》有以上特点，加上是唐代官方颁布的教科书，因而对后世影响极大。

宋代程颐（1033－1107）的《伊川易传》是易学义理学的最高成就。此书为宋代理学奠定了基础。程氏易学既继承了王弼义理之学的传统，又扬弃了玄学的观点，以儒家思想解《易》：以“理”作为易学思想的核心，认为“理”是世界的本原，以阴阳二气或阴阳之物的存在为依据作为运动变化的主宰。程颐说：“前儒失意以传言，后儒诵言而忘味，自秦而下，盖无传也”，“予所传者，辞也，由辞以得其意”[①]。程颐提出“有理而后有象，有象而后有数”[②] 的理论。他在解释乾卦初九爻辞时说：“理无形也，故假象以显义。乾以龙为象。龙之为物，灵变不测，故以象乾变化，阳气消息，圣人进退。初九在一卦之下，为始物之端。阳气方萌，圣人侧微，若龙之潜隐，未之可自由，当晦养以俟时”；在解释明夷卦的六五爻辞“箕子之明夷，利贞”时说：“五为君位乃常也。然易之取义，变动随时。上六处坤之上而明夷之极，阴暗伤明之极者也。五切近之。圣人因以五为切近至暗之人，以见处之之义，故不专以君位言。上六阴暗，伤明之极，故以明夷为之主。五切近伤明之主，若显其明，则伤害必矣。故当如箕子之自藏，则可以免于难”。程颐采用因象明理、以理解易的方法，把《周易》的义理之学发展到了一个新的阶段。

南宋义理之学的代表是朱熹（1130—1200），他著的《周易本义》继承了程颐以义理解易的学风，发展了程颐的义理之学。朱熹的《周易本义》的根本宗旨是说明《周易》的来源和本义，反对近世学者“其专于文义者既支离散漫而无根著”，又反对“其涉于象数者又皆牵合傅会”的学风。朱熹认为，在解释《周易》的义理时不能脱离筮法中的象数，要把伏羲易、文王易、周公和孔子易区别开来。在解释卦爻辞时，应注重文理，言简意赅，少穿凿附会。在对《周易》一书性质的认识上，他认为《周易》“本为卜筮之书”，“本为卜筮作”[③]，强调《经》和《传》的区别。他还认为伏羲画卦、文王重卦不可信，文王作卦辞、周公作爻辞也无确凿证据，但肯定孔子作十翼。他认为，八卦、六十四卦、卦爻辞是为卜筮而设，只有十翼才是讲义理的。朱

① 《程氏易传·自序》。
② 转引自朱熹：《近思录》卷三。
③ 朱鉴：《朱文公易说》卷八。

熹讲义理之学，强调不能脱离象数而空谈义理。因此，他批评程颐脱离象数而空谈自己设定的道理时说："伊川见得个大道理，却将经来合他这道理，不是解易。"[①] 朱熹还提出"易只是个空底事物"的观点，认为"若易只则是个空底事物，未有是事，预先说是理，故包括得尽许多道理"[②]。所谓"易只是个空底事物"，是说易的象数与义理中包含着关于事物的抽象的道理，亦等于冯友兰教授所说的《周易》是"宇宙的代数学"一样，肯定《周易》揭示了事物的普遍规律。如朱熹在解释在"变化"时说："变者化之渐，化者变之成。"[③] 这个解释揭示了事物的量变和质变的规律。"变"是事物发展过程中的渐变，即量变；"化"是事物发展过程中的"渐变"的完成，其中包含着质变。朱熹揭示的这个"渐变"和"顿变"的规律，在宇宙中具有普遍性。因为这是一个抽象（空底的事物）具有普遍性的规律，因而它就可能"包括得尽许多道理"。所以，朱熹所揭示的易理，具有相当的深刻性。

义理之学是易学发展史的主流，特别自唐代之后更是如此。有以黄老之学解易的严君平易，有以炼丹之学解易的魏伯阳易，有以玄学解易的王弼易学，有以理学解易的程氏易学，有以人事之学解易的欧阳修易学，有以气学解易的张载易学，有以心学解易的杨简易学、有以佛学解易的智旭易学等。以上所列举的仅是义理之学的代表而已，以便从中了解一斑，从一斑中知道一般。

---

① 黎靖德：《朱子语类》卷六十七。

② 黎靖德：《朱子语类》卷六十七。

③ 朱熹：《周易本义》卷三。

第二节 象数派

象数是《周易》中一个特有的内容。《周易》与任何民族的任何一部书籍的最根本的不同，就在于它除了用文字来表达其义理之外，还有象数。《系辞传上》说："易有圣人之道四焉：以言者尚其辞，以动者尚其变，以制器者尚其象，以卜筮者尚其占。"即辞、变、象、占是《周易》的四大内容。还说："圣人有以见天下之赜，而拟诸其形容，象其物宜，是故谓之象"；"易者，象也"；"吉凶者，失得之象也；悔吝者，忧虞之象也；变化者，进退之象也；刚柔者，昼夜之象也"；"两仪生四象，四象生八卦"；"天垂象，见吉凶，圣人象之。易有四象，所以示也"；"法象莫大乎天地"；"居则观其象而玩其辞"。要想理解《周易》的意蕴，必须要"观象玩辞"，只有观其象才能玩味、认识和了解"辞"的意义。易理寓于易象之中，脱离易象来谈易理，就成了无源之水，无本之木。可见，"象"在《周易》中具有何等重要的地位。

除了"象"之外还有"数"。所谓"数"，就是爻位数、天地自然之数、大衍之数和乾坤策数。爻位数是指初、二、三、四、五、上等六个位次；天地自然之数是指"天一，地二；天三，地四；天五，地六；天七，地八；天九，地十。天数五，地数五，五位相得而各有合，天数二十有五，地数三十，凡天地之数五十有五"；大衍之数就是《系辞传上》说的"大衍之数五十，其用四十有九"；乾坤策数指"乾之策二百一十有六，坤之策百四十有四，凡三百有六十，二篇之策万有一千五百二十"等。《系辞传下》说："兼三才而两之，故六。"《说卦传》说："参天两地而倚数"，"数往者顺，知来者逆，是故易逆数也”。《易传》中讲了很多“数”，它们有什么价值和意义呢？一是用来“定象”，一是用来“占卜”。所以《系辞传上》说：“极其数，遂定天下之象”，“极数知来之谓占”，“极，尽也”。所谓“极其数，遂定天下之象”，指易的卦爻之数反映事物之间的关系，穷尽卦爻之数，就能确定天下事物之象。所谓“极数知来之谓占”，指尽蓍策之数以构成一卦，尽卦爻之数以知事物之象，从而求知未来之事。

归纳起来说，所谓“象”指爻象和卦象。爻象指阴与阳。卦象指形象、意象、象征，它是无限开放的系统。所谓“数”指卦位与爻位、自然之数以及大衍之数、天地之数、乾坤策数等等。

所谓象数学或象数派，就是以《周易》的象数为基础，吸收阴阳、五行、天干、地支形成一个作为解释工具的特殊系统，并用它去解释《周易》和世间的事物，这样的学派就叫做象数派。历史上，汉代易学是象数派最发达的时期，成了易的主流，但在魏晋以后，被义理派所取代，以后居于次要的地位。

汉代象数派易学中，著名的学派有孟氏易、施氏易、京氏易、梁丘易，他们都是今文易学家，所以，在汉代占统治地位的是今文易学。汉代出现了许多很有成就的象数易学家。孟喜提出四正卦、十二月卦说、卦气说。京房继承和发展了孟喜的卦气说，提出了八宫卦说、飞伏说、五行说、纳甲说。《易纬》提出了易有三义说、太易说、八卦方位说、九宫说、爻辰说。郑玄的五行生成说，荀爽的升降说，虞翻的卦变说、旁通说、互体说、半象说，发展了京房的纳甲说。汉代的象数学对易的发展作出了贡献，但它与谶纬神学相结合，陷入迷信和灾异学说以及烦琐哲学之中，因而使之没有多长的生命力。

东汉时期，今文经学逐渐衰微，古文经学逐渐取得优势地位。古文经学解易，不取象数之学，注重义理的发挥，文字力求简明。王弼著《周易注》、《周易略例》排斥象数学，反对占候迷信，开玄学解易之先河。但在魏晋时期，象数派的余绪依然存在。

唐代李鼎祚著《周易集解》，收集有子夏、孟喜、焦延寿、京房、马融、荀爽、郑玄、刘表、何晏、宋衷、虞翻、陆绩、干宝、王肃、王弼、姚信、张番、向秀、王凯冲、蜀才等35家易说，尤其重视荀爽、虞翻和郑玄易说。其中除少数几家保存下来之外，其余多已亡佚。因此，李氏《周易集解》是一部重要的象数著作，它是研究汉代象数学不可缺少的资料，巴蜀书社1991年出有点校本。

宋代象数学发展成一个特殊的学派——图书学，以后，象数派发展多推崇或遵循宋代的图书学。

来知德是明代象数派易学家的著名代表，著有《周易集解》（又称《周易集注》），他所提出的错卦说、综卦说、中爻说、爻变说，对六十四卦之间的关系以及卦爻辞作出了自己独到的解释，丰富和发展了易学象数派的理论。

第三节　图书派

图书学派是在象数的基础上发展起来的，属于象数派易学，是宋代易学中特有的东西。所谓“图书”学是因为这一派十分推崇河图、洛书，并且以此为依据来解释《周易》的原理和宣扬自己的主张而得名。“河图”一词在先秦典籍中早已出现，在《尚书·顾命》中有“河图在东序”一语，在《论语》中有“凤鸟不至，河不出图，吾已矣乎”，在《周易·系辞上》中有“河出图，洛出书，圣人则之”的记载。但是，这些都只有文字而没有图。到了宋初，象数派学者在道教易学的影响下，把《易传》中的大衍之数、天地之数同河图、洛书联系起来，并且将河图、洛书画上图形，用以解释《周易》的原理，这就形成了所谓图书学派。

图书学派的创始人是北宋时期的道士陈抟。陈抟（871—989）字图南，号希夷先生，四川安岳人。陈抟创立图书学不明言为自创，而是托之伏羲氏。邵伯温在《易学辨惑》中说："希夷易学，不烦文字解说，止有图以寓阴阳之数，与卦之生变。"① 以图式解易是陈抟的最大发明。陈抟的易学图式，包括象和数两个方面。陈抟提出的易学图式到底有多少，已经不可确考。现在流传下来的有三个：一是先天太极图，二是易龙图，三是无极图。

一、伏羲先天八卦图

陈抟所传的"先天太极图"，其图式到底是什么样的，已无法考证。世上所传之太极图为蔡季通（号元定）从西蜀隐者那里得来的，又称天地自然之图。这个图呈圆形，图中有两条黑白鱼形，呈阴阳环抱之状。坤居北，为纯阴之卦，表示阴气盛于北方；乾居南，为纯阳之卦，表示阳气盛于南方；震居东北，一阳二阴，阳气尚弱，表示阴气极于北方，阳气始生；东方为离，东南方为兑，到南方之乾，三阳之卦，表示阳气极盛。阳气极于南，阳极生阴，巽居西南，一阴二阳，表示阴气尚弱。再西方坎，西北艮，到北方坤，为三阴之卦，表示阴气极盛。如此，循环不已，表示阴阳消长的过程。以阴阳环抱为太极，以外围的八卦表示阴阳二气的消长。所以，太极含有阴阳，阴阳含有八卦。

---

① 见朱伯崑：《易学哲学史（上）》第10页，北京大学出版社，1988。

（图三十六）

二、易龙图

易龙图到底是不是陈抟所作，宋代就已有不同的看法。但易龙图主要指“河图”、“洛书”一类图式，它是“河图”、“洛书”的前身，据此，当为陈抟所作。在陈抟所作的《易龙图序》中说：易龙图发生过三次演变，一变为天地未合之数；二变为天地已合之位；三变为龙马负图之形。所谓“龙马负图”，即是“河图”、“洛书”一类图式。其图形如下：

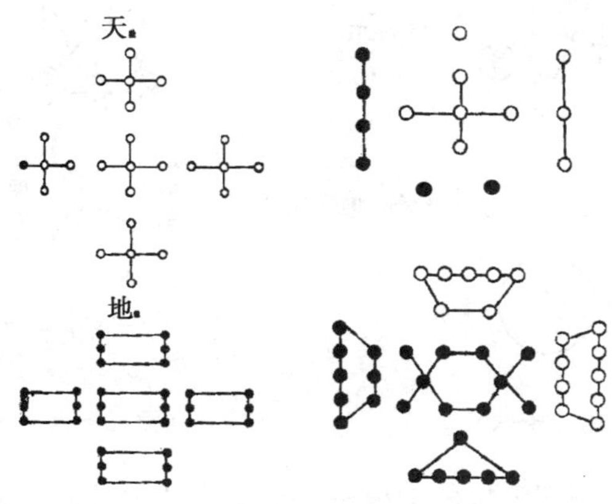

（图三十七）

这个图还不是后来的“河图”、“洛书”，但它具备了“河图”、

“洛书”的形态。此后，“河图”、“洛书”又经历了一个演变的过程，产生了以刘牧为代表的“图九洛十”与以蔡元定为代表的“图十洛九”的争论。由于蔡氏的“图十洛九”之说，载于朱熹的《易学启蒙》和《周易本义》之中，所以，“图十洛九”之说就成了南宋以后普遍接受的结论性说法。

三、无极图

明朝末年，黄宗炎在《图学辨惑》一书中说：“太极图者始于河上公，传自陈图南，名为太极图，乃方士修炼之术。”黄宗炎所见到的无极图见图三十八。

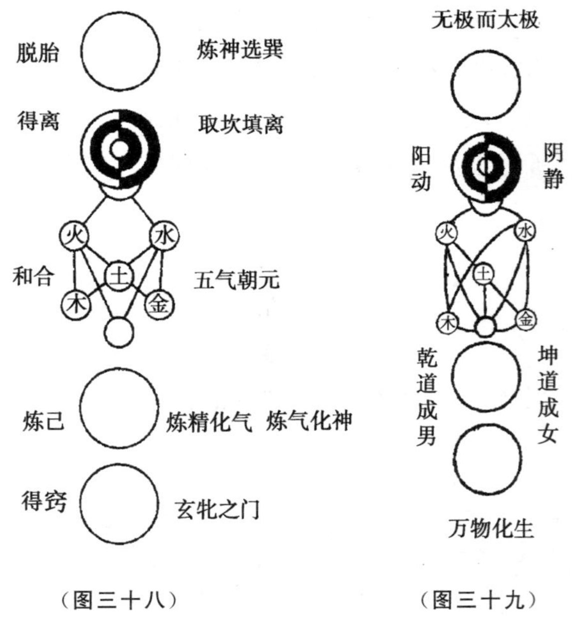

（图三十八）　　（图三十九）

后来，周敦颐把陈抟的无极图改造成为“无极而太极”的宇宙演化图式，即图三十九。

陈抟所创的图书之学，传给种放，种放以后，分三支发展：一是传授陈抟的先天图到邵雍；二是传授河图洛书到刘牧；三是传授太极图到周敦颐。图书之学从此更加发展，形成易学上一道特殊的风景线。施维、邱小波收集、整理、编纂出版了《周易图释大典》一书，对易学图书一派的易图收集得十分详备，为进一步研究图书学派提供了非常翔实的资料。

对于图书学派，我在《周易图释大典序》中曾作过如下论述：

图书派易学的内容十分丰富，其中包含着许多有价值的东西。历代易学家根据易学原理及其与其他科学相联系创制出了不少的易图，或对易图作出自己的解释，阐发自己的学术思想，因此，易图不但数量繁多，而且内容涉及诸多学科，诸如哲学、数学、天文学、历法、地理、音律、医学、养生、军事等等。图书易学在中国传统文化史上有着重要的意义。

图是人类认识世界和把握世界的一种极为重要的形式，在人类认识史上具有重要的地位，不但在古代是这样，在科学高度发达的今天，尤其是这样。在人类认识世界的过程中，有些认识对象可以用概念、判断等文字形式来说明，有些认识对象只能用图或者只有用图才能更清楚而形象地说明。历史上，易图解释和说明过某些宇宙现象，为认识某些事物起过积极的作用。随着认识世界的深化，图式在认识事物的过程中越来越重要，离开图式，现代科学技术不可想象。在现代科学中，如天文图、地图、等高图、各种数学图形、原子分子结构图、物体运动曲线、心脑胃电图、各种数据统计表等等，它们清楚形象地说明对象的状况及其变化规律。因此，图式在人类认识史上的价值不可低估。易图是古代的一种特殊认识图式，它不仅在认识史和文化史上具有重要的意义，而且有些易图在今天还具有它的价值。现代科学所揭示的某些结论与某些易图相一致，或为某些科学模型的建立提供了思维模式等等[①]。

总而言之，陈抟所创立的图书学派，不但有其重大的学术价值，还有其重要的认识论意义。

第四节 考据派

考据派易学盛行于清代。清代的学术以崇尚汉学为其基本特征，它的发展经历了三个阶段：第一阶段是清初的汉宋兼采之学，即汉学刚刚萌芽，宋学的残辉未尽的交汇时期；第二阶段是乾隆、嘉庆以后“专宗汉学”，通称乾嘉学派；第三阶段是嘉庆、道光以后的今文经学时期。乾嘉之学又称朴学，崇尚汉儒之学，反对宋儒的空疏学风。“考据派易学”是乾嘉学派的一个支派，它以训诂、考证、订讹、辨伪为其特征。其主要代表人物有顾炎武、黄宗羲、毛奇龄、胡渭、惠栋、张惠言等。

顾炎武易学属于义理派，但也重考据、主训诂，尚未完全脱离宋学的影响。黄宗羲著《易学象数论》，对图书学与象数学进行了系统的批判，其立论重证据，不尚空谈。毛奇龄著《太极图遗议》、《河图洛书原舛篇》对太极图、河图、洛书进行考证，认为太极图不是儒学固有的东西，而是来源于道士魏伯阳的著作《周易参同契》，是将其中的“水火匡廓图”与“三五至精图”合并而成的。毛奇龄还指出：“或云其图在隋唐之间在道士作《真元品》者，先窃其图入《品》中，为太极先天之图，此即陈抟之窃之所自始。”即陈抟所传的所谓“太

① 陈德述：《周易图释大典序》，载施维、邱小波编：《周易图释大典》第6—7页，中国工人出版社，1994。

极图”是从《真元品》中剽窃来的。毛奇龄经过考证认为，“太极图”来自于道教，与《周易》无涉。毛奇龄对河图洛书进行考证之后，认定其是陈抟杜撰出来的，朱熹将这伪学置入《周易本义》中是完全错误的。毛奇龄说：河图洛书之名，“自古皆有之，大抵‘图’为规画，‘书’为简册，无非典籍之类”。到了宋代，陈抟“骤出‘河图’、‘洛书’，并以《先天图古易》示世，称为三宝。并不言授自何人，得自何处，出入何书之中，嬗之何方术技士之手，当时见之者亦未之信。”毛奇龄通过考证得出的结论，认为先天太极图、河图、洛书全是伪造，完全否定了太极图、河图、洛书与《周易》的关系。

胡渭专门著《易图明辨》对易图进行考证、辨伪。全书共十卷，一卷辨河图洛书；二卷辨五行九宫；三卷辨《周易参同契》、先天、太极；四卷辨《易龙图数钩隐图》；五卷辨启蒙诸图；六卷七卷辨先天古易；八卷辨后天之学；九卷辨卦变；十卷辨象数流弊。胡渭自己在《题辞》中说：“‘河图’之象，自古无传，何以拟议；‘洛书’之文。见于《洪范》，奚关卦爻；五行、九宫，初不为《易》而设；《参同契》、‘先天’、‘太极’，特借《易》以明丹道。而后人或指为‘河图’，或指为‘洛书’，妄也。妄之中又有妄焉。”《四库全书总目提要》指出：胡渭的《易图明辨》“皆引据旧文，互相参证，以箝依托者之口，使学者知图书之学，虽言之有故，执之成理，乃修炼术数二家，旁分易学之支流，而非作易之根柢”。胡渭经过详细的考证，证明所谓易图与《周易》无关，河图洛书也不是圣人作易的依据，它们是炼丹家和术数家的发明，不是易学的主流。

惠栋是清代考据易学的著名学者，他治易主于汉代虞翻易学，著《周易述》、《易汉学》、《易例》、《周易本义辨证》、《新本郑氏周易》、《易大义》等等。惠栋治易，以汉人之古义对《周易》经、传的字音字义进行训释，以汉代之易学为宗。他以荀、虞为主，认为凡古皆真，以汉为古，凡古皆好。惠栋在汉代易的考证上有突出的成就，但缺乏创见。

张惠言是清中叶著名经学家，其学出于惠栋、江永，对虞氏易学深有研究，著有《周易虞氏义》、《周易虞氏消息》、《虞氏易候》、《虞氏易言》、《虞氏易礼》等等。张惠言治易，专门研究汉代之易学。他虽然出于惠栋之门，但他与惠栋比较起来，有两大特点：第一，张惠言对前人易学的收集、辑录比惠栋更全面；第二，家法比惠栋更明确。继张惠言之后，对虞翻易学作进一步整理和疏解的有曾钊的《周易虞代义笺》，李锐的《周易虞氏略例》，胡祥麟的《虞氏易消息图说》等等。张惠言对汉代虞氏易的研究作出了重要的贡献。

焦循在清代考据学中不只追求崇汉述古，而有自己独到的见解。他的代表著作有《易通释》、《易章句》、《易图略》，这三本著作又称为《易学三书》，其他还有《易话》、《易广记》、《周易补疏》等等。焦循研究易采用三种方法：一是"实测"，认为《周易》的六十四卦三百八十四爻是运动的，它们的运动可以用实测来找到其规律，犹如能够找到天体运动的规律一样；二是用天元术来说明卦爻的运动，所谓"天元术"就是数学家李冶根据"洞渊九容之数"的思想提出来的列代数方程的方法，焦循把这种方法用之于易卦的组成；三是充分运用"转注"、"假借"这两个六书的方法来解释《周易》的经文。焦循从上面的方法出发，提出了自己的学说，即三条易例：旁通、相错、时行，以此来说明易卦中的参伍错综关系。所谓"旁通"是指同一卦内的相应爻位的卦爻的阴阳交换，所谓相应爻位指每一卦的初与四、二与五、三与上，如果本卦无可交换时，则与同组卦的另一卦的相应爻位相交换。如焦循认为中孚卦䷼与小过卦䷽旁通，明夷卦䷣六五"箕子之明夷"，箕子即其子。中孚卦九二"鸣鹤在阴，其子和之"，是因为九二与小过之六五旁通。小过卦六五与中孚卦之九二不应和

(六五与九二不当位)，而以小过卦的四之初成明夷卦，故说“箕子之明夷”。如果其子与“鸣鹤相应和”，则“明不伤夷”，是中孚与小过旁通。这里，焦循的所谓旁通与汉代虞翻的旁通说是完全不同的。所谓“相错”是指两组四卦之间的特殊关系。如别卦屯卦䷂、蒙卦䷃两卦的内卦交换，可以得出两个新的别卦：颐卦䷚和坎卦䷜。相反，颐卦和坎卦的内卦交换也可以得屯卦与蒙卦。这样由内卦交换联系在一起的四卦（屯卦、蒙卦、颐卦、坎卦），它们的关系叫做相错。这个所谓“相错”与来知德的“相错”也是根本不同的。所谓“时行”，是指经过变通，使卦爻的变换当位而沿着元亨利贞的路线前进而不失其道。先二五，后初四或三上即当位，即是元亨；先初四或三上，后二五即是失道，这是不元不亨。当位则吉，失道则凶。但是，吉凶是可以转化的，吉可以化为凶，凶也可以化为吉。时行的关键是变通。无论当位，失道，一经变通，则元亨可以更加元亨，不元不亨者亦可以转化为元亨。如乾卦二爻先到坤的五位，乾卦的四爻到坤卦的初位，相应的乾卦成家人卦，坤卦成屯卦，是当位而吉的卦。如果不知变通，以家人卦之上爻到屯卦之三，成水火既济，其道穷也。此以卦爻之变换关系来解释卦爻辞，与传统所讲的“时行”也是不同的，也即是说，焦循的旁通、相错、时行三说，是他自己所立的新论。

此外，辑佚是清代考古派易学的一大特征，除张惠言外，还有孙堂、马国翰、黄奭等等。孙堂辑有《汉魏二十一家易注》。马国翰辑有《玉函山房辑佚书》，所辑宋以前之佚书六百多种，其中辑有蔡景宽、韩婴、古五子传至唐代僧一行共五十六家易注，七十九卷，是有史以来最全的汉唐易注辑本。马国翰所辑易注数量之多，为清人之冠。黄奭辑有《汉学堂丛书》，辑佚书二百多种，其中易之书，有《子夏易传》、《孟喜易章句》、《王肃易注》、《薛虞易音注》、《翟子元易义》等。

乾嘉以后，今文经学兴起，他们对传统的经学以及易学持怀疑的态度，出现了经学中的疑古派。在清代易学中的疑古派，有姚际恒、崔述等人。他们对孔子作《易传》、文王作卦辞、周公作爻辞都提出质疑。

第五节　现代派

何谓“现代派易学”？所谓现代派易学是指用现代哲学、社会科学和自然科学对易理和易象进行新的诠释，或发现其易理、易象中具有现代科学意义的学术派别。它起自民国初年，大致分为现代义理派、象数派和考据派三个派别。

一、现代义理学

以哲学的本体论、方法论和认识论解易是现代义理学的主流。现代义理学自 20 世纪 50 年代以来，得到了迅速的发展。最早用现代西方哲学解释易理的是朱谦之教授于 1926 年出版的《周易哲学》一书。该书用现代哲学的宇宙观、人生观、伦理学、知识论的内容来解释易理，首开易学现代义理学的先河。

较早地运用马克思的历史唯物主义解易的是郭沫若先生于 20 年代末发表在《东方杂志》上的《周易时代的社会生活》一文，他以历史唯物主义的观点对《周易》的卦、爻辞的内容进行新的诠释。这篇论文后来收集到郭沫若的《中国古代社会研究》一书中。

吉林大学金景芳（1902—2001）教授研究《周易》七十多年，著有大量的著作。早在上世纪 30 年代就写有《易通》一书，80 年代以后又陆续出版了《学易四种》、《周易讲座》等著作和《易论》、《易说》等论文，最后用《周易全解》（1989，与学生吕绍纲两人署名）这部著作对他的易学思想进行总结。《周易全解》认为，《周易》从表面上看是一部卜筮之书，而实质上它是一部哲学著作。在《易通》中有讲《周易与唯物辩证法》的专章，说明唯物辩证法的三大规律在《周易》中都有反映。他说："《周易》的精华所在在于思想，而思想主要寓于64卦的结构之中。"换言之，金教授认为，《周易》的精华在于义理，不在于象数。他把他在义理学方面的贡献归纳为十个方面，写入《周易全解》的序言中。

在20世纪60年代出版的李景春的《周易哲学及其辩证法因素》（1963）一书中，肯定《周易》含有辩证法的哲学思想。他认为，八经卦所象征的八种物质，说明《周易》中含有原始的朴素的唯物主义性质。卦画中的阴阳爻，表示事物的矛盾，阳爻表示肯定的事物，阴爻表示否定的事物。由阴阳爻组成的六十四卦，说明了事物发生、发展、消亡的规律。因此，《易经》具有朴素的辩证法因素。《易传》发挥了《易经》的朴素辩证法思想。《系辞传上》中的"天地变化，圣人效之"的说法，含有反映论的思想。《序卦传》对六十四卦顺序的解释，是对宇宙中阴阳变化、矛盾动态的说明。卦的前后相因是讲的量变，前后相反是讲的质变。流动变化的思想始终贯穿在《周易》的每一卦中。《周易》中包含有丰富的朴素的辩证法因素。他用唯物辩证法的观点解释《周易》的义理之学。

80年代，出版了张立文（1935—）著的《周易思想研究》（1980）一书，对《易经》的研究为上篇，对《易传》的研究为下篇。上篇分析了《易经》的时代、经济思想、政治思想、无神论思想、朴素辩证法思想、伦理道德思想和自然与社会的知识等等；下篇分析了《易传》产生的年代和作者、政治思想、自然观、朴素辩证法思想、认识论、历史观等等。他用现代哲学、社会科学的观点和方法论，全面揭示了《周易》的义理之学。

宋祚胤（1918—1994）教授所著的《周易新论》（1982），除了对《周易》的写作年代、研究方法进行分析论述之外，还对《周易》的宇宙观和政治观进行了分析。宋祚胤首先否定了把《周易》的本体论说成是朴素唯物主义的观点。为了说明《周易》宇宙观的本质和主流，作者对《周易》中的42个“孚”字进行分析，一一否定了高亨和李镜池两人对“孚”的解释，认为“孚”的正确含义是“实”，由“实”引申为“诚”，“诚”表现了《周易》宇宙观的本质和主流，即是“坚定的主观唯心主义”，同时还提出了“道”作为宇宙的本体，“道”在《易传》中得到深刻的阐述。通过“道”使“孚”彰明，曲折地反映出“道”为“孚”所生，说明《周易》还含有“精致的客观唯心主义的萌芽”。宋祚胤认为，《周易》在方法论上是机械的循环论，在认识论上是先验唯心论。作者还分析了《周易》的政治观，其中包括政治观的基本观点，战略策略思想，“中”与“德”和“中行”的作用，最后也肯定它在先秦政治思想中具有承先启后的作用。宋祚胤还著有《周易译注与考辨》一书，对《周易新论》的观点作了进一步的具体发挥。

已故的徐志锐先生在1986年齐鲁书社出版的《周易大传新注》中认为，《周易大传》成书于战国末期，是一部哲学著作。《经》与《传》相距七八百年，其性质完全不同。它以《传》解《经》，还未完全脱离《经》中的神学思想。它继承卜筮的形式而改造其内容，用解《经》的方式发挥其哲学思想，对天道规律及鬼神观念作出了新的解释，从而形成了这部著作别具一格的特点。作者指出，《周易》的哲学体系是为封建地主阶级服务的，所以《周易》作为卜筮之书经过改造之后而冠为群经之首，成为封建时代的重要经典。在两千多年的封建社会中，历代的统治者都推崇它，成了士大夫必读的高深教科书，以至有关《周易》的注本不下两三千种，对我国哲学的发展史产生了深刻的影响。《周易大传新注》着意于它的哲学思想，通过注释对它的哲学体系作了较为全面的解析。

1989年上海古籍出版社出版的黄寿祺（1912—1990）、张善文著的《周易译注》（1989）也是一部讲义理学的书。他们在《周易译注卷首·前言》中说，《周易》是“我国古代一部特殊的哲学著作”，认为“只要认真剖析《周易》六十四卦的大义，我们不难发现，自从代表阴阳爻观念的爻画产生之日开始，《周易》哲学就奠定了符号象征的基础，或者说出现了最初的萌芽因素；而当八卦重成的独具体系的六十四卦及卦爻辞撰成编定之后，《周易》的象征哲学就完全显示出奇异的思想光华”。这种“奇异的光华”通过以下四点来印证：（一）从整体角度看，六十四卦是六十四种事物、现象的组合，一一喻示着特定环境、条件下的处事方法、人生哲理、自然规律等；（二）分别诸卦来看，各卦六爻之间在义理上的联系是十分明显的，而这种联系正是某种事物、现象的变动、发展规律的象征性表露，也是一卦哲学内容的具体反映；（三）若将有关卦义两相比较，又可以发现六十四卦的哲学十分突出地反映着事物对立面矛盾转化的变动规律；（四）用综合分析的方法考察，《周易》六十四卦的内容又涉及作者所处时代的思想意识形态及各领域的多方面认识，其中有反映作者政治思想的、伦理思想的、经济思想的、法制思想的等。总之，一部《周易》的思想内容是十分丰富的，而无论哪一方面的思想反映，都建立在变化哲学的基础上。“变化之道”是《周易》哲学的核心。

为了能够正确地、全面地认识《周易》的性质，《周易译注》进一步指出：研究《周易》必须要把握一定的方法：第一，从源溯流，从古注入手；第二，强干弱枝，象数、义理是主干，此外而旁及天文、地理、乐律、兵法等，不能弃主干而寻枝附；第三，在明确《经传》既相区别又相联系的基础上，应当以《易传》为解《经》的主要依据；第四，应当掌握六十四卦表现哲理的特殊方式——象数，象数不离义理，“象”与“理”的结合，正是《周易》卦形、卦爻辞象征特色的体现；第五，应当掌握前人总结出来的切实可用的易学条例，如六爻居位特征、乘承比应关系及卦时、卦主、中正等规律；第六，应当结合考古学界发现的有关《周易》的资料，细致辨析《周易》经传的本来面目及易学史研究中的各方面问题；第七，应当重视多学科、多课题相互贯通的比较研究；第八，应当注意国外汉学家研究《周易》的成果，吸收其可取的因素，以增进中外文化交流。

朱伯崑（1923－）教授所著的、由北京大学出版社陆续出版的《易学哲学史》（分上、中、下三册）是我国第一部全面系统分析论述易学哲学史的专著，对易学哲学发展的历史进行了认真的总结，它对于全面、正确地认识和理解义理学和象数学的哲学本质和意义具有重要的价值。

以上所举的仅是现代义理学的一些具有代表性的例子。此外，还有 30 年代出版的苏渊雷（1908－1995）的《易学会通》，熊十力（1885—1968）的《乾坤衍》、《体用论》、《明心论》、《新唯识论》等书都是以发明易学的新义为主的。台湾学者在《周易》义理学的研究方面亦有许多重要的著作，为之作出了重要的贡献。如东方美就是一个著名的义理易学家；程仲泉的《雕菰楼易义》、《易学新探》，高怀民的《先秦易学史》、《两汉易学史》、《大易哲学论》，陈炳元的《易论》，傅隶朴的《周易理解》，严灵峰的《易学新论》，周大利的《易经讲话》，陈瑞龙的《周易与适应原理》，林益胜的《胡瑗的义理易学》，王震的《易传之形成及其思想》，谢大荒的《易经语解》以及南怀瑾的《易经系列别讲》都是讲的《周易》义理之学。

以史解易是现代义理学的一大特色。1942 年，胡朴安（1878－

1947）先生著《周易古史观》一书，这是一部以史解《易》之书。他认为，《周易》是一部历史之书，乾坤两卦是绪论，既济未济两卦是余论，自屯卦至离卦是蒙昧时代至殷末之史，自咸卦至小过卦为周初文、武、成王时代之史。屯卦是草昧时代建立酋长之事；蒙卦是酋长领导民众而教诲之事；需卦是教导民众耕种之事；讼卦是民众争夺饮食而讼之事；师卦是行师解决两团体互相械斗之事；比卦是开国之初，建万国亲诸侯之事；小畜卦是建国以后会猎之事；履卦是以履虎尾决定履帝位之事；泰卦是履帝位之后巡狩朝觐之事；否卦是天子失德，诸侯不朝之事；同人卦是民众聚会，谋覆共主之事；大有卦是推一人为之长，组织民众之事；谦卦是会合民众，教以稼穑之事；豫卦是建侯行师，检阅军队之事；随卦是大有之民众，随豫之侯以行征伐之事；蛊卦是征伐归来，教民众以孝之事；临卦是君主登位临民之事；观卦是以神设教之事；噬嗑卦是用狱治民之事；贲卦是男女会聚结为夫妻之事；剥卦是洪水为灾，庐舍剥毁之事；复卦是因水灾迁徙，复其故业之事；无妄卦是新居始定，未甚安宁之事；大畜卦是以田猎济耕种之穷之事；颐卦是以耕种自养之事；大过卦是以改土穴为房屋，建筑房屋之事；坎卦是因建筑房屋，掘土所成之坎，蓄水设险以守之事；离卦是坎上置篱，以巩固防御之事；咸卦是男女正式婚姻之事；恒卦是夫妇正居之事；遁卦是择邻迁徙之事；大壮卦是努力生活之事；晋卦是扩充国力之事；明夷卦是文王蒙难之事；家人卦是组织家庭之事；睽卦是一夫多妻之家庭乖睽之事；蹇卦是诸侯皆来决平之事；解卦是文王决平诸侯讼狱之事；损卦是文王节俭自损之事；益卦是文王损己益人，得民心之事；夬卦是文王分决一切之事；姤卦是婚媾往来之事；萃卦是会聚众家建立祖庙之事；升卦是萃功告成，民众上升为国尽力之事；困卦是南征受困之事；井卦是推行井田之事；革卦是周革殷命之事；鼎卦是周革殷命以后，正位之事；震卦是正位以后，自治以治民之事；艮卦是迁徙殷顽，使之各安其土之事；渐卦是殷顽迁徙以后，教以组织家庭之事；归妹卦是殷贵族之女归于男家之事；丰卦是扩大殷顽，组织家庭之事；旅卦是殷顽不安其居，散而羁旅于外之事；巽卦是羁旅于外之殷顽，顺时而入之事；兑卦是殷归来，说以劝之之事；涣卦是教殷顽立祖庙之事；节卦是立祖庙之后，教以礼文有节制之事；中孚卦是会聚殷顽田猎示信之事；小过卦是顽民自猎之事。以上是胡朴安先生以史解易的基本观点，可备一家之说。

以史解易者，到了 90 年代有香港的谢宝笙（1951—）先生，他著有《易经之谜是如何打开的》（1994 年香港明窗出版社出版）一书。他认为《周易》的作者是南宫适，上经是周文王攻伐商纣王的历史，下经是作者的自传。"'乾'、'坤'二卦是全书的总纲；'既济'、'未济'是《易经》的总结。'乾'卦是周克殷历史机理的总纲；'坤'卦是作者自传，人生仕途波折的总纲。'既济'和'未济'是较'乾'卦稍为详细一点分析商朝由兴到衰和周朝起而代之的机理。"由此，作者认定，"《周易》的主题思想是通过历史和人生经历表达易道"。所谓"易道"包括"一、波浪起伏原理；二、事物发展的连贯性或叫做因果性；三、世界总是不停地演化的，或叫做变易"。作者对他的观点以翔实的资料，进行了详细而严密的论证。

以管理解易是现代义理学的新课题。随着我国现代化和社会主义市场经济的发展，管理越来越具有极为重要的意义。劳动生产率和生产力的提高，不只是生产手段的现代化，还需要管理的现代化。于是，我国在向西方学习现代管理的同时，也需要吸收和弘扬民族优秀的管理文化思想，因此，管理学家们、企业家们花大力气研究和学习传统的管理思想，其中研究和学习《周易》的管理思想成了一个重要的组成部分。近年发表了不少的文章，出版了一些著作，对《周易》

与管理进行了研究。下面介绍几本手中有的书。

许绍鹏编著的、由北京金城出版社出版的《易经实用经商指南》一书，作者运用历史与现实相结合的手法阐述了《周易》与企业管理的关系。贾志岱、张毅所著的、由山东人民出版社出版的《易经与当代企业家》一书，论述了易经对企业实践的指导作用、企业家的人生奋斗、企业家的素质修养以及《周易》在当代企业管理中的运用等问题；还从企业家素质修养的角度，对六十四卦进行了解释。作者认为"《易经》原理，从指导现代经营角度理解是应用学、预测学、决策学、管理学的总和。《易经》和它赖以产生的八卦，概括了宇宙间万事万物从复杂烦琐到简单明了的变化，以静止和永恒，以不变应万变，经计谋待机和筹划策算等取胜"。因此作者认为，《周易》在管理中是很有作用的。胡士光所著的、由教育科学出版社出版的《易经智慧与成功秘诀》小册子，强调《易经》是具有中国特色的古代智慧，作者着重论述了联想决策原理，认为如果把《易经》的智慧用于实际，联想益智，利于决策，就能取得成功。

台湾曾仕强（1934—2013）教授所著的、由台湾圆神出版有限公司出版的《21 世纪的易经管理法》是中国式管理丛书中的一本。作者在这部著作中，论述了《为什么要研究大易管理》、《大易与管理》、《基本的认识》、《大易的功能》、《管理的道理》、《三才的配合》、《三阶的特性》、《刚柔的互补》、《中坚最为难》、《趋吉与避凶》等问题。作者从方法论的角度，运用现实的实例论述《周易》的管理方法，是很值得一读的好书。

《易学智慧丛书》中的《易学与管理》是余敦康教授等编著的，本书在绪论中分析了"易学中的管理思想"和"易学与现代管理"之后，接着分三章论述了"易学与管理原理"、"易学与预测决策"、"易学与经营管理"等。

近年来出版了一些易学方面的丛书，是义理学研究的新特点，有《易经丛书》《中华易文化传统丛书》《易经智慧丛书》等。《中华易文化传统丛书》共 10 本：《中华易文化传统导论》《易文化传统与民族思维方式》《易文化传统与中华民族精神》《老子、道家、道教与易文化传统》《孔子、儒家、儒学与易文化传统》《佛教、禅学与易文化传统》《易文化传统与中华医学》《易文化传统与气功养生学》《易文化传统与卜筮预测学》《易文化传统与中华诗教》。《易经智慧丛书》共 10 册：《易学漫步》《易经白话例解》《易学源流》《易学的思维》《周易与易图》《易学与养生》《易学与科技》《易学与管理》《易学与建筑》《易学与美学》。还有从逻辑学、思维模式、美学等角度来阐释《周易》义理之学的，就不在这里一一列举了。

二、现代象数学

现代象数学有两派：一派是传统象数派，一派是科学易。现代象数学最典型的特征是科学易。所谓科学易，就是运用现代科学理论来解释《周易》或为现代科学的某些理论的建立提供理论模型。这些学科包含天文学、地质学、数学、量子力学、化学、数学、人体科学等等。

传统派的代表是杭辛斋（1869—1924）和尚秉和（1870—1950）。尚氏著有以《周易尚氏学》为代表的易著 10 种，他认为《易》的卦爻辞皆观象而系，所以尚氏重在以象释《易》，除了从《易传》中取象外，还从《左传》《国语》《逸周书》中找出许多佚象，提出复象、半象等说法，反对王弼、宋儒之学。杭辛斋著有《杭氏易学七种》收入《易藏丛书》之中，他是由传统象数学向科学易过渡的重要人物。

温少峰是传统象数派在当代的代表人物之一，2005 年由巴蜀书社出版了他的《周易八卦释象》一书，是近年来研究象数的一部重要著作。温少峰先生“根据‘辞由象生’的原则，由卦爻辞以探索此辞由何象而来，再对《周易》卦爻辞中的‘象’与所在卦之相应关系作通盘的归纳和分析，从而初步得出了《周易》制作时期取象的四个条例”，即：“甲、以象形方法取象”；“乙、以指事取象”；“丙、以会意方法取象”；“丁、以引申方法取象”。他运用这“四个条例”十分详细地解释了八经卦的卦象，这不但延续了“易学在蜀”的历史传统，而且对于研究、认识《周易》的“辞由象生”、“义理寓于象数”之中的本来面目，作出了重要的贡献。

科学易的开创者是民国时期的薛学潜（1894—1969），他著的《物质波量子力学》，是以现代自然科学治易的开创性著作，于1937年出版。此书根据易卦方阵演变的规律，引用爱因斯坦、狄拉克方阵数学、希鲁汀格及达尔文的方程式等，证明易方阵精微广大，而且连物质波、量子力学诸定律，都能与易方阵定律相契合。由于此书的论证过程较为繁杂，不易读懂，后将其简化成普及本，改名为《易经科学讲——超相对论》，1964年重版时，更名为《易经数理新解》。

沈仲寿（民国人，生卒年不详）于1934年在上海出版的《易经之符号》一书，也是讲科学易的书。他认为，每一卦就是代数和几何公式。该书向人们介绍了卦在物理学、逻辑学和天文学上的精妙应用，认为卦中所蕴涵的宇宙变化，相应地使人们进入光和热、重力和引力的世界，通过卦可以了解天气和潮汐的关系。他还著有《易卦与代数之定律》。

刘子华（1899—1992），四川省简阳县人，1919年赴法国留学，所著的《八卦宇宙论与现代天文——一颗新行星的预测》是他留法时撰写的博士论文，于1940年在法国出版发行，在国内，于1989年由四川科学技术出版社出版。刘氏在该书中，运用了与传统完全不同的研究方法，重新研究了八卦的组合和性质，并把这些研究成果用之于天文学，预言太阳系存在着第十颗行星，他把这颗行星命名为“木王星”，并且计算出木王星的密度、运行速度、平均距离、轨道周期等。以后刘子华先生继续研究，写出论文《太阳系必然存在第十颗行星》，于1978年预言这颗行星将于1982年前后出现。1981年美国合众国际社报道，美国海军天文台发现太阳系存在第十颗行星。2011年2月16日，《台湾联合新闻网》报道，“五年前（2006年8月24日）冥王星（第九大行星）被降级后，太阳系只剩八大行星，近日科学家在太阳系远端发现一颗新行星，质量有木星的四倍大。若被证实为真，它将成为太阳系第九颗行星，也是太阳系内最大的行星。”如果第九大行星不存在了，就不可能有第十颗行星了，如果第九颗行星重新确定之后，第十颗行星未能发现，也不能说刘子华先生的探索是没有意义的。

西方著名哲学家、比利时籍华人沈宜甲（1901年出生，卒年不详）所著的《科学无玄的周易》是一部从数学的角度研究《周易》的著作。全书分为总论、论八卦与六十四卦之数理基础、演卦之检讨、演卦之改进与扩大、易经与相对论及一般数理之研究、除数与策数的关系、易经数理之检讨、易经之数学简易推演法共八章。该书对《周易》中所包含的数理问题进行了比较深入的研究。

由郭扬著、广西人民出版社出版的《易经求正解》一书，是一部重点讲易与科学的著作，既讲易与古代科学的关系，又讲易与现代科学的关系。在讲易与现代科学的关系时，讲到易与电子计算机语言的关系、易与生物细胞学说的关系以及阴阳学说与牛顿力学和相对论的关系等。

此外，在科学易的研究方面，有影响的还有以下一些著作：丁超伍的《科学的易》、王弼卿的《周易与现代数学》、王寒生的《宇宙最高原理的太极图》、江公正的《易经的科学体系》、董光璧的《易图的数学结构》等等。

现代易学除了义理派与象数派之外，还有考据派，分为文献考据派和考古派。文献考据派的代表是李镜池、闻一多、屈万里、高亨等；考古派的代表有张政烺、于豪亮、严灵峰、李学勤等人。

以上，我们简要地介绍了易学的各种流派，这种介绍虽然只列举了一些代表，但它对于正确了解易的内涵和发展的历史是有帮助的。

《经》解篇

《经》是《周易》的主体部分，它由六十四卦的卦体、六十四条卦辞和三百八十四（另有乾坤二卦的用九、用六）条爻辞构成。六十四卦是由八经卦两两相重而成。通行本《周易》分为上下经，上经三十，起自乾坤终于坎离；下经三十四，起自咸恒终于既济未济。1973年，马王堆汉墓出土的《帛书周易》起于乾卦、否卦终于家人卦、益卦，不只排列次序，有些卦的名称也与通行本不同。此外还有《连山易》、《归藏易》、《竹简周易》的排列顺序。不同的排列顺序定有它的价值选择和逻辑架构。通行本《周易》上经上十二，上经下十八，皆为老阴六的倍数；下经上十六，下经下十八，为少阴、老阴的倍数，肯定了阴柔在《周易》中的地位。明代易学家来知德在《周易集注·上下经篇义》中对通行本的上下经作出如下的解释：认为虽然上经三十卦，下经三十四卦，其实上下经卦数相等。上经三十卦，三对卦相错为六，二十四对卦相综，若以相综两卦作一卦为十二卦，六加十二为十八；下经三十四卦，一对卦相错，三十二对卦相综为十六，二加十六为十八。即是说，从错综关系上看，上下经的卦数皆为十八，与“十有八变而成卦”相契合。六十四卦的顺序何以这样排列，《序卦传》有一个自己的解释。

上经（上）

上经起自乾坤终于坎离，共三十卦。《周易》之所以“广大悉备”，就在于它弥纶了天地之道，包涵了宇宙、社会和人生的道理。乾为天，坤为地，所谓天与地是以人的立场视角来分的。人立足之处是地，头顶的整个无垠空间是天。但是，宇宙若没有智慧的人，就没有意义，而人是整个宇宙生命演化过程中最奇异的花朵。任何生命都离不开水和太阳。离为日、为太阳、为电。坎为水，为海洋。天、地、太阳和水是生命的起源和维系其延续的必要而又充分的条件。原始海洋是生命起源的摇篮，最原始的生命是由碳、氢、氧、氮、磷等生命元素在阳光、雷电、压力的作用下在原始海洋中形成的，经过数十亿年的演化、进化，最后才形成人类。由此可知，阳光、太阳和水对于生命诸如植物和动物以至人类是多么的重要啊！所以上经起于乾坤终于坎离，是先人对宇宙演化的看法。同时，乾坤为纯阳纯阴之卦，乾为阳，为阳离子、为阳性元素；坤为阴，为阴离子、为阴性元素。世间一切物质都是由阴阳和合的各种元素构成，非生命的物质和有生命的物质都是如此。乾阳交于坤阴而形成震（雷）、坎（水）、艮（山）；坤阴交于乾阳而形成巽（风）、离（火）、兑（泽），形成了世间的八类物质，由此而演生出宇宙万物。故《易》曰：乾坤为“易”

之门户，“乾坤毁，则无以见‘易’”，乾坤为理解易理的枢纽，于是，乾坤二卦独享专设《文言传》加以详解的殊遇。

乾卦☰第一

乾 ䷀（乾下乾上）

《帛书易》作键[①]，《归藏易》为乾。

来知德：乾上乾下，乾健。

乾：元、亨、利、贞。

乾，卦名，天也。无相综之卦，与坤卦相错。从它的形体来说为“天”，从它的性质来说为“健”。乾由两个纯阳之卦构成。阳为宇宙一切生命体的重要元素，万物依赖阳性因子而有生命，所以说“元”。元者，始也[②]。乾错坤，阴阳交泰，故“亨”。“亨”，通也。阴阳交泰、万物亨通而得以顺利发展、壮大、成熟，故“利”。利，利物也。万物皆利，各得其正，故“贞”。“贞”，正也。所以，乾卦有元、亨、利、贞这四种性质。

《彖》曰：**大哉乾“元”，万物资始，乃统天。**

“彖”，即彖传，《周易》大传之一。本来是独立自存的，汉代后附于每一卦之后，解释每一卦的经文。“彖”，断也，以断一卦之义。乾为天，故“大”。“大哉”，赞美之辞，赞扬乾的元始之德的伟大。乾为阳。“乾元”，构成宇宙万物及其生命的原始要素，即阳性元素，

① 以下皆以张立文《帛书周易注释》本为准，中州古籍出版社，1992。

② 《说文》：“元，始也。”段《注》：“见《尔雅·释诂》，《九家易》曰：‘元者，气之始也’。”

如阳性粒子。宇宙万物依赖它而开始。“统”，属也，统属、包括。“元”为四德之始，它包统四德。四德皆统属于“天”。此释“元”义。

云行雨施，品物流形。

乾交坤为坎，坎为云、为雨。“施”，犹降也。天上云朵飘行，施降雨水于地，滋润万物。坤为品物。“品物”，各种品类之物，即万物。坤承载万物，故有“品物”之象。“品物流形”，指万物萌芽、生长、茂盛、枯萎、凋落，流动其形体，来年又重复这个过程，往复循环不已。此释“亨”义。

大明始终，六位时成，时乘六龙以御天。

乾为“大明”，指太阳。坤交乾为离，离为东方，日出东方，“始”即日出也。乾交坤为坎，坎为西方，日落于西方，“终”即日落也。“六位”，指上下四方六个方位。天在上，地在下；日出于东，没于西；向为南，背为北。“时成”之“时”，是也。“成”，立也。太阳运行于天空，六个方位就确定了。“御”，行也。神话传说，太阳在天上乘六龙驾的车而行。高亨认为，“时乘”之“时”为“明”之误。明，太阳也。“时乘”即“明乘”。“明乘六龙以御天”，谓太阳按一定的时间规律运行于天空，于是昼夜、春夏秋冬四时有规律地出现。坎为西，故坎为秋。秋为万物成熟的时节，故利。此释“利”义。

乾道变化，各正性命。保合大和，乃“利贞”。

“乾道”即天道自然之规律，也即是阴阳二气变化之规律。变者化之渐，即事物的渐变；化者变之成，即事物的质变。“各”，各自。“性”，此事物之所以成为这个事物的规定，即事物固有的本质。“命”，指事物的本性与环境条件相结合而形成的一种趋势。由于阴阳二气的变化，宇宙的万物都各自按其自己固有的规律和趋势生长、发育。“保”，保持。“合”，犹成也。“贞”，正也。“大”通太，“大和”

即太和。天道保持太和的景象，即无阴阳失调，天道处于谐和的状态，就能利于自然万物的正常生长、发育、成长。此释“贞”义。

首出庶物，万国咸宁。

乾为首。“首”，始生也。“庶”，众也。“咸”，皆也。乾为阳，阳气为万物之本原。万物之生长皆依赖于乾元之气，乾元为万物生长之始。万物是人类生存的资源，乾元生出万物，人类就有了生存的物质基础，而天下万国皆因之而安宁。此句为对前面所言进行总结之词。

《象》曰：天行健，君子以自强不息。

《象》，即象辞传。解释卦辞的，叫《大象传》；解释爻辞的叫《小象传》。本是独立自存的《易传》之一，汉代以后分属于各卦之后解释其卦象。这是解释卦象的《大象传》。乾卦之卦象为天，其性质是刚健。君子应该效法天道之刚健，自强不息。

初九：潜龙勿用。

“初九”，爻题。“九”，代表阳爻。“初九”，表示乾卦的初爻为阳。“九”何以代表“阳”呢？一至十为天地自然之数，一至五为“生数”，六至十为“成数”。生数中的阳数为一、三、五，它们之和为“九”，故用“九”代表“阳”。生数中的阴数为二、四，它们之和为六，故用六代表“阴”。再者，六、七、八、九为四象，六为老阴，九为老阳，都有向相反方向转化之势，故用以代表阴阳。乾卦之初爻为阳，阳为刚健之物，以龙喻之。初、二两爻为地位，初九为地位之下，故有“潜”象。阳为阳刚，故有“龙”象。地下之龙潜伏而不见，故有“潜龙”之象。地下潜伏之龙不能发挥作用，故“勿用”。“潜龙勿用”，象征有德有才的人潜藏于民间，没有发挥作用，利于韬光养晦，等待时机。

《象》曰：“潜龙勿用”，阳在下也。

《象》，象辞传，这是解释爻辞的《小象传》。“阳在下也”，阳爻处于一卦之下位。

九二：见龙在田，利见大人。

“见”，即现。九二为地位，为地之表，龙由潜而升到地上，出现于田中。“田”，地上种植水稻的地方。“大人”，处于高位、尊位之君子，指九五。九二为下卦之中位，与九五为相应位，故有“利见大人”之象。

《象》曰：“见龙在田”，德施普也。

阳气为万物生存之本原，呈现于地上之阳气，必普利万物，施恩德于万物。比喻君子活动于民间，施德泽于民众，人见到这个君子会获得吉利。

九三：君子终日乾乾，夕惕若，厉无咎。

九三为阳爻处阳位，为人位，阳为大、为尊，故有“君子”之象。乾为君子、为终、为日、为刚、为健。“乾乾”，刚健勤勉努力而不懈怠。乾为日，为终（日落），引申为“夕”。乾为高，人在高处，有危“厉”。“咎”，灾也。九三为下卦之极，物极必反。所以，君子白昼勤勉努力，夜则保持警惕。但九三是阳爻处阳位，为当位，虽处物极必反之危险境地，不会有灾“咎”。

《象》曰：“终日乾乾”，反复道也。

“反复道也”，指事物发展的阶段性和曲折性。九三处下卦之终，表示完成了事物发展过程中的一个阶段，而向另一个发展阶段转化，将有可能出现新的不可预测的情况，所以应该终日勤奋努力。

九四：或跃在渊，无咎。

“或”，犹豫未定也。九四刚从下卦进入上卦，处于犹豫不定的状态。“跃”，起也。九为阳，阳为动，跃起也。四为阴位，阴为空虚，有“渊”象。阳动于渊，故有“跃于渊”之象。此爻动为巽，为不果，为进退不定。所以有“或跃在渊”之象。九四又为人位之上，故

“无咎”。

《象》曰：“或跃在渊”，进“无咎”也。

“进无咎也”，前进到九五。五为上卦之中位，为君、为尊、为吉，故“进无咎也”。

九五：飞龙在天，利见大人。

九五为乾卦之正位，为成卦之主和主卦之主。乾为天位，以龙喻九，故有“飞龙在天”之象。又为上卦之中位，为高贵之位，为君王之位。“见”，同“现”。“利见大人”，利于出现有才德的君王。

《象》曰：“飞龙在天”，大人造也。

“造”，为也。“大人造也”，处于有权位而又有才德之大人，是能有所作为的。

上九：亢龙有悔。

“亢”，极高也。上九，为天位，为天之极处，故有“亢龙”之象。“悔”，悔恨，较少之不利。事物的发展有阳极变阴、阴极变阳的规律。上九之亢龙到了极高处终有所“悔”恨。

《象》曰：“亢龙有悔”，盈不可久也。

乾为“盈”。“盈”，满也。“盈不可久也”，盈满的事物将会发生转化而不可长久保持现状。

用九：见群龙无首，吉。

“用九”，乾卦特有之爻题。朱熹《周易本义》：“言凡筮得阳爻者，皆用九不用七，盖诸卦百九十二之阳爻之通例也，以此为纯阳之首，故于此以之。”即特别昭示凡阳爻皆用“九”来表示。“群龙”，指六爻皆为阳。“群龙”中没有为“首”的，但“龙”都具有刚健之德，故“吉”。

《象》曰：“用九”，天德不可为首也。

所谓“用九”是指阳爻皆用“九”来表示。乾为纯阳之卦，具有元、亨、利、贞之四德，象征“天德”；具有“天德”的一群大人出现，不可能有自居“为首”领者。

乾文言

“文言”，依乾卦卦爻辞之文引申其理之意，是《易传》的一部分，是专门用来解释乾坤两卦的。只有乾坤两卦有《文言》，这里的《文言》为《乾文言》，共分为六段：

《文言》曰：“元”者，善之长也；“亨”者，嘉之会也；“利”者，“义”之和也；“贞”者，事之干也。

这一段解释乾卦卦辞“元、亨、利、贞”。“长”，首位，第一。天无私覆，天道无私，泛爱万物，具有“仁爱”之德。“元”，善也。仁为诸德之首，故说“善之长也”。“亨”，通也。两美相合为嘉，众物相聚为会。万物赖乾元生长、繁茂、丰盛、聚合于大地，故说“嘉之会也”。“利”，合于“义”之利。不与道德相背离的“利”，才是真正合于天道之“利”。万物繁茂为人类提供了丰富的资源，利于人类的生存，故说“义之和也”。“贞”，正也。“干”，主干、干直、正义。阴阳相合而正，做事不偏邪，故说“事之干也”。

君子体仁足以长人，嘉会足以合礼，利物足以合义，贞固足以干事。君子行此四德者，故曰：“乾：元、亨、利、贞。”

以上用“元、亨、利、贞”四德论述人的道德修养。“足”，充分、够量、足够。“体”，亲身践履、实行也。“长”，统治、领导、管理。君子实践“元”善仁德，就有足够的资格去统治或管理他人。有“亨”德之人，待人接物能按社会的规范行事就足以合乎礼仪。“利物”即是利人，有“利”德之人，不自私自利的人，这就足以合于义宜。有“贞”德的人，能坚持正道，就足以干大事。君子效法天之四德而行事，故曰："乾：元、亨、利、贞。"

小结：以上为第一段，释乾卦之卦辞。

初九曰："潜龙勿用"，何谓也？子曰："龙德而隐者也。不易乎世，不成乎名，遁世无闷，不见是而无闷，乐则行之，忧则违之，确乎其不可拔，潜龙也。"

以下以提问、孔子回答的方式来解释乾卦各爻爻辞。乾为纯阳之卦，以"龙"喻之。"龙德"，指阳刚、中正、无私之德。"隐"，隐居民间，不入世道。"易"，移也，改变。君子德操坚定，不因为不被任用而改变；君子隐居，不求功名。"遁"，隐也。"见"，被也。"是"，认可，肯定。"不见是"，不被世人认可、赞赏、肯定。"闷"，烦恼、烦闷。君子处于社会的下层，没有条件现世时，要甘心隐居，不因为言行得不到世人赞赏而苦闷。"违"，避也。乐于做的事情就去做，感到忧虑的事情就回避它。"确乎"，坚高之貌。"拔"，移也。具有龙德而隐居的君子，其高尚的德操是坚定而不可拔动的。

九二曰："见龙在田，利见大人"，何谓也？子曰："龙德而正中者也。庸言之信，庸行之谨，闲邪存其诚，善世而不伐，德博而化。易曰：'见龙在田，利见大人'，君德也。"

九二为阳爻，为下卦之中位，象征君子有正中之德。"庸"，常也。正中之道为常道。正中之言为"庸言"，故可"信"。正中之行为"庸行"，故严"谨"。"闲"，防也，防止偏邪之事而保存其诚信。"伐"，自夸。君子有善德于世而不自我夸耀，德泽广博而教化民众。"君德"，指上面的正中、信谨、自谦、善世、化人之德。"见龙在田"，比喻君子虽然在民间，不在君位，却有人君之德。

九三曰："君子终日乾乾，夕惕，若厉无咎"，何谓也？子曰："君子进德修业。忠信所以进德。修辞立其诚，所以居业也。知至至之，可与言几也。知终终之，可与存义也。是故居上位而不骄，在下

位而不忧。故乾乾因其时而惕，虽危无咎矣。”

君子终日不息，是为了进修自己的品德和功业。对人忠实诚信，就能增进自己的德行。“修辞”，修饰自己的言辞，即语言文明，以诚信立世，德业就可以日益增进。“几”，微也。“知至至之”，事物的发展有规律可循，能预知事物某时发展达到某个阶段，从而按照事物发展的趋势去努力为之，这样就可以认知事物之“几”微了。“义”，宜也。“存义”，遵守义宜。“知终终之”，预知事物发展将出现某种结果，从而努力利用这些结果来实现自己的目的。九三为下卦之终，有向相反方向转化的可能性，因而要警惕，处事要适宜。能预知事物发展的结果，又存义而处理得当必有好结果。“是故”，所以。“上位”，指九三居于卦之上位。“下位”，也指九三居上卦之下位。九三居于上下卦间的特殊位置上，应该知道“知至知终”的道理，在上不骄，在下不忧，虽然有危险，但是没有“咎”害。

九四曰：“或跃在渊，无咎”，何谓也？子曰：“上下无常，非为邪也。进退无恒，非离群也。君子进德修业，欲及时也，故无咎。”

九四由下卦进入上卦，处在上下卦之间的位置上，因而“上下无常”。“邪”，邪枉。君子处在这个不确定的位置上，必须谨慎行事，不去做邪枉而不合乎社会规范之事。“群”，同类也。处在九四这个位置上的君子，或上升，或不动，都不能确定，但他没有离开群阳这个同类。君子平时修养自己的德业，有机会上进的时候才有条件上进，所以“无咎”。

九五曰：“飞龙在天，利见大人”，何谓也？子曰：“同声相应，同气相求，水流湿，火就燥。云从龙，风从虎。圣人作而万物睹。本乎天者亲上，本乎地者亲下，则各从其类也。”

九五为上卦之中，与下卦九二为相应位。上下卦均为乾，乾为玉、为金，打击金、玉可以发出声音，所以有“同声相应”之象；九五与九二为相应位，同为阳气，因而有“同气相求”之象。水流向低洼的湿处，火燃向干燥的东西。古人认为，龙生则云生，虎啸则风烈。故云“云从龙，风从虎”。“圣人”，有儒家的圣人和道家的圣人。儒家的圣人指道德高尚、智慧高超的人。道家的圣人，指返璞归真、无私无欲无我的人。《周易》中的“圣人”，指仁智双全的人，如伏羲、文王、周公、孔子等。“作”，起也。“物”，犹人也。“睹”，见也。圣人奋起治世则天下之人当见之。本乎天者，轻清之气，故升腾而上；本乎地者，重浊之气，故降沉而下。说明有才德的君子利于见大人，即“各从其类也”。

上九曰：“亢龙有悔”，何谓也？子曰：“贵而无位，高而无民，贤人在下位而无辅，是以动而有悔也。”

上九处卦之极，因而高贵。阳爻处阴位，故“无位”。阳为君，阴为民，乾为纯阳之卦，故“无民”。九五为君位，九四以下之阳为贤人之象，应该相从九五以相辅佐。上九无位、无民、无辅，象征统治者非常孤立，不能轻举妄动。

小结：以上为第二段，用人事解释乾卦各爻爻辞。

“潜龙无用”，下也；“见龙在田”，时舍也。

“潜龙无用”，初九爻辞。“下”，地表之下，说明君子隐居于民间，处于社会的下位。“见龙在田”，九二爻辞。“时”，暂时。“舍”，居也，说明君子已离隐出世，暂时居于此处。

“终日乾乾”，行事也；“或跃在渊”，自试也。

“终日乾乾”，九三爻辞。“行事”，说明君子终日勤勉行事。“或跃在渊”，九四爻辞。“自试”，说明君子在社会上活动，自试自己的才能。

“飞龙在天”，上治也；“亢龙有悔”，穷之灾也。

“飞龙在天”，九五爻辞。九五为君位。“上治”，说明君子处于君位治国安民。“亢龙有悔”，上九爻辞。“穷之灾也”，说明君子处于极高之位而不知变，必会招致灾祸。

乾元“用九”，天下治也。

“乾”，天也。“元”，仁也。“用九，见群龙无首，吉”，比喻人君实践天之善德，用乾阳所秉受天德之仁爱去治理国家，则天下和谐而治。

小结：以上为第三段，再以人事解释乾卦各爻爻辞。

“潜龙无用”，阳气潜藏。

高亨认为，这一段是《文言》“以天道四时之变化解释各爻爻辞，似将一年十二月分配于六爻，每一爻占两个月”。初九是阳气在下，象阳气藏于地下，此时相当于周代历法的正月和二月。周历建子，为夏历的十一月和十二月，与十二月卦中的复卦䷗和临卦䷒相配。以下所说的月份以此类推。

“见龙与田”，天下文明。

九二代表地，表示阳气已经升出地面，此时相当于周历的三月和四月，为夏历的一月和二月。这时草木始生，大地呈现文采而光明，与十二月卦中的泰卦䷊与大壮卦䷡相配。

“终日乾乾”，与时偕行。

“偕”，俱也。九三爻辞“终日乾乾”，表示阳气随着天气的变化而上升，促使草木生长不息。此时相当于周历的五月和六月，为夏历的三月和四月，与十二月卦中的夬卦䷪和乾卦䷀相配。

“或跃在渊”，乾道乃革。

九四已进入上卦之初，处于意欲未定之时，故有“或跃在渊”之象。“乾道乃革”表示阳气将不断上升，天道将要发生变革，由春到夏，气候由暖变热。此时相当于周历的七月和八月，为夏历的五月和六月，与十二月卦中的姤卦䷫和遁卦䷠相配。

“飞龙在天”，乃位乎天德。

“位”当读为立。立，成也。九五是阳爻上升到最高之位，表示阳气发展到大盛之时，百果草木或成熟，或结实，天发育万物之功已成。此时为周历的九月和十月，为夏历的七月和八月，与十二月卦中的否卦䷋和观卦䷓相配。

“亢龙有悔”，与时偕极。

上九是阳爻上升至最高之位，表示阳气已达到了极盛的阶段，有物极必反之势，万物也随着阳气的转化而衰落或凋零。此时为周历的十一月和十二月，为夏历的九月和十月，与十二月卦中的剥卦䷖和坤卦䷁相配。

乾元“用九”，乃见天则。

“乾元”，天之善德，它包含在用九之中。“天则”，天道运行之法则。“用九”为乾卦阳爻的综合，阳爻逐位上升象征阳气随着时间的变化而上升，“用九”体现了天道运行的法则。

小结：以上为第四段，用天道变化之说解释乾卦爻辞。

乾“元、亨”者，始而亨也；“利、贞”者，性情也。

此释乾卦之四德。“元”，始生万物；“亨”，万物始生之后，发育生长茂盛。故“元亨者”，“始而亨也”。“利”，利物也；“贞”，天道规律之正也。“性”，性质、本质，事物之本然，规定事物之为这一事物的内在特质。“情”，本性，表现事物内在本质、本性的规定。“性”为事物内在之本质，“情”为本质的表现。“利物”为乾卦之本质，“贞正”为乾卦本质的表现。普“利”万物而不偏私者为“贞”正，乾卦之德的直接表现是公正而不偏私，所以说“利贞者，性情也”。故“元，始也；亨，通也；利，利物；贞，正也”，为乾卦之四德也。

乾始能以美利利天下，不言所利，大矣哉！

这一段赞美天德。“乾始”即“乾元”，代表元、亨、利、贞四德。承袭上句，乾之四德以阴阳和合无物不生、无物不长之美德去美利天下。“不言”，不张扬。自已却不居功自利，真是伟大啊。

大哉乾乎，刚健中正，纯粹精也。

伟大啊乾卦。乾卦为纯阳之卦，六爻皆阳刚强健，刚则不屈，健则不息。一、三、五阳爻居阳位为正，二、五得中，故“刚健中正”。六爻皆阳，纯而不杂，粹而无瑕，纯粹而达到了精致，故“纯粹精也”，说明天德达到了纯粹而精的地步。

六爻发挥，旁通情也。

“挥”，动也。“旁”，广也。乾卦六爻发动，广泛地通达于宇宙万物的各类情形之中，即宇宙自然事物之变化都包含在六爻的发动之中。

时乘六龙，以御天也。

“时”为“明”之误。“明”，指太阳。“时乘”即“明乘”。“明乘六龙以御天”，言太阳乘驾六龙以御行于天空。

云行雨施，天下平也。

“平”，平衡协和。阴阳和合曰平。云行雨降，天下无各种灾害而谐和。

小结：以上为第五段，以天德释乾卦之卦辞和卦义。

君子以成德为行，日可见之行也。“潜”之为言也，隐而未见，行而未成，是以君子弗“用”也。

此数句释初九之爻辞“潜龙勿用”。藏于意识中为德，见之于事实为行。德行相符而日显于外，人人皆可看得见君子的行动。“潜”的意思是说，君子在隐居之处，德行虽已具备，还未被人所见，其行为还不足以成就其德行，所以君子还不能发挥作用。

君子学以聚之，问以辩之，宽以居之，仁以行之。《易》曰："见龙在田，利见大人"，君德也。

此释九二爻辞。"学"，学习。"聚"，积累也。"问"，论难也。"辩"，考问其真实情况。"宽"，博也。"居"，藏也。君子努力学习、积聚知识，论难而辨明是非，以广博地存藏学识，以仁心为人行事。有这种德行修养的人虽然身居下位，却具备了做人君的品德。

九三，重刚而不中，上不在天，下不在田，故"乾乾"因其时而惕，虽危"无咎"矣。

此句释九三之爻辞。九三以阳爻处阳位，上接乾卦，故为"重刚"。位不在二、五，故"不中"。九三为人位，故上不在天，下不在田，处在不尊不卑的地位；又不在中位，像一个低级小官，容易惹祸。"因"，依从、顺从、遵循。"因其时"，遵循时间的变化。九三爻辞"终日乾乾"，"终日"，从早到晚，故说"因其时"。要因其时间的变化，终日勤奋努力，时刻警惕，虽有危险，也不会有不幸。

九四，重刚而不中，上不在天，下不在田，中不在人，故"或"之；或之者，疑之也。故"无咎"。

此数句释九四之爻辞。"或"，未必然之辞也。九四临近九五之刚，又不在中位，故说"重刚而不中"。九四又临近于天，故说"上不在天"；下不在二，故说"下不在田"。九四虽为人位，但九四接近于九五之天，远离于九二之地，不适合于人居住，故说"或"也。或之者，或上或下，犹疑不定，但只要君子审时度势，谨慎行事，可无咎也。

夫"大人"者，与天地合其德，与日月合其明，与四时合其序，与鬼神合其吉凶。先天而天弗违，后天而奉天时，天且弗违，而况于人乎？况于鬼神乎？

此数句释九五爻辞。"大人"，指九五。五为天，二为地。五为阳位为尊，二为阴位为卑，上尊下卑，尊卑相应，故说“与天地合其德”。五为坎位，坎为月；二为离位，离为日，日月相照应，故有“日月合其明”之象。先天八卦离为春、乾为夏、坎为秋，坤为冬；后天八卦震为春，离为夏、兑为秋，坎为冬，故有“四时合其序”之象。“神”，气之伸展者；“鬼”，气之屈归者。气之伸展，“吉”；气之屈归，“凶”。阳气伸展于天，阴气屈归于地，阴阳二气按自然规律而伸屈不分亲疏，故有“与鬼神合其吉凶”之象。九五大人的德行，应该像天覆地载之德一样无私，他的圣明应该像日月一样无私地普照万物，他对国家的管理应该像四时变化一样井然有序，他示人的吉凶应该像鬼神一样不分亲疏。“大人”与天道规律相默契，先于天道而动则不相违，后于天道而动则相合时，何况人事和阴阳变化这类具体问题呢？说明“大人”对天道规律了解和运用得十分自如。

“亢”之为言也，知进而不知退，知存而不知亡，知得而不知丧，其唯圣人乎？知进退存亡，而不失其正者，其唯圣人乎？

此数句释上九爻辞。“进与退”、“存与亡”、“得与丧”是相对待而相统一的。进必有退，存必有亡，得必有丧，反之也如此。乾卦虽为纯阳之卦，其中也含有阴，不能僵化地只看见其阳的方面，有对待，也有转化。所谓“亢”者，只知进而不知退，只知存而不知亡，只知得而不知失，是圣人吗？用疑问的语句来加重语气，回答应该是否定的。相反，应该只有懂得物极必反的道理，只有知进退存亡，而又不违背中正之道者，这大概只有圣人吧。

小结：以上为第六段，又以人事释乾卦各爻爻辞。

坤卦䷁第二

坤 ䷁（坤下坤上）

《帛书易》作“巛”，《归藏易》作“舆”。

来知德：坤上坤下，坤柔。

坤：元、亨，利牝马之贞。君子有攸往，先迷后得主，利。西南得朋，东北丧朋。安贞吉。

坤，卦名，地也。与乾卦相错。“元亨”，同前乾卦之义。尚秉和：“元、亨”，指二与五，元、亨无阴阳之分。乾为马，坤为牝。“牝马”：雌马也。以“牝马”之柔顺比喻坤阴顺从于乾阳，利于像雌马一样守持正固。雌马柔顺而善于在地上行走，故取为坤德之象。坤错乾，乾为“君子”。“攸”，所也。“有攸往”，有所前往。六二为坤卦之正位，得位得正。“君子”，指六二，内含有阳刚中正之德。六二不当位，前往无应，方向不明，故“迷”。坤为迷。君子有所往，先迷路而后顺从就会有人做主，就一定有所利。尚秉和：阳遇阳或阴遇阴为“敌”；阴遇阳或阳遇阴为“朋”。按消息卦（见图二十六），从坤卦逆行，自西而南，阳逐渐增加，故说“得朋”；自东而北，阴逐渐增加，故说“丧朋”。只要顺从阳刚得朋之正道，就能获得吉祥。

《彖》曰：**至哉坤“元”，万物资生，乃顺承天。**

“至”，极也。坤为阴。“元”，始也。“坤元”，构成宇宙万物及其生命的原始要素，即阴性元素，如阴性粒子。“资”犹赖也。“承”，受也。至大的阴元之气，它秉承乾阳之气而形成生命，万物依赖它而生长其形体，它又顺从、依承于天阳之气而运动。乾元和坤元是宇宙万物形成的本原。以上三句释卦辞“元”。

坤厚载物，德合无疆。含弘光大，品物咸“亨”。

人类社会生存之一切物质资料均承载于地上，故说“坤厚载物”。“含”，包容也。“弘”，宽大也。“光”，广也。“品物”，各种品类之物，即万物。地包容广大，使万物“亨”通，成长繁盛。以上四句释卦辞“亨”。

“牝马”地类，行地无疆，柔顺“利贞”。

坤为牝，为马。“类”，阴阳相合也，故说“牝马地类”。“牝马”与地同属阴性之物，行于地上而可以达至远之地。坤为阴。阴，“柔”也。“顺”，顺从。地阴只有顺从乾阳才能“利”物，才能得“正”。以上四句释卦辞“利牝马之贞”。

“君子”攸行，“先迷”失道，“后”顺，“得”常。

“攸”，所也。君子有所前行，如果先于乾阳而行动，就会迷失方向而失去坤阴顺从乾阳之道；如果后于乾阳而行动就会得到阴顺阳之常道，事业就会获得成功。

“西南得朋”，乃与类行；“东北丧朋”，乃终有庆。

“西南得朋”与“东北丧朋”见前注。“乃与类行”与阳相伴而行。如果往西南方向行动就会有朋友的帮助，往东北方向行动虽然失去了朋友，最终可以得到吉庆之事。坤为终，乾为庆。因为世上的事物没有绝对僵化的，阴中含阳，阳中含阴，阴与阳可以相互转化，所以“乃终有庆”也。

“安贞”之“吉”，应地无疆。

坤道至静，故“安”。初爻变为复、为正，位当，故“贞吉”。震为应，地道顺，故说“应地无疆”。君子只要安于正道，不论是去西南，还是去东北，都会吉利，这与地广大无疆的柔顺之德相适应。

《象》曰：地势坤，君子以厚德载物。

“坤”，顺也。我国地形，西北高而东南低，水顺势而下，故“地势顺”。坤与乾错，乾为君子、为德，坤为地、为厚、为载、为物，故说“君子以厚德载物”。君子效法地厚德的品行和载物的功能，修养自己的品德，承担社会的重大责任。

初六：履霜，坚冰至。

坤为北、为冬，十月之卦。初六为坤卦之初爻，为初冬时节，故有“霜”之象，与乾相错，乾为坚。到了隆冬时节，就会出现“坚冰”。“履”，践踏也。踩踏着初冬的薄霜就可以知道坚冰即将到来，这是自然而然的规律，在认识上见微而知著，在行动上要防微而杜渐。

《象》**曰：“履霜坚冰”，阴始凝也。驯致其道，至“坚冰”也。**

坤阴之气开始凝结而为霜。“驯”，顺也。顺着阴气渐进增加的规律，必会出现坚冰的到来。

六二：直、方、大，不习无不利。

六二为坤卦之正位，为成卦之主和主卦之主。居中得卦之正位，中直无私念，故“直”；古人有天圆地方之说，故说坤为“方”；地广袤无疆，资生万物，故“大”。“方”者，指地之体；“大”者，指地之功用；居中位，故曰：“直、方、大”。“不习”，“自然”的意思。由于具有“直、方、大”的性质，所以自然而然就会无所不利。

《象》**曰：“六二”之动，“直”以“方”也。“不习无不利”，地道光也。**

六二为坤卦正位，坤为静，静极而动，故有“动”之象。“以”，而也。“光”，广也。正直而方正，不习无不利，是地道之广大。

六三：含章可贞，或从王事，无成有终。

“含”，包容。“章”，彩也。坤为文，故为“章”彩。坤为十月之卦，为冬，为闭藏。“含章”，指地道广大包容闭藏各种各样章美的事物。六三为阴爻居阳位，犹如内含刚美而不轻易彰露，故可守“贞”。

六三不当位，故说“或”。“或”，不定之辞。坤错乾，乾为王，坤为顺，故为“从”。三为人位，故为“事”。三不当位，故“无成”。三为下卦之终，或辅助国君的事业，有了功劳而不要自以为成功，就能有好的结果。

《象》曰：“含章可贞”，以时发也；“或从王事”，知光大也。

坤为年。地上的万物按一年四时的不同而发生变化。六三内含刚美而正，掌握时机的变化而发挥作用。“知”通“志”。坤为心，故为“知”。“光”，广也。坤为广、为大。辅助王事而有终，不自以为有功劳，说明辅助王事的心志十分广大。

六四：括囊，无咎，无誉。

坤为阴。阴虚能装物，“囊”之象。“括”，结也，结紧囊口。四爻变为阳，居下卦之上，结“囊”口之象。四接近于君上，居恐惧之地。“咎”，危害，坏运。“誉”，荣誉，好运。紧结囊口，犹如管好自己的嘴巴，不随便说话，就可无“咎”害；由于不进取，未建功业，所以就没有荣“誉”。

《象》曰：“括囊，无咎”，慎不害也。

四爻变为艮，艮为慎，坤为害，故说“慎不害也”，谨慎自己的言论和行为就不会招来祸“害”。

六五：黄裳，元吉。

乾为衣，坤为黄、为裳，故说“黄裳”。上服为衣，下服为裳。六五为中位，黄居五色之中。“黄”，中色也，多再现在二、五。六五阴爻居阳位，居中位，居尊位，故“元吉”。

《象》曰：“黄裳，元吉”，文在中也。

坤为文，居坤卦之中，故说“文在中也”，犹人有美德于心中，故“元（大）吉”也。

上六：龙战于野，其血玄黄。

坤为“龙”。“战”，接也。阴极变阳，二气交合，故有“龙战”之象。坤为地、为远，故有“野”外之象。“野”，郊外之地。上六居极外，犹似郊外，故有“野”外之象。“龙战于野”，说明阴阳相接于一卦终极的上爻。“血”为阴。坤为阴、为水，故为“血”。“玄”，青色。天为玄，地为黄。“玄黄”言天地氤氲之气相混杂不能辨认。

《象》曰：“龙战于野”，其道穷也。

“穷”，尽也。处上卦之极，“其道穷也”，说明阴道穷尽，将转入向阳的转化。

用六：利永贞。

用六，坤卦特有之爻题。朱熹《周易本义》：“言凡筮得阴爻者，皆用六不用八”。生数中二、四之和为“六”，六、七、八、九为四象，八为“少阴”，阴气主降，降至“六”为“老阴”，所以用“六”不用“八”表示“阴”。所谓“用六”是指阴爻皆用“六”来表示。“永”，久也。“贞”，正也。“利永贞”，利于永久遵守正道。

《象》曰：“用六永贞”，以大终也。

阳为大，坤阴以乾阳为归终。“以大终”，阴极必归终于阳也。

坤文言

《文言》曰：坤至柔而动也刚，至静而德方。后得主而有常，含万物而化光。坤道其顺乎！承天而时行。

坤阴至柔，动而转化为阳，为刚。阴中包含有阳，柔中包含有刚。古人认为天动地静，坤之性至静。“方”，“直、方、大”之“方”，方正之方，无偏党。坤有无偏党方正之德。“主”指阳。坤阴最后顺从于阳，以阳为主。地道随从天而运动，得到乾阳之气的施与，以主宰天地万物生长，这是坤道循乾道运行的“常道”，含养万物而化生广大。坤道大概是以柔顺为根本吧，承奉、遵循天道四时变化的规律而运行。

小结：以上用地德释坤卦的卦义。

积善之家必有余庆，积不善之家必有余殃。臣弑其君，子弑其父，非一朝一夕之故，其所由来者渐矣，由辩之不早辩也。易曰：“履霜，坚冰至”，盖言顺也。

坤为积，地无私载，故为“善”。坤为殃、为恶，故为“不善”。坤为众、为多，故说“余”。“庆”，吉庆。“殃”，祸害、灾难。多做有德的善事，就会带来许多吉庆的事情。多做不善的事，就会带来许多灾难。“弑”，以下杀上曰弑。“辩”同辨，察辨。“弑父弑君”的罪恶不是一朝一夕酿成的，是不善思想逐渐积累的恶果，关键在于是不是及早发现了这些不善的苗头，应该明白事物的发展由渐变到质变的规律，正如初六爻辞说“履霜，坚冰至”。“顺”，顺序，这里是规律的意思。“履霜”就要预知坚冰必然到来，这合乎事物发展的规律，告诫人们要修德行善积善，不然会带来灾难性的后果。

小结：以上释初六爻辞的意义。

“直”其正也，“方”其义也。君子敬以直内，义以方外，敬义立而德不孤。“直方大，不习，无不利”，则不疑其所行也。

“直”，正也。六二居中，得正位，故说“其正也”。“其正”，指内心无私。坤为方。“方”，方正不邪，行事合于义宜。“敬”，使内心正直，“义”，使做事端方。内心正直，做事端方，在人群中能获得信任和尊敬，做事有人响应，谓之“德不孤”。“直、方、大，不习，无不利”，为六二爻辞，于是人们信其所行而不会怀疑。

小结：以上释六二爻辞的意义。

阴有美，“含”之以从王事，弗敢成也。地道也，妻道也，臣道也。地道“无成”而代“有终”也。

“以”，用也。“代”，继也。阴虽有柔美之德，含藏其美德为王干事，功成而不敢自居有功。由“地道”可以知道“妻道”、“臣道”的规律。“地道”生养万物，却认为自己“无成”，而不居功为己有。“妻道”贤惠持家，相夫教子，以顺从丈夫；“臣道”，忠诚为君上做事，不能居功而不顺从。天始生万物，但不能终其万物之所成，必依赖于地而成。地生养万物是继天未终的功业而使其最终完成，只有阴阳的相互协调才能成就事业。

小结：以上释六三爻辞的意义。

天地变化，草木蕃。天地闭，贤人隐。《易》曰：“括囊，无咎，无誉”，盖言谨也。

阳息长至四，为大壮卦，其时为二月。“蕃”，茂盛。春分之后，天上有雷，天地都发生了变化，万物复苏，草木繁茂。天地的变化有开就有闭，“天地闭”，指阳气被关闭，象征贤人隐藏于民间。“括囊”，指紧结囊口，比喻不要说话，不向君上进言，没有咎害，也没有荣誉。“盖言谨也”，大概是说应该谨慎地做事吧。

小结：以上释六四爻辞的意义。

君子“黄”中通理，正位居体，美在其中，而畅于四支，发于事业，美之至也。

坤为黄，六五居上卦之中位，故称“黄中”。“黄中”即正中。君子掌握正中之道，就能通达事理。“体”即“礼”，古代“体（體）”与“礼（禮）”通用。“正位居体”，犹言以礼居正位。六五为中，为柔顺，为厚德载物，故说“美在其中”。“畅”，充也，达也。“支”通“肢”，指四肢，即行动。美德存于心中，表现在行动上，发挥在事业上，达到了极美的境界。

小结：以上释六五爻辞的意义。

阴疑于阳必战，为其嫌于无阳也，故称“龙”焉。犹未离其类也，故称“血”焉。夫“玄黄”者，天地之杂（色）也，天玄而地黄。

“疑”，似也。坤阴发展到上六，其势力已与阳相类似。既然相类似，就有势均力敌的状态，就必然要发生争战。两物相似谓之嫌。“嫌”，近似。上六阴之极，有向阳转化的趋势，它近似于阳，但其中看不出有“阳”，故说“无阳”。虽然看不出有阳，但是其中已经含有阳，故用“龙”称谓。“龙”，指乾阳。称“龙”，以说明坤阴之中含有乾阳，从而说明阴中有阳，阳中有阴，不至于把阴阳绝对对立起来。虽然坤中有阳，但它还是没有离开阴类之物，用“血”来代称阴。“血”，阴属。“玄”，青色，指天的颜色。“黄”，指地的颜色。“玄黄”，天地混合之杂色。所谓“杂”，指阴阳无别的混合状态，是一种事物向另外一种事物转化的过渡阶段。

小结：以上释上六爻辞的意义。

总结：乾坤二卦是易之门户，是六十四卦演化的基元，只有阴阳混合、相杂、相交，才能演化出六十四卦来。所以，《文言》的作者用“天地相杂”来结束对坤的解释，其寓意十分深刻。

屯卦䷂第三

屯 ䷂（震下坎上）

《帛书易》、《归藏易》皆同。

来知德：屯者，难也。万物始生，郁结未通，似有险难之意，故其字象“屮”穿地始出，未申也。

屯：元亨，利贞。勿用，有攸往，利建侯。

屯，音 zhūn，卦名。与蒙卦相综，与鼎卦䷱相错。“屯”，陷难也。乾卦为纯阳，坤卦为纯阴，阴爻和阳爻交合才能衍生出六十四卦。阴气和阳气交合才能产生宇宙万物。屯卦为阴阳开始交合之卦，阴阳交合而生物，初生之物而有险陷。上卦坎为险，下卦震为动，在险陷中行动，故名为“屯”。尚秉和：“《易》遇东南方春夏之卦曰元亨，遇西北方秋冬之卦曰利贞。”[①] 屯卦下卦为震，震为东、为春，故说“元亨”。上卦为坎，坎为北、为冬，故说“利贞”。“利贞”，利于行正道，即合乎阴阳运动之规律。初九为乾初，故说“勿用”。险难之时，不宜发挥作用。震为动，与六四为正应，利于有所前往。初九为卦之主。震为侯、为君。互体坤为国、为众、为民。九五之君，得位得中，下临万民，利于分封建立诸侯。

《彖》曰：屯，刚柔始交而难生，动乎险中，大“亨贞”。雷雨之动满盈。天造草昧，宜“建侯”而不（丕）宁。

“屯”，难也。屯卦之下卦为震，为乾阳之刚来交于坤阴之初而成，这象征着天地交合的开始，故有“始交”之象。上卦坎，互体坤为妇。一阳陷二阴之中，象征妇女腹中有身孕，腹中怀有身孕，故有“难生”之象。坎为难。“震”，动也；“坎”，险也，有“动乎险中”之象。新的生命降生，象征着新的前途和发展，故“大亨贞”。震为雷，坎为雨，屯卦之体是䷂，坎雨在上，震雷在下，有雷雨将作之象。坤为众为多，为“满盈”。雷声乌云充盈天地之间，象征天地自然交媾之象。坤为茅茹，故为“草”；互体坤为黑，故为“昧”。“草昧”，草创冥昧，是说天创造万物于草创之初，这时宜于建立诸侯来

---

① 尚秉和：《周易尚氏学》第 32 页，九州出版社，2005。

治理国家，使天下国家安宁。高亨认为“不”当为“丕”，大也。“不宁”为“丕宁”，大大安宁的意思。

《象》曰：云雷，屯。君子以经纶。

上卦为坎，“坎”为水，为云。下卦为“震”，震为雷。雷雨交作，有险难之象。互体艮为君子，坤为经。“经”，引之。“纶”，理之。“经纶”，治丝之事。说明君子在险难的条件下，治理国家要像治丝一样，分清经纬，使之条理清楚。

初九：磐桓，利居贞，利建侯。

初九为本卦成卦之主。“磐”，大石。“桓”，大柱。互体艮为石，故有“磐”石之象。震为阳木，大柱之象。“磐桓”，象征国家的栋梁人才。震为诸侯，坤为国。有了人才，利于居正道，利于分封诸侯，建立国家。

《象》曰：虽“磐桓”，志行正也；以贵下贱，大得民也。

坤为志。“志”，思想。阳爻处阳位，故“正”也。虽然有人才，但是处于社会的低级位置上，只有思想和行动都合于正道而等待时机。阳为贵，阴为贱，初九一阳处于二阴之下，故说“以贵下贱”。初九与六二、六三相比。阳为大，坤为众民。众民都来归附于阳，阳为君子，故说“大得民也”。君子以尊贵的身份处于卑贱的地位，因而大得民众之拥护。

六二：屯如邅如，乘马班如，匪寇，婚媾。女子贞不字，十年乃字。

“屯”，音 tún，聚也。震为乘、为马、为动。互体艮为止。故说“屯如”，马汇聚一起动而不进的状态。“邅”，音 zhān，转也。“邅如”，马徘徊原地转动不进。震为马，坤为马，坎也为马。故说“班如”，马众多的样子。震于马为足，应爻为坎，盗寇之象。有众多的人和马盘旋不定，不是抢劫财物的盗寇，而是来求婚媾的。“字”，许嫁也。本爻动为兑，兑为少女，与九五相应，有女子许嫁之象。六二位当，男大当婚，女大当嫁，与九五为正应，故“贞”正也。九五之男子高高在上，是不向下求婚的。古代没有女子向男子求婚的习俗，只有等候十年才出嫁。坤为年。震为四，坎为六，四加六为十，故有“十年乃字”之象。

《象》曰：“六二”之难，乘刚也；“十年乃字”，反常也。

“乘”，驾凌其上也。“乘刚”指六二凌驾于初九之上，势逆不顺，故“难”也。阴柔居阳刚之上，象征女子凌驾于男人之上，这样的女子即使有贞正之德行，也没有男人同意娶为妻室，故难以出嫁。女子十年乃嫁，违反社会之常理。

六三：即鹿无虞，惟入于林中，君子几不如舍，往吝。

“即”，追逐。震为动，“追逐”的意思。“鹿”通麓。互体为艮，艮为山，山足为麓。艮为山，三爻居艮足之下，故有山“麓”之象。“虞”，虞人，看守山林的人。震为人，三、四为人位，故有“虞”人之象。六三与上六无应，所以为“无虞”。“惟”，思也、想也。震错巽，巽为入；上艮为木，下震为竹，有“入林中”之象。坤为虎，震为鹿，为惊走；艮为狐，为狼。本爻动，坤、震、艮之象不见，犹如禽兽隐入林中去了。艮为君子。“几”，时机也。震为时。坎错离，离为明，见“几”之象。“舍”，舍去。艮为止，为舍。震为动、为往。入山林中打猎，追逐到山麓下，如果没有虞人引路，想进入林中打猎，不但不能获得猎物，还有可能陷入不利的境地，不如放弃。如果要坚持前往是难以达到目的的。

《象》曰：“即鹿无虞”，以从禽也；“君子舍”之，“往吝”穷也。

“从禽”，指打猎之事。到山麓下打猎的目的，是为了捕获禽兽。既然禽兽已隐入林中，不如承认这个现实，放弃追逐。六三位不当，上无应，故“穷”也。“穷”，没有办法，意思是说，如果继续前往进入林中打猎也是达不到目的的。

六四：乘马班如，求婚媾。往吉，无不利。

震为乘、为马。坤、坎都为马，故说“班如”。“班如”，马众多的样子。本爻动，互体为巽，巽长女，震为长男，男下女，故有“求婚媾”之象。艮为求。坎为难，故必须要“求”。因为有许多乘马的人，来见证长男向长女求婚媾，定能获得“吉”祥。六四上承九五之阳，下与初九为正应，故“吉，无不利”。

《象》曰：“求”而“往”，明也。

互体艮为求。坎错离，离为明。艮为火，亦为明。知女子有好的品行而去“求”婚，一定能达到目的。

九五：屯其膏，小贞吉，大贞凶。

九五为屯卦之另一主爻。“屯”，聚也。“膏”，泽也，指国王的恩泽。坎为水，为雨，为膏泽之象。阳为“大”，指九五；阴为“小”，指六二。九居五，六居二，居中，得正应。如果国王的恩泽只聚积于上，而不施之于下层民众，虽得正位，亦不会有民众之拥护，做事必败，故“凶”。六二为臣下，按正道行事，清正廉洁，则“吉”。

《象》曰：“屯其膏”，施未光也。

“光”，广也。君德施行应广大，但陷于坎中，为阴所掩盖，故未广大也。

上六：乘马班如，泣血涟如。

震、坎皆为马，故六二与上六都有“班如”之象。坎为水，为血，故有“泣血涟如”之象。“泣血”，痛心之象。“涟如”，泪水涟涟。坎为忧。上六与六三无应与，六三才干柔弱不能在险难之时以相救，故有“泣血涟如”之象。

《象》曰：“泣血涟如”，何可长也？

上六到了卦之极，必然要向相反方向转化，怎么可能长久呢？

蒙卦䷃第四

蒙䷃（坎下艮上）

《帛书易》缺，《归藏易》同。

来知德：蒙，昧也。其卦以坎遇艮，山下有险，艮山在外，坎水在内，水乃必行之物，遇山而止，内既险陷不安，外又行之不去，莫知所往，昏蒙之象也。

蒙：亨。匪我求蒙童，蒙童求我。初筮告，再三渎，渎则不告。利贞。

蒙，卦名。与屯卦相综，与革卦䷰相错。“蒙”，暗昧，不明也。蒙，物之稚也。幼稚之童不明事理，故为“不明”也。九二与六五相应，故“亨”。若在蒙稚之时，加以启发，虽蒙昧必亨通，故“蒙亨”。下卦坎为阳卦，为中男，九二为阳。“我”指九二。上卦艮为少男，“蒙童”之象。六五下应九二，以阴应阳。艮为求，故说“匪我求蒙童”，而是“蒙童求我”。坎为筮。“初筮”，指九二。与初相比，故说“初筮”。九二与上应六五，故“告”之。互体震为言，故为“告”。震与艮综，与震相反。故说“渎”。“渎”，不敬之意。艮为止，故有“不告”之象。“再三”，两次、三次以上的卜筮。六三凌驾于九二阳刚之上，大不恭敬，不恭敬就不告之。用“再三渎”来说明对蒙童施教要以恭敬真诚的态度，否则不会有效果，利于遵从正确的教育方法。

《彖》曰：蒙，山下有险，险而止，蒙。蒙“亨”，以亨行时中也。“匪我求蒙童，童蒙求我”，志应也。“初筮告”，以刚中也。“再三渎，渎则不告”，渎蒙也。蒙以养正，圣功也。

上卦艮，艮为山，为止；下卦坎，险也。险被山止，止则不通，蒙昧之象也。艮为时。九二处下卦之中位，若把握好时机而启蒙，则必“亨”通，所以虽蒙则必开启智慧而通。“志应”，指二五阴阳相应互求，用以解释“匪我求蒙童，蒙童求我”，“我”与“蒙童”相应也。“刚中”，指九二阳爻居中位，为内卦之主，象征蒙师刚健有力，初筮必告。三与上应，又以阴柔驾乘刚之上，极为不敬，表示心志不相应，不相应而告之，“渎蒙”。坎为圣。蒙又能养正，保持其纯正之德，是致圣之功。

《象》曰：山下出泉，蒙。君子以果行育德。

艮为山，震为出，坎为水、为“泉”，“山下出泉”之象。“蒙”，水被山掩盖住。君子指九二。艮为君子，艮为果；震为行，为仁德。君子观此卦象，要以果决的行动来培育自己的品德，就像涓涓之泉水，育养自己的德行，虽有危险不回避，最终能汇流而成大川大河，成就功业。

初六：发蒙，利用刑人，用说桎梏，以往吝。

“发”，启也。“发蒙”，启发教育蒙稚之童。“刑”，法也，与型通。“利用刑人”，是说对蒙童的教育，利于树立一个模型。“说”，“脱”也。坎为桎梏，互体震为足，艮为手，有“用说桎梏”之象。“用说桎梏”，用以脱离刑具加身。就是说对蒙童的教育，要树立起一个典范，使之有所效法，成为懂得法律的人，这样就可以免于犯罪，不受到刑法的惩罚。“以”，犹“而”也，连接词。初六与六四敌应，故“往吝”。如果蒙稚不认真接受启蒙，急于前往必定会遇到“吝”难。

《象》曰：“利用刑人”，以正法也。

“正”，读为 zhēng，“明白知晓”的意思。震为明，坎为法。“正法”，以法为正，使人人知晓法律。

九二：包蒙吉。纳妇吉。子克家。

九二为本卦成卦之主和主卦之主。坤为包，故有“包蒙”之象。

九二处于初、三、四、五众阴的包围之中，象征蒙师周围有众多的弟子，正好实施教诲，故“吉”。互体震为夫，与巽错，巽为妇，故有“纳妇”之象。娶妻，吉。六五来应九二，故“吉”也。“克”，能也。震为长子，艮为家，九二往应之，故说“子克家”，说明长子能治理好家事。

《象》曰：**“子克家”，刚柔接也。**

“接”，交接也。九二为阳、为刚，六五为阴、为柔，九二与六五相应接，故说“刚柔接也”。

六三：勿用取女，见金夫，不有躬，无攸利。

“取”，娶也。互体坤为女。“金夫”，美男子。艮为金、为夫，故说“金夫”。六三与上艮金夫相应，故有“见金夫”之象。坤为躬。互体震为行、为急躁。六三之女不顾六四、六五的阻挠，急欲向上去见美男子，故说“不有躬”。“躬”，自身、自己。“攸”，所也。“不有躬”，不能保持自己的行为合乎礼的规定。六三不正不中，又以阴柔乘九二之阳刚，象征行为不正之女子，见美男子不按礼制的规定，自己就急欲求之。这样的女子没有受过礼制的启蒙教育，不懂得礼法，不用娶她，取之则不会有“利”。

《象》曰：**“勿用取女”，行不顺也。**

坤为顺，震为躁动，故有“行不顺”之象。“行不顺”，女子的行为不顺从礼制的规定。

六四：困蒙，吝。

六四无应与，处众阴包围中，又为六三所隔，远离九二之蒙师，不能接受蒙师的教育，故有“困蒙”之象。因为不能接受蒙师的启蒙，故有“吝”难也。

《象》曰：**“困蒙”之“吝”，独远实也。**

阳为“实”。六三、六五都临近于阳，唯独六四远离于阳，故有

“独远实”之象。六四困于蒙昧之艰难，是因为远离于九二之蒙师。

六五：童蒙，吉。

六五与九二为相应位，故也为蒙卦之卦主。艮为少男，故有“童蒙”之象。六五虽然位不正，但居中，故“吉”。

《象》曰：“童蒙”之“吉”，顺以巽也。

“顺”，顺从。“巽”，谦逊也。六五上顺承上九之阳刚，故为“顺”。六五为尊位，下谦逊于九二，故为“巽”。“童蒙之吉”，上顺从于上九，下逊和于九二之师，故说“顺之以巽”，蒙昧得以启导。

上九：击蒙，不利为寇，利御寇。

艮为手，故为“击”。“击”，治也。上九象征高居在上的蒙师，用强制的治蒙手段，故说“击蒙”。九二是下位的蒙师，治蒙的方法比较温和，故曰“包蒙”。上九与下六三相应，坎为寇。“利”，贪恋、喜爱也。“不利”，不贪恋，不喜爱。“为寇”，寇害他人。“不利为寇”，不贪恋于为寇，即不会去伤害他人。“御”，禁止。“利御寇”，有利于禁止为寇。如果教治蒙昧者采取强制的手段，使极蒙昧的人猛醒，就有可能不但“不利为寇”，还会出现“利御寇”的好局面。

《象》曰：“利”用“御寇”，上下顺也。

坤为顺，为民。下众阴顺从于上九之阳，故“上下顺也”，犹如众民顺从于君子，上下的思想顺应和谐。

需卦䷄第五

需䷄（乾下坎上）

《帛书易》作“襦”，《归藏易》作“溽”。

来知德：需者，须也，有所待也。理势不得不须者。以卦象论，水在天上，未遽下于地，必待阴阳之交，熏蒸而成，需之象也。以卦德论，乾性主干必进，乃处坎险之下，未肯遽进，需之义也。

需：有孚，光亨，贞吉。利涉大川。

需，卦名。“需”，待也。与讼卦相综，与晋卦☷相错。坎为云，云在天上，必待阴阳相交而成雨。乾为信。“孚”，信也。阳刚于坎体之中，犹忠信诚于心中。“光”，光明。互体离为明，光明之象。“贞”，正也，指九五，得位得中，故“正也”。坎为大川。九五居中，上下皆阴，说明九五之君取信于上下，故“利涉大川”也。有所需待之时，忠心诚信，光明磊落，坚守正道，必定亨通吉利，因而利于涉渡“大川”大河。

《彖》曰：需，须也。险在前也，刚健而不陷，其义不困穷也。“需，有孚，光亨，贞吉”，位乎天位，以正中也。“利涉大川”，往有功也。

“须”，待也，等待。“险”，指上卦坎，陷也。上卦为前，故说“险在前也”。“刚健”，指下卦之乾。乾，健也。刚健之人，前面遇险，只有暂时等待才不陷于危“险”中，故“不困穷也”。“义”，宜也，须等待时宜就不会导致困穷。“位乎天位”，指九五，得位又居中位。九五居坎水中，取信于上下，故“往有功也”。坎为川。“往有功”指“利涉大川”，等待时机成熟而往必获成功。

《象》曰：云上于天，需，君子以饮食宴乐。

需之上卦为坎，坎为云；下卦为乾，乾为天，因此，需之卦象是“云上于天”。云集于天上等待降雨。乾为君子。互体兑为口、为水，水入口中为饮；三爻变为兑，为食，故为“饮食”。兑为悦。五爻变为震，震为宴乐。君子观此卦象应该用好饮食，娱乐好精神，积蓄好力量以待时机成熟时之用。

初九：需于郊，利用恒，无咎。

乾为郊。“郊”，远离城邑的地方。初九前面的九二、九三为阳，阳遇阳为敌，阻止初九前行，故“需于郊”，等待时机，不冒险前进。初九得位，与六四相应，故“利用恒”。“恒”，常也。在郊等待时，利于保持恒心，不可妄自行动，必“无咎”害。

《象》曰：“需于郊”，不犯难行也；“利用恒，无咎”，未失常也。

“难”指九二、九三。九二失位，九三过刚。初九与九二、九三皆相敌，故说“不犯难行”，即不朝着险难的方向前行。“未失常”，远离险难的地方需待，没有失去恒常之理，君子在需待时，要安静自守。

九二：需于沙，小有言，终吉。

坎为水、为险。互体兑，与艮错，艮为沙。“沙”，沙滩，离险水不远的地方。九二处于下卦之中位，离上卦之坎险不远。互体兑为小、为口、为言，故“小有言”。“小有言”，谴责之言辞，在险难的地方等待时，若相互谴责不团结，不利于回避险难。乾为终，九二居中位，虽遇到险难，最终获得“吉”祥。

《象》曰：“需于沙”，衍在中也；虽“有小言”，以吉终也。

“衍”，水循河道流于海也。乾为川，为水。九二居中，故说“衍在中也”，指水。水在中央，沙在水边，离险不远。九二阳刚居中位，以刚中之位需待，虽然有不团结的现象发生，但不至陷于险中，最终获得“吉”也。

九三：需于泥，致寇至。

坎为泥。“泥”，水旁之地，临近于水。九三处下卦之上位，接近于坎险，故说“需于泥”。坎为盗，乾错坤，坤为至，九三临近坎盗，故有“致寇至”之象，以比喻险难即将临近。

《象》曰：“需于泥”，灾在外也；自我“致寇”，敬慎不败也。

坎为灾。上为外，“灾在外”，指上卦坎，灾难还没有殃及自身。九三临近坎盗，与六四相比，故有“自我致寇”之象。“我”，指九三。阳为主，故为我。乾为敬、为惕。只要自己谨慎警惕，就不会有失败而招来“寇盗”。

六四：需于血，出自穴。

六四为本卦成卦之主。“血”，洫也。“洫”，护城河。互体兑错艮，艮为城。城在护城河边上，故有“需于血”之象。坎为穴。六四在坎穴之外，故说“出自穴”。需待在护城河边，从陷穴中逃脱出来，脱离险境。六四以阴爻处阴位，位当，故能脱险。

《象》曰：**“需于血”，顺以听也。**

六四与初九相应，故“顺”。坎为耳，听之象，“听”，听从，意即“顺从”。巽，顺也。“顺”者，听顺于初九。需待于护城河边，听从于情势的变化，等待时机，不可盲目前进。

九五：需于酒食，贞吉。

九五为本主卦之主。坎为水、为酒、为食，故说“需于酒食”。说明已经脱离险难，需待于美酒佳肴之间，但必须要坚守正道，不酗酒，不暴食，就能获得“吉”祥。九五得位得中，故“贞吉”。君子在遇到险难时，要冷静等待，坚守正道就不会罹难。

《象》曰：**“酒食贞吉”，以中正也。**

九五处上卦之中位，阳爻处阳位，因而又“中”又“正”。“中正”则“吉”祥也。

上六：入于穴，有不速之客三人来，敬之，终吉。

本爻动为巽，巽为入。互体兑为穴。与九三相应，故有“入于穴”之象。“不速之客”，不请自来之客。下应九三，阳性轻而上行，故有“不速之客”自来之象。乾为人、为三。“三人”，指下卦之三阳爻。阴与阳相应，我为主，应为客，故有“三人”之象。坎为畏惧。上六为阴，柔顺之象，以阴柔顺阳刚，有“敬之”之象。以尊敬的态度款待客人，终得吉祥。

《象》曰：**“不速之客来”，敬之，终吉。虽不当位，未大失也。**

上六为阴爻处阴位，为当位。这里说的“虽不当位”，不是不“当位”，而是说“不稳当之位”，因居险坎之极。“未大失”者，指位当，所以，“敬之，终吉”。

讼卦䷅第六

讼䷅（坎下乾上）

《帛书易》、《归藏易》皆同。

来知德：讼者，争辩也。其卦坎下乾上，以二象论，天运乎上，水流乎下，其行相违，所以成讼。以卦德论，上以刚陵乎下，下以险伺乎上；以一人言，内险而外健；以二人言，己险而彼健；险与健相持，皆欲求胜，此必讼之道也。

讼：有孚、窒、惕、中吉，终凶。利见大人，不利涉大川。

讼，卦名。与需卦相综，与明夷卦䷣相错。“讼”，争讼。天象由东向西旋转，地上的水由西向东流走，天水相违，事理相反，故争“讼”。乾为直、为信。坎为孚。“孚”，诚信。坎为戒惧。“窒”，惧也。乾为惕。“惕”，警惕。“中”，指九二诚正中信。人具有诚信、戒惧、警惕、中正这四种行为规范，就不至于争讼，故“吉”。乾为终。九二与九五敌应，故“终凶”。若遇有矛盾，不按“孚、窒、惕、中”以求和解，非要求胜不可而诉诸于讼，终必“凶”。“大人”，指九五，得位得中又居尊位。在进行争讼时，利于有大人出来作出公正的断决。坤为大川，二与五敌应，得不到人的帮助，故“不利涉大川”。比喻在争讼不利时，若非要去争讼，会有祸患发生。

《彖》曰：**讼，上刚下险，险而健，讼。“讼：有孚，窒惕，中**

吉”，刚来而得中也。“终凶”，讼不可成也。“利见大人”，尚中正也。“不利涉大川”，入于渊也。

讼卦的上卦为乾卦，为刚，下卦为坎，为险，故有“上刚下险”之象。“险”而不“健”，或“健”而不“险”，都不会争讼。人阴险而又刚健，就会争讼。“刚来”，指九二由外卦之乾阳而来。“得中”，指阳刚居中之象。由于得中，故吉。“讼不可成也”，争讼难以取得成功。九二阳刚之臣与九五阳刚之君争讼，必不能成功。“尚中正”，指九五中正断决争讼而被推崇。坎为渊。九二居坎之中，犹如沉于渊中，故说“入于渊”。说明以刚犯难，有可能陷入深渊之危险，故“不利涉大川”也。

《象》曰：天与水违行，讼。君子以作事谋始。

坎为水，乾为天、为行。坎下乾上，天与水相背而行，故“讼”。天象由东向西，北斗星之斗柄朝东为春天，朝南为夏天，朝西为秋天，朝北为冬天。按中国的地形，水由西流向东（长江、黄河）。乾为君子。坎为谋，乾错坤，坤为事。乾知大始。君子做事要谋求一个好的开始，否则事将不能成功。

初六：不永所事，小有言，终吉。

“不永”，不可永久。“事”，指争讼之事。初与四相应，乾为久，故为永。初为争讼的开始，与九四相应。坎为孚。孚，信也。以诚信之德容易解决争讼之事，故“不永所事”。本爻动为兑，兑为口舌，有言辞之象。阴居初位，阴为“小”。故有“小有言”之象。初六与九四相应，故“终吉”。“有言”，即有争辩。“小有言”，小有争辩，但最终可以获得“吉”祥。

《象》曰：“不永所事”，讼不可长也；虽“小有言”，其辩明也。

“讼不可长”，争讼不可长久进行下去。本爻动为兑、为言，互体巽错为震，震为言，众口多言，故“辩明也”。能分清是非，所以

“明”也。

九二：不克讼，归而逋，其邑人三百户，无眚。

九二为本卦成卦之主。“克”，胜也。“不克讼”，争讼不能成功。九二位不当，又与九五为敌应，故“不克讼”。九二阳来居坤中，故为“归”。坎为隐伏，故为“逋”。“逋”，音 bū，逃亡。争讼没有获得胜利，故逃亡。坤为邑、为百、为户，坎数三，故有“其邑人三百户”之象。坎为“眚”。“眚”，音 shěng，灾也。九二居坤中，上下相比，故“无眚”。“三百户”，下大夫之采邑。与上争讼，没有获胜，逃亡后而回归，邑中的三百户人家没有因此而遭受祸殃。

《象》曰：“不克讼”，“归逋”，窜也；自下讼上，患至掇也。

“窜”，逃窜。“下”指九二，“上”指九五，从下至上，故有“自下讼上”之象。九二与九五相敌，两刚相争必有讼事。“掇”，音 duō，止也。九二阳刚之臣与九五阳刚之君争讼，必败无余而带来祸患，但是逃窜躲避，主动回避争讼，故说“患至掇也”。灾祸临头而又中止，没有造成灾祸。

六三：食旧德，贞厉，终吉。或从王事，无成。

坎为食。乾为旧、为德。“食”，食采邑之“食”。“旧德”，已有的俸禄。六三上承乾阳，故有“食旧德”之象，是说有固定的食禄。“厉”，危也。六三位不当，又处上下之交，容易生是非，所以要守正防危，故“贞厉”，守持正道能防避危难。六三承阳，与上九相应，故“终吉”，终能获得吉利。乾为王，六三承乾，故说“从王事”。因为阴柔不能胜任国王所赋予的使命，故“无成”。六三以阴柔处下卦之上位，有不能争讼之象，所以本爻不说“讼”。

《象》曰：“食旧德”，从上“吉”也。

“上”，指上九。六三阴柔、顺从。因六三与上九相应，六三必顺从上九不与之争讼，故“吉”也。

九四：不克讼，复即命渝。安贞，吉。

九四上遇九五之阳刚，阳遇阳为敌，故“不克讼”。“即”，就也，安也；互体为巽，巽为命。“复”，反也。“即”，“就是”的意思。“命”，正理也。不要主动与上九之阳刚相遇，相遇则敌；而要回复于下与初六相应，相应则安于正理。“渝”，变也。本爻动，互体为艮，艮为山、为止、为安。争讼失利，反归正理，改变争讼的念头，安守正道，可获得“吉”祥。

《象》曰：“复即命渝”，“安贞”，不失也。

九四处上卦的乾体之中，有刚健好争之象，位不中不正，即理不正，因而“不克讼”。若回应于初，反归于正理，就能安守正道。“不失”，不先去回复于初，只坚守正道。

九五：讼，元吉。

九五为本卦主卦之主。“元”，大也。乾为元、为大。九五以阳刚处尊位，得位得中，故有“元吉”之象。若以中正无私之德，决断讼狱必大“吉”也。

《象》曰：“讼元吉”，以中正也。

“中正”，指九五处中得正位。诉讼获得大吉，是九五之君子，以公正无偏邪地判决争讼的结果。

上九：或锡之鞶带，终朝三褫之。

乾为赐。“锡”，“赐”也。“鞶”，音 pán，大腰带。乾为衣，为环，故说“带”。乾为大，故有“鞶带”之象。“鞶带”，为大夫以上的人所系。乾为终、为朝；乾错坤，坤为夜，故有“终朝”之象。“褫”，音 chǐ，夺也。乾为君，下与六三相应，互体为巽，巽为命令，故有“赐鞶”之象。互体离，离居三，“三”之象；巽为陨落，故有一日三次“褫之”鞶带，又一天之内三次被剥夺。上九处卦之极，所以受赐之鞶带必然保持不久而被剥夺，申述物极必反的道理。

《象》曰：以讼受服，亦不足敬也。

乾为敬。上九与六三相应，六三不争，上九好争讼，即是因争讼而受赏赐，也不值得尊敬。

师卦䷆第七

师 ䷆（坎下坤上）

《帛书易》缺，《归藏易》同。

来知德：师者，众也。其卦坎下坤上。以卦象论，地中有水，为众聚之象。以卦德论，内险而外顺，险道以顺行，师之义也。以爻论，一阳居下卦之中，上下五阴从之，将统兵之象也。二以刚居下，五柔居上而任之，人君命将出师之象也。

师：贞，丈人吉，无咎。

师，卦名。与比卦相综，与同人卦䷌相错。“师”，兵众，指军队。坤为师，互体震为师。“贞”，正也，正义。坤为众。“丈人”，指九二，震为长子，居中，故为“丈人”。本卦除九二外，皆为阴爻。坤为众、为民。九二阳刚居中，有统帅众人之象，故为“师”也。兵者，不祥之器，危险之道，但是只要进行的是正义战争，又有经验丰富的、德高望重的将军率领军队，可获“吉”祥，而“无咎”害。

《彖》曰：师者，众也；“贞”，正也；能以众正，可以王矣。刚中而应，行险而顺，以此毒天下，而民从之，“吉”又何“咎”矣？

坤为众，又为直，故为“正”。震为帝、为王。“以”，犹“使”也。能使部属坚守正道，可以得君王之信任。九二阳刚居中，与六五相应，故说“刚中而应”，比喻统兵之将英勇刚健，又得国君之信任。

震为行，坎为险，坤为顺，九二与六五相应，故“行险而顺”。“顺”，指顺乎人心。兵者，诡道也，险陷之事，而必须要顺乎民心。坎为毒。“毒”，通“督”，治理、匡正也。坤为顺，故为从。用顺乎民心的方法来治理军队，管理国家，匡正天下，民众就会服从而获得吉祥，又有何咎害呢？

《象》曰：地中有水，师；君子以容民畜众。

上卦为坤、为外，下卦为坎、为水、为内。水在地中，故曰：“地中有水”。震为君子。坤为容、为民、为畜、为众。“容”，包容。“畜”，养也。古代寓兵于民，平时兵即民，战时民即兵，就像地下涵容、畜养着丰富的水一样，取之不尽，用之不竭，故说“容民畜众”。

初六：师出以律，否臧，凶。

坎为律。“否”，不也。“臧”，善也。出征的军队，虽然有严明的纪律，但初六以阴爻居阳位，上无应与，无胜利的外部条件。坎为险、为血，有“否臧”（不善）之象，故“凶”。

《象》曰：“师出以律”，失律“凶”也。

“律”，军纪、法律。初六失位，故有“失律”之象。统兵作战必须要有严明的军纪，否则必遭失败而带来“凶”险。

九二：在师中，吉，无咎，王三锡命。

九二为本卦成卦之主和主卦之主。九二在下卦之中位，故说“中”。“中”，正也，正确。“在师中”，九二统率军队打仗方法正确。与六五相应，故“吉”。位不当，有“咎”，但是居中有应，故“无咎”。“锡”，赏赐也。六五下应九二，故为“锡”也。震为王、为言，故为命。震数三，故有“王三锡命”之象。打仗取得胜利，因而受到君“王”多次的赏赐。

《象》曰：“在师中吉”，承天宠也；“王三锡命”，怀万邦也。

六五为天位。九二与六五相应，象征“承”受六五君王之恩

"宠"。坎为怀，坤为万邦，故有"怀万邦"之象。君"王"三次予以赏赐，表示君王以怀柔的方法来治理天下"万邦"。

六三：师或舆尸，凶。

"舆"，大车。坎为棺椁。震为舆。坤为死、为尸。尸在车上，故有"舆尸"之象。用大车载尸而归，说明战事失败。六三失位，上无应与。故"凶"。九二为师卦之主，六三阴柔，不中不正，凌驾于九二主帅之上，出征时代替九二主帅指挥作战，因才柔志刚猛进，必遭失败，故"凶"。

《象》曰：**"师或舆尸"，大无功也。**

因为大失败，故"大无功"也。

六四：师左次，无咎。

乾为先，坤为后；乾为右，坤为左。右为前，左为后。"次"，舍也。"左舍"，退舍也。一支部队驻扎某地三日不动为"次"。六四为上卦之始，居阴得正，有出师之象，但是虽然得位而无正应，前为重阴所阻，意味着出师有不胜的可能，暂驻而不前进，故"无咎"。

《象》曰：**"左次，无咎"，未失常也。**

六四得位，故"未失常"也。知难而退，出征之常道；该退则退，亦是出征之常道。"左次无咎"，没有违犯通常的用兵之道。

六五：田有禽，利执言，无咎。长子帅师，弟子舆尸，贞凶。

六五亦为本卦之主。"田"同畋，猎也。震为射，故为"田"猎。震为鹤，坎错离，离为雉、为鸟，故有"禽"之象，说明打猎有所收获。本爻动为艮，艮为手，故为"执"；震为"言"；五与二相应，故说"利执言"。"利执言"，说明出师伐敌有正当的理由，故"无咎"。震为"长子"，指九二。"弟子"，指六三，坎为中男，震之弟也。六五为君位，但阴柔不能统兵，必委任他人，阳刚之九二充当此任。但弟子众多，参与不良之谋略，使长子之才干受到牵制，虽然是反击入侵之敌的正义战争，如果用人不恰当，虽然“贞”正，但亦有“凶”险。

《象》曰：**“长子帅师”，以中行也；“弟子舆尸”，使不当也。**

长子指九二。震为行。六五、九二皆居中位，九二上行受六五统领军队的命令，故说“以中行也”。“使不当也”，九二深陷坎险中，不能充分发挥其才干，所以说“使不当也”。

上六：大君有命，开国承家，小人勿用。

震为大君，为言、为命。大君”，指天子，全国最高的统治者。“有命”，发出诏命。坤为国。“开国”，被封为诸侯以立国。坎为室、为家。“承家”，被封为大夫以立家。在周代实行分封制的时候，诸侯的封地称为“国”，大夫的封地称为“家”。天子颁布命令，封赏有功之臣为诸侯、为大夫。“小人”，指上六。本爻动为艮，艮为止。“小人勿用”，小人不能委以政事。

《象》曰：**“大君有命”，以正功也；“小人勿用”，必乱邦也。**

五多功，得位，故说“正功”，论定功劳之大小给予封赏。坎为乱，坤为邦。“邦”，古代诸侯封国之称，以后泛指国家。如果“小人”得以执政，必恃功自傲，暴虐民众，“必乱邦也”。

比卦䷇第八

比 ䷇（坤下坎上）

《帛书易》、《归藏易》皆同。

来知德：比，亲辅也。以卦象论，水在地上，最相亲切，比之象也。以爻论，五居尊位，众阴比而从之，有一人抚万邦，四海仰一人之象，故为比也。

比：吉。原筮，元永贞，无咎。不宁方来，后夫凶。

比，卦名，亲辅也。与师卦相综，与大有卦䷍相错。比卦为水在地上，地包容着水，水滋润着地，水地相互亲辅，故“吉”祥。“原”，再也。一个卦的刚中在下卦者为初筮，如蒙卦；刚中在上者为原筮。比卦的“刚中”在上卦之九五，故称“原筮”。比卦刚中在上，比喻九五之君有善德，故民众亲辅之。坤与乾错，乾为元、为永、为贞。“元”，善也。“永”，恒也。“贞”，正也。元善之德，永久贞固，故“无咎”。坎为乱，故为“不宁”；坤为方。坎又为来、为至。九五为君，阳刚得位，为天位，为天德之正，下四阴都顺从于九五，象征不宁的人前来归附，故有“不宁方来”之象。坤为后。坎为军、为险、为灾、为凶。“夫”，语气词。后来归附的，就有可能遭到国王的征伐，故有“凶”也。

《象》曰：比，“吉”也。比，辅也，下顺从也。“原筮，元永贞，无咎”，以刚中也。“不宁方来”，上下应也；“后夫凶”，其道穷也。

“下顺从也”，六二应九五，下比于上，故说“下顺从也”。“刚中”，指九五阳刚而居中位。“上下应也”，上，指九五；下，指初、二、三、四诸阴爻，意为九五与下四阴爻相比。上六居卦之极，物极必反，故说“其道穷也”。

《象曰》曰：地上有水，比。先王以建万国，亲诸侯。

比卦的上卦为坎，坎为水；下卦为坤，坤为地，故说“地上有水”。水性润下，渗入地中，无处不有，水与地亲密无间，故曰“比”。“先王”，指九五。坤为万国。九五君临众阴，众阴顺从九五，故有“建万国”之象。坎为心、为亲；坤为众、为多，故有“亲诸侯”之象。

初六：有孚比之，无咎。有孚盈缶，终来有它，吉。

坎为孚。“孚”，诚信。“比之”，指初六与九五亲比。以忠实诚信之心，与君王亲比，就不会有“咎”害。初六远离九五，但九五之君德广施于下而泽及初六。初六为阴爻居阳位，位不当，应是有咎的，但受泽于九五之君德，故“无咎”。坤为缶，“缶”，音 fǒu，用来盛水的瓦器，指初六。坎为雨。“盈缶”，上天下来的雨水，装满了瓦器，比喻君德充盈天下，润及远离的初六。“有它”，指九五应及“它”爻。坤为终。坎为来。“终来有它”，由于君德润泽于下，终使远方之民都来归顺，故“吉”也。

《象》曰：“比之”“初六”，“有它，吉”也。

初六与九五亲比，初六与其“它”五阴皆顺从于中正阳刚九五之君，上下各亲比和顺。所以“吉”也。

六二：比之自内，贞吉。

六二上应九五。上卦为外，下卦为内。下卦六二应上卦之九五，为自内应外，故“比之自内”。六二当位得中，故“贞吉”也。

《象》曰：“比之自内”，不自失也。

六二以下应上，亲比于九五，得中得正，没有自己“失”去正道。

六三：比之匪人。

“匪”，通非。六三为人位，故有“人”之象。“匪”人即“非人”，小人也。不用正道进行亲比者为“非人”。六三为阴爻处阳位，为失位，与上六又失应。六三失位无应。初先比于二，二与五应，四承五，六三不能与九五亲比，故说“比之匪人”。

《象》曰：“比之匪人”，不亦伤乎？

六三失位。坤为害。“伤”，伤害。任用没有道德的小人亲比执政，不是伤害了国王的政事吗？

六四：外比之，贞吉。

六四上承九五，亲比于九五之尊，故为“外比之”。六四得位得正。故“贞吉”也，坚守正道，可得“吉”祥。

《象》曰：**“外比”于贤，以从上也。**

阳为贤，指九五。“外比于贤”，外亲比于九五之贤君。六四为阴，阴为顺。“从上”，顺从在上的九五之君。

九五：显比，王用三驱，失前禽，邑人不诫，吉。

九五为本卦成卦之主，又为主卦之主。坎错为离，离为明。九五为阳，阳为明。“显”，明也，光明无私之意。九五阳刚得中，群阴皆来亲比，有光明无私之象。“王”，指九五。“三驱”，指田猎之事。艮数三。古代天子田猎，设三面之网，让禽兽有逃脱之路，即天子不合围也。六四应初六，初爻变为震，震为猎、为鹿、为惊走，九五之力不及于初六，故说“失前禽”。坤为邑。“诫”，警备。邑人也知道走失禽兽而不警备（没有去捕获逃走的禽兽），故获“吉”祥。

《象》曰：**“显比”之“吉”，位正中也。舍逆取顺，“失前禽”也，“邑人不誡”，上使中也。**

九五得中，故“显”。“舍逆取顺”，概括九五的显比之德。“舍逆”，指上六以柔乘九五之刚，逆而不亲比，故舍弃之。“取顺”，指九五阳刚以下的四阴，皆想与之亲比，故“顺”从之。“上使中也”，君上使其下属保持“中”道也。

上六：比之无首，凶。

坎为首。“无首”，被杀头。上六凌驾于九五阳刚之君的上面，而不与国王亲辅，必然招致杀头之祸，故“凶”也。

《象》曰：**“比之无首”，无所终也。**

上六为卦之极，事物发展到了尽头，必然会走向反面，故“无所终”也，没有好的结果。

小畜卦☴☰第九

小畜 ䷈（乾下巽上）

《帛书易》作“少蓺”，《归藏易》作“小毒畜”。

来知德：小者，阴也。畜者，止也。乾下巽上，以阴畜阳。又一阴居四，上下五阳，皆其所畜，以小畜大，故为小畜。

小畜：亨。密云不雨，自我西郊。

小畜，卦名。与履卦相综，与豫卦䷏相错。“畜”，聚也。“小畜”，小有聚畜。“小”，指阴。六四居五阳之间，象征小者畜大，畜聚甚微之象，故该卦名为“小畜”。“亨”，指六四阴爻居阴位，上下相应，故“亨”通。互体为兑，兑为密。互体离错坎，坎为云，兑为雨，上遇巽风，云被风吹散，故说“密云不雨”。乾错坤，坤为我，兑为西，乾为郊，故有“自我西郊”之象。小畜卦阴小而阳大，阴云没有聚积到一定的量是不能形成雨的，云即使到了西郊也不会下雨，说明量的聚积具有重要的意义。

《彖》曰：“小畜”，柔得位而上下应之，曰小畜。健而巽，刚中而志行，乃“亨”。“密云不雨”，尚往也。“自我西郊”，施未行也。

“柔得位”，指六四阴爻居阴位。“上下应之”，指六四之阴与上下五阳相应。“健而巽”，小畜卦的下卦为乾。乾，健也；上卦为巽，逊也。乾为志、为行。“刚中而志行”，指九二与九五皆阳刚居中，阳刚之德健，意志果断，因而其志可以施行。又内健而外逊，内心果决，对外又谦逊顺和，没有阻力而志向可以施行，因此做事“亨”通。“尚往也”，“尚”，上也；阳气上行，阴气不能积阳而成雨。“施”，降也，“云行雨施”之“施”。“施未行”，指阴阳之气刚交合，还没有形成雨而“施”“行”。

《象》曰：风行天上，小畜。君子以懿文德。

上巽为风，下乾为天，风在天上，故说“风行天上”。风在天上，畜聚而未下行，犹如朝廷之善政未施及于民，故称“小畜”。乾为君子。“懿”，美也。坤为文、为绣，故美也。乾为德。互体离为明，故说“文德”。巽为风。君子观此卦象，应该美其文德，使其美德显示光明，随风吹散而传播天下，以泽及万民。

初九：复自道，何其咎，吉。

“复”，来也。阳来初曰“复”。乾为道。初为阳的自身之位，阳来初，故称“复自道”。初九以阳爻居阳位，得位得正，与六四相应，有何“灾”害呢？可以获得“吉”祥。

《象》曰：“复自道”，其义“吉”也。

“义”，宜也。阳不为阴所止而回归本位，是合宜的，故可获“吉”祥。

九二：牵复，吉。

互体兑错艮，艮为手，故为“牵”。“牵”，牵连也。九二之复不是自觉而复，而是受初九之牵连而复。九二以阳居阴位，得中，又与九五无应，只有受初九之牵连而居下位，可获“吉”祥。

《象》曰：“牵复”在中，亦不自失也。

“不自失”，指九二居下卦之中位，不自失阳刚、中正之德。

九三：舆说辐，夫妻反目。

“舆”，车也。“说”，同“脱”。“辐”，车的辐条。车不能脱离辐条，车子脱离辐条就不能使用。乾错坤，坤为舆、为辐；本爻动为兑，兑为毁折，脱辐之象。“夫妻反目”，说明夫妻关系破裂。乾为夫，巽为长女，为妻。互体离为目，巽多白眼，“反目”之象。“舆说辐”与“夫妻反目”，都比喻一种不好的结果。九三以阳刚处阳位，重刚不中，急欲上进，六四在前也不能阻止它，故造成“舆说辐”和“夫妻反目”的结果。

《象》曰：**“夫妻反目”，不能正室也。**

坎为室，卦中不见坎，故“不能正室也”。乾为夫，巽为妻，夫在内，妻在外，妻乘其夫，必然导致夫妻关系破裂，是一个不正常的家室之象。

六四：有孚，血去，惕出，无咎。

六四为本卦成卦之主。“孚”，诚信。六四与九五为朋，九五诚信于六四，故说“有孚”。互体坎为血、为惕。“血”，当作“恤”，忧也。“惕”，危险。巽错震，震为出。九五诚信于六四，六四以阴爻居阴位，位当而上承九五，说明六四畜阳有道，故能脱离忧惧，消除危险，而没有灾害。

《象》曰：**“有孚惕出”，上合志也。**

“上合志也”，上指九五，六四上承九五，阴阳相应，故曰“上合志也”。

九五：有孚挛如，富以其邻。

九五为本卦主卦之主。“挛”，音 luán，牵系也。巽为绳，“挛”之象。“如”，语助词。“有孚挛如”，心怀诚信，牵系着五刚共信一阴。九五为阳，为实，为富。以阳刚充实丰富近邻。上卦巽错震，震为邻。“邻”，指六四。九五与六四相互信任，不能分离，所以有“富以其邻”之象。

《象》曰：**“有孚挛如”，不独富也。**

阳为“富”。“不独富”，指九五不独自享受阳刚之富实。九五与六四相比，下施福德于六四，以共享其“富”有之福庆。

上九：既雨既处，尚德载。妇贞厉，月几望，君子征凶。

“既”，已经、已然。“既雨”，已经下雨。“处”，止也。“既处”，已经停止。本爻动为坎，下雨之象；上卦为巽，巽为风，风吹散其雨，故说“既雨既处”。“尚”同“上”，“尚德”，即“上德”，指阳德。“载”，积载。上九为小畜卦之极，上九之阳德被六四之阴所畜积。“妇”，指阴。巽为妇，妇阴畜乾阳之夫，以柔顺为正道，巽本来具有柔顺之德，今变为坎，丧失了柔顺之道，而为危厉，故说“妇贞厉”。互体离为日，兑为月，有日月之象。巽错震，互体兑为西，震东兑西，有日月相望之象。“几”，读为“既”。“既望”，指阴历十六日。“征”，前行也。“月既望”，对阳而言，这里指与阳相抗，阳的力量过大，阴敌不过阳，在力量极度不平衡的时候，君子要有所前行，必然是不吉而凶。上九为卦之极，又不当位，为道穷之位，故“征凶”。

《象》曰：“既雨既处”，“德”积“载”也。“君子征凶”，有所疑也。

乾为德，坎为积，乾错坤，坤为载，故说“德积载也”。“既雨”，下雨能润泽大地，滋养万物；“既处”，但是雨多又会造成涝灾，所以雨下到了一定的时候，就应该停止。所以说“既雨既处，德积载也”。本爻动为坎，坎为疑，故“有所疑也”。君子处在危险之时，还要有所前往，前往必有“凶”，真使人“疑”惑而不解。

履卦䷉第十

履䷉（兑下乾上）

《帛书易》作“礼”，《归藏易》作“履”。

来知德：履者，礼也，以礼人所践履也。其卦兑下乾上，天尊于上，泽卑于下，履之象也。内和悦而外刚健，礼严而和之象也。

履：履虎尾，不咥人。亨。

履，卦名。与谦卦☷相错。履者，足践履也。互体巽错震，震为足，“履”之象。乾为虎。兑错艮，艮为虎、为尾，震足踏艮，故有“履虎尾”之象。“咥”，音 dié，“咬”的意思。兑为口、为“咥”。乾为人，下为内，上为外，乾人在虎口之外，所以“不咥人”。初九阳刚得位，故“亨”也。踩着老虎的尾巴，老虎也不伤人，说明行动要小心翼翼，虽危无害。

《彖》曰：“履”，柔履刚也，说而应乎乾，是以“履虎尾，不咥人”。“亨”，刚中正，履帝位而不疚，光明也。

“柔”，指六三之阴柔。“刚”，指九二之阳刚。“履”，践踏。六三之阴柔在九二阳刚之上，所以说“柔履刚也”。“说”通“悦”。下卦为兑，兑为悦。上卦乾，乾为健 。“应”，指自下应上也。三与五同功，故曰“应”，故说“说而应乎乾”。九五为阳居中正之位，故“刚中正”。“帝”，指九五，五为君位，故称“帝”。离错坎，坎为疾，故“疚”也。“疚”，疵病也。互体离为明。国君刚健中正，没有毛病，其功德必将显于天下，故“光明也”。

《象》曰：上天下泽，履。君子以辩上下，定民志。

上卦乾为天、为尊，下卦兑为泽、为卑。上尊下卑，履（礼）之象，礼规定社会的尊卑之位，所以说“上天下泽，履”。乾为君子。“辩”通辨，“辨别”的意思。天上泽下，分别而不混淆。兑错艮，艮为定。乾与坤错，坤为民。半坎，坎为志。“定”，规定、规范。“志”，德也。君子用礼来分别上下尊卑等级秩序，规定百姓道德行为准则。

初九，素履往，无咎。

互体巽为白，故为“素”。“素”，白也，空也。“素履”，“无私欲杂念”履行礼的规定。与六三比应，故“往”也。此爻为阳爻处阳位，在履卦之初下，有无私无欲之象，无私无欲，故“无咎”害。

《象》曰：“素履”之“往”，独行愿也。

初九阳刚得位，但与九四无应。故说“独行愿也”，指初九无私心杂念之心，无人与之应和，只有独自一人专心遵循礼仪的规定。

九二，履道坦坦，幽人贞吉。

本爻动，下卦为震，震为道、为大涂，故有“履道坦坦”之象。本爻动为阴，阴为不明，故为“幽”昧。九二上应乎乾，乾为人，故有“幽人”之象。“幽人”，幽静安闲者。幽静安闲之人，坚守正道，可获“吉”祥。

《象》曰：“幽人贞吉”，中不自乱也。

“贞”，不乱也。兑错为艮，艮为止、为定。九二居中。“中不自乱也”，中心安定而不自乱，不自己扰乱遵循礼的观念，要自觉遵守礼的规定。

六三，眇能视，跛能履，履虎尾咥人，凶。武人为于大君。

六三为本卦成卦之主。“眇”，目盲。互体离为目，兑为毁折，目受伤，故说“眇”也。离为目，故“能视”也。“跛”，足受伤。互体巽错震，震为足，兑为毁折，足受到毁折，故有“跛”之象。震为履，故有“跛能履”之象。三为人位，兑为口，正居虎口之中，有“虎咥人”之象，故“凶”。目盲而企图看见东西，脚跛而力图行走，因目盲看不见，踏着虎尾而被老虎咬伤，故“凶”也。震为“武人”，勇武之人，指六三。乾为“大君”。六三上承乾阳，故说“武人为于大君”，表示武人忠于“大君”。六三与上九上下相应比。武人因为国君效劳而勇往直前，不惜一切，就是有“凶”也可以化为吉祥。

《象》曰：“眇能视”，不足以有明也。“跛能履”，不足以与行也。“咥人之凶”，位不当也。“武人为于大君”，志刚也。

“眇能视”，不足以有视物的能力；“跛能行”，不足以有走路的能力。六三阴爻居阳位，故为位不当，故“凶”。“大君”，指上九之阳刚。巽为志，六三上承重刚，故说“志刚”，志向刚强。六三以阴柔之体，行威武之功，力图效劳于大君，说明志向刚强也。

九四：履虎尾，愬愬，终吉。

四与初应，故有“履虎尾”之象。“愬”，音 shuò。“愬愬”，恐惧貌。四多惧，故有“愬愬”之象。九四为上卦之始，位不当而临近于九五之君，用“履虎尾，愬愬”，比喻恐惧不安的心情，有伴君如伴虎之意。但九四以阳居阴位，有谦虚之象，按礼的规定，谨慎行事，终可以获得“吉”祥。

《象》曰：**“愬愬终吉”，志行也。**

巽为志，九四与六三相比，阳取信于阴，故说“志行”也。说明九四有实践礼的志向，故“终吉”也。

九五：夬履，贞厉。

九五为本卦主卦之主。“夬”，音 guài，通“决”，决断，“果决”的意思。九五为君位，刚健中正，上下无应，得不到任何人的帮助。九五居中，故“贞”。巽为陨落，故“危”。“贞厉”，一个刚健中正之君，决策要果断，但有可能违背正道而过猛，所以要坚守正道，防范过猛而带来的危险。

《象》曰：**“夬履，贞厉”，位正当也。**

“当”，当位，九五为阳爻居阳位，为当位。

上九：视履考祥，其旋元吉。

六三与上九相应，互体离为视，又为考。“视履”，指六三。上九为履之上位。“视”，有“视察”、“巡视”的意思，意为总结一卦的情形。“考”，考察、考核也。乾为福，故说“祥”。“祥”，征兆也。“考祥”，考查其善与恶之征兆。“旋”，复来也。上九位不当，为自外一人来回还至三，为当位，故“元吉”也。上九转而回还至六三，上下相应可获大“吉”大利。

《象》曰：**“元吉”在上，大有庆也。**

上九为之作一总结，履卦之主旨是讲循礼的道理。上爻为一卦之极，一般皆有物极必反的结果，此爻言大吉，是因为回转下应六三之阴柔，能由刚反柔，谨慎循礼，故获大“吉”。乾为福、为庆。“庆”，福庆。王者遵循礼数，大吉大利于上，必将大有福“庆”于下。

泰卦䷊第十一

泰䷊（乾下坤上）

《帛书易》缺，《归藏易》不明。

来知德：泰者，通也。天地、阴阳相交而和，万物生成，故为泰。

泰：小往大来，吉，亨。

泰，卦名。与否卦相综又相错。泰者，通也。“小”，指阴，即坤卦；“大”，指阳，即乾卦。由内而外曰“往”，由外而内曰“来”。坤阴之气由外而内下降，乾阳之气由内而外上升，天地阴阳之气内外往来、上下交感，故“吉，亨”也。凡阴阳之气相交感，就“吉”而“亨”。

《彖》曰：**“泰，小往大来，吉，亨”。则是天地交而万物通也，上下交而其志同也。内阳而外阴，内健而外顺，内君子而外小人，君子道长，小人道消也。**

“小”，指坤阴。“小往”，指坤在外。“大”，指乾卦。“大来”，指乾在内。乾为天、为阳；坤为地、为阴。坤为万物。天地相交合而通泰，万物生长繁茂；上为坤，下为乾，坤为志，乾也为志，故说“上下交而其志同也”。乾为内、为阳、为健，坤为外、为阴、为顺，故说“内阳而外阴，内健而外顺”。乾阳在内为君子，坤阴在外为小人。乾阳之气上升，“君子道长”也；坤阴之气下降，“小人道消也”。象征君子在朝内辅政，小人在朝外不被任用，政治清明、社会安宁。

《象》曰：天地交，泰。后以财成天地之道，辅相天地之宜，以左右民。

“后”，君也。“财”通“裁”，裁制、调节之意。坤气下降，以成就天之道；乾气上升，以成地之道。“以”，用也。“以财成天地之道”，用以调节天地阴阳运动的规律。“辅相”，帮助的意思。《尔雅·释诂》：“宜，事也。”“辅相天地之宜”，运用天地自然运行的事宜。互体震为左，兑为右。坤为民。“左右”同佐佑，“扶持”的意思。“民”，民众、人民。“以左右民”，就是扶助人民大众。运用天地规律所生的万物，以帮助国君辅养天下民众，使民众生活通泰，社会安宁。

初九：拔茅茹，以其汇，征吉。

“茅”，茅草之类。“茹”，菜类植物。“以”，因也。“汇”，类也。初九阳刚得位，健而有力，坤顺阳，故有“拔”之象。坤为茅茹、为品物、为顺。“茅茹”因为为同类之物，故有“拔茅茹，以其汇”之象。初九上与六四相应，故“征吉”，前进可获得吉祥。

《象》曰：“拔茅征吉”，志在外也。

坤为志。初九与六四相应，六四在外，故说“志在外也”。说明初九是向外以求实现志向的。

九二：包荒，用冯河，不遐遗。朋亡，得尚乎中行。

九二为本卦成卦之主。乾为天，坤为地，天包容着地，故说“包”也。“荒”，大川也。坤为大川。九二与六五相应，故“包荒”。

坤为水、为河。“冯”，音 píng，通“踄”。“踄”，音 bù，无舟渡河也。“遐”，远也。初与二为迩，五隔三与四为远。九二为阳，六五为阴，阳遇阴为“朋”。“朋”，朋党。“朋亡”，不结党营私。说明九二不但有包容广大、涉渡大川之勇，且不遗亡远方贤者。“尚”，“佑助”之意。“中行”指六五。九二以阳刚居中位，虽居臣位，与六五相应，为泰卦之主，具有中行之道，能辅助行为中正的君主治理好国家。

《象》曰：“包荒”，“得尚乎中行”，以光大也。

九二居中位，上应六五之君，故“以光大也”，即光明正大。

九三：无平不陂，无往不复，艰贞无咎。勿恤其孚，于食有福。

坤为地，故“平”也。坤又为山坡。“陂”同“坡”，不平也。互体震为动，综为艮，艮为山，山体震动，坡会变为平地，故说“无平不陂”，没有平地不变为斜坡。“复”，来也。乾为昼，坤为夜。昼往夜来，夜往昼来，故“无往不复”。阳息至三已经盈满，任何盈满的东西都会走向反面，这是自然的规律。“艰贞”，九三处下卦之终，泰将极而否欲来之象，在“艰”危的时刻，坚守正道，才能没有“咎”害。坤为恤。“恤”，忧也。“勿恤”，不可处泰忘忧。泰卦三爻一一相应，故说“孚”。“孚”，信也。“其信”，取信于人也。互体兑为口，故为“食”。乾为福。“食”，俸禄。说明九三知艰守正，不但无咎无忧，还可以取信于人，永葆食禄之“福”庆。

《象》曰：“无往不复”，天地际也。

“际”，交汇也。九三处在天地之间的交汇之处，是地阴天阳交感、转化的关节点。

六四：翩翩，不富以其邻，不戒以孚。

震为飞。“翩”，飞也。“翩翩”，指三阴群飞而来，阴皆乐于向下，故有“翩翩”之象。乾为富，坤为虚，故“不富”也。震为邻。“邻”，邻近也，指六五、上六两阴爻。六四柔顺得正位，当阴阳交泰之时，不但自己向下求阳，其相邻的六五、上六亦皆向下求阳也。“戒”，告诫。震为告。上下相应，故说“孚”。“孚”，信也。“不戒以孚”，不告诫以诚信都能获得诚信，是因为阴中心愿意取信于阳也。

《象》曰：“翩翩不富”，皆失实也。“不戒以孚”，中心愿也。

阳实阴虚，“失实”，指失其阳，即无阳。坤为心志，阴自愿顺应于阳。

六五：帝乙归妹，以祉元吉。

六五为本卦主卦之主。“帝乙”，商代帝王，名乙，文丁之子，商纣王的父亲。震为帝，坤为乙，故有“帝乙”之象。“归”，嫁女。“妹”，少女。互体震为长男，兑为少女，故有“归妹”之象。乾为福。“祉”，福也。“元”，大也。六五以阴柔在上，帝女之象，下应九二，下嫁之象。帝乙下嫁女于周文王，以此获得福祉，大吉大利。又五与二交泰，故“元吉”。

《象》曰：“以祉元吉”，中以行愿也。

六五居尊位，故“元吉”。六五居中，自愿顺从九二之阳也，故“中以行愿也”。

上六：城复于隍，勿用师，自邑告命，贞吝。

“复”，通覆。互体震综艮，艮为城，艮震之倒覆，艮城不见，故说“城覆”也。“隍”，城下无水之沟。兑为隍。城墙倒覆填满了干涸的城沟，比喻国家政权已经崩溃。坤为师，上六为坤卦之极，已经软弱无力，故“勿用师”，不能出兵征战。坤为邑、为国。震为告、为命。告诫自己城邑之民，守持正道，防避危难。因为上六虽然为卦之极，但是得位得正，所以坚守正道，可以防避危难。

《象》曰：“城复于隍”，其命乱也。

乾为命，坤为乱。“命”，不可抗拒的外在力量。“乱”，治也。“其命乱也”，指泰极返否的规律，国家政权崩溃的趋势已经不可以治理了。

否卦䷋第十二

否 ䷋ **（坤下乾上）**

《帛书易》为“妇”，《归藏易》不明。

来知德：否者，闭塞不通也，卦象、卦德皆与泰相反。

否：否之匪人，不利，君子贞，大往小来。

否，音pǐ，卦名。“否”，闭塞不通之意。否卦乾阳在上，坤阴在下，坤阴之气下降，乾阳之气上升，阴阳不相交感，故“否”也。“否之匪人”，是说否极泰来，为天地之间不可违背的规律，非人力所能为。天下在变革的时候，君子应该坚守正道。“大”者，阳也，指乾卦，往而居于卦之上；“小”者，阴也，指坤卦，来而居于卦之下。上卦为外、为“往”，下卦为内、为“来”。故曰：“大往小来。”

《彖》曰：“否之匪人，不利，君子贞。大往小来。”则是天地不交而万物不通也，上下不交而天下无邦也。内阴而外阳，内柔而外刚，内小人而外君子。小人道长，君子道消也。

天在上，阳气轻清而上行；地在下，阴气重浊而下沉。天地之气向相反方向运动，越去越远，故“天地不交”也。天地阴阳二气不相交合，万物生养之道不通泰，故“不通”也。坤为邦。“邦”，国也。乾为君，坤为臣、为民。国君在上，臣民在下，君臣上下不交泰，君民不亲和，人心相背，国家必乱，国家不能安定，故“天下无邦也”。“内阴”、“内柔”指坤卦，“外阳”、“外刚”指乾卦。坤为小人，乾为君子。“小人”在“内”，犹言“小人”在朝廷中执政；“君子”在“外”，犹言君子不被任用而排斥在朝廷之外，所以说，“小人”之

"道"增"长"，"君子"之"道""消"减，与正理相背也。

《象》曰：天地不交，否；君子以俭德辟难，不可荣以禄。

乾为德。"俭"，约也。坤为闭，故为约。"俭德"，节约之德。"辟"，同避。互体巽为隐伏，坤为患、为难。"辟难"，隐居起来，以逃避危难。艮为荣，乾为禄。因逃避隐居起来，故有"不可荣以禄"之象。

初六：拔茅茹以其汇，贞吉，亨。

"拔茅茹，以其汇"，见泰卦初九爻之解释。初六爻辞与泰卦初九爻辞的喻义大不相同。泰卦初九为泰卦之始，下卦乾与上卦坤相应合，故说"征吉"也。本卦之初六为否卦之始，下卦坤与上卦乾不交感，故诫之以"贞吉，亨"。坚守正道，然后可获吉祥，可以"亨"通。

《象》曰："拔茅贞吉"，志在君也。

乾为志，为君。初六与九四相应，九四为乾卦之初。"志在君"，其志向在于上应乾阳之"君"。

六二：包承。小人吉，大人否，亨。

六二为本卦成卦之主。"包"，包容，六二包容于九五。"承"，六二之阴对于九五之阳而言为"承"，以下承上，故说"包承"。"小人"，指六二，与九五为正应，故"吉"。"大人"，指九五。否卦是上下不通，九五之君不会顺从于小人，故"否"。虽然不通，但六二与九五毕竟相应，故说"亨"也。

《象》："大人否亨"，不乱群也。

坤为乱、为众，故为"乱群"也。大人不为小人所乱，故"不乱群也"。

六三：包羞。

坤为羞。"羞"，羞耻。"包"，指六三包容于上九。六三与上九相应，同样为以下承上，故说"包"。六三为下卦之终，以阴柔居阳位，不中不正，又接近于上，自恃为上所包容，谄媚取宠，故“羞”。

《象》曰：“包羞”，位不当也。

“位不当”，指六三阴爻处阳位。

九四：有命无咎，畴离祉。

互体巽为命。“命”，指九五君主之命令。下众阴承九四之阳刚，表示万民顺从，故“有命”也。巽，顺也。四近于君主，在君主身边做事多有恐惧，宜有咎，但能顺乎君，故“无咎”。“畴”同“俦”，众也。坤为众，指下卦的众阴爻。“离”，丽也，“附依”之意。下众阴都依附于九四之阳。乾为福。“祉”，福也。否进至四已经过半，有否极泰来之先兆。下卦之众阴依附于九四，可以因否极泰来而获得福祉。

《象》曰：“有命无咎”，志行也。

坤为志。否继续上行，否极泰来之志，就可以实现，故“志行”。向通泰的好方向转化，为君主的施行善政提供了有利的条件。

九五：休否，大人吉，其亡！其亡！系于苞桑。

九五为本卦主卦之主。互体艮为止，巽为顺，顺从静止，故说“休”也。“休否”，休止其闭塞不通之态也。九五为君位，阳刚居中，阳刚中正之君，在否将要转为泰之时，应该以休止否塞之态为己任。随着由否而泰，小人之道逐渐消减，君子之道逐渐增长，故“大人吉”。巽为陨落。九五虽然当位，仍有陨落的忧虑，故说“其亡！其亡”。即将要灭亡，是说“否”即将向“泰”转化。虽然由“否”转化为“泰”已成必然之势，但还未能真正实现，还应该“安而不忘危，存而不忘亡”。互体巽为阴木、为桑木，柔弱之象。巽又为绳，系之象。“苞”，丛也。丛者，聚也。柔弱细小之木汇聚在一起，为丛。此爻变为离，互体为坎，离为木，坎为丛棘，丛聚之象。九五之君，把国家大事系于弱小之桑木，比喻把希望寄托在没有完全把握的转化之机上，是危险的。因而，用“其亡！其亡”予以告诫之。

《象》曰：**“大人”之“吉”，位正当也。**

“正”者，中也；“当”者，九五阳爻居阳位也。

上九：倾否，先否后喜。

“倾”，覆也。上九与六三相应，互体为巽。巽为陨落，故说“倾否”。“倾否”，就是把否颠覆过来。倾“否”就成为“泰”，说明上九已经到了物极必反之势，否极则泰来。“否”者，不通，故有“否”象；“泰”者，亨通，故“喜”也。由否转化为泰，就是“先否”而“后喜”也。

《象》曰：**“否”终则“倾”，何可长也？**

“终”，极也。否塞不通到了极点就倾覆转化为泰。“何可长”，怎能长久保持否塞不通的状态呢？说明物极必反是天地自然之必然规律，由泰而否，由否而泰的转化，才是长久不变之理。

上经（下）

同人卦☰第十三

同人 ䷌（离下乾上）

《帛书易》同，《归藏易》不明。

来知德：同人者，与人同也。天在上，火性炎上，上与天同，同人之象也；二五皆居正位，以中正相同，同人之义也；又一阴而五阳，欲同之，亦同人也。

同人：同人于野，亨。利涉大川。利君子贞。

同人，卦名。与大有卦相综，与师卦䷆相错。同人卦为下离上乾，离为明，乾为人，由于人人内心光明相亲和，所以为“同人”。乾为野。“野”，郊野、野外，“广阔”的意思。在社会生活中，要心地光明，正直无私，胸怀广大，才能团结人，才能与人和同。与人和同，团结就是力量，没有不能克服的困难，故做事“亨”通。乾为大川，六二与九五为正应。由于没有不能克服的困难，故“利涉大川”。乾为君子。与人团结不能同流合污，没有原则。所以，告诫君子与人和同时，必须守持正道，坚持正确的原则，即“君子和而不同”

之谓。

《彖》曰：**“同人”，柔得位得中而应乎乾，曰“同人”。“同人”曰：“同人于野，亨，利涉大川”，乾行也。文明以健，中正而应，君子正也。唯君子为能通天下之志。**

“柔”，指六二，以阴爻居阴位，故说“得位得中”，与九五为正应，以中正相同。九五为君，六二为臣，故为“同人”。“应乎乾”，指六二应乎九五之乾阳。乾为行。“乾行”，向乾而行，指六二向前行与九五相应。离为文明，乾为健，故说“文明以健”。六二之阴应九五之阳，故说“中正而应”，是君子之正道也。文明、强健、不偏、无私等四者，是君子之四德。乾为君子，与坤相错，坤为天下、为志。君子有此四德，能与天下之人应和，所以“能通天下之志”。

《象》曰：**天与火，同人。君子以类族辨物。**

“与”，亲也。天在上，火性炎上，两相亲和，故曰“同人”。阴阳相遇为“类”。六二之阴柔与九五阳刚为“类”。“族”，聚也，指与五阳相聚在一起。坤为众、为聚。“类族”，心里同样光明的人而相聚。“辨”，辨别、分辨。“辨物”，辨别事物的差异。虽然同类相聚在一起，但必须要分辨其间的不同，要认清同中有异。同中有异，异中有同，乃自然之道也。

初九：同人于门，无咎。

本爻动为艮，门之象。“于门”，谓于门之外。初九以阳刚居下之阳位，为同人卦之始，与六二相比，一出门外就有志同道合的人，故“无咎”害。

《象》曰：**出门“同人”，又谁“咎”也？**

出门就遇上志同道合的人。“又谁咎也”，就是“无咎”。以反问句的方式，重申初九爻辞的“无咎”。

六二：同人于宗，吝。

六二为本卦成卦之主。乾为主、为宗。“宗”，宗族。“同人于宗”，和同于自己的亲属，犹同于门内，范围狭窄，故为“吝”也。六二为阴爻处阴位，居中，与九五为正应，本来应该是好的，但在同人卦中，只同于自己所应的九五，而没有与下初九和同，故为“吝”。

《象》**曰：“同人于宗”，“吝”道也。**

六二只应同九五，犹言只同于亲戚和宗党，而不和同于无亲无党的外人，故为“吝道”也。

九三：伏戎于莽，升其高陵，三岁不兴。

互体巽为伏，故说“伏”。离为戈兵，“戎”之象。“莽”，草也。巽为草莽，故有草“莽”之象。此爻以阳刚居下卦之高位，与上九无应，不能和同，有两阳相争之象，故“伏戎于莽”，俟机而起。互体巽为股，本爻动为震，震为足，股足齐动，升之象也；巽为高，乾为行、为山、为陵，故有“升其高陵”之象。离为三，“三”之象。坤为年、为岁。“兴”，起也。九三上遇三阳，与之相敌，其上升受阻，故说“三岁不兴”。因为受阻，三年上升都没有成功。

《象》**曰：“伏戎于莽”，敌刚也。“三岁不兴”，安行也？**

“敌刚”，指九三与上九的关系。九三与上九均为阳刚之爻，为敌应，说明九三之敌刚强。乾为行。“安行”，前行困难。“安”，疑问副词，相当于“岂”、“怎么”。“安行”，哪能前行呢？因敌刚强不敢贸然前行。

九四：乘其墉，弗克攻，吉。

“墉”，墙也。巽为墉。四居巽之上，故曰“乘其墉”。“克”，能也。“弗克攻”，不能进攻。由于居高墙之上，利于防守，所以不能攻克。九四位不当，不利于攻伐，只宜于自守，这样可以获得“吉”祥。

《象》**曰：“乘其墉”，义“弗克”也。其“吉”，则困而反则也。**

九四阳爻居阴位，位不当，阳刚而不中正，又与初九敌应，失位乘刚，本欲与三争同于“二”，为三所隔，只有“乘墉弗攻”。“义”，理也。离为火、为戈兵，火炎上，有攻九五的可能性。互体巽为风，火被风吹散，故“弗克也”。本爻动，互体为坎，坎为困、为则。“则”为法则之“则”。“反则”，反常的法则。知不能进攻而困穷，由攻而反以自守相保，故获“吉”祥。

九五：同人，先号咷而后笑，大师克，相遇。

九五为本卦主卦之主。乾为先，巽为号咷，故说“先号咷”也。“咷”，啕也。“号咷”，嚎啕、痛哭之貌。乾错坤，互体巽错为震，震为笑。上为前，下为后，故说“后笑”。乾为大，坤为师，故有“大师”之象。“大师”，大军也。“克”，胜也。和同于人，先痛哭而后欢笑，大军攻战获胜，志向相同者相会合。九五以阳刚中正居尊位，与六二为正应，为同心同志者，但与三、四相隔，不能与二和同，故嚎啕痛哭，后克敌获胜，与二相会合，故又欢笑。九五为刚健中正之君，下应六二，故说“相遇”也。三与四欲与之抗争，必被“大师”所“克”。

《象》曰：**“同人”之“先”，以中直也。“大师”“相遇”，言相克也。**

乾为直。“直”，正也。“中直”，即是中正。“以”，因也。和同于人，先嚎啕痛哭，因为与三、四相敌。九五中正诚直，得六二相助，与三四交战，必能获得胜利。

上九：同人于郊，无悔。

乾为郊，郊之象也。“郊”，邑外之地。同人卦的广大志向是“同人于野”。但是，实际上与人和同是相当困难的。初九“同人于门，无咎”，六二“同人于宗，吝”，九五与六二和同也是经过激烈的抗争才得实现。上为外。虽然与野外的人和同不能实现，与郊外的人和同，是无“悔”恨的。

《象》曰："同人于郊"，志未得也。

坤为志，但是坤伏于乾，故曰"未得志"也。"同人于郊"是"同人于野"的广大志向没有得以实现，是不得以的结果。上九处同人卦之极，内无应求，只求同人于郊。

大有卦☲第十四

大有 ☲ **（乾下离上）**

《帛书易》同，《归藏易》不明。

来知德：大有者，所有之大也。火在天上，万物毕照，所照皆其所有，大有之象也。一柔居尊，众阳并从，诸爻皆六五之所有，大有之义也。

大有：元亨。

大有，卦名。与比卦☵相错。大有卦为下乾上离，乾为天，离为日。天上有太阳，万物尽在太阳的照临之下，太阳所照耀之物，皆为天之所有，故为"大有"。乾为夏，故为元亨。"元"，大也。"亨"，通也。大获所有，故大"亨"通也。

《彖》曰："大有"，柔得尊位大中，而上下应之，曰"大有"。其德刚健而文明，应乎天而时行，是以"元亨"。

"柔得尊位大中"，指六五，以阴柔得尊位，居大有之中。"上下"，指上九与初九、九二、九三、九四等五阳爻，皆顺从六五之尊。"刚健"，指下卦之乾刚而健。"文明"，指上卦之离，离为火、为日、为明。乾为天、为道、为时、为行。人有刚健文明的美德，按照天道运行的规律，掌握好时机而行事。乾为元、为大。乾为阳在下，离为阴在上，阳上阴下相交感，是以大为“亨”通。

《象》曰：**火在天上，大有。君子以遏恶扬善，顺天休命。**

上卦离为火，下乾为天，有“火在天上”之象。“火在天上”，照耀地上的一切事物，所照者尽为所有，故称“大有”。乾为君子。乾错坤。坤为恶。“遏”，断绝、断止也。坤伏于乾中，为阳所断绝，故说“遏恶”，即遏止邪恶的观念和行为。乾为善。“扬”，举也。乾为天、为日。阳光普照大地，故说“扬善”。天上的太阳照耀万物生长有善无恶，天道赏善罚恶。坤为顺，乾为天、为命。“休”，美也。君子观此卦象，应当杜绝邪恶，扬举善良，顺应天道的美命。

初九：无交害，匪咎，艰则无咎。

乾为金，离为火。初九之应爻离为火。“交”，交往、交接。火克金，故有伤“害”之象。初九阳爻处阳位，与九四无应与，不相交往，虽离火较远，但没有伤害，故有“无交害”之象。“匪”，不也，无也。“匪咎”，无咎。初九阳刚得正，故“无咎”。乾为艰。初九上无应与，故要艰于坚守正道，才可以“无咎”害。

《象》曰：**“大有初九”，“无交害”也。**

初九虽然离火尚远，但是应爻离火之威胁时时存在，所以，必须艰难地保持自守，才能无害也。不与离火之应爻九四相交，就“无交害”。

九二：大车以载，有攸往，无咎。

乾错坤，坤为大舆，“大车”之象。离错坎，坎中实，装载之象。二与五相应，故说“有攸往”。九二阳刚居中，上应六五，得君上的信任，有担当重任的能力，犹如大车载物能胜其任，故无“咎”害。

《象》曰：**“大车以载”，积中不败也。**

“积”，指乾卦，乾为纯阳之卦，阳多之卦皆曰“积”。“积中”，指九二积阳德而居中，与六五相应，并受信于六五之君，象征与六五之君同舟共济，故“不败也”。

九三：公用亨于天子，小人弗克。

“公”，王公，指九三。乾为王公，兑为亨。“亨”，通“享”，“朝献”的意思。“朝献”，诸侯或属国朝觐时奉献礼物。“天子”，指六五。“小人”，指九四。九四位不当，不中不正，故说“小人”。“克”，能也。“弗能”，不能。九三以阳爻居阳位，过刚而又不在中，与上九相敌应，与九四无比应，但与六五接近。互体为兑，兑为酒食，九三为王公，得位上与六五正应，故“公”能朝献“天子”酒食，而小人却不能。

《象》曰：**“公用亨于天子”，小人害也。**

九三刚居正位，坚守正道能朝献给天子礼物。如果小人居大臣之位，要向天子朝献礼物，反而有害。

九四：匪其彭，无咎。

“匪”通“斐”，指文采斐然。离为文。“彭”，盛多也。兑为水泽，故为盛多。九四以阳刚居上卦而过中，有大有过盛之象，物盛而衰。但九四以阳刚居阴柔之位，能谦和顺从六五之君，不以为过盛，故“无咎”害。

《象》曰：**“匪其彭，无咎”，明辨晳也。**

离为明。“辨”，辨明。“晳”，音 zhé，明也。明白弄清自己所处的位置，做到心中有数。九四接近于六五之君，是一个多有恐惧的位置，必须谦虚以自守，柔以顺从，方能保其富有而无咎害。

六五：厥孚交如，威如，吉。

六五为本卦成卦之主，又为本卦主卦之主。“厥”，其也，代词，指代六五。“孚”，诚信也。“交如”，交应。六五与上下众阳交应，得众阳之信任。“威如”，威严。五为君位。离为南，南面而治天下，故“威如”。虽然威严，但由于得臣民之拥护，故“吉”也。

《象》曰：“厥孚交如”，信以发志也。“威如”之“吉”，易而无备也。

离与坎错，坎为信、为志。六五得中，为君位，则可以启发、诱发和诱导臣下的诚信之心志。“子帅以正，孰敢不正。”自己不正，怎么能使别人正呢？“易”，平易。“备”，戒备也。“易而无备也”，有中正之德、平易近人，使臣属无戒备之心，虽然很威严，但是诰命能得以执行，而获得“吉”祥。

上九：自天佑之，吉无不利。

上九以阳刚居天位，天之象也。“佑”者，助也。互体兑为右（佑），得天之所助者，顺也。得人之所助者，信也。九二乘初九、九三乘九二，九四乘九三，六五乘九四，全都乘刚，唯独此爻下履六五之柔，故“吉”也。来自天上的助佑，是吉祥而无不利的。

《象》曰：大有之“吉”，“自天佑”也。

上九为大有卦之终，下与六五相比，包含有履信事君、以刚顺柔、崇尚贤者这三种美德，能获得来自上天的佑助，故“吉”祥。

谦卦䷎第十五

谦 ䷎ **（艮下坤上）**

《帛书易》缺，《归藏易》不明。

来知德：谦者，有而不居之义。山之高乃屈居地之下，谦之象也。止于其内，而收敛不伐；顺乎其外，而卑以下人，谦之义也。

谦：亨，君子有终。

谦，卦名。与豫卦相综，与履卦䷉相错。谦卦下艮为山，上坤为地，山居地之下，谦虚之象。为人谦虚待人接物，必定“亨”通。下卦艮为君子，坤为终。这种谦虚之德，只有君子才能长久地保持。

《象》曰：谦，“亨”。天道下济而光明，地道卑而上行。天道亏盈而益谦，地道变盈而流谦，鬼神害盈而福谦，人道恶盈而好谦。谦尊而光，卑而不可逾。“君子”之“终”也。

“谦亨”，“谦”逊而“亨”通。艮为天，为光明。艮居下卦，故说“下济”。“济”，止也。艮为止。乾一阳来交于坤的上爻而成艮，如日光照在地面上而光明，故说“天道下际而光明”。互体震为行。坤为地道、为卑，居上卦，“地道卑而上行”。地道卑而居下，但地气却上行而交于天。“天道下济”和“地道卑下”，说明天道和地道的谦退，故而“亨”通。“天道”指日月。坤为亏，与乾错，乾为盈。日中则昃，月盈则亏，说明天道的日月盈满则亏损，故说“天道亏盈而益谦”。“地道”，指地形。坤为变，乾为盈。“变”，倾坏。“流”，注入。盈满的高山容易塌陷而亏损，低洼的山谷接纳流注于其间的沙石而使其增高，故说“地道变盈而流谦”。坤为害、为鬼神。魂归为鬼。“神”，神灵。乾为福。鬼神，指物质世界之外的神灵世界。鬼神使盈者受到祸害，使谦退者得到福祉，故说“鬼神害盈而福谦”。震为人。坤为恶。乾为好。“恶”，音 wù，厌恶、讨厌。“好”，读为 hào，喜爱。人类社会厌恶骄傲自满的人，尊重喜爱谦退虚心的人，故说“人道恶盈而好谦”。以上用天道、地道、神道、人道说明谦而亨的好处。一阳居艮卦之上，故“尊”。“卑”指下卦。“逾”，逾越。艮为止，坤为礼。谦虚而居尊位者，其德行光大而显明；地位卑下的人，谦虚而不超越于礼的规定，也受人尊敬。艮为君子、为终。这种谦虚之德只有君子才能保持自始至“终”。

《象》曰：地中有山，谦。君子以裒多益寡，称物平施。

谦之内卦为艮，艮为山；外卦为坤，坤为地，故说“地中有山”，谦恭之象。“裒”，音 póu，取也，减少。艮为手、为取。艮为阳、为多。阳来为益。坤为寡。阳来益下坤之寡。“**裒**多益寡”，减少多的来增益少的。“称”，音 chēng，“权衡”的意思。坤为物。坎为平。“平”，均平。阳来益上坤之寡，使上下均平，故说“称物平施”。权衡事物的多寡、轻重，公平地进行施予。

初六：谦谦君子，用涉大川，吉。

“谦谦”，谦而又谦。初六以阴爻居阳位，处下卦之下，故有“谦谦”之象。艮为君子。震为涉。坤为大川。初上临大川，与上无应，本不利于涉大川。但居谦卦之初，谦而又谦，君子有这种谦谦之德去“涉大”河，则“吉”。

《**象**》**曰：“谦谦君子”，卑以自牧也。**

初为卦的最下位，故“卑”。“牧”，养也。坤为身躬、为自、为养。君子应该用这种卑谦的道德来修养自己。

六二：鸣谦，贞吉。

六二为本卦主卦之主。震为鸣。震在外。“鸣谦”，谦虚之德传闻于外。六二得中得位，故“贞吉”。保持正道，不能骄傲自满，才能获得吉祥。

《**象**》**曰：“鸣谦，贞吉”，中心得也。**

互体为坎，坎为心。六二居下卦之中，柔得中得正，因而在内心有中正之德，故说“中心得也”。说明德行的修养重在内在道德意识，而不仅仅在于外部的表现。

九三：劳谦，君子有终，吉。

九三为本卦成卦之主。坎为劳。“劳谦”，有功劳而谦虚。艮为君子、为终，故说“君子有终”。九三阳刚得位，上承阴柔，故吉。有功劳而谦虚的君子做事不但有好的结果，而且还能获得“吉”祥。

《象》曰："劳谦君子"，万民服也。

坤为众，为民，故说"万民"。九三承坤，坤为顺从，故说"万民服也"。有功劳而谦虚的君子，广大百姓都顺从他。

六四：无不利，㧑谦。

坤为利。六四得位得正，故说"无不利"。"㧑"，音 huī，以手却物。互体震错艮，艮为手。"㧑谦"者，以手去却九三，表示"不敢当"的意思。谦卦的卦义是谦退，从初六"谦谦"，六二"鸣谦"，再到九三"劳谦"而"万民服"，谦道在九三已经到达最高处了。六四再谦有过谦之嫌，上卦三爻有防止多谦之义，故六四"㧑谦"。"㧑谦"，表示不敢承担谦虚的美名。

《象》曰："无不利，㧑谦"，不违则也。

坎为则，指九三。"则"，常也，常理。不谦虚和过于谦虚都不合于时宜，是违背常理的，只有不多谦才能得谦，这样，才算"不违则也"。

六五：不富，以其邻，利用侵伐，无不利。

"不富"，指六五阴虚，阳为实、为富，阴为虚、为贫。"以"，犹"与"也。震为邻。"邻"，意谓亲近之人或下属，指六四与上六。震为侵伐。六五以柔居尊位，表示柔和谦逊之君，能够团结周围和上下左右的人为之效劳，这样利于出征讨伐，无所不利。

《象》曰："利用侵伐"，征不服也。

六五之君虽然有柔和谦逊之德，但不足不富，很可能有骄横不服从者。对于骄横不服的，可以利用武力征伐。用武力征服不服者，是合于正道的。

上六：鸣谦，利用行师，征邑国。

震为鸣。与九三为正应，与九三劳谦相唱和，故有"鸣谦"之象。震为行，坤为师，上六得位得正，故说"行师"。震为征伐，坤为邑国，故说“征邑国”也。“邑国”，自己管辖的土地。上六虽然谦德鸣发于外，但处境不佳，只好解决自己内部的问题。“利用行师，征邑国”，用武力征服自己管辖的地域，处理好自己内部的事务。

《象》曰：“鸣谦”，志未得也；“可用行师”，“征邑国”也。

坎为志，上六与九三相应，但为四、五所隔，故说“志未得也”。上六居谦之极，已走到向相反方向转化的境地，已感自己力量之不足，难以实现安定天下的志向，只好先征服自己管辖下的不服从的“邑国”。

豫卦☳☷第十六

豫 ䷏ **（坤下震上）**

《帛书易》作“馀”，《归藏易》作“分”。于省吾认为，豫卦即夜卦。

来知德：豫者，和乐也。阳始潜闭于地中，及其动而出地，奋发其声，通畅和豫，豫之象也。内顺外动，豫之由也。

豫：利建侯，行师。

豫，卦名。与小畜卦䷈相错。“建侯”，分封诸侯，建立国家。按世应说，四位为诸侯。上震为动、为诸侯。下坤为邑国，故有“建侯”之象。震为行，坤为师，故有“行师”之象。“行师”，“出兵”、“出征”的意思。屯卦有震无坤，因而只说“建侯”；谦卦有坤无震，因而只说“行师”；豫卦有震有坤，故“建侯”、“行师”兼有之。豫之卦象是内顺而外动，内利于分封建国，外利于出兵征讨。

《彖》曰：豫，刚应而志行，顺以动，豫。豫顺以动，故天地如之，而况“建侯行师”乎？天地以顺动，故日月不过，而四时不忒。圣人以顺动，则刑罚清而民服。豫之时，义大矣哉。

“豫”，乐也。上卦为震，震为歌、为乐。豫卦之九四为阳、为刚，其上下五爻皆为阴、为柔，五阴柔应一刚，故说“刚应”。坎为志，震为行，故说“志行”，阳刚之志得以施行。九四爻为本卦之主，阳统率众阴之志得以大行。豫卦之内卦为坤、为顺，外卦为震、为动，故说“顺以动”。豫者，通畅和顺也。艮为天，坤为地、为顺。“如”，随从也。按照“顺以动”的规律行事，天地都会顺从的，所以说“天地如之”。天地都顺从，何况“建侯行师”呢？艮为日，坎为月。“忒”，差错。艮为时。震数四，故说“四时”。天地按自然的规律运动，日月的运行和四季的更替都不会出现差错，“故日月不过，而四时不忒”也。坎为圣人，坤为顺，震为动，故说“圣人以顺动”。“清”，公正也，坎为刑罚，坤为民，为顺。圣人顺应民情之需求而运用刑罚，清明而又合乎天理，百姓就会服从其统治。艮为时，“时”，“动静不失其时”之时。“豫之时”，指豫卦之卦时。动应其时为顺，动不应其时则为逆，即动要适其时。适应其时的行动，其意义是十分大的。

《象》曰：雷出地奋，豫。先王以作乐崇德，殷荐之上帝，以配祖考。

“奋”，动也。豫卦象下坤上震，坤为地，震为雷。古人认为，天寒时，雷藏于地中；天暖时，雷从地中出来。春季雷从地中出来，春雷滚滚，万物发育、生长、勃兴，欣欣向荣，人心欢乐，所以，卦名为“豫”。“以”，取也。互体艮为手。震为王、为乐、为仁德、为帝、为荐。艮为祖考。“崇”，推崇、赞扬。“殷”，盛也。“荐”，献也、进也。“配”，献也。“祖”，祖先。“考”，指过世的父亲。先王根据这个卦象，制作音乐用以赞美祖先的功德，通过盛大的典礼奉献给上帝，让祖先也共同享受。

初六：鸣豫，凶。

震为鸣，与四相应，故有“鸣豫”之象。初六为阴爻居阳位，位失不正，有享乐过甚之象，故“凶”。

《象》曰：“初六鸣豫”，志穷“凶”也。

“鸣豫”，谓欢乐过甚而有名声在外。九四为豫卦之主爻，它代表豫乐。坎为志。“穷”，不通。初六虽与九四相应，但受众阴之阻而不通，故说“志穷”也。初六无豫乐享受之条件，但享乐的心愿达到了极点，故必“凶”也。

六二：介于石，不终日，贞吉。

六二为本卦主卦之主。“介”，触也。“于”，到，及于。互体艮为石。六二临近艮，故说“介于石”也。艮为止，又为终日，故有“不终日”之象。触及于石（上震为乐，追求享乐），不到一天就终止。追求豫乐要适中，即坚守中正之道，就能获得“吉”祥。

《象》曰：“不终日贞吉”，以中正也。

六二得中得正，故说“以中正也”。因为又中又正，故“吉”。

六三：盱豫悔，迟有悔。

“盱”，音 xū，张目也。互体坎与离相错，离为目。“悔”，小有之不幸。六三上承九四，与九四临近，有张目向上求豫乐之象。一心追求豫乐，故必有“悔”。艮为止，故迟。“迟”，迟缓。“有”，又也。若不即时改正过度豫乐之事，“悔”恨的事情“迟”早又会发生。

《象》曰：“盱豫有悔”，位不当也。

六三以阴爻处阳位，故有“位不当”之象。

九四：由豫，大有得，勿疑，朋盍簪。

六四为本卦成卦之主。“由”，追随也。“由豫”，追随豫乐，从容和乐也。九四为豫卦之主，上下群阴附应之，故说“大有得”也。大有得于众阴的附应。“朋”，指九四的上下群阴。坎为疑，阳遇阴为通、为朋，有众多的朋友相沟通，故说“勿疑”也。“盍”，通合。“簪”，音 zān，古代用来束扎头发的饰物。九四刚直不疑，与群阴为朋，像盍簪把头发束扎在一起一样，团聚着众阴。

《象》曰：“由豫，大有得”，志大行也。

坎为志，阳为信，上下众阴都取信于九四，因此阳刚之志大力得以施行。

六五：贞疾，恒不死。

“贞”，正也。六五为中，故为“贞”。坎为疾。“疾”，危害、忧患。豫乐过度，而带来忧患。“贞疾”，豫乐中正合谋，故为“恒”。坤错乾，乾为久长，震为生，故“不死”。“恒”，久也。六五中正，豫乐不过度，必将长久健康，故说“恒不死”。

《象》曰：“六五贞疾”，乘刚也；“恒不死”，中未亡也。

六五为柔，九四为刚，六五乘凌于九四之上，故说“柔乘刚”。六五又居上卦之中位，因而“中未亡也”，因中正未必会消“亡”。

上六：冥豫成，有渝无咎。

坤为冥。“冥”，幽也，暗也，故说“冥豫”。沉冥于纵乐不思有所作为，必将造成不良后果。上六处的位置不恰当，处卦之极，与三无应，故多凶。“渝”，变也。因为多凶，若即时改正，就没有“咎”害。

《象》曰：“冥豫”在“上”，何可长也？

上六为豫卦之极，沉湎于纵乐已达到了极点。任何事物到了极致，必然都要走向反面，哪里能长“久”呢？

随卦䷐第十七

随 ䷐ **（震下兑上）**

《帛书易》为“隋”，《归藏易》为“马徒”。

来知德：随者，从也。少女随长男，随之象。综蛊，以艮下而为震，以巽上而为兑，随之义也。此动彼悦，亦随之义也。

随：元亨，利贞，无咎。

随，卦名。与蛊卦相综又相错。震为动，兑为悦，内动而外悦，随从之义。兑又为口，为悦，内动之以德，外悦之以言，人们将仰慕其德行而随从之。震为东、为春，故说“元亨”。兑为西、为秋，故说“利贞”。六二与九五为正应，六二之臣属顺从九五阳刚之君，必大为“亨”通，故没有“咎”害。

《彖》曰：刚来而下柔，动而说。随，大“亨贞无咎”，而天下随时，随时之义，大矣哉！

自外而内曰“来”。按虞翻卦变说，随卦由否卦而来，乾卦之上爻来到坤卦之初爻，乾为刚，坤为柔；乾在外在上，坤在内在下，故“刚来而下柔”。震，动也；“说”，通“悦”。兑，悦也，故随之卦象为“动而说”。随从，大为“亨”通，坚守正道，没有咎害。互体艮为天、为时。“随时”，因时而随。天下万物因随时之动而随从之，可随之时而随从之，随从的意义多么“大”啊！

《象》曰：泽中有雷，随。君子以向晦入宴息。

随卦之内卦为震、为雷；外卦为兑、为泽，故说“泽中有雷”。兑为秋。古人认为，雷二月春分后出地，八月秋分后入地，泽中有雷，意味着已入地中休息了，雷已随自然的规律入于泽中，故曰“随”。互体艮为君子，兑为晦，巽为入，震为往，故说“向晦”。“向晦”，犹言向晚。艮为止，故“宴”，安也。“入宴”而停止活动，故“宴息”，休息。君子观此卦象也应该随作息之规律，在向晚时而入室休息。

初九：官有渝，贞吉，出门交有功。

初九为本卦成卦之主。“官”，主也。震为长子，长子主事，故有“官”之象。“渝”，变也。初为震，震为动，故有“渝”之象。初随时变动，以随从六二。坚守正道，则“吉”。互体艮为门，门之象也，震为出，故有“出门”之象。初九与六二相比，二与四同功，二多誉，功之象也。出门与人相交，必获得成功。

《象》曰：“官有渝”，从正“吉”也，“出门交有功”，不失也。

“正”，指六二。六二阴爻处阴位，位当而又中正，意味初九随时变动以随从六二则“吉”。坤为失，震为出，故说“不失”，不失其所随。“出门交有功”，是因为不失其所随时所从之义。

六二：系小子，失丈夫。

互体巽为绳，故为“系”。初震为小子，互体艮为长男，成年男子，故称“丈夫”，指九四。六二之阴凌驾于初九之上，故说“系小子”。坤为失。六二远离九四，不为所系，故说“失丈夫”。

《象》，“系小子”，弗兼与也。

六二被六三所阻。六二既随于初九，不能兼与随从其九四，故说“弗兼与也”。

六三：系丈夫，失小子，随有求，得。利居贞。

互体艮为长男，故为“丈夫”，指九四。震为少男，故说“小子”，指初九。六三临近九四，上承九四，故说“系丈夫”。为六二所阻，远离初九，故有“失小子”之象。艮为求。阴承阳为得，故说“求得”也。巽为利。“居”，静也。艮为止，故“静”。随时有求，所求必得，由于与上无应，利于安静等待，坚守正道。

《象》："系丈夫"，志舍下也。

"舍"，安放也。互体巽为志。"下"，指初九。六三与初九相比，应该把心志放在下面的初九之上，故说"志舍下也"。

九四：随有获，贞凶。有孚。在道以明，何咎！

阴为民，九四下乘众阴，随从九五之君，故"随有获"也。九四失位不正，又以阳刚临近君位，故"凶"；但只有随从九五，又坚守正道，可以防止"凶"险。"孚"，诚信。九五与六二为正应，故有"孚"之象。艮为道，为明。只要有诚信之德，做事合于正道，光明磊落，又有什么"咎"害呢！

《象》曰："随有获"，其义"凶"也。"有孚在道"，"明"功也。

九四失位不正，又多惧，故说"其义凶"也。由于光明磊落而获得功赏，故说"明功也"。

九五：孚于嘉，吉。

九五为本卦主卦之主。"孚"，诚信。九五与六二为正应，九五取信于六二。震为嘉，二在震中故"嘉"，指六二。九五居尊位，得正而中，以中正诚信之德施政，故"吉"也。

《象》曰："孚于嘉吉"，位正中也。

九五阳爻处阳位，为正位，故"位正"；又为上卦之中，故"中也"

上六：拘系之，乃从维之，王亨用于西山。

兑与艮错，艮为拘。互体巽为绳，故有"系"之象。"维"，系也。"拘系"，指初九系于六二，六二系于六三，六三系于九四，九四系于九五，所以"拘系之"。一爻系一爻，最后又系于上六，故又说"乃从维之"。此爻变为乾，"王"之象。兑为西，错艮为山，故有"西山"之象。"亨"通"享"，享受。"王用亨于西山"，相随已到了极点，无所相随，故而归隐西山去享受清福。

《象》曰："拘系之"，上穷也。

"穷"，极也。上六为随卦之极，故称"上穷也"。

蛊卦䷑第十八

蛊䷑（巽下艮上）

《帛书易》作"箇"，《归藏易》作"蜀"。

来知德：蛊者，物久败坏而蛊生也。以卦德论，在上者止息而不动作，在下者巽顺而勿违忤，彼此萎靡因循，此其所以蛊也。

蛊：元亨。利涉大川，先甲三日，后甲三日。

蛊，音 gǔ，卦名。与随卦䷐相综又相错。《序卦》训"蛊"为"事"，来知德训"蛊"为"败坏"、"萎靡因循"。《说文》："蛊，腹中虫也。"孔颖达《周易正义》："蛊者，惑也。物既惑乱，终致败损，当须有事也，有为治理也。"蛊卦之下卦为巽，巽东南，故说"元亨"。蛊卦内顺外止，象征拯弊治乱，至为亨通。上爻变为坤，坤为大川。初爻变为乾，乾下坤上，"亨"通也，故说"利涉大川"。"甲"为十天干之首，古代以天干记日。初爻变为乾，乾元为甲。乾又为日、为三。初为下，故为先，故"先甲三日"，指辛、壬、癸。"辛、壬、癸"者，水也。壬、癸为水，辛为金，金生水。六四变为乾，四在上，故为后，故"后甲三日"，指乙、丙、丁。"乙、丙、丁"者，火也。丙、丁为火。乙为木，木生火。下大象为坎，坎为水；上大象为离，离为火，取水火既济之义。尚秉和："内卦巽木以水生之，所以救蛊之坏，即所以干蛊也。""外卦艮土以火生之，亦所以救蛊之敝，即所以干蛊也。”①

《彖》曰：蛊，刚上而柔下，巽而止，蛊。蛊“元亨”，而天下治也。“利涉大川”，往有事也。“先甲三日，后甲三日”，终则有始，天行也。

蛊卦之上卦为艮，为阳、为刚，下卦为巽，为阴柔，故说“刚上而柔下”。巽，顺也；艮，止也，故说“巽而止”。蛊卦之卦象是内柔顺而外刚强，内顺而外止，治乱必实施刚柔相济的政策，故以此释卦名。乾为天下，震为治。治乱既然实施了刚柔的政策，必然大为“亨”通，亨通则天下治也。震为行、为往。坤为事。社会处惑乱之时，必须要有克服困难的勇气才能得到治理，即使在前往时有不少的事情发生，也定能克服，故说“利涉大川，往有事也”。水火既济，必将有始有终。乾为始，错坤，坤为终。初始上终，上九之阳来之初，为泰卦，故说“终则有始”。治理惑乱应该有始有终。乾为天、为行，故说“天行”也。宇宙万物有始必有所终，有终必有所始，这是天道自然运行的规律，治理惑乱之世也必须有始有终。

《象》曰：山下有风，蛊；君子以振民育德。

蛊卦之上卦为艮，艮为山；下卦为巽，巽为风，故有“山下有风”之象。风受山的阻止而折回，树木草茅皆散乱，有事之象，故以“山下有风”释卦名。艮为手，故说“振”。“振”，举也，济也。坤为民、为养、为育。“育”，培育、养育也。艮为君子，震为德。君子观此卦象，应该知道世道在混乱之时，要在物质上赈济民众，道德上培育民德，努力拯弊治乱。

初六：干父之蛊，有子考，无咎，厉，终吉。

初六为本卦成卦之主。“干”，正也，匡正之意。本爻动为乾，乾

---

① 尚秉和：《周易尚氏学》第542页，九州出版社，2005。

为父。“蛊”，惑乱。巽错为震，震为长子。“考”，成也。匡正父辈之惑乱，儿子能成就父辈之事业。虽然这是以下匡上，不合乎父尊子卑之传统，但“无咎，厉”，初六失位失正，但与九二相比，所以“无咎”。巽为陨落，故“厉”。即使有危险，最后能获得吉祥。

《象》曰：“干父之蛊”，意承“考”也。

初六承九二之阳。巽为顺，故说“意承考也”，意在继承父辈之事业。

九二：干母之蛊，不可，贞。

“干”、“蛊”与初爻爻辞同义。巽为母。“贞”，正也。九二与六五相应，但都位不正，故说“不可，贞”。匡正母辈之惑，“不可”随意施行，必须等待时机，寻找正当的理由而行动。

《象》曰：“干母之蛊”，得中道也。

九二居中位。匡正母辈惑乱之事，本已有以下犯上之嫌，不应该施行，但六二处中正之位，匡正母辈之惑是合乎中正之道的，因而是应该的。

九三：干父之蛊，小有悔，无大咎。

互体震为父。“悔”，悔恨。九三以阳爻居阳位，但与上无应，故“小有悔”。因前往遇六四、六五二阴的帮助，故“无大咎”。匡正父辈之惑乱，虽然有小小的“悔”恨，但终“无咎”害。

《象》曰：“干父之蛊”，终“无咎”也。

九三为阳，前遇二阴，阳遇阴为朋，故“终无咎也”。匡正父辈之惑乱，使父辈的事业最终得以继承下来，所以最终没有“咎”害。

六四：裕父之蛊，往见吝。

“裕”，宽缓也。六四前往遇六五之阴，阴遇阴得敌，不通，故“往见吝”。宽容父辈的惑乱之事，不加匡正，往前发展，必然出现悔“吝”之事。

《象》曰："裕父之蛊"，往未得也。

遇阴得敌，故说"往未得也"，往前发展不能获得治理惑乱的效果。

六五：干父之蛊，用誉。

六五为本卦主卦之主。艮为誉，"誉"，荣誉，受人称赞。六五得中，与九二有应，上承上九，犹如匡正父辈之惑乱，合乎正中之道，因而受到称赞，故说"用誉"。

《象》曰："干父用誉"，承以德也。

六五承上九。上九为阳，阳为德，故说"承以德也"。"承以德"是"以德承"的倒装句。匡正父辈的惑乱，备受称赞，即是用美好的德行来继承父辈的事业。

上九：不事王侯，高尚其事。

上之初，乾为王，坤为事。下应三，震为侯。坤象不见，故说"不事王侯"。"不事王侯"，不事奉王侯的事业。五爻变为巽，巽为高。艮卦之阳上升到坤之上，故说"高尚其事"，把不事奉王侯的事业看成高尚的事情。

《象》曰："不事王侯"，志可则也。

上九处蛊卦之终，治理惑乱之道已穷尽，不易取得效果，故以洁身自好为宜，所以"高尚其事"也。坤为志。"则"，效法也。"志可则也"，说明"高尚其事"之志可以效法，以进一步说明"高尚其事"的意义。

临卦䷒第十九

临 ䷒（兑下坤上）

《帛书易》缺，《归藏易》为"临祸"。

来知德：临者，进而临逼于阴也。二阳浸长以逼于阴，故为临，十二月之卦也。天下之物，密近相临者，莫如地与水，故地上有水则为比，泽上有地则为临。

临：元亨，利贞。至于八月有凶。

临，卦名。与观卦相综，与遁卦䷠相错。“临”，监也，视也。临卦之初、二两爻为阳，阳浸而长。《周易正义》曰：“以阳之浸长，其德壮大，可以监临于下，故曰‘临’也”。内互体震为春，故“元亨”。上卦坤为冬，故“利贞”。与观卦相综，按十二月消息卦，观为八月之卦，故有“八月”之象。八月为仲秋之月，阴杀之气渐盛，阳气日衰，故说到了八月有“凶”险。

《彖》曰：临，刚浸而长，说而顺，刚中而应。大“亨”以正，天之道也。“至于八月有凶”，消不久也。

“浸”，渐也。“说”，“悦”也。“刚”，指初、二两爻。初与二为刚，有渐长之势，故说“刚浸而长”。兑为悦，坤为顺，故说“悦而顺”。“刚中”，指九二。九二与六五相应，故说“刚中而应”。渐长而悦顺，至为亨通。九二之刚中而应六五之柔中。天道者，阴阳对应，此消彼长，此长彼消也。到了八月，阳气即将消尽，故说“消不久也”。阳气将消亡，阳刚之景不会长久。

《象》曰：泽上有地，临。君子教思无穷，容保民无疆。

临卦之下为兑，兑为泽。上卦为坤，坤为地，故说“泽上有地”。泽卑地高，有高向下“临”视之象，以此释卦名。互体震为君子。兑为口，为言，故有“教”之象。坤为思、为无疆，故说“教思无穷”。“容”，宽也。坤为容、为民。地包容广大，地包容泽，故有“容保民无疆”之象。君子观此卦象，应该用无穷的思虑去教育民众，应该容民保民，做到“无疆”，即没有止尽的境地。

初九：咸临，贞吉。

初九为本卦成卦之主。“咸”，感也。初九与六四为正应，故说“咸”也。“咸临”，象征下者感应尊者而临视，以坚守正道而获“吉”祥。

《象》曰：“咸临，贞吉”，志行正也。

上卦坤为志。初九以阳爻居阳位，又上行与六四相应，均得正位，故说“志行正也”。六四下感应于初九，有自上而临下的志向，是合于正道的。

九二：咸临，吉，无不利。

九二为本卦主卦之主。九二处下卦之中，与六五相应，具有咸临之象。阳遇阴则通，又具有中正之德，因而“吉”祥“无不利”也。

《象》曰：“咸临，吉，无不利”，未顺命也。

九二和六五均位不当，九二之阳应该升至六五之位。六五为君位，故称为“命”。阴当顺从阳，应当二顺从五，可九二为阳，六五为阴，故说“未顺命也”。九二有感于六五之尊而临视，并不是顺六五之君命，而是九二的刚中之德至诚相感的缘故，说明九二有内在的咸临之德。

六三：甘临，无攸利，既忧之，无咎。

六三与上无应，故不说“咸”。“甘”，甜美。兑为口，坤为鱼。兑口在下，鲜鱼在上，上为外，象征甘美鲜鱼临近口边，故说“甘临”。六三失位，乘九二之阳，上无应与，故“无攸利”。坤为忧。既然已经认识到前往得不到临视，没有利益而忧虑，是不会有“咎”害的。

《象》曰：“甘临”，位不当也。“既忧之”，“咎”不长也。

六三以阴爻居阳位，故说“位不当”。坤为忧。本爻为下卦之终，故说“咎不长也”。既知前往得不到临视无利而忧之，从而又改正之，则“咎”害不会“长”久。

六四：至临，无咎。

“至”，下也，谓下应初九。“至临”，亲自向下临视。六四当位，下与初九为正应，故说“无咎”。亲临于下，能得下属之实情，所以没有“咎”害。

《象》曰：“至临，无咎”，位当也。

“无咎”，指阴爻居阴位，故说“位当也”。

六五：知临，大君之宜，吉。

坤为知。“知”，智也。互体为震。震为大君，指九二。九二为震之主爻，二宜于升至五，故说“大君之宜”。六五之君应该以智慧君临天下，任命德才兼备之大臣管理国家，这样才能获“吉”祥。

《象》曰：“大君之宜”，行中之谓也。

六五为上卦之中，故宜有“知临”的行为，就叫做“行”而“中”也。

上六：敦临，吉，无咎。

“敦”，敦厚也。坤为厚。上六得位，以敦厚之德临视众人，“吉”祥“无咎”害。

《象》曰：“敦临”之“吉”，志在内也。

坤为志、为内、为厚德、为邑国。“志在内也”，敦厚之心存于内，其心志系于邦国天下，说明上六不因为处高位，而不理内政邦国之事。

观卦䷓第二十

观䷓（坤下巽上）

《帛书易》、《归藏易》均同。

来知德：观者，有象以示人，而为人所观仰也。风行地上，遍触万类，周观之象也。二阳尊上，为下四阴所观仰，观之义也。

观：盥而不荐，有孚颙若。

观，卦名，与大壮卦䷡相错。坤为众、为民。互体艮为庙堂、为宫阙，有天子宗庙之象。五为君位，下民仰观九五之尊，故为“观”。祭祀和军事是古代国家的两件大事，因此祭祀有一套完整的、严肃的仪式，十分壮观。“盥”，音 guàn，古代祭祀时先用水洗手，然后把酒浇灌在地上，表示把酒食奉献给神灵。“荐”，进献、献祭。坤为器、为水、为酒，艮为手，有“盥”之象。“盥而不荐”，祭祀时只奉献酒食，不进献牺牲之类，意为只要心怀诚信就可以获得神灵的保佑。“孚”，诚信。艮为信。“颙”，音 yóng，敬也，严肃庄正之貌。六二得位得正，为臣、为民，以严肃庄正的态度，上观九五之君，故说“颙”也。“若”，语助词，无意义。观仰“盥”酒之礼，可以使人产生诚信、肃敬之心，具有感化人心的社会功能。

《彖》曰：大观在上，顺而巽，中正以观天下，“观盥而不荐，有孚颙若”，下观而化也。观天之神道，而四时不忒；圣人以神道设教，而天下服矣。

九五以阳居阳位，为尊位，阳为大，故说“大观在上”。观卦之下卦为坤，坤为顺；上卦为巽，“巽”，逊也。柔顺而谦逊，故说“顺而巽”。九五得中得正，坤为天下，故说“中正以观天下”。“下观而化”，使下层民众观仰尊上之德而受到感化。在上者以德为楷模，使在下者观仰而受到教育。“天”，指自然。“神道”，指九五，天的神妙运行的规律。“忒”，差错。与临相错，乾为天。临卦互体震为春，兑为秋。本卦三之上、上之三，上坎为冬、为月，互体离为夏、为日，故说“四时不忒”。观仰自然运行的神妙规律，就能认识到四时变化不发生差错的道理。乾为圣人，巽为命，故有“教”之象。坤为顺从。圣人按自然变化的规律设教以教化百姓，从而使天下百姓信服而服从其统治、管理。

《象》曰：风行地上，观。先王以省方观民设教。

观卦之上卦巽为风，下卦坤为地，故说“风行地上”。风行地上，遍触万物，周观之象。与临相错，乾为王，为元，故为先。坤为方、为民。互体艮为观，故有“省方观民”之象。“省方”，巡狩省察四方。“民”，指士、农、工、商“四民”。“观民”，观察民风、民俗、民情。巽为命，故有“教”之象。先王依据这个卦象，省察四方，观察民风民俗，询查民之疾苦，依据所得之民情实施对百姓的教化与管理。

初六：童观，小人无咎，君子吝。

艮为童。“童观”，幼童浅见之观。初六处下卦之初，远离九五阳刚之君，所观者甚浅。坤为小人，指六二。六二得位，与九五正应，故“无咎”。阳为君子，指九五。初六失位，故有“吝”也。“吝”，惋惜。对于不能担负重任的小人来说，没有咎害；但对于有为的君子来说，则实在是遗憾惋惜。

《象》曰：“初六童观”，“小人”道也。

“小人道也”，小人的浅见之道。

六二：窥观，利女贞。

“窥”，从小缝中观看。互体艮为门，六二与九五为正应，向上观看九五，六二在门中；坤为闭、为羞，故说“窥观”。六二为阴、为女，九五为阳、为男。女子独居内室，暗中窥观外面的男人，这对于女子来说，利于坚守正道，不要做不合乎道德的事情。

《象》曰：“窥观女贞”，亦可丑也。

坤为丑。“窥观”，对于女子来说利于坚守正道；如果男子“窥观”女人，则是一件丑恶不庄重的事情。

六三：观我生，进退。

坤为我。与临相综，震为生。坤为土，巽为木，土中生出木，故说“我生”。又尚秉和：“凡我生皆谓应与。”[1] 六三与上九相应，故说“我生”。六三处下卦之极，不为童观，不为窥观，也不为六四的观国之光，只有观自己的所作所为，作出应有的价值判断，然后作出进退的选择。巽为进退。六三前进到上为进，上九下降到三为退，应该三进上退，各得其正位。

《象》曰：“观我生进退”，未失道也。

三上进至上当位，上退至三也当位，故“进退”。“未失道也”，是说六三处上下卦交际之处，以观我反省自己，作出正确决策，才不会失去观仰的正道。

六四：观国之光，利用宾于王。

坤为国，艮为光。六四接近九五，向上观仰九五之君治国的光辉景象。巽为利。“王”，指九五。“宾”，服也，服从，归顺也。坤为用、为臣。互体艮为庭，六四在庭中。“利用宾于王”，谓六四在王庭中，利于服从、归顺九五阳刚中正之君“王”。

《象》曰：“观国之光”，尚“宾”也。

巽为宾。六四得位，与九五相比，故说“尚宾也”，说明指九五之君崇尚宾服的贤人。

九五：观我生，君子无咎。

九五为本卦成卦之主。坤为我、为臣、为民。与临相综，震为生。“观我生”，指六二。阳为君子。九五之君内省自己之德行和善政，下观是否得到臣民的拥护。由于九五与六二为正应，故说“君子无咎”也。

---

① 《周易尚氏学》第148页，九州出版社，2005。

《象》曰："观我生"，观民也。

坤为民。"观民"，观民风，观民俗，观民就能知道自己施政的效果。"民"，指以下四阴，九五居中得正，中正以观天下之民也。

上九：观其生，君子无咎。

上九为本卦主卦之主。"其"，指九五。"生"，指六三。上九与六三相应，说明下众阴皆顺从九五之君。上九处观卦之终，不居君位。上九站在君位之外，观九五之德行，只有具有君子之德才能"无咎"害。

《象》曰："观其生"，志未平也。

巽为志。本爻动为坎，坎为水，故为"平"。"平"，平静。"志未平也"，谓心志未平静，指上九虽然处虚位，但帮助九五观民之生的志向，而没有平静止息。

噬嗑卦䷔第二十一

噬嗑 ䷔ **（震下离上）**

《帛书易》同，《归藏易》不明。

来知德：噬，啮也。嗑，合也。颐中有物间之啮而后合。上下两阳，而中虚，颐之象也。四一阳间于其中，有物之象也。颐中有物，必啮而后合，噬嗑之象也。

噬嗑：亨，利用狱。

噬嗑，卦名。与贲卦相综，与井卦䷯相错。"噬"，音 shì，啮也，咬也。"嗑"，音 hé，合也。震为口，故说"噬"。互体为艮，震与艮上下对合，故说"合"也。九四为阳刚之物，象征口中有物梗阻于上下齿之间，必须咬掉梗阻的食物，上下齿才能吻合，故说“噬嗑”。咬掉口中之物则合，故“亨”通。“狱”，讼也。互体坎，坎为法律，为刑狱，故有“利用狱”之象。震为威，离为明，断狱时应该威明并用，故说“利”。人民之间有什么矛盾冲突的地方，要利于运用讼狱的办法来解决，就像是咬掉颐中的食物一样使之合而“亨”通。

《彖》曰：颐中有物，曰噬嗑。噬嗑而“亨”。刚柔分，动而明，雷电合而章。柔得中而上行，虽不当位，“利用狱”也。

“颐”，腮也。指初九和上九。上下腮之间有物，象征口腔中有食物。“物”，指九四。“颐中有物”，以齿咬物，合口咀嚼，以此释卦名。噬而嗑之，上下相通，故说“亨”。噬嗑之下卦为震为刚，上卦为离为柔。刚下而柔上，故说“刚柔分”。震为动，离为明，故说“动而明”。“章”，同“彰”。震为雷，离为电，雷电交合，噬嗑之道更加彰明。震为行。“柔得中而上行”，指六二以阴柔得中，上行应六五之尊位。六五以阴爻居阳位，为不当位，故曰“不当位”。六五以阴柔居阳刚之位，表示六五是刚柔相济之君，六五为施狱之主，过刚或过柔都不适宜，只有刚柔相济才是最佳的处理方法，所以，六五虽然不当位，但却“利”于“狱”讼。

《象》曰：雷电，噬嗑，先王以明罚敕法。

震为雷，离为电，故有“雷电”之象。下震上艮相交合，所以为“噬嗑”。震为王，离为明。“明”，辨也。坤为方，故为正。“敕”，音chì，正也。坎为法。先王应该根据这个卦象，明确其刑罚的轻重，正确处理好法令的宽严。

初九：屦校灭趾，无咎。

互体坎为校。震为足，趾之象。“屦”，音jù，古代用麻葛制成的一种鞋。“校”，木制的刑具。“屦校”，刑具加在足上。“灭”，没也，遮没之意。本爻动为坤，不见震足，遮没之象也。木制的刑具加于足，遮住了足趾。初九当位，故“无咎”。说明过失不大，处罚不重，所以“无咎”害。

《象》曰：“屦校灭趾”，不行也。

震为行，互体艮为止，故说“不行”也。刑具加于足，使其不能行动，而不再做犯罪之事。

六二：噬肤灭鼻，无咎。

震为噬。互体艮为肤、为鼻，“肤”“鼻”之象。本爻动为离，艮鼻不见，故有“灭鼻”之象。“肤”，肉的表皮，即皮肤，阴柔之物。“噬肤”，比喻犯罪受刑轻的人。六二为施刑之主，具有柔顺中正之德，用刑适当使受刑之人服罪。“灭”，割去也。“灭鼻”，割去鼻子。六二当位，故“无咎”。古代割去鼻子为轻刑，所以不至于有“咎”害。

《象》：“噬肤灭鼻”，乘刚也。

初九为阳刚，六二乘于初九之上，所以说“乘刚也”，说明六二凌乘于初九刚强者之上。

六三：噬腊肉，遇毒，小吝，无咎。

“腊”，音 xī，干肉。坎为肉，所以三爻、四爻、五爻皆有“肉”象。上卦离为火，互体艮亦为火，上下火烤之，故有“腊肉”之象。“腊肉”，干肉肉质坚硬，难以咬动。互体坎为毒。震为行，坎在前，前行遇坎，故有“遇毒”之象。毒者，厚也。来知德在此爻注中说：“凡易卦中言‘遇毒’者，皆雷与火也。”味厚浓者为毒，指陈久太肥的腊肉。“噬腊肉，遇毒”，说明治狱遇上多年难以解决的案子，因而施刑不顺利。六三失位不当，故说“小吝”；与上九为正应，所以“无咎”。

《象》曰：“遇毒”，位不当也。

之所以“遇毒”，是因为六三以阴爻居阳位，位不当。

九四：噬干胏，得金矢，利艰贞吉。

六四为本卦成卦之主。“胏”，音 zǐ，带骨的肉。坎为干肉。离为火，艮为火，坎肉在其中，故说“干胏”。艮为金，坎为矢。九四为艮和坎的主爻，故说“得金矢”。九四位不正，故“利艰贞”。与九五相比，故“吉”也。意谓九四失中不正，说明以此施刑于人难于获胜。“金矢”，比喻刚直。“矢”，直也。九四虽然施刑不顺利，但具有阳刚矢直之德，利于在艰难中坚守中正之德，故能获得“吉”祥。

《象》曰：“利艰贞吉”，未光也。

坎为隐伏，九四处坎中，故说“未光也”，说明治狱之道未及发扬光大。

六五：噬干肉，得黄金，贞厉，无咎。

六五为本卦主卦之主。六五为阴。肉为阴，位于离火之中，火烈而盛，故有“干肉”之象。“噬干肉”，咬嚼坚硬之肉。离色黄，艮为金，六五乘凌九四，故说“得黄金”，比喻刚坚。“贞”，正也。六五失位，故“厉”也。“贞厉”，坚守正道以防危厉。六五居中位，居尊位，故“无咎”。六五以阴居阳刚之位，阴柔之君施刑于人未及于顺利，但处于中正之君位，又有刚直之气质，守持正道，防止危厉，故“无咎”害。

《象》曰：“贞厉无咎”，得当也。

“得当”，即“得中”，是说六五处中正之位。

上九：何校灭耳，凶。

上九与六三相应，互体艮为背、为荷。离为戈兵、为刑具、为割。“何”，通“荷”，负荷、担荷、加上。“校”，古代刑具。互体坎为校、为耳。刑具加在背颈上，割去耳朵，故有“灭耳”之象。上九不当位，又居卦之极，故“凶”。上九为噬嗑之终，说明上九屡屡犯罪而终不改，故负荷刑具而又割去耳朵，所以出现了“凶”险之事。

《象》曰："何校灭耳"，聪不明也。

坎为耳、为聪。三之上，离不见，故"聪不明也"。上九积恶不改，以致遭受重刑被割去耳朵，太不聪明了。

贲卦䷕第二十二

贲 ䷕ **（离下艮上）**

《帛书易》缺，《归藏易》作"荧息"（火星）。

来知德：贲，饰也。为卦山下有火，山者百物草木之所聚，下有火则照见其上，品汇皆被光彩，贲之象也。

贲：亨。小利，有攸往。

贲，音 bì，卦名，与困卦䷮相错。贲卦之下卦为离，离为明，为文；上卦为艮，艮为山，象征文饰。六二得位得正，故"亨"。"小"，指六五。六五以柔得中，与上九相比，故柔"小"者，利于有所前往发展。

《彖》曰：贲"亨"，柔来而文刚，故"亨"。分刚上而文柔，故"小利有攸往"。刚柔交错，天文也。文明以止，人文也。观乎天文，以察时变。观乎人文，以化成天下。

文饰而亨通。"柔"指六二，"刚"指九三。"柔来"按卦变说，柔来自坤。"文刚"，文饰九三之刚。阴阳交互文饰，故"亨"通。贲卦之下卦为柔，上卦艮为刚，故说"分"。艮为山，山上有草木之文，故说"刚上而文柔"。上刚下柔，故说"刚柔交错"。离为日，坎为月，艮为星，震为辰。天上日月星辰的运行不已，象征天文，故说"天文也"。离为文明，艮为止，故说"文明以止"。离为礼、震为乐，礼乐是中华文明的标志，故说“人文也”。震为生，艮为成、为天，故说“化成天下”。观察天文，知道四季寒暑的变化，以制定历法，用以指导人民的生产实践活动；观察人文，知道礼乐的内容和本质，用文明教化民众，提高人的文明程度，从而达到文明教化的成功，使天下和谐、和平而安康。

《象》曰：山下有火，贲。君子以明庶政，无敢折狱。

下离上艮，离为火，艮为山。故有“山下有火”之象。山下有火而上照山上的草木，万木百草都被其光彩，故说“贲”。艮为君子，离为明，坤为庶政。“折”，判断、裁决。坎为狱。三在坎中，得正，故说“无敢折狱”。君子据此卦象，应该明察各项的政务，但不能以文饰的方法随便断狱。断狱要以事实为据，以文饰（表面现象）断狱，就会违背实情而造成冤狱。

初九：贲其趾，舍车而徒。

互体为震，震为足，应在震，故说“贲其趾”。“舍”，止也。互体坎为车，艮为止，坎车前行遇艮止，故有“舍车”之象。本爻与六二亲比，与六四为正应。“徒”，徒步行走。与二相比，顺从坎车，与四相应，顺从震足，有“舍车而徒”之象。“贲其趾”，穿上漂亮的鞋子，以文贲自己的足趾。“舍车而徒”，舍弃车子不乘，而徒步行走。

《象》曰：“舍车而徒”，义弗乘也。

“义”，道理（封建等级制度的道理）。“义弗乘也”，初九为地位卑下的庶民，按道理没有乘车的资格，只能舍车而徒步行走。

六二：贲其须。

六二为本卦主卦之主。“须”，颐旁的胡须。艮为须，离为文。艮须在上，文饰在下，故说“贲其须”。六二与九三，均得位无应，而又互相亲比，相比则互相文饰。六二为柔，为文；九三为刚，为质。九三与六二的关系是刚柔的关系，又是文质的关系。文饰应当符合其本质，文饰要适中。“其”指九三，六二之文，文饰其九三之质。

《象》曰：“贲其须”，与上兴也。

“上”指九三。互体震为行、为动，故为“兴”。“兴”，起也。六二依附于九三，恰似须依附于颐一样。颐须互相文饰，颐动则须美，须随颐动则颐美，故曰“饰其须”。

九三：贲如濡如，永贞吉。

坎为水，故说“濡”。“濡”，润湿。“如”，语助词，同“然”。“濡如”，润湿的样子。九三与六二相互亲比，相互文饰，相互施以润泽。九三处于六二与六四两阴爻之间，当文饰之时，二阴来与之亲比，故有润泽之象。九三当位，与上无应，故说“永贞吉”。但不能乐而忘忧，应该长久坚守正道，可以获得吉祥。

《象》曰：“永贞”之“吉”，终莫之陵也。

艮为陵，三与上为相应位，但是无应，故说“终莫之陵也”。“之”，往也，去也。最终不能到达上九之丘陵，不能实现润泽他人的志向，只能永远保持贞正之道，可以获得“吉”祥。

六四：贲如皤如，白马翰如。匪寇，婚媾。

艮为白。“皤”，音 pó，白也，色素之貌。“翰”，白也。互体震为白、为马，“白马”之象。六四与初九为正应，本可以互为文饰，但为九三所隔，未成其文饰，以“皤”白比喻之。坎为寇，六四得位得正，不做邪恶的事情，故说“匪寇”。六四之阴下求于初九之阳，“婚媾”之象。文饰得如此素白而淡美，乘坐的白马又是那样纯白而无杂色，不是进行抢劫的强盗，而是求婚配的队伍。

《象》曰：“六四”当位，疑也；“匪寇婚媾”，终无尤也。

坎为疑，指九三。“疑”，疑惧也。六四下求于初九，虽然以阴爻处阴位为当位，但疑惧其九三与之亲比。“尤”，过错。六四当位而守正，下求于初，最“终”无“尤”。

六五：贲于丘园，束帛戋戋，吝，终吉。

“丘园”，山丘之园。艮为丘园，指上九。坤为帛。六五失正，动而为巽。巽为绳，艮为手，“束”之象。“束帛”，被捆起来的丝绸。“戋”，音 jiān 。“戋戋”，众多。六五位不正，故“吝”。本爻动得位得正，故说“终吉”。六五之君文饰好山丘的园圃，手持众多的丝绸，向下招聘贤才之士，虽然有所“吝”难，但终可获得“吉”祥。

《象》曰：“六五”之“吉”，有喜也。

六五动而为阳，阳为喜，故说“有喜也”。

上九：白贲，无咎。

上九为本卦成卦之主。艮为白。“白贲”，素白无华的文饰。上九为贲卦之终，文贲到了极处而归于无色，无色曰“白”。素白，纯美质朴的象征，文胜而反归于质朴，归于文饰的正道，故无“咎”害也。

《象》曰：“白贲无咎”，上得志也。

上九与六五亲比，阳得阴为朋而亨通，故说“上得志也”。

剥卦䷖第二十三

剥 ䷖ **（坤下艮上）**

《帛书易》同，《归藏易》作“仆”。

来知德：剥者，落也，九月之卦也。五阴在下，一阳居上，阴盛阳孤，势将剥落，而尽剥之义也。至高之山，附着于地，有倾颓之势，剥之象也。

剥：不利有攸往。

剥，卦名。与复卦相综，与夬卦䷪相错。剥，落也，衰败也。

剥卦之下卦为坤，上卦为艮，阴盛阳衰。按十二月消息，剥为九月之卦也。九月为秋之末，草木枯萎，树叶剥落，故曰“剥”。当剥之时，象征事物的发展进入衰败之期，此时不利于有所前“往”、发展。

《彖》曰：剥，剥也，柔变刚也。“不利有攸往”，小人长也。顺而止之，观象也。君子尚消息盈虚，天行也。

“剥”者，落也。“柔变刚也”，六五之柔，欲变上九之阳刚，象征阳之剥落。阳为君子，阴为小人。“小人长也”，指卦中五阴，阴极盛，象征小人之道长，不利于有所前往。坤为顺，艮为止、为观。“顺而止之”，当小人之道增长时，只能顺而止之，不能逆而止之。逆而止之，自己必然要受到伤害或诬陷。因此，务必要冷静地观其实际情况和发展趋势，“顺而止之”。坤与乾错，乾为君子、为息、为盈。坤为消、为虚。“消”，衰退也。“息”，增长也。“盈”，满也。“虚”，亏也。阴息阳消，阳息阴消；月亮盈而虚，虚而盈，这是天道运行的规律。君子应当遵照事物生长、衰退、盈满、亏虚的变化规律行事，这才是合乎天道自然的法则。

《象》曰：山附于地，剥。上以厚下安宅。

艮为山，坤为地，剥卦之卦是“山附于地”。地上之高山，容易受风化而剥落，故曰“剥”。艮为君子，艮在上。“上”，指在上位的统治者或管理者。坤为民，坤在下。“下”，指黎民百姓。坤为厚、为安，艮为宅。“厚下”者，为下层民众谋利，如省刑罚，薄赋敛之类。厚待庶民，则得庶民之拥护，这样就能自己安居，使家不败，国不亡。这里表达了“民为邦本，本固邦宁”的思想。

初六：剥床以足，蔑，贞凶。

“剥”卦之卦形象庐、象宅、象床，故剥卦以卦形立象。本爻动为震，震为足。“蔑”，尽也。“剥床以足，蔑”，床的足剥落、损坏殆尽，不能安身，必有凶险的事情发生。“贞”，正也。坤为方，故为正。初六位不正，故“凶”。“贞凶”，只有遵守正道，安静等候，才能避免凶险的事情发生。

《象》曰：“剥床以足”，以灭下也。

“以灭下也”，从下至上渐次剥尽，是小人剥灭君子的开始。君子应从至微之处认识事物发展的趋势，从而做到防微杜渐。

六二：剥床以辨，蔑，贞凶。

“辨”，《说文》：“判也”，判别、区分，这里指床足与床身分辨之处，即床头。六二居下坤之中，犹如在床足与床身的中间。初剥尽其床足，二剥尽到床头，床则进一步倾倒，只有遵守正道，安静等候，才能避免凶险的事情发生。

《象》曰：“剥床以辨”，未有与也。

“与”，阴阳相应。“未有与也”，指六二之阴没有阳与之相应，六二、六三、六四、六五也都没有与之相应。

六三：剥之，无咎。

六三虽处下卦之终，但与上九相应，当剥落凋败之时，有上九予以帮助，所以无咎害。

《象》曰：“剥之无咎”，失上下也。

上指六四，为阴；下指六二，亦为阴。六三与六四和六二均无相比关系，说明它不与六四、六二为伍，只与上九之阳刚相应。上失去六四、下失去六二之小人，独得一君子，故说“失上下也”。

六四：剥床以肤，凶。

艮为肤。“肤”，皮肤，比喻床面。床面都剥落了，此床将毁坏，故“凶”。

《象》曰：“剥床以肤”，切近灾也。

床面都剥落了，说明祸患已切近于人的身体了。六四为上卦之初，象征床的上面，人卧床上，床面都已毁坏，必殃及人的身体，故说“切近灾也”。

六五：贯鱼以宫人宠，无不利。

六五为本卦主卦之主。坤为鱼。“贯鱼”，指五阴。“鱼”，阴物。五阴排列于两旁，鱼贯之象。本爻动巽，巽为鱼、为绳，鱼贯之象。“宫人”，指六五以下的群阴。“以宫人宠”，五阴获宠于上九之君王。六五虽然与四阴一样已剥成阴，但有志于贯串众阴以承应于上九，欲扭转剥道之象。所以，六五虽处剥落之位，“无不利”也。

《象》曰：“以宫人宠”，终无尤也。

六五领众宫女承宠于上九，终无所过错。

上九：硕果不食，君子得舆，小人剥庐。

上九为本卦成卦之主。“硕”，大也。“硕果”，硕大之果。上九为阳，阳大阴小。艮为果，“果”之象。“不食”者，是说果长在树枝间未被食用。一阳在上，象征一果独在枝上。艮与兑错，兑为口，可食之象。本爻动为坤，坤无口，不食之象。艮为君子，坤为小人，坤为大舆，艮为庐。 “舆”，即车辆，载物之用，犹如地能承载万物。“庐”，屋庐。艮卦上为阳，阳在上，必为阴所剥消，故说“剥庐”。

《象》曰：“君子得舆”，民所载也。“小人剥庐”，终不可用也。

君子得舆载物能济世救民，是民众所仰望的。互体坤为小人。上九为庐之顶，人因之覆盖。艮为终。“小人剥庐”，剥去屋顶，屋受到破坏，故小人最“终不可用也”。

复卦䷗ 第二十四

复 ䷗ **（震下坤上）**

《帛书易》、《归藏易》均同。

来知德：复者，来复也。自五月一阴生后，阳一向在外，至十月变坤，今冬至复来，反还于内，所以名复也。

复：亨。出入无疾，朋来无咎。反复其道，七日来复，利有攸往。

复，卦名，与姤卦䷫相错。下震上坤，象征回复。复与剥综，五阴剥一阳，已达到了极致，一阳来复于初，故称回复。十一月之卦，阳气复生渐长，而得通泰，故有“复，亨”之象。“出入”，谓生长。阳气复生于内为“入”，阳气生出之后向外长进为“出”。坤为疾，与乾相错，故“无疾”，无害之意。一阳生于地下，十分微弱，微阳生长，没有疾害。阳遇阴为“朋”。六二之阴来与初九相遇，故说“朋来”。初九和六二皆得正得位，并为正应，故说“无咎”。“反复其道”，谓阳长阴消，阴消阳长的规律。阴自姤卦开始生起，至遁卦、否卦、观卦、剥卦、坤卦，再变为复卦。一阳生于地，回复也。这一周期经过七个月而完成，故称“七日来复”。“七日”或许只是一个象征，或“七月”误为“七日”。初九与上五阴相应，顺序而上，故“利有攸往”，利于有所前“往”。

《彖》曰：“复，亨”，刚反。动而以顺行，是以“出入无疾，朋来无咎”。“反复其道，七日来复”，天行也。“利有攸往”，刚长也。“复”，其见天地之心乎？

回复而亨通，说明阳刚反回于初。复卦之下卦为震，为动；上卦为坤，为顺。震一阳动而顺次上行，故“动而以顺行”。阳刚之气动而上行，五阴皆来应于初九，所以说“出入无疾，朋来无咎”。“天行也”，指天地自然运行的规律。阴极反归于阳，阳极反归于阴，皆分为七个阶段。“利有攸往”，是因为阳刚之气渐次向上生长的缘故。阳刚渐而上长，故说“刚长”。坤为心。“心”，核心、中心、本质。从阳刚之气反复的规律中，不正体现着天地运行的本质吗？

《象》曰：雷在地中，复。先王以至日闭关，商旅不行，后不省方。

内震为雷，外坤为地，复卦之卦象是“雷在地中”。“雷在地中”，为天寒之时。复卦为十一月之卦，冬至之日一阳始生，此时天气最为寒冷，人不宜于外出。“至日”，冬至之日。震为商旅，坤为静，故说“商旅不行”。坤错乾，乾为君。“后”，国君也。乾为行、为巡视，坤为方，乾伏坤中，故说“不省方”。冬至之时，先王关闭关卡，商旅停止活动，国君不视察四方。

初九：不远复，无祇悔，元吉。

初九为本卦成卦之主，又为主卦之主。复卦为下震上坤，震为动，坤为静、为止。坤静止动，故“不远复”。“祇”，大也。坎为悔，半坎，故“无祇悔”。“元”，大也。走不远的地方就回复正道，没有大的“悔”憾，可获大吉。

《象》曰：“不远”之“复”，以修身也。

坤为身。“修身”，修养身心。犹言知过必改，不至于在错误的道路上走得很远，就能改过从善，回归正道。

六二：休复，吉。

“休”，俟也，等待。“休复”，等待阳息长到六二。六二以柔居中，得位，下比初九，犹如亲近仁德之人，以礼下贤，故获得“吉”祥。

《象》曰：“休复”之“吉”，以下仁也。

“仁”，指初九。初九为复卦的主爻，阳为仁、为主。“以下仁也”，表示以等待下阳复息至二，以仁爱之德对待被管理的人。

六三：频复，厉，无咎。

“频”，皱眉也。“厉”，危也。六三位不当，下乘上承都为阴，没有应与，无助，故皱眉。皱着眉头回复，虽然有危险，但“无咎”害。

《象》曰：“频复”之“厉”，义“无咎”也。

坤为义。“义”，善也。六三虽然无应无助，但是努力复善，故“无咎”害。

六四：中行独复。

“中”，指六四居众阴之中，以柔得位而中。“中行”，中道、中途也。四与初为相应位，只有六四与初九相应，故有“独”之象。“独复”，独自而复。意味与他人同行，行至中途，一人独自返回。

《象》曰：“中行独复”，以从道也。

六四与初九为正应，不“从”众阴，而专“从”阳刚，是服“从”阴阳相应之道。

六五：敦复，无悔。

“敦”，厚也。坤为厚。敦厚笃诚地回复，“无”有“悔”憾。

《象》曰：“敦复无悔”，中以自考也。

六五以中正之德居尊位，有敦厚笃诚之象。“考”，成也。六五具有中正之德，能自我敦厚笃诚地回复。初九为复卦之主，二“以下仁”而成“休复”，四“以从道”而成“独复”，六五不依赖于初而成“敦复”，故曰“中以自考也”，依赖自己的中正、“敦”厚、笃实之德而自成。

上六：迷复，凶，有灾眚。用行师，终有大败。以其国，君凶，至于十年不克征。

坤为迷。“迷复”，迷其途而不知复。本爻动为坎，坎为灾眚。“灾”，天灾。“眚”，音 shěng，灾患也，自身过失造成的灾祸。迷途而不知回复，凶险而有灾害。坤为行师、为终、为败，用以进行征伐，终将大败。坤为国、为凶。“以”，用也。“克”，能也。用以治理国家，其国之君必遇凶祸，以“至于十年不克征”。震为四，坤为六、为年、为岁，故有“十年”之象。上六处复卦之极，向相反的方向转化，故“凶”，十年不能获得征伐战争的胜利。

《象》曰：“迷复”之“凶”，反君道也。

“反”，违背。“反君道”，违背六五之君道也。六五有中正之德，敦复无悔，上六处复卦之极，不中不正，所以说“反君道也”，由此而遇到“凶”祸。

无妄卦䷘第二十五

无妄 ䷘ **（震下乾上）**

《帛书易》作“无孟”，《归藏易》作“毋亡”。

来知德：无妄者，至诚无虚妄也。《史记》作无所期望，盖惟本无妄，所以凡事尽在我，而于吉凶祸福，皆委之自然，未尝有所期望，所以无妄也。以天道言，实理之自然；以圣人言，实心之自然，故有正不正之分。盖震者，动也，动以天为无妄，动以人则妄矣。

无妄：元亨，利贞。其匪正有眚，不利有攸往。

无妄：卦名。与大畜卦相综，与升卦䷭相错。震为东、为春，故说“元亨”。乾为西北、为秋冬，故说“利贞”。下震上乾，天下有雷，雷按季节的变化而出现，象征不妄为。人无妄为，心洁理正，则至为“亨”通，利于坚守正道。“匪”，非也。“正”，中正之道。五爻变，互体为坎，坎为眚。“眚”，祸患也。九五当位，不宜变动，故说“其匪正有眚”。九五与上九敌应，故“不利有攸往”。如果九五前往就违背正道必有祸患，所以不利于有所前往。

《彖》曰：无妄，刚自外来而为主于内，动而健，刚中而应。大“亨”以正，天之命也。“其匪正有眚，不利有攸往”，无妄之往，何之矣？天命不佑，行矣哉？

无妄卦之外卦为乾，为刚；内卦为震，初爻为阳刚。内卦之刚是自外卦之乾而来，故曰“刚自外来”。初九为无妄卦之主，故称“刚为主于内”。震动乾健，无妄卦之卦象为“动而健”。九五以阳刚居中，六二以阴柔居中，故九五之刚应六二之阴柔，故称“刚中而应”。下卦震为春分，故为“元亨”。上卦乾为立冬，故为“利贞”。“大亨”，指“元亨”。“以正”，指“利贞”。乾为天，互体巽为命，故说“天命也”。春夏秋冬，往来循环，为天命的必然规律。震为动、为往。初九与上三阳相敌，故说“无妄之往，何之矣”。“之”，到也，往也。背离天命之道而妄行，能去到哪里呢？即无路可走。无妄卦乾卦在外，阳刚在外，与下不交感，故说“天命不佑”。天命不予保佑，怎能敢于妄行呢？

《象》曰：天下雷行，物与无妄。先王以茂对时育万物。

“与”，犹“皆”也。天下雷声滚滚，万物皆按其规律发育成长，不敢违背自然规律而妄为。乾为先王、为盈、为茂，艮为对时，坤为万物。“茂”，盛也。“对时”，配合天时。先王观此卦象，应该以强励之势，配合时令，养育万物，使之各不妄为。

初九：无妄，往吉。

初九为本卦成卦之主。初九当位，以阳刚之德，居无妄卦之初，与六二相比，处阴柔之下，有谦恭不妄为之象，故前“往”必得“吉”利。

《象》曰：“无妄”之“往”，得志也。

互体为艮，艮为志。初九以阳爻处阳位，刚健得位，与六二相比，能得以实现其自己的心志。

六二：不耕获，不菑畬，则利有攸往。

“不耕获”，不进行耕作，不谋取收获。“菑”，音 zī，“开垦”的意思。“畬”，音 yú，指耕作多年的熟田。“不菑畬”，不开垦新田，不耕好熟田。六二处在震卦和艮卦之间，震为动、为耕、为菑、为畬，艮为止，终止耕作和开垦，故“不耕获”、“不菑畬”。六二柔顺居中，位当。当不妄行之时，无贪欲之心，无妄无欲，就利于有所前“往”。

《象》曰：“不耕获”，未富也。

“不耕获”，故不能获得富裕。六二以阴柔居阴位，阳为富，阴为虚、为贫，故说“未富也”。

六三：无妄之灾，或系之牛，行人之得，邑人之灾。

本卦的大象为离，本爻动为离，离为牛，牛之象。互体巽为绳，艮为鼻，系牛之象。震为足，行走之象。三为人位，行人之象。乾为得。牛被路过的人牵走，故说“行人之得”。“邑人”失牛，故说“邑人之灾”。互体艮为土、为邑。六三为人位，故有“邑人”之象。本爻动为离，离错坎，坎为灾。无妄行也会招致灾祸。邑人系着耕牛，行人牵走了这头牛，邑人却遇受到灾祸，具体说明无妄之灾。

《象》曰：“行人得牛”，“邑人灾”也。

六三居下卦之终，以阴爻居阳位，位不当，虽无妄行，也会招致祸害。

九四：可贞，无咎。

九四以阳爻处阴位，位不当，又与初九、九五敌应，不宜于有作为，只可坚守正道。“可”，当也。九四不但位不当，又临近君位，只有坚守正道，才能不带来“咎”害。

《象》曰：“可贞无咎”，固有之也。

互体为艮，为固。只有坚守正道才能没有“咎”害，是本来应该这样做的事情。

九五：无妄之疾，勿药有喜。

九五为本卦主卦之主。“疾”，小病。本爻动，互体为坎。坎为心病，疾病之象。互体巽为木、为药。坎为多眚。乾为喜。无妄行却偶尔也患点小疾，不用药也会痊愈而喜悦。

《象》曰：“无妄”之“药”，不可试也。

象征九五以阳刚中正，身居尊位而善于治理，即使出现点小毛病，也会自然解决的。九五无妄之疾，不是九五自身造成的，而是外感所致，因而不可试以药。九五本来无病，试药可能反而造成疾病，故说“不可试也”。

上九：无妄，行有眚，无攸利。

上九处卦之极，必然要发生转化（行），不可不行。本爻动为坎，坎为眚，故有“行有眚”之象。上九虽无妄行，但是不可有行，行必有灾祸。上九为无妄卦之终，乘九五之阳刚，又以阳爻处阴位，失正而行，必无所利。

《象》曰：“无妄”之“行”，穷之灾也。

“穷”，极也。无妄之极，到了不利状态。若偏要有所行，必招致祸害。

大畜卦䷙第二十六

大畜 ䷙（乾下艮上）

《帛书易》作“泰蓄”，《归藏易》作“毒畜”。

来知德：大者，阳也。其卦乾下艮上，以阳畜阳，所畜之力大，非如巽以阴畜阳之小，故曰大畜。又有蕴畜，畜止二义。

大畜：利贞。不家食，吉。利涉大川。

大畜，卦名。与萃卦☷相错。下卦为乾、为阳，上卦为艮、为阳，以阳畜聚阳，象征大有畜聚。“畜”，“畜聚”、“畜养”、“畜止”的意思。大畜之时，利于以正道畜聚，则吉。互体兑口在外，四又接近九五之君，吃国家俸禄，故有“不家食”之象。“不家食”意谓使天下之贤人都畜聚于朝廷，为国家服务，这样亦可获“吉”祥。乾为大川。由于能坚守正道，畜聚贤人，则“利涉大川”也。

《彖》曰：大畜，刚健、笃实、辉光，日新其德。刚上而尚贤，能止健，大正也。“不家食，吉”，养贤也。“利涉大川”，应乎天也。

乾为健，“刚健”之象；艮为山，“笃实”之象；乾为大明，“辉光”之象。乾为日、为德，互体震为生，故有“日新其德”之象。上卦为艮，为阳刚，故有“刚上”之象。九二与六五相应，阳为贤人，六五之君任用中正刚健之贤人，故说“尚贤”。艮为止，乾为健，故曰“止健”。任用贤人，规范强健之人，这是正大之事。艮为家，互体兑为食，不在家用食，故说“不家食”。不在家用食，说明朝廷能畜养贤人。乾为利，为大川，震为行，故说“利涉大川”。乾为天，六五应乎九二，九二为乾卦之中位，故说“应乎天”，顺应天之自然。

《象》曰：天在山中，大畜。君子以多识前言往行，以畜其德。

乾为天在内，艮为山在外，象征“天在山中”。山把天都包容其中，说明畜聚之大也，故曰“大畜”。艮为君子。乾为前、为言、为行、为德。君子据此卦象，应该多识记前贤的言论和往圣的业绩，以修养自己的德行，畜积高尚的德操。

初九：有厉，利已。

“厉”，危也。初九与九二、九三相敌，故“有厉”。“已”，止也。初九前往遇敌，利于停止不进，若急于前进必有危险，“利”于停止等待。

《象》曰："有厉，利已"，不犯灾也。

九二变，互体为坎。坎为灾。初九与六四为正应，不需要变坎为灾，故"不犯灾也"。知道有危险而停止，不去冒着灾难而行事，是明智之举。

九二：舆说輹。

"舆"，大车。"说"，通"脱"。"輹"，音 fù，指垫在车厢和车轴之间的木制器件。乾错坤，坤为舆。互体为震，震为輹。互体兑为毁折，脱輹之象。车依赖车輹而行走，车脱輹就不能前行。九二为六五所畜止，又有中正之德，故自觉而不前行。

《象》曰："舆说輹"，中无尤也。

"尤"，过错。大车脱掉了輹不能前行，九二具有中正之德，不急躁前行，所以没有犯错误。

九三：良马逐，利艰贞；曰闲舆卫，利有攸往。

乾为良马，互体震为逐，为腿长善跑之马。上为前，下为后，有良马在后追逐善跑之马之象，利于知道前途之艰难而坚守正道。九三虽然以阳刚居阳位，强健有力，但居下卦之终，又处多惧之位，怕阳刚过盛而贸然行事，故戒以"利艰贞"，利于艰苦地坚守正道。乾为日。半坎，坎为闲。"闲"，熟悉。震为舆卫。"舆卫"，驾车的技术。九三与六四相比，故"利有攸往"。熟悉驾车的技术，利于有所前"往"。

《象》曰："利有攸往"，上合志也。

上指六四、六五，九三之阳与上六四、六五相比，故称"上合志也"。大畜卦之卦义为以阳畜阳，因而有"合志"之象。

六四：童牛之牿，元吉。

艮为少男，故有"童"之象。艮又为牛，故说"童牛"，牛犊，幼小无角之牛。"之"，犹"有"也。震为木。"牿"，音 gù，加在牛角上的横木，以比喻六四。六四居上卦之初，与初九相应，下以畜止初九。初九力量甚弱，于这个时候畜止之，十分容易，所以有“牿童牛”之象。“元”，大也。六四能畜止初九阳刚，以免过盛而有危厉，所以大“吉”也。

《象》曰：“六四元吉”，有喜也。

互体兑为悦，六四正兑口之悦，故“有喜”悦之象。六四大吉，说明畜止初九之刚有方，是“喜”庆之事。

六五：豶豕之牙，吉。

六五为本卦主卦之主。“豶”，音 fén，被阉割过的猪。“之”，犹“有”也。六五与九二相应，二变互体为坎，坎为豕。“豕”，即猪。二之五，五阳刚得正，巽为白；互体兑为口，互体震为出，口中露出白色的阳刚之物，“牙”之象。五动为正，故说“豶豕之牙，吉”。变正得位，故获“吉”祥。

《象》曰：“六五”之“吉”，有庆也。

乾为庆。五变得正，故“有庆也”。

上九：何天之衢，亨。

上九为本卦成卦之主。“何”通“荷”，承担的意思。艮为天、为背，故有“何”之象。艮为大道。“衢”，四面通达的大道，故说“何天之衢”。畜聚才德和贤人，就能承担大道。又上九与六五相比，故“亨”。上九居大畜卦之终，畜止已经终结，该转化为通了，所以“亨”通。

《象》曰：“何天之衢”，道大行也。

上九为大畜卦之主，有荷担尚贤的重任。艮为天，为道，震为行，故说“道大行也”。上九畜德之道大为通行，犹如“天衢”四通八达。

颐卦䷚第二十七

颐 ䷚ **（震下艮上）**

《帛书易》缺，《归藏易》同。

来知德：颐，口旁也。口食物以自养，故取养义为卦。上下二阳，内含四阴，外实内虚，上止下动，故名为颐。

颐：贞吉，观颐，自求口实。

颐，卦名。颐卦与大过卦相错，它们无相综之卦。“颐”，养也。震下艮上，象口中含有营养之物。下动上止，咀嚼之象。坚守颐养的正道，则吉。艮为观。“观颐”，观察颐养之道。坤为躬、为我，故为自。艮为求，震为口，坤为品物，故说“自求口实”。“实”，食物。观察颐养之道，不能只观察别人的颐养之道，要自我养颐，求得自我的腹饱，才是真正的颐养之道。

《彖》曰：“颐，贞吉”，养正则吉也。“观颐”，观其所养也。“自求口实”，观其自养也。天地养万物。圣人养贤以及万民。颐之时，大矣哉。

“养正”，指颐养要得其适宜。人有各种欲望，如果欲望不受节制，则不正。所谓“正”者，饮食有度，欢乐有度，只有这样才对身体有益，故“吉”。“观其所养”，观察所以养之道；“观自养”，观察自己颐养之道。天，上九。地，初九。互体坤为万物。坤错乾，乾为圣人，坤为万民。天地养育万物，圣人要养育贤才之人和普通民众，颐养之道具有普遍性。“时”，时机、时间。天地万物的生长有一个必然的时序，农作物的种植，也要不违农时；“养贤”、“养民”，是任何执政者治理国家的大事，也要不失其时。艮为时。颐养失时，则万物受到伤害，百姓的生活就会发生不幸，贤人就不能得到很好的任用，所以说“颐之时，大矣哉”。

《象》曰：山下有雷，颐。君子以慎言语，节饮食。

颐卦的上卦为艮，为山；下卦为震，为雷。故说“山下有雷”。艮，止也，象征上腮不动。震，动也，象征下腮运动。上止下动，咀嚼之象。咀嚼而吃下食物，使自身得到颐养，以此释卦名“颐”。艮为君子、为慎。艮为止，故为节。震为言、为口、为食。君子据此卦象，应该谨慎言语，以养德行；调节饮食，以养身体。

初九：舍尔灵龟，观我朵颐，凶。

“舍”，舍弃。艮为龟。震与艮综，艮龟不见，故说“舍尔灵龟”。“尔”，指初九。“我”，指六四。“朵”，动也，震为动。“朵颐”，腮动之貌，指饮食之事。六四入艮，初九上应六四，故说“观我朵颐”。初九舍弃自己的灵龟美食，观我口中的食物。这种舍弃自己的美食不食，贪求别人口中之食的行为，会招来“凶”险。

《象》曰：“观我朵颐”，亦不足贵也。

初九与六四相应，表示有贪欲之心，这种贪欲之心是“不足贵”的，不足以值得尊重。

六二：颠颐，拂经，于丘颐，征凶。

“颠”，倒也。六二与六五敌应，又阴柔不能自养，必下求于初九之阳，以上反下，故曰“颠颐”。“拂”，违背。“经”，常理。艮为丘。“丘”，指上九。“丘”，土之高者，上之象也，象征权贵豪门。震为征。“征”，行也。六二阴柔不能自养，反下求于初，这样既违背了奉上的常理，又要向上位的权贵求取颐养。六二居下震体，震为动，象征下腮咀嚼不停，贪食之象。贪婪不停地向上求取颐养，必遭“凶”险。

《象》曰："六二征凶"，行失类也。

"行失类也"，前行得不到同类的支持。"类"，阴阳相遇为类。六二上行不遇阳，故说"行失类也"。

六三：拂颐，贞凶，十年勿用，无攸利。

"拂"，违背。六三以阴居阳位，不中不正，与上九为正应，说明六三不求养于初九，而求养于上九，颐养之道大为悖谬。"贞凶"，守正防凶。互体为坤，坤数十。震为年。"勿用"，不得用其养。六三不得养于初，上求养于上九违背颐养之理，又不中不正而不能自养，故十年得不到颐养。十年得不到颐养，又有何"利"可言。

《象》曰："十年勿用"，道大悖也。

震、艮均为道。震与艮相综，故说"悖"逆。六三与上九相应，但都位不当，上求养于上九，故说"道大悖也"，六三的颐养之"道大"相"悖"谬。

六四：颠颐，吉，虎视眈眈，其欲逐逐，无咎。

六四柔居阴位得正，但是，阴柔无实不能自养，只有向下求养于初，这样颠倒了自我养颐的关系，故曰"颠颐"。六四"颠颐，吉"。六二贪得无厌，故"凶"。六四居艮体，艮止也，象征上腮不动，节制饮食之象。六四得正，有节欲之德，向下所求之养再用来养人，故"吉"。艮为虎，"虎"之象。离为目，"视"之象。"眈眈"，专一注视某物。"逐逐"，相继不断。由于六四有美正、节欲之德，求养的目的在于养人，这样即使专一地不断向下求取养颐，也"无咎"害。

《象》曰："颠颐"之"吉"，上施光也。

"光"，广也。六四居下卦之上。"上施光也"，说明六四居上而向下施颐养之德广大也。

六五：拂经，居贞吉，不可涉大川。

六五为本卦成卦之主。"拂"，违反、违背。"拂经"，违背常理。

六五以阴居阳位，下无应与，虚而不富，不能自养，只有依赖上九之阳实而颐养自己，进而兼养天下，这样就违背了君主养贤、养民的常理。“居”，安也。安守正道可获吉祥。互体为坤，坤为大川，阴与阴相敌、相悖谬，故“不可涉大川”也。

《象》曰：“居贞”之“吉”，顺以从上也。

“顺以从上也”，说明六五承上九之阳刚，依赖于贤者以自养。

上九：由颐，厉吉，利涉大川。

上九为本卦成卦之主。“由颐”，由之以颐。上九为颐卦之终，意谓天下赖之以获颐养，虽然危厉，但可获吉祥。上九处颐卦之极，有危厉之象；但赖之以养天下，故可获吉祥。“利涉大川”，比喻颐养万民，有何不利？

《象》曰：“由颐厉吉”，大有庆也。

上九为乾爻，故为庆。“大有庆也”，说明上九大有福庆，与六五相比，得六五之助。

大过卦䷛第二十八

大过 ䷛ **（巽下兑上）**

《帛书易》作“泰过”，《归藏易》同。

来知德：大过，大者，阳也，阳过于阴也。乾坤也，坎离也，山雷也，泽风也，此八卦也。乾与坤错，坎与离错，泽风与山雷相错，风泽与雷山相错，六十四卦，惟此八卦相错，其余皆相综。木在泽下，泽本润木之物，今乃灭没其木，是大过矣。又四阳居中，过盛，所以名大过也。

大过：栋桡。利有攸往，亨。

大过，卦名。与颐卦相错，无相综之卦。“大”，指阳。本卦四阳爻居中间，阳刚过盛，故卦曰“大过”。大象坎为栋。“栋”，梁上屋脊之木，即栋梁。“桡”，弯曲。大过卦象征栋梁两端柔弱不负重物之压，以致弯曲。“利有攸往，亨”通。当大过之时，亟待治理。卦中二五得中，上卦兑为悦，下卦巽为顺，象征顺从和悦以治理大过之象，故“利有”所前“往”而“亨”通。

《彖》曰：“大过”，大者，过也。“栋桡”，本末弱也。刚过而中，巽而说（悦）行，利有攸往，乃“亨”。“大过”之时，大矣哉。

“大者，过也”，阳爻过大，以此释卦名。“本末弱也”，本末指初六与上六；初本上末，初与上均为阴爻，阴为弱，故称“本末弱也”。“刚过而中”，阳刚过盛而居中，中指二与五爻。“巽”，驯顺也。“说”，悦也。阳刚居中调剂，驯顺和悦之道能得以施行，故“亨”通。“大过之时”，正是君子施展才华、整治大过的时候，其意义是多么“大”啊！

《象》曰：泽灭木，大过。君子以独立不惧，遁世无闷。

上兑为泽，下巽为木。木在泽下，故有“泽灭木”之象。泽本应滋润木之根，现反而灭没巽木，超过了常规，故称“大过”。此以“泽灭木”之象释卦名。乾为惕，兑为悦，故说“不惧”。巽为寡、为独。四阳陷二阴之中，不能出现于世，故说“遁世”。上卦为兑，最终得到喜悦，故说“无闷”。君子观此卦之象，应该独立自强，无所畏惧，或遁世隐居，不应该有所忧“闷”。

初六：藉用白茅，无咎。

初六为本卦成卦之主。“藉”，承垫也。巽为白、为茅，白茅之象。“白茅”，白色的茅草。初六在大过之初，上承垫四阳刚，负重极大，须慎之又慎，才能“无咎”。

《象》曰：“藉用白茅”，柔在下也。

“柔在下也”，指初六以阴柔居下。

九二：枯杨生稊，老夫得其女妻，无不利。

九二为本卦之主。巽为木、为杨，乾为老，老杨，故有“枯杨”之象。“稊”，音 tì，树木新生出的枝芽。兑为润泽，枯杨得到泽的滋润而生出新芽。乾为老夫。兑为少女，“女妻”之象。枯萎的杨树生出新的枝芽，年纪大的老汉娶了一位年轻的女子为妻，“无”所“不利”。九二以阳居阴位，初六以柔居刚而相比之，初与二为刚柔相应，刚柔相济而有功。以“枯杨生稊，老夫得其女妻”比喻九二以阳得处中位，下比于初六之阴柔，此以刚柔相济而各自获得利益，以这样的方式处“大过”，则“无不利”也。

《象》曰：“老夫女妻”，过以相与也。

“过以相与也”，是说九二阳刚过盛，但能和初六之阴柔相应与，以此解释“老夫得女妻”的缘由。

九三：栋桡，凶。

本爻动为坎，坎为木，为木多坚心，栋梁之象。九三以阳爻居阳位，处下卦之极，阳刚之势过盛，象征栋梁之中体坚固；相比之下，则显得本末更弱，故曰“栋桡”。栋梁弯曲，则不负重荷，房屋有倒塌的危险，故必遭“凶”祸。

《象》曰：“栋桡”之“凶”，不可以有辅也。

“辅”，助也。九三遇九四、九五之阳刚，故敌，得不到上六的辅助，所以说“凶”也。

九四：栋隆，吉。有它，吝。

九四亦为本卦之主。本爻动为坎，为木，所以三与四都有栋梁之象。“隆”，隆起。四为阴位，以救九三之过刚。弯曲的栋梁隆起得九四之相救，而恢复至本来的平直状态，所以“吉”。“有它”，有应于他方。“它”，指初六。九四隆起损刚使之恢复平直状态，若再下应于初六，则可能更柔而不能救栋桡之过，而出现“吝”难。

《象》曰："栋隆"之"吉"，不桡乎下也。

"不桡乎下也"，说明栋梁不能再向下弯曲，必须用栋隆而挽救之。

九五：枯杨生华，老妇得其士夫，无咎无誉。

兑与巽相综，巽为木，有杨树之象。九二与九五皆有巽象，故都有"杨"之象。兑为反巽，故说"枯杨"。"华"，花也，音 fū，与"夫"谐韵。枯萎的杨树开出鲜花，老年妇人得到一位青年男子为丈夫，没有"咎"害，也没有荣"誉"。九二阳刚居中，下比于初，初为本，方有生机，故有"枯杨生稊"之象。九五过刚之极，上比于六，两者刚柔相济，阳阴和合，故有"生花"之象。但是，上为末，生机将尽，"老妇得其士夫"，也不会生育子女，解决不了九五过刚之极的问题。"无咎无誉"，介于凶和吝之间。

《象》曰："枯杨生华"，何可久也。"老妇士夫"，亦可丑也。

"何可久也"，枯树怎么可以长久呢？互体乾错坤，坤为老妇，为丑。乾为士夫。故说"老妇士夫，亦可丑也"，老妇嫁给一个中年男子，是一件丑恶的事情。

上六：过涉灭顶，凶，无咎。

上六为本卦主卦之主。乾为首，"顶"之象。泽水在上，故说"灭顶"。过河涉水之时，水淹没头顶必死，故"凶"。但上六得位得正，与九三为相应位，能得九三之救，故"无咎"。

《象》曰："过涉"之"凶"，不可咎也。

上九虽过河没顶"凶"，但是"不可咎也"。兑为悦，说明上六具有舍身和悦之德，不可认为有"咎"害。

坎卦☵第二十九

坎 ䷜ （坎下坎上）

《帛书易》作“赣”，《归藏易》作“荦”。

来知德：习，重习也。坎，坎陷也，其卦一阳陷于二阴之中，此坎陷之义也。坎为水者，四阴土，坎也。二阳，坎中之水也。天一生水，所以象水也。上坎下坎，故为重险。

（习）坎：有孚，维心亨，行有尚。

高亨认为，“习”字因初六之“习坎”而衍。坎，卦名。与离卦相错，它们无相综之卦。坎，险陷也。坎为孚。“孚”，信也。“维”，系也。“尚”，赏也。坎为心，故“亨”通。“有孚”，指二五。二五得中，有诚信维系于心，做事定能“亨”通。“行有尚”，指九五，九五得中得正，上与六相比，往前行必有嘉赏。

《彖》曰：“习坎”，重险也。水流而不盈。行险而不失其信。“维心亨”，乃以刚中也。“行有尚”，往有功也。天险，不可升也。地险，山川丘陵也。王公设险，以守其国。险之时用，大矣哉。

“习”，袭也，重也。“坎”，险也。坎卦为两坎相重，故说“重险”。“坎”为水。水流如果不能满盈，则不成其为坎陷，故说“水流而不盈”。九二与九五阳刚居中，中正诚信，有“行险而不失其信”之象。维系于内心而“亨”通，是因为九二、九五以阳刚居中而正。“往有功”，前往可以建立功勋。五为天位，九五居坎险之中，艮为止，故说“天险，不可升也。”二为地位，居坎险中，故说“地险”。坎为川，互体艮为山、为丘陵，故有“山川丘陵”之象。互体震为王公。艮为国、为守、为时、为天。王公观此卦象，建筑城郭，挖掘沟池，设立险要，以保护国家和人民。当遇到危险时，设立防险的功用是多么的重“大”啊！

《象》曰：水洊至，习坎。君子以常德行，习教事。

“洊”，音 jiàn，再也。水相继而至，源源不断地流来，象征重重险陷。互体艮为君子。震为德行、为言，故说“教”。教而实习，本卦为重坎，故说“习教”。君子观此卦象，要恒久地保持美好的德行，反复实习教育百姓的事务。

初六：习坎，入于坎窞，凶。

“窞”，音 dàn，坎中又有坎，深坑也。重重坎陷，又堕入陷阱的深处，大有“凶”险。初六以阴爻居阳位，柔弱失位，居重坎之下，犹如居深坑之底部，难以逃出险境，故“凶”。

《象》曰：“习坎入坎”，失道凶也。

震为大涂，故为“道”。初六与六四无应，故说“失道”。初六阴柔居下失位而履险，违背了履险必须刚正的道理，所以必陷入深险之中，而有“凶”祸。

九二：坎有险，求小得。

九二为本卦成卦之主。互体艮为求。九二为乾爻，乾为得，处阴位，阴为小，故说“小得”。九二以阳刚居阴位，失位得中，入于险陷之中，与上下二阴相比，故从“小”处谋“求”脱离险陷，是会有所“得”的。

《象》曰：“求小得”，未出中也。

九二与九五敌应，故说“未出中也”。即使小有所得，但还未出离险陷之中。

六三：来之坎坎，险且枕入于坎窞，勿用。

“之”，往也。“来之”，来往。六三处上下坎之间，由外而内曰“来”，由内而外曰“往”。来之内是坎，往之外也是坎，故说“来之坎坎”。互体震为木，横于内，艮止不动，枕之象。“枕”，安也。“窞”，陷也。往前有险，退居亦有险，难以安居，陷入深险之中，不能施展才“用”。

《象》曰：“来之坎坎”，终无功也。

互体艮为终。来往皆陷入险阱之中，不能施展才用，故终难完成脱离险陷的“功”效。

六四：樽酒，簋贰，用缶，纳约自牖，终无咎。

坎为酒，互体震为樽。“樽”，音 zūn，酒杯。“簋”，音 guǐ，古代盛食的器皿，圆口圈足，有耳或无耳。六四为坤爻，坤数二，故有“贰”之象。互体震为簋，故“簋贰”，即二簋。“缶”，音 fǒu，盛酒浆的瓦器。坤为缶。“簋缶”皆祭祀时盛酒食的器具。“约”为神约，与神之约。艮为言，故说“纳约自牖”。“牖”，音 yǒu，窗户。互体艮为牖。六四当位，上乘九五之阳刚，故“无咎”。艮为终，故说“终无咎”。六四处上卦之初，仍未脱离险境，但以阴柔居阴位，柔顺得正，上承九五，能以虔诚之心与之相交，如用樽斟酒，两簋饭食，用缶盛食物，像真诚地对待鬼神一样。六四与九五两爻均无其他的应与，开诚布公，犹如签约于明窗之下。六四得九五阳刚之帮助，故“终”于没有“咎”害。

《象》曰：“樽酒，簋贰”，刚柔际也。

“际”，交接也。“刚柔际也”，九五之阳刚与六四之阴柔相交接，刚柔相济，表示处理问题要进行有效沟通。

九五：坎不盈，祇既平，无咎。

九五为本卦主卦之主。“祇”，音 zhī，与“坻”相通。坻，小丘也。坎为平。险陷没有满盈，小山丘已被削平，已“无咎”害。九五阳刚处尊位，下与六四相比，说明九五处险有方，因而“无咎”害。

《象》曰："坎不盈"，中未大也。

"大"，光大也。"中未大也"，九五居中位，但平复险陷之功未能光"大"。

上六：系用徽纆，寘于丛棘，三岁不得，凶。

"系"，捆缚。"徽"，音 huī，绳索。"纆"，音 mò，黑色的绳索。"寘"，音 tián，置放也。本爻动为巽，巽为绳，有"徽"之象；巽为木，为草茅，"丛棘"之象。坎错离，三之象。坎为岁。被绳索捆绑着，囚禁在荆棘丛中，三年不得解脱，故"凶"。

《象》曰："上六"失道，凶三岁也。

上六居险陷之极，犹言险陷极深，像被捆绑而又置于荆棘丛中，有不得解脱之象。上六柔居阴位，失去了履险必须刚毅中正的大道，处凶的境地必须延至三年之久。

离卦☲第三十

离 ䷝ **（离下离上）**

《帛书易》作"羅"，《归藏易》作"离"。

来知德：离者，丽也，明也。一阴附丽于上下之阳，离之象也。离者，明之义也。离为火，火无常形，附物而明，所谓以薪传火也。

离：利贞，亨。畜牝牛，吉。

离，卦名。下离上离，象征附丽，八纯卦之一。与坎卦相错，离为得、为利。事物在有所附丽之时，利于坚守正道，而能达到"亨"通。离为牝牛。"牝"，牲畜的雌性。离卦是二柔处内而居正中，象征母牛的德行，外强而内顺。离以柔居正，利于畜养雌性之物，所以说"畜牝牛"，可获得"吉"祥。

《彖》曰：离，丽也。日月丽乎天，百谷草木丽乎土，重明以丽乎正，乃化成天下。柔丽乎中正，故“亨”，是以“畜牝牛吉”也。

离为火，火附丽于物，所以说“离，丽也”。六五为天位，离为日，互体兑为月，故上有“日月丽乎天”之象。互体为兑、为巽。兑为木，巽为草茅。六二为地位，故下有“百谷草木附丽乎地”之象。“重明”，上下二离卦，离为明，所以说“重明”。上下重明附丽于正道，即得中正之道，既光明而又具有中正之德，可以推行教化于天下。离卦是二柔居中，故说“柔丽乎中正”，以柔为主，故“亨”通。所以，养母牛可以获得“吉”祥。

《象》曰：明两作，离。大人以继明照于四方。

离为日，日为明。“两”，接连之意。“作”，起也。“离”，光明也。太阳今日升起，明日又升起，故“离”也。三爻动为震，震为公，故为“大人”。重明，故为“继”也。离为南，坎为北，震为东，兑为西，故有“四方”之象。“大人”观此卦象，应该用连续不断的光明之德，临照天下“四方”，使百姓都受其恩泽。

初九：履错然，敬之，无咎。

“履”，行也、进也。初爻为震爻，震为履，践履之象。离为火，火炎上，有上行之象。“错然”，交错之貌。本爻动为艮，艮为路径，交错之象。初九为阳刚，刚性之人容易急躁；离为明察，人有明察的能力，做事就会谨慎小心不会鲁莽。离为敬。“敬”，恭敬谨慎。“敬之”，要以恭敬的态度做事，就没有“咎”害。

《象》曰：“履错”之“敬”，以辟“咎”也。

“辟”，避也。本爻为乾爻，乾为敬。初九得位，与六二相比，故可以“辟咎也”。做事谨慎小心，恭敬从事，这样就能避免“咎”害。

六二：黄离，元吉。

六二为离卦之正位，为本卦主卦之主。“黄”，中色也。坤为黄，离中爻为阴、为坤土，有“黄”之象。“黄丽”，以黄中之色附丽于物，这样可以获得大“吉”。

《象》曰：“黄离元吉”，得中道也。

六二以柔居中，以黄中之色喻之，象征以柔顺中正之德附丽于物。本爻动为乾，乾为得。“中道”，中正之道。六二之“元吉”，得于六二中正之道。

九三：日昃之离，不鼓缶而歌，则大耋之嗟，凶。

九三为下卦的三爻，初九表示早晨的太阳，六二表示中午的太阳，九三表示下午的太阳。下午之太阳离中而“昃”。“昃”，偏斜。“日昃”，偏西将要落山的太阳。“离”为明，偏西时的阳光，衰弱之象，比喻年老体弱之人。九三为乾爻，乾为老夫。本爻动为震，震为鼓，有“鼓”之象。“缶”，用瓦制作的乐器。离中虚，有“缶”之象。离为歌。“耋”，音 dié，指年龄在八十岁的老人。“耋”，年龄极大。“鼓缶而歌”，奏起音乐，纵情歌唱。人到了老年之时，犹如将要落山的太阳，还不鼓缶而歌，怡然自乐，到了年迈垂老的时候，会为之惋惜而嗟叹，有“凶”险之象。

《象》曰：“日昃之离”，何可久也。

“何可久也”，日落前的光明，怎么会长久呢？

九四：突如其来如，焚如，死如，弃如。

九四与九三相连接，阳为实、为突，位于六二和六五二阴之间，故“突如”。兑为来，有“来如”之象。互体为兑、为巽。兑为木，巽为草茅。离为火，草木被火包围燃烧，故有“焚如，死如，弃如”之象。比喻九四有上进的可能和强烈的欲望，但最终都不能实现上进的愿望而被放“弃”。

《象》曰：“突如其来如”，无所容也。

九四处上下两卦之间，临近君位，有上进的可能，但阳刚失正，故不能实现上进的愿望。“无所容也”，是说九四阳刚失位，不能附丽于上而被六五所容纳。

六五：出涕沱若，戚嗟若，吉。

六五为本卦成卦之主。“涕”，泪也。“沱”，泪流多的样子。“戚”，忧伤也。坎为忧。“嗟”，叹也，泪流不断的样子。忧伤悲切，最终获得吉祥。离错坎，坎为水，涕若之象；又坎为加忧，悲戚之象。互体兑为口，“嗟”叹之象。六五以阴居阳位，为九四之阳刚所迫，所以忧戚悲伤而哭泣。但六五为君，附丽于尊位，能得到众人之助，故最终能获“吉”祥。

《象》曰："六五"之"吉"，离王公也。

“王”，指六五。“公”指上九。“离”，附也。“离王公也”，指上九附丽于六五君王之尊位。六五与上九阴阳相比，故“吉”。

上九：王用出征，有嘉折首，获匪其丑，无咎。

离为日、为乾、为君，有“王”之象。离为戈兵、为征。本爻动为震，震为动为出，戈兵震动，故有“出征”之象。上九处离卦之极，表示附离之道已经完成，各诸侯国皆来附丽之，但若有不亲附者，可以出兵讨伐他。“嘉”，嘉美，指功勋。互体为兑，兑为毁折。离为首。“首”，头也，指敌人的首级。离为众。“丑”，多也，类也，故离为丑。“匪其丑”，非其类，指不亲附于国王的众多异己者。王出兵讨伐不亲附者，取得了胜利，斩杀了敌方的不少首级，俘获了不亲附的异己者，故“无咎”。

《象》曰："王用出征"，以正邦也。"获匪其丑"，大有功也。

互体巽错艮，艮为土、为邦。“以安邦也”，王出兵讨伐不服从诸侯的目的，是为了安定邦国的需要。征服不来亲附的诸侯，获得了重大的胜利，故“大有功也”。

下经（上）

下经起于咸恒终于既、未济。六十四卦每一卦都含有“三才”之理，上经从乾坤开始，表示宇宙自然是社会人伦存在的前提，下经从咸恒开始，表示社会人伦是建立在自然存在的基础之上的。咸下艮上兑，艮为少男，兑为少女，男下女，表示少男向少女求婚。婚姻者人之始终，是人类的生产和再生产的必要条件，是一个人的终身大事。人类为了生存、发展，必须有稳定的、系统的、严密的社会组织，家庭是社会组织的基本细胞，使人类自身的生产和再生产得以实现，也是人类的生活资料和生产资料的生产和再生产不可或缺的社会组织，特别是在农业文明的时代尤其如此。恒卦为下巽上震，巽为风，震为雷，风雷是自然存在的恒久之道，婚姻家庭的稳定是社会人伦的恒久之道，所以继之以恒。既、未济由坎离二卦组成，既济下离上坎，六爻皆当位，皆一一正应；未济卦下坎上离，六爻皆失位，但一一相应。两卦相互交错，既济中有未济，未济中有既济。此二卦表示人类社会之事、个人建功之业不是停止的，它们既完成也没有完成，永远没有止境；同时强调水、太阳对人类社会生存发展的重要性。《周易》全书始自乾坤终于既、未济卦，含有非常丰富的科学观和人文观。

咸卦䷞第三十一

咸 ䷞ (艮下兑上)

《帛书易》作“钦”,《归藏易》亦作“钦”。

来知德:咸者,感也。不曰感者,咸有皆义,男女皆相感也。艮为少男,兑为少女,男女相感之深,莫如少者。盖艮止则感之至,兑悦则应之至,此咸之义也。

咸:亨,利贞,取女吉。

咸,卦名,与恒卦相综,与损卦䷨相错。“咸”,感也。咸卦下卦为艮、为少男。上卦为兑、为少女。艮为求,兑为悦,少男上求于少女,少女喜悦而答应其请求,所以发生交感。初与四、二与五、三与上,都阴阳一一对应,故“亨”也。二与五为正应,故“贞”,正也。但由于初六位不当,故说“利贞”,利于坚守正道。“取”,娶也。少男向少女求婚,要遵循礼的规定,才能获得“吉”祥,故说“取女吉”。

《彖》曰:咸,感也。柔上而刚下。二气感应以相与。止而说,男下女,是以“亨利贞,取女吉”也。天地感而万物化生,圣人感人心而天下和平。观其所感,而天地万物之情可见矣。

上卦兑为阴、为柔,下卦艮为阳、为刚,故说“柔上而刚下”。下卦之阳气轻而上升,上卦之阴气重而下降,于是阴阳二气发生交感,相感必相亲,故说“相与”。“相与”,相亲也。下卦艮为止,上卦兑为悦,故“止而悦”。下卦艮为少男,上卦兑为少女,故“男下女”。古代婚姻,男先求女,男子亲迎,有男下女之礼。男子按礼之规定娶妻则吉。以上由男女相感，引申到天地和人心的相感。互体乾为天，错坤。坤为地，为万物。互体艮错震，震为生。天地之间的阴阳相感协和，则万物化育生长茂盛。乾为圣人。大象坎为心。圣人以自己的仁义之德来感化人心，实行德治，则众人会诚服而安居乐业，因而天下和平。认真观察阴阳交感的普遍现象，则天地万物的本质和规律就可以看得清楚了。

《象》曰：山上有泽，咸。君子以虚受人。

下卦为艮为山，上卦为兑为泽，因而有“山上有泽”之象。“山泽通气”，故亨通。“山上有泽”，象征泽中有水，水能润泽万物，生养万物，说明山有很大的包容性。互体乾为君子、为人。初六为阴，阴为虚。六二承受九三之乾阳，故说“以虚受人”。君子观此卦象，也应该有包容万物的胸怀，以虚心的态度去团结他人，接受他人的意见。

初六：咸其拇。

“拇”，大足趾。“咸其拇”，交感的开始。艮与震综，震为足，故有感其拇之象。“咸其拇”，少男触摸少女的大足趾，说明交感之情刚开始，“咸其拇”，不为非礼，所以不吉不凶。

《象》曰：“咸其拇”，志在外也。

互体巽为志。“外”，指外卦，初六应九四，故说“志在外”。说明初六少男求婚之心，能感应在外的少女。

六二：咸其腓，凶，居吉。

“腓”，音 féi，小足肚也，足的中间部位。艮综震，震为足。六二在足的中部，故有“腓”之象。交感至足肚，比“咸其拇”又进了一层。二与五正应，说明少男急于上求少女，故“凶”。男女从相爱到结为夫妻，有一个婚聘的过程。男女初始相爱，如果少男过于急躁而触少女的足肚，不但非礼而且可能有使婚姻不成的危险，所以有“凶”险之象。“居”，静止不动。艮为止，故有“居”之象。“居吉”，安居而不要急躁，就会成功而“吉”祥。

《象》曰：虽“凶居吉”，顺不害也。

互体巽为顺。坤为害，坤隐乾中，坤不见，故说“不害”。“感其腓”过于急躁会有危险。古代婚聘的过程：纳采、问名、纳吉、纳征、请期、亲迎等。“居”：等候，安静。只要安“居”守静，顺从礼的规定，这样不但不会有危险，还可以获得成功。

九三：咸其股，执其随，往吝。

九三为本卦成卦之主。“股”，大腿。互体巽为股、为随。三在二之上，腓的上部是大腿。艮与震相综，震为足。三在震的最上位，故说“感其股”。艮为手、为执。巽为随，故说“执其随”。“执其随”，心无定主之意。九三被六二所牵系，又急欲与上六相应，但受九四、九五所阻隔，而心无定主。当男触摸到少女的大腿时，说明男女之情已经发展到较深的阶段，九三向上而取悦于上六时，往前受阻而出现“吝”难。

《象》曰：“咸其股”，亦不处也，志在“随”人，所执下也。

互体巽为风，风为动、为入。九三前往有困难，但又不能处于这里不动，必须往上前行，故说“亦不处也”。巽为志，乾为人。“志在随人”，心志随乾人而上行，不要因有困难而动摇。“所执下也”，说明少男要想得到少女之爱，不要急躁和心意不定，而应该执著于男下女的笃诚态度。

九四：贞吉，悔亡，憧憧往来，朋从尔思。

九四失位，故“悔”。九四为阳，故“悔亡”。“贞”，正也，正道。交感继续往上，已触摸到少女的大腿与背之间，坚守正道，按礼仪的规定办事，就可以获得“吉”祥；即使有悔恨之事，也会消“亡”。“憧”，音 tóng。“憧憧”，动心貌。前行至上为“往”。与初为正应，至内为来，六爻往来皆相感，故说“憧憧往来”。兑为朋。本爻动为坎，坎为思。“朋”，犹同也。“思”，心愿、志向。“朋从尔思”，说明少女受少男之交感而动心，男女之间的感情往来交流，相互沟通，遵从共同的心愿。初感于四、二感于五、三感于六为往；四感于初、五感于二、六感于三为来。少男少女相互感情交融，爱情十分幸福，实现了共同的心愿。

《象》曰：“贞吉悔亡”，未感害也。“憧憧往来”，未光大也。

坚守正道，“悔”恨将消“亡”。坤为害，坤隐乾中，坤未出现，故说“未感害也”。离为光大。初与四相互交换为离，现在离未出现，故说“未光大也”。虽然少男少女之间的交感之情，已经达到动心的程度，但在婚配之前，还不能光明正大地展现出来。

九五：咸其脢，无悔。

“脢”，音 méi，背脊肉。四爻变为坎，坎为脊。“咸其脢”，谓少男拥抱少女时手触摸到少女之背脊。九五得中得正，故“无悔”，没有“悔”恨。

《象》曰：“咸其脢”，志末也。

初爻为本，上爻为末，“末”即“上”。五与二为正应，大象坎为志。男向女求婚的志向达到了最高处，故说“志末也”。说明男女之间的婚配取得成功，即少女同意与少男结成夫妻。

上六：咸其辅颊舌。

上六为本卦主卦之主。“辅、颊”同义，即面颊，耳朵和眼睛之间的地方。四爻变为离，离为目，坎为耳。兑为口。“咸其辅颊舌”，即亲吻。

《象》曰：“咸其辅颊舌”，滕口说也。

“滕”，水涌也。“说”，悦也。“滕口说”，亲吻时口水不断涌出，说明少男少女结成婚配之后，夫妻感情喜悦美好。

恒卦䷟第三十二

恒 ䷟ (巽下震上)

《帛书易》、《归藏易》皆同。

来知德：恒，久也。男在女上，男动乎外，女顺乎内，人理之常，故曰恒。

恒：亨。无咎，利贞，利有攸往。

恒，卦名。与益卦相错。恒卦之下卦为巽，上卦为震。六爻皆有应，故说“亨，无咎”。震为雷，巽为风，雷在上，风在下，为天道自然的恒久之道；震为阳、为君，巽为阴、为柔、为臣，君在上，臣在下，为社会的恒久之道（古代社会的观点）；震为长男、为动，在上位，巽为长女、为顺，在下位，男动于上，女悦于下，为夫妻之间生活的恒久之道。初利于“贞”正，前往至四，为泰卦。泰者，通也，故说“利”于有所前“往”。“亨”通就无有“咎”害，利于坚守正道，利于有所前“往”。

《彖》曰：恒，久也。刚上而柔下，雷风相与，巽而动，刚柔皆应，恒。“恒：亨，无咎，利贞”，久于其道也。天地之道，恒久而不已也。“利有攸往”，终则有始也。日月得天而能久照，四时变化而能久成，圣人久于其道而天下化成。观其所恒，而天地万物之情可见矣。

恒卦之上卦为震、为刚，下卦为巽、为柔，故有“刚上而柔下”之象。“相与”即相助。震为雷，巽为风，故有“雷风相与”之象。巽，顺也。震，动也。“巽而动”，犹言顺而动。恒卦之初六与九四相应，九二与六五相应，九三与上六相应，故有“刚柔皆应”之象。由于恒卦具有以上的几种意义，故名之曰“恒”。之所以“亨，无咎，利贞”，就是由于长久保持恒久之道。互体乾为天，乾含坤，故说“天地之道”。乾为日，兑为月。震为动，日月运行于天空，恒久照耀大地，故说“日月得天而能久照”。乾为终，震为生，故为“始”，故曰“终则有始”。震为春，巽为夏，兑为秋，乾为冬，四季循环不已，故“四时变化而能久存”。乾为圣人。“天下化成”，天下得到治理。坤卦《文言》：“天地变化，草木蕃。”圣人观察天地恒久之道的有序性来治理国家，使天下国家得到教化，从而形成理想的境界。震巽均为木，震为竹、为苇，巽为草茅，故说“万物之情可见矣”。认真观察恒久的道理，天地万物发展变化的情状就看得明白了。

《象》曰：雷风，恒，君子以立不易方。

上卦震为雷，下卦巽为风，雷风相助为恒。乾为易、为立，坤为方。“易”，变动。“方”，方正，犹道也。初六前进至四，九三不动，故说“立不易方”。君子观此卦象，在立身处世时，不要改变了人生的“方”正之道。

初六：浚恒，贞凶，无攸利。

初六为本卦成卦之主。“浚”，深也。半坎，坎为水，在下为渊，故说“深”。初六与九四皆失位，但是为相应位，故说“贞凶”，宜于坚守正道，可以避免“凶险”的事情发生。由于与九四非正应，故“无攸利”。夫妻之道虽为恒久之道，但夫妇如何相处要有一个过程。内三爻讲妇道，女主内，要柔顺，持家；外三爻讲夫道，对内是主心骨，对外要刚毅。夫妇要恒久而和谐相处，都要遵循夫妇之道。在旧社会，由于男婚女嫁是按“父母之命，媒妁之言”而包办的，在男女之间刚刚结婚时，妻子要求丈夫像多年的夫妻一样感情很深，是不可能的，要求太急反而会导致夫妻之间的不和谐。所以，男女双方都要坚守循序渐进之道，否则，就会有不和谐的事情发生。

《象》曰："浚深"之"凶"，始求深也。

初六为长女的主爻，以阴柔处阳位，位不当。巽为不果，为决躁，有质柔而志刚急躁冒进之象，所以，初六未得夫妇恒久之道。乾为元，故为"始"。"始"而"求深"，违背事物渐进发展的规律，故"凶"。

九二：悔亡。

"悔亡"，悔恨消亡。九二以阳爻居阴位，位不当，故"悔"；但九二居下卦之中位，故"悔亡"。

《象》曰："九二悔亡"，能久中也。

乾为久，九二居中。古人认为，夫妇相处之道，男子应有阳刚之气，女子应有阴柔之德，如果相反，则家道不昌而有"悔"恨。九二之长女，以阳刚之德处夫妇之道，妻子以刚性之道对待丈夫，则夫妇之间难以和谐而发生"悔"吝之事。但九二之长女能行中正之道，故"悔亡"，不和谐的事情就不会发生了。"九二悔"吝的事情没有发生，是因为能"恒"久保持"中"正之道。

九三：不恒其德，或承之羞，贞吝。

巽为进退、为不果，互体乾为德，故有"不恒其德"之象。互体乾错坤，坤为羞。九三上承乾阳。乾卦九三爻辞说："或跃在渊"，故九三有"或"之义。故说"或承之羞"。巽为长女。九三以阳爻居阳位，说明长女的气质刚而又刚，专横不讲理，不可能奉行妻子之道。在夫妻关系上，朝三暮四，不能保持恒久中正之德。由于长女没有中正之德而行为不轨，失去了自己的节操，而被丈夫所休弃。在旧社会，妻子被丈夫所休弃，是最大的"羞"辱。对此，只有坚守正道，才能防止"吝"难的事情发生。

《象》曰："不恒其德"，无所容也。

九三下上皆敌应，进退都被阻塞，故"无所容也"。不能恒久保持其德行，就不能在社会上“容”身处世。

九四：田无禽。

“田”同“畋”，打猎。震为田猎。九四为震卦之主爻。震为长男。田猎为男人之事。互体巽为禽，男人田猎于外。下卦巽为长女，下卦为内。妻子持家于内，男女各司其职。九四与初六相应，与相应之爻为阴虚，故“无禽”。“田无禽”，打猎没有获得猎物。男人外出打猎一无所获，说明没东西养活家室，不能尽其丈夫之职。

《象》曰：久非其位，安得“禽”也？

九四以阳爻处阴位，“久非其位”，又失中，过中就不能恒久，哪能打猎有所收获呢？九四之长男过刚而丧失其中正之德，处外做事而无所获。

六五：恒其德，贞。妇人吉，夫子凶。

六五为本卦主卦之主。六五居上卦之中，有中正之德，下与九二相应，故说“恒其德，贞”，恒久保持柔顺之德，合于正道。六五以阴柔居阳位，故说“妇人吉”。妇人保持柔顺之德则“吉”，六五失位不正，故说“夫子凶”。 “夫子”，指男子。男子保持柔顺之德则“凶”。六五阴爻处阳位，位不当，说明男子没有阳刚之气，没有勇敢进取的精神，万事不成，不能养活家室，成就事业，所以“凶”也。

《象》曰：“妇人贞吉”，从一而终也。“夫子”制义，从妇“凶”也。

六五下应九二，故说“从一而终”。“从一而终”，是旧社会妇女必须遵从的道德，丈夫死后不许改嫁给第二个男人，守寡而终其一生。“妇人之贞”的“贞”，即指“从一而终”，从男尊女卑的观点看，妇女“从一而终”则“吉”。乾为义。“制”，裁制也。“义”，事宜也。六五失位下顺从阳刚之妇，故说“凶”。男子要有刚强果断的能力，判断是非，裁制事宜；如果相反，优柔寡断，听从妇人支配，没有主见，则万事不成，家道不兴，所以可能有“凶”险的事情发生。

上六：振恒，凶。

“振”，动也。上卦震为动。“振恒”，使恒久之道发生震动，即不能保持恒久之道。上六处震卦之极，有震动不能保持恒久之象，故“凶”。上六以阴爻处阴位，说明丈夫之气质弱而又弱，思想动而又动，夫妻关系难以维持，所以有“凶”险之象。

《象》曰：“振恒”在上，大无功也。

上六居卦之极，不宜动，却偏要动。“振”，动也。阳为大。“大”，指九三之阳。九三想往上与上六相应与，受九四所阻，故说“大无功也”。

遁卦䷠第三十三

遁 ䷠（艮下乾上）

《帛书易》作“掾”，《归藏易》作“遂”。

来知德：遁者，退避也。六月之卦，不言退而曰遁者，退止有退后之义，无避祸之义，所以不言退也。为卦天下有山，山虽高，其性本止；天之阳性上进，远避而去，故有遁去之义；且二阴生于下，阴渐长，小人渐盛，君子退而避之，故为遁也。

遁：亨。小，利贞。

遁，卦名，隐退之意。与大壮卦相综，与临卦䷒相错。艮为山，互体巽为入，乾为远。远入深山之中，故为“遁”。“亨”，亨通。君子在该隐退时必须隐退，隐退后不致受小人之陷害，故“亨”通。“小”，指六二，六二得位得中，上与九五为正应。互体巽为利。比喻弱小者在隐退之时，“利”于坚守正道。

《彖》曰："遁，亨"，遁而亨也。刚当位而应，与时行也。"小利贞"，浸而长也。遁之时义，大矣哉！

"遁而亨也"，该隐退时必须隐退，因而通泰吉祥。"刚"指九五，九五以阳爻处阳位，为当位；又与六二为正应，故说"刚当位而应"。艮为时，故"与时行也"，顺时势而行，意谓九五之君子，应该看清六二势力的增长而即时隐退。"浸"，渐也。阴"浸而长"，渐进而长。按十二消息卦，遁为六月之卦。下卦的阴柔渐长，利于坚守正道，不宜妄动向上侵犯而害阳。看清情势，隐退顺时而行的意义多么重"大"啊！

《象》曰：天下有山，遁。君子以远小人，不恶而严。

遁卦上卦乾为天，下卦艮为山，有"天下有山"之象。天比喻君子，山比喻小人，小人浸长，犹如山之侵天，君子远离小人而隐避，若天之远山，故"天下有山"，曰"遁"。九五为阳，为君子。六二为阴，为小人。乾为郊外，九五在郊外，故说"君子以远小人"。乾为严，乾错坤，坤为恶。"恶"，憎恶。"严"，威严。君子因此而远离小人，不怀憎恶的情感而威严自守，不与小人同流合污。

初六：遁尾，厉，勿用有攸往。

遁，隐也。爻象初为尾。四阳刚在上，上为前，四阳刚隐避于前，二阴尾随其后，初六在六二之后，故称"遁尾"。"厉"，危也。该隐退时不及早隐退，落在后面，必然会招来危厉的事情。六二为阴，阴遇阴为敌，为阻，故说"勿用有攸往"。不用有所前往，则可以避免危害。

《象》曰："遁尾"之"厉"，不往，何灾也？

艮为止，应该静止不动。初失位不正，动变阳为正，所以"遁尾厉"，隐退在末尾有危"厉"。"不往"，指本爻上遇六二之阴，为阴所止，故说"不往"。此时若不往前有所进取，只安于现状，怎么会有

“灾”祸呢？

六二：执之用黄牛之革，莫之胜说。

六二为本卦成卦之主。“执”，束缚也。“革”，牛皮。艮为手，为“执”，与九五为正应。乾错为坤，坤为黄牛。艮又为皮，所以说“执之用黄牛之革”。“胜”，能也。“说”，通脱。乾为坚刚，巽为绳，艮为手，牢固被束缚着不能脱身。“莫之胜说”，是说身有所系，如用黄牛之革束缚着一样，不能脱身隐退，应该坚守正道。

《象》曰：“执用黄牛”，固志也。

互体巽为志。“固志也”，用黄牛皮束缚着，说明六二有守中不隐退之志。

九三：系遁，有疾厉。畜臣妾，吉。

巽为绳，故说“系”，指心有所系恋。艮为止，故有“系遁”之象。“疾”，内心矛盾而心痛。“厉”，危也。巽为疾。九三与上九无应，前往遇九四之阳，相敌而不通，故有“疾厉”之象。九三处下卦之终，上无应与，下与六二亲比，说明九三心有所系恋没隐退，将有危“厉”的事情发生。艮为臣、为妾。“臣”，仆人。“妾”，女子。“畜臣妾”，比喻九三亲比于六二，说明九三只做畜养臣妾一样的小事，不能做治理国家的大事。做畜养臣妾的小事，则可以获得“吉”祥。

《象》曰：“系遁”之“厉”，有疾惫也；“畜臣妾吉”，不可大事也。

半坎，坎为疾惫。“惫”，音 bèi，疲乏。心怀系恋不能隐退而将有危厉，因心疾而造成身体上的疲乏。乾为大，坤为事，坤隐乾中，故说“不可大事也”。九三亲近六二不愿意隐退，以仆人女子为比喻，说明“不可”做治理国家的“大事”。

九四：好遁，君子吉，小人否。

九四与初六相应故说“好”。“好遁”，心怀恋情而欣然隐退。乾为君子，阴为小人。“否”，闭塞不通。“君子”隐退可获“吉”祥，“小人”隐退则行不通。

《象》曰：“君子好遁，小人否”也。

君子虽然怀有恋情，但需要隐退时却可以毅然隐退，小人就做不到这一点，故“否”塞不通也。

九五：嘉遁，贞吉。

九五为本卦主卦之主。互体为乾，乾为嘉。“嘉”，美也。九五以阳爻居尊位，刚中得正，下与六二相应，本可以不隐退，但经过深思熟虑，认清情势而及时隐退，此时坚守正道可获“吉”祥。

《象》曰：“嘉遁贞吉”，以正志也。

乾为嘉。“嘉”，美也。以嘉美的心情隐退，坚守正道可获“吉”祥，说明九五有端“正”的隐退之心“志”。

上九：肥遁，无不利。

“肥”，音 fēi，疾速也，飞速也。下应三，艮为飞。上九居卦之极，比喻上九有高飞遨然退避之象。与下二阴无牵应，不会阻挡，所以高飞速隐，无所阻挡，故“无不利”也。

《象》曰：“肥遁无不利”，无所疑也。

乾错坤，坤为疑。“疑”，疑虑、留念。上九居上卦之极，下无应与，心无留念系虑。高飞速隐，“无”所“不利”，说明上九心无所“疑”虑。

大壮卦䷡第三十四

大壮 ䷡ **（乾下震上）**

《帛书易》作“泰壮”，《归藏易》作“耆老”。

来知德：大壮者，大者壮也。大谓阳也，四阳盛长，故为大壮，二月之卦也。为卦震上乾下，乾刚而震动，大壮之义也。又雷之威震于天上，声势壮大，亦大壮之义也。

大壮：利贞。

大壮，卦名。与观卦䷓相错。“大”，指阳。“壮”，阳气渐长之义。大壮卦阳渐长至四，是大而强盛之状。大壮之时，利于坚守正道，否则可能做出强暴的事情来。

《彖》曰：“大壮”，大者壮也。刚以动，故壮。“大壮，利贞”，大者正也。正大，而天地之情可见矣。

阳大阴小，卦中含有四阳爻，故“大者”强盛。大壮卦之乾为刚，震为动，阳刚之气从下而升，比喻阳气大动，故“壮”也。大为强盛，利于坚守正道，说明大壮虽然“大”，但能守“正”道。乾为天。九四动为坤，坤为地。天地阴阳交感，天地万物生长、发育、衰亡的情状就可以看得清楚了。

《象》曰：雷在天上，大壮。君子以非礼弗履。

大壮卦之上卦为雷，下卦为天，故说“雷在天上”。雷在天上，威震四方，刚强威盛。乾为君子，错为坤，坤为礼。君子观此卦象，绝对不做（践履）“非礼”的事情，“非礼”则凶。

初九：壮于趾，征凶，有孚。

“趾”，足趾。初九得位，上与九四为相应位，震为足，故有“壮于趾”之象。乾为征。“征”，往前行也。壮者必有征进之志。由于初九与九四无正应，不具备征进的条件而征进，故“征凶”。乾为直、为信。“孚”，诚信。在不具备征进的情况下，应该诚信以自守，不可冒进。

《象》曰：“壮于趾”，其孚穷也。

“壮于趾”，强壮于足趾。“孚”，信也。乾为信。初九处卑下之位，又上无应与，故“穷”。强盛而又有诚信之德，不能征进，说明初九处于困穷的境地，只有自守等待时机。

九二：贞吉。

九二本卦主卦之主。九二以阳刚居下卦之中位，有强壮而有恭谦之德，又坚守正道，故可以获得“吉”祥。

《象》曰：“九二贞吉”，以中也。

“以”，因也。九二之“贞吉”，是因为阳刚居中的缘故。

九三：小人用壮，君子用罔，贞厉。羝羊触藩，羸其角。

“罔”，无也。“用罔”，即不用壮。“小人用壮”，小人自恃强盛而妄动。君子不盲目恃强“用壮”，守正而修养德行，以防止危险。“羝羊”，泛指大而强壮之羊。“藩”，藩篱。“羸”，音 léi，拘累缠绕。大壮卦之大象为兑，互体为兑，皆有“羊”之象；震为竹，为苇，藩篱之象。“羝羊”用强壮的体力去触闯藩篱，故有“用壮”之象。大壮之羊强行触抵藩篱，羊角必被拘累缠绕，不得解脱。

《象》曰：“小人用壮，君子罔”也。

“小人”盲目恃强猛闯，没有理智而“用壮”；“君子”虽然强盛，但有理智而不“用壮”。

九四：贞吉，悔亡，藩决不羸，壮于大舆之輹。

九四为本卦成卦之主。坚守正道可获“吉”祥，“悔”恨将消“亡”。“决”，破也、开也。震为藩篱，兑为毁折，“藩决”，破开之象。羝羊触藩，藩破而不缠绕其角，意为大壮可行之象。四变为坤，大舆之象。震为輹。“輹”同辐，车轮中的横木，輹壮就可以远行。九四为上卦之始，为大壮卦之最后一阳刚，上临近阴柔，不但可以大壮，而且还可以获得吉祥。

《象》曰：“藩决不羸”，尚往也。

“尚”，上也。九四与六五相比，故说“尚往也”，说明九四利于向上前往。

六五：丧羊于易，无悔。

互体兑为羊。“易”，场地，田畔也；震为大途，田场之象。田场丧失了羝羊，“无”所“悔”恨。

《象》曰：“丧羊于易”，位不当也。

本卦四阳在下为“大壮”，六五阴柔无阳，丧失其大壮，以丧羊于田场喻之。大壮既然丧失，就不能前进了，所以只悔恨而已。六五以阴柔居阳位，故曰“位不当也”。

上六：羝羊触藩，不能退，不能遂，无攸利，艰则吉。

震错为巽，进退之象。“遂”，进也。上六大壮终止，动之极处，所以触藩“不能退”。上六阴柔，故“不能”进。上六虽然阴柔不刚，但与九三相应，所以只有不退不进，暂时“无”所“利”，“艰”坚自守最终可获“吉”祥。

《象》曰：“不能退，不能遂”，不详也。“艰则吉”，咎不长也。

“详”，详审也。“遂”，成也。当壮终极之时，不能审时度势而行，故“不能退，不能遂也”。“艰贞”，艰苦地坚守正道则吉。上六处卦之极，物极必反，一切将会向相反的方向转化，所遇“咎”害时间是不会“长”久的。

晋卦䷢第三十五

晋 ䷢ **（坤下离上）**

《帛书易》作“溍”，《归藏易》作“晋”。

来知德：晋者，进也。以日出地上，前进而明也。不言进而言晋者，进只有前进之义，而无光明之义。晋则有进而光明之义，所以不言进也。

晋：康侯，用锡马蕃庶，昼日三接。

晋，卦名。与明夷卦相综，与需卦䷄相错。“晋”，进也，下坤上离，象征晋升。“侯”，指诸侯。侯对于天子为臣，对于卿、大夫又为君。“康侯”，能使民安康之侯。下坤为臣，与乾相错，乾又为君。互体艮为手，故说“锡”。“锡”，赐也。“蕃庶”，众多也。坤为马、为众、为多。使民安康之侯，受天子之赏赐，赐予众多马匹。坤错乾，乾为昼，坤为夜，故说“昼日”。离居三，三之象。艮为手，相接之象。一日得到天子的三次接见，说明康侯受到天子的极大恩宠。康侯受到极大的恩宠，是人世间的极大的晋升之象。

《彖》曰：晋，进也。日出地上，顺而丽乎大明，柔进而上行，是以“康侯用锡马蕃庶，昼日三接”也。

晋卦下坤上离，坤为地，离为日，“日出地上”之象。“日出地上”，不断上升，所以卦名为“晋”。坤，顺也。不断上升的太阳，光芒万丈。“丽”，离也，附也，故说“顺而丽乎大明”。晋卦的初、二、三均为柔，有柔不断上进而到达于六五之象。因此，康侯得天子的恩宠，赐赏众多的马匹，一日三次得到召见，正是这样的。

《象》曰：明出地上，晋。君子以自昭明德。

离，明也。日出地上，则上升到天之中，光明普照大地，以显君子光明之德。坤含乾，乾为德，比喻君子之德隐而不显。所以，君子观此卦象，要“昭”示光“明”之“德”，施恩惠于人民。

初六：晋如，摧如，贞吉。罔孚，裕无咎。

“如”，语助词。与四相应，故“晋如”。阴爻居阳位，位不当，故“摧如”。“摧如”，摧折艰难。初六处晋卦之初，要前进必受众阴之阻拦，上升的条件还不具备。初爻变得位，故“贞吉”。坚守正道待时而进则可获“吉”祥。离为罔。“罔”，中空。互体坎为孚。“孚”，信也。“罔孚”，没有取得众人的信任。坤为“裕”，“裕”，宽缓也。初六与九四相应，宽缓等待，必然没有“咎”害。

《象》曰：“晋如，摧如”，独行正也。“裕无咎”，未受命也。

“独行正也”，独自前进，合乎正道。初六居下卑位，若欲独自上进，会受到众阴之阻拦，不能独自前行，但是合乎正道的。因为，初六与九四为正应。宽缓等待就没有“咎”害。坤错乾，乾为命，乾隐坤中，故“未受命也”。初六不当位，居无用之位，与六五不相应，不能得到国君之诰“命”。

六二：晋如，愁如，贞吉。受兹介福，于其王母。

坤为忧愁。六二居两阴爻之间，上无应与，欲进升而无上级提携，说明进升之路坎坷，故“愁如”。但六二居中，柔顺中正，坚持正道，可获“吉”祥。互体艮为手，故称“受”。“介”，大也。“介福”，大福。坤错为乾，乾为“介福”。乾为王，坤为母。“王母”指六五。“于其”，犹言“由其”。六二由于受到王母的恩宠，而获得大“福”。

《象》曰：“受兹介福”，以中正也。

承受其大福，是因六二居中守正的缘故。

六三：众允，悔亡。

坤为众，众之象。“允”，信也。六三以阴居阳位，位不当，故有“悔”恨之象。六三与初六、六二皆有向上之愿，因而能获得众人的信任。六三虽不当位，但为下卦坤体之极，接近离明之位，故有顺上向明之象，因而能获众人的信任，即使有“悔”恨也能消“亡”。

《象》曰：“众允之”，志上行也。

“上”，指上卦之离明。互体坎为志。六三下得众人之信任，上与上九相应，其向上之“志”向可以推“行”也。

九四：晋如鼫鼠，贞厉。

艮为鼠。“鼫”，音 shí。“鼫鼠”，一种没有专长的老鼠，昼伏夜出，贪食怕人。九四居三阴之上，上临近六五之君，位不中不正，欲其上进，上畏于君，下畏于众人，又无专门的技能，故以“鼫鼠”喻之。九四意欲上进，处于危厉之境，所以只有坚守正道，才能防止危“厉”的事情发生。

《象》曰：“鼫鼠贞厉”，位不当也。

九四像“鼫鼠”一样处于危厉之境，是因为以阴爻处阳位，位不当的缘故。

六五：悔亡，失得勿恤。往吉，无不利。

六五为本卦成卦之主，又为主卦之主。六五以阴居阳，位不当，故有“悔”之象；但是居中位，有柔顺中正之德，即使有“悔”恨也会消“亡”。离为火，火时燃时灭，故有“失得”之象。“恤”，忧也。互体坎为加忧，忧恤之象，本爻动不成坎，故“勿恤”。所失与所得，无须忧愁。六五居大明之中，为柔顺中正之君，而下又顺从之；上九为乾爻，为飞龙在天之君，上进前往，必将大“吉”而“无不利”也。

《象》曰：“失得勿恤”，往有庆也。

上九为乾爻，乾为福。“庆”，福庆也，指前“往”必将带来福“庆”也。

上九：晋其角，维用伐邑，厉吉，无咎，贞吝。

艮为角。上九与六三相应。“角”，兽的角，兽角长在兽的头上，说明在其最高处。“晋其角”，犹言前进已经没地方了，不能再前进了。“维”，同“唯”。“伐”，征伐。坤为邑。“邑”，城邑。没有前进的可能，只有征“伐”自己不服从的城邑。离为戈兵，坤为众，本爻动为震，众人挥动戈兵，征伐之象。征伐自己国内不服从的城邑，虽有危“厉”，但最终可获“吉”祥，不会导致“咎”害。坚守正道，防止“吝”难的事情发生。

《象》曰："维用伐邑"，道未光也。

离为光明，上六为离之上爻，物极必反，表明光明将转化为黑暗而熄灭。"光"，大也。王道应以德服人，应用征伐，表明王道还"未"曾"光"大也。

明夷卦䷣第三十六

明夷䷣（离下坤上）

《帛书易》作"夷"，《归藏易》作"展"。

来知德：夷者，伤也。为卦坤上离下，日入地中，明见其伤，与晋相综，故曰明夷。

明夷：利艰贞。

明夷，卦名，与讼卦䷅相错。离为日，为光明。坤为地。下离上坤，象征光明陨灭。日入地中，象征暗君昏君在上，光明之臣在下，不能显示其光明与智慧。"利艰贞"，在明夷昏暗之时，君子利于认识到环境之艰难，坚守正道，不可盲目行事。

《彖》曰：明入地中，明夷。内文明而外柔顺，以蒙大难，文王以之。"利艰贞"，晦其明也。内难而能正其志，箕子以之。

离为火、为明。坤为地。"夷"者，灭也。明入地中，光明"夷"灭之象。明夷卦内卦为离，为文，为明；外卦为坤，为柔顺，故曰"内文明而外柔顺"。明在地下，为坤阴所蔽，"大难"之象。"以蒙大难"，指周文王被囚于羑里之事。三爻比喻文王。"大难"，指坤。坤为弑父，犹纣杀比干。互体坎为隐幽，三陷坎中，象文王拘禁于羑里。震为诸侯，指文王。文王有内文明而外柔顺之德，因蒙受囚禁之难而能保全。“以”，通“已”，已经。“文王以之”，文王已经就是这样。坤为晦。“晦其明”，隐晦其光明。箕子为商纣王之叔父，被纣王囚禁起来，故称“内难”。坎为志，箕子佯狂为奴，隐晦其光明而不做事，得以免遭祸害，所以说“内难而能正其志”也，箕子正是这样的。

《象》曰：明入地中，明夷。君子以莅众，用晦而明。

“莅”，音 lì，临也。“莅众”，犹言统治民众。“君子”，指九三。“莅”，坎临近坤。坤为众、为晦，离为明，故“用晦而明”。君子观此卦之象，应该隐晦自己的明智，从而更加显示自己道德的光明。

初九：明夷于飞，垂其翼。君子于行，三日不食。有攸往，主人有言。

“明夷”，光明夷灭，指昏暗之世道。“明夷于飞”，说明贤人处黑暗之世时，应该逃避。“飞”，逃避之速。“垂其翼”，是说逃避时要收敛起翅膀，小心翼翼。离为飞鸟，故有“于飞”之象。君子指初九，初九为阳，阳为君子。六五为阴，表示昏暗之君在上；初九有光明之德，有德的君子，不食昏君的俸禄，所以有“君子于行，三日不食”之象，形容贤人逃避之急之速，连吃饭的时间都没有。离为三，为日，三日之象；离中虚，为大腹，空腹为“不食”之象。初九与六四为正应，故说“有攸往”。初九为震卦之主爻，震为人，为言，故说“主人有言”。有所前往，所到之处主人责难远逃之贤人，因为灾难还没有发生，似乎不应该逃遁。

《象》曰：“君子于行”，义“不食”也。

“食”，指吃俸禄。君子逃避暗世，不吃昏君的俸禄，是正义的行为。

六二：明夷，夷于左股，用拯马壮，吉。

六二为本卦主卦之主。六二为阴、为臣。互体震为左。“左股”，左右之大臣。本爻动，互体为兑，兑与巽错。巽为股，股之象。“夷于左股”，说明有才德之臣被昏暗之君所伤害。“拯”，拯救。本爻动为乾，乾为健，为良马，“马壮”之象。用健马拯救之则“吉”。六二居下卦之中，得位得中，象征六二有柔顺中正之德，故“吉”。

《象》曰：“六二”之“吉”，顺以则也。

互体坎为法。“则”，法则也。六二以阴柔居阴位，阴为柔顺。六二之所以吉，是因为以柔顺中正之道为法“则”的缘故。

九三：明夷于南狩，得其大首，不可疾，贞。

离为南，为雉，为戈兵。震为田猎，故有“南狩”之象。“明夷于南狩”，前往南方去狩猎。“大首”，指上六。九三与上六为正应，居下卦离之极，上卦坤之下，阴压制光明，其最大之祸首为上六之阴，九三欲上进除害。震为决躁。“疾”，快速、急躁。九三以阳居阳位，过刚，故“不可以疾，贞”。不可急躁，要坚守正道，方能成功。

《象》曰：“南狩”之志，乃大得也。

“乃”，于是。坎为志。阳为大，乾为得。坚持向南方狩猎的志向，于是将有所“大得”，不能马上采取行动的，必须待时而动。

六四：入于左腹，获明夷之心，于出门庭。

本爻动为巽，巽为入，互体震为左，坤为腹，故有“入于左腹”之象。“左”为大。“腹”，心腹。“左腹”，谓左右之大臣。互体坎为志。九三为坎之主爻，吸引上下二阴，故说“获明夷之心”。互体震综艮，艮为门庭，艮隐藏于震中，故说“于出门庭”。六四阴柔居阴位接近于六五，犹如左右之大臣接近于君，故能知道其昏君之心，于是迅速逃出门庭，远离昏君。

《象》曰：“入于左腹”，获心意也。

坎为心。处于左右大臣的位置，能够获得昏君的“心意”。

六五：箕子之明夷，利贞。

六五亦为本卦主卦之主。“箕子”，商代贵族，纣王的叔父，曾劝谏过商纣王，纣王不听，把他囚禁起来。箕子佯狂自晦以坚守光明之志，后来周武王灭商后把他放了出来。“箕子之明夷”，箕子的光明被夷灭。坚守正道，最终会有好的结果。

《象》曰：“箕子”之“贞”，明不可息也。

“息”，同熄，灭也。箕子坚守正道，说明他内在光明之德是不可能熄灭的。

上六：不明晦，初登于天，后入于地。

上六为本卦成卦之主。“晦”，暗也。“不明晦”，日落不明而晦，太阳初升天上，后落入地中，不发出光明，反生黑暗。上六为明夷的主爻，明夷到此已经完成，比喻上六以阴处明夷之极，昏暗到了极点之象。太阳初登于天上，照耀天下四方之国。后来入于地中是生黑暗，失去了本来的定则。

《象》曰：“初登于天”，照四国也；“后入于地”，失则也。

明夷卦与晋卦相综，离明在上，故说“初登于天”。离为明，为照，震数四，坤为方，故说“照四国也”。上六与九三相应。坎为法，故为“则”。“后入于地”，指明夷卦日在地下，比喻人君不但不以光明普照天下臣民，反生黑暗以伤害其臣民，这样就失去了为君的准则。

家人卦䷤第三十七

家人 ䷤（离下巽上）

《帛书易》同，《归藏易》作“散家人”。

来知德：家人者，一家之人也。八卦正位，巽在四，离在二。此卦巽以长女而位四，离以中女而为二，二四皆得八卦正位。又九五六二内外各得其正，皆家人之义也。

家人：利女贞。

家人，卦名。与睽卦相综，与解卦䷧相错。家人卦内离外巽。初二为阴柔，得位得正，象征女子主于内而又有柔顺中正之德。上卦之九五阳刚中正，象征男子主于外。男主外，女主内，是家道和谐之象征，故内离外巽为家人卦。“利女贞”，家道之昌盛“利女”子坚守正道。

《彖》曰：家人，女正位乎内，男正位乎外。男女正，天地之大义也。家人有严君焉，父母之谓也。父父，子子，兄兄，弟弟，夫夫，妇妇，而家道正。正家，而天下定矣。

“女”，指六二。“男”，指九五。六二为内卦之中位，故“女正位乎内”；九五为外卦之中位，故“男子正位乎外”。“男女正”，指男女各自遵守其德，各司其职，象征男女和谐。男为阳，女为阴，男女和谐，犹言阴阳和谐，阴阳和谐是天地间的最大的道理。“严君”，指父母。九五为天、为父。六二为地、为母。初为震爻，震为长子、为兄、为夫。互体坎为弟，离巽均为妇。初、三、五皆得阳之正，二、四得阴之正。故父子、兄弟、夫妇皆得正，说明家道正。家齐而后国治，所以“天下定也”。“家道”端“正”了，“天下”就能“安”定。

《象》曰：风自火出，家人。君子以言有物，而行有恒。

下离为火，上巽为风。火的燃烧因风而旺盛，火旺复又生风，故说“风自火出”，象征家庭的教化由家内而影响及社会。社会风化之根本，由家庭教化而出。三爻变，互体为坤，又有震象，震为言，坤为物，故说“言有物”。说话要诚实，不说空话假话。巽为风、为行。离为日，坎为月，日月恒常运行于天，故说“行有恒”，行为要端正而“恒”常不变。三阳得位，故有“君子”之象。君子观“家人”之卦象，要说话诚实，行为要端正“恒”久不变。

初九：闲有家，悔亡。

“闲”，防也。离中虚外坚，故有“防”卫之象。本爻动为艮，艮为家。“闲有家”，防止家里的人不道德或邪恶的事情发生，家道就会端正，“悔”恨之事必会消“亡”。

《象》曰：“闲有家”，志未变也。

初九处家人卦之始，离为明，有明察先见之明；初九为阳刚，有刚毅威严之貌，明察而又威严，故有“闲有家”之象。互体坎为志。“志未变”，防范于心志未变坏之前。初九为卦之始，对家人的管束，要在思想未变之前，这样容易防范。

六二：无攸遂，在中馈，贞吉。

六二为本卦成卦之主。“遂”，专也。“馈”，音 kuì，食也。火上有风，火受风的支配，故“无攸遂”。“无攸遂”，无所专断，受支配。男主外，家门之外的事情要听从丈夫。女主内，互体坎为食。“在中馈”，主持家中饮食之事。六二得中得正，坚守女主内的正常之道，可获“吉”祥。

《象》曰：“六二”之“吉”，顺以巽也。

“顺”，柔顺。“巽”，温逊。上卦为巽，“顺以巽”，顺从上卦之九五。六二与九五为正应，犹言妻子顺乎阳刚之丈夫。

九三：家人嗃嗃，悔厉，吉。妇子嘻嘻，终吝。

“嗃”，音 hè，嗃嗃，畏惧之声。坎为畏惧。九三阳爻居阳位，阳刚不中，表示一家的男主人，过于威严，故有“嗃嗃”之象。家有畏惧之声，虽有悔恨、危险，但是可获得“吉”祥。巽为妇，互体坎为子。“妇子”，妇人、儿子。震为乐。“嘻嘻”，骄佚欢闹之声。家中妇人、儿子有骄佚欢闹之声，最“终”必有“吝”难的事情发生。

《象》曰：“家人嗃嗃”，未失也。“妇子嘻嘻”，失家节也。

“失”，丧失、放弃。“未失也”，说明家中的男主人没有放弃他治家的威严做法。坎为节。“嘻嘻”过度，逸乐而不中节，有失家中礼节，故终有吝难也。

六四：富家，大吉。

本爻动为乾，乾为富。半艮，艮为家，故有“富家”之象。又三爻变，互体为艮，为坤。艮为笃实。坤为大业。六四以阴柔处阴位，与初九为正应，上又承九五，大得阳富之助，故有“大吉”之象。

《象》曰：“富家大吉”，顺在位也。

六四得位，下与初九正应，顺从初九；上与九五相比，顺从九五。上下皆顺从于阳，初九与九五皆得位，故说“顺在位也”。

九五：王假有家，勿恤，吉。

九五为本卦主卦之主。九五为天位，为王。“假”，音 gé，大也。九五以阳刚居中位，为尊位，据六四与六二相应，比喻九五之君以阳刚中正之美德大其家业。“勿恤”，没有忧虑，故获“吉”祥。

《象》曰：“王假有家”，交相爱也。

“交相爱”，指九五与六二交相应与，说明家人“交”互“相爱”，相亲和睦。

上九：有孚，威如，终吉。

“孚”，信也。本爻动为坎，坎为孚。四爻变为乾，乾为严、为威如。又巽错震，震为威。上九以阳刚居家人之上，表明家人之道已成。治家之道不外宽（孚）严结合，过宽或过严都会失之偏颇，只有恩威并重才是正确的。所以，心怀诚信，威严治家，终究可获“吉”祥。

《象》曰：“威如”之“吉”，反身之谓也。

九三当位，上九位不当。九三变为坤，坤为身。上反应于三，故说“反身”。威严治家而获“吉”祥，在于反求自身。威严治家的要道，要先从正身开始，“其身正，不令而行”，自己身正有示范的作用。

睽卦䷥第三十八

睽䷥（兑下离上）

《帛书易》作“乖”，《归藏易》作“瞿”。

来知德：睽，乖异也。为卦上离下兑，火炎上，兑润下，二体相违，睽之义也。又中、少二女同居，志不同，亦睽义也。

睽：小事，吉。

睽，卦名。与蹇卦䷦相错。“睽”，音 kuí，背离、违背、不合。下泽上火，乖违之象。“小事”，小指阴柔，小心做事。凡有事遇到矛盾不顺时，应小心寻求共同之处，存异求同。小心做事，可获“吉”祥。

《彖》曰：睽，火动而上，泽动而下。二女同居，其志不同行。说而丽乎明，柔进而上行，得中而应乎刚，是以“小事吉”。天地睽而其事同也，男女睽而其志通也，万物睽而其事类也，睽之时义，大矣哉！

睽卦之上卦离为火，下卦兑为泽，火炎上，泽润下，乖睽相背之象也。兑为少女，离为中女，“二女”共处父母之家，长大后应该各自有夫家，说明女大当嫁。如果女大不出嫁，则志不相同造成行为各异。“说”同“悦”，兑为悦。“离”，为明、为火，火附丽于物也，指上下含有和悦附丽于光明的意思。“柔”，指六五，“柔进而上行”居尊位，又居中位，与九二之阳刚相应。说明六五以和悦、柔顺中正的方法处理乖违之事，可获得吉祥。四爻变为艮，为坤，艮为天，坤为地。“天地”上下乖“睽”、矛盾转化化的“事”理却是相“同”的；

“男女”性别乖“睽”、矛盾，但其相互交感的心志却是相通的；宇宙万事“万物”相乖“睽”不同，但其发育、生长、茂盛、衰落、死亡的事理却是相同的。震为万物。万物随着时间的失衡，时而睽背，时而和合，睽合相即，“睽之时”的意“义”多么重“大”啊！

《象》曰：上火下泽，睽。君子以同而异。

上卦离为火，下卦兑为泽，故“上火下泽”。火炎上，泽润下，事物矛盾而相背。世间事物背离、矛盾是普遍的现象。君子观睽卦之卦象，懂得宇宙间没有绝对相同的事物，总是异中有同，同中有异，因此，应该以求同存异的态度认识问题和处理问题。

初九：悔亡，丧马，勿逐自复。见恶人，无咎。

初九处睽卦之初，与上无应，故有“悔”，但以阳爻处阳位，阳刚得正，故说“悔亡”。“丧”，失去也。互体为坎，坎为亟心（速疾）之马，忽然丧失，丧马之象。因“悔亡”，兑为喜悦，故有“勿逐自复”之义。离为见。坎为盗，“恶人”之象。“丧马”，乖睽之象。“勿逐自复”，谓在乖睽之时，应该处静等待，小心从事，乖睽自会消亡。“见恶人”，也应以温和的态度处之，不要激怒恶人，这样就不会有“咎”害的事情发生。

《象》曰：“见恶人”，以辟“咎”也。

“辟”同避，避免。以温和的态度对待恶人，是为了避免乖“睽”而发生“咎”害，处世要有修养、涵养。

九二：遇主于巷，无咎。

“遇主于巷”，指六五。六五为君位，故为“主”。九二与六五相应，离中虚，巷道之象。九二当睽之时，以阳居阴位，失位不当，本有咎害，但以阳刚居阴卑之位，有守谦应时之德，最后能与六五相遇于巷道，故“无咎”害。此处是告诫人们，当处乖睽之时，应该守静顺时，随机相处，不可急躁冲动，方可“无咎”。

《象》曰："遇主于巷"，未失道也。

"道"，指中正之道。"遇主于巷"，说明乖睽之事已相和合，是因为没有失中正之道。九二处下卦之中位，故"未失"中正之"道"也。

六三：见舆曳，其牛掣，其人天且劓，无初有终。

六三为本卦成卦之主。上卦离为目，见之象。互体坎为舆，为曳。"曳"，音 yè，从后拖引。离为牛，"牛"之象。"掣"，音 chè，挽也。兑错艮，艮为手，挽之象。六三与上九相应，六三为人位，故有"人"之象；上九为天位，故有"天"之象。"天"，颠也，最高处，牛角在牛头的最高处。坎为刑、为破。兑错艮，艮为鼻。"劓"，音 yì，古代割去鼻子的刑罚，人的鼻子被牛角碰伤，有"劓"之象。看见大车被向后拖曳着难以前进，拖车的牛也被挽制着，人的鼻子被牛碰伤。位不当，故"无初"，开初乖睽。"有终"，最终有好的结果。六三与上九相应，得上九阳刚的帮助，故有"有终"也。

《象》曰："见舆曳"，位不当也。"无初有终"，遇刚也。

六三以阴处阳位，位不当，在昏暗乖睽之世，意欲上进是不可能的，若执拗上进必有所伤。六三与上九相应，开初遇到矛盾，但最终是有好结果的。"位不当"，指六三以阴处阳位。"遇刚"，指六三与上九阳刚相应。

九四：睽孤，遇元夫，交孚，厉无咎。

坎为孤，为夫。九四下无应与，为上下二阴柔所包围，说明九四在乖睽之世，处在孤独之境地。"元"，大也。"夫"，人也。"元夫"，即大人，指初九。九四处在孤独时遇上初九这位大人。阳为君子，为大人。"交孚"，诚信相交，九四与初九处在相应位上，故可以诚信相交，虽有危"厉"但没有"咎"害。

《象》曰："交孚无咎"，志行也。

互体坎为志。"志行"，说明九四与初九在乖睽之世时，有共同济世的志向和采取统一的行动，以挽救世道的弊端。

六五：悔亡。厥宗噬肤，往何咎。

六五为本卦主卦之主。六五在乖睽之世，以柔处尊位，难以有与恶势力抗争的能力，故有“悔”恨之象。但六五处离卦之中心，说明有柔顺、光明之德；又下与九二相应，有虚己向下求贤之心，故“悔”恨可以消“亡”。离为宗。“宗”，宗族内部的亲属，指九二。兑错艮，艮为肤。“噬肤”，咬噬柔软之物，比喻柔顺平易。兑为口，六五为阴、为柔，有“噬肤”之象。六五与九二均居中位，有中道和顺之象。六五与九二相应，说明六五在乖睽之世虽有“悔”恨，但能得到九二之助挽救乖睽之世而有济世之功，这样前往有何“咎”害呢？

《象》曰：“厥宗噬肤”，“往”有庆也。

由于六五之主与九二之宗相应，表示宗亲团结，可以和顺平易地挽救乖睽之世。阳为庆，前往遇上九之阳，故说“往有庆也”。前往可以济世，济世则有功，有功则有“庆”赏也。

上九：睽孤，见豕负涂，载鬼一车，先张之弧，后说之弧。匪寇婚媾，往遇雨，则吉。

上九，乖睽到了极点。“豕”，猪也。“涂”，泥也。“见豕负涂”，看见猪背上糊满污泥。离错坎，坎为豕，为雨。四爻变为坤，坤为土，土得雨为泥涂，有“见豕负涂”之象；坤为鬼，坎为车，有“载鬼一车”之象。五爻变为乾，乾为先、为一。本爻与三相应，坎为弧，离为矢，有“张弓”之象。“说”，通“脱”。先张开弓，后又放下弓，狐疑不定之象。上九在乖睽之时的孤独，是自己疑心太重造成的。他所见的脏猪和鬼是莫须有的。“匪寇”，并非抢劫的强盗。“婚媾”，婚配。上九阳刚与六三之阴柔相应，婚配之象。坎为雨，雨之象。“雨”，指六三，雨为阴阳交合而成。“遇雨”者，指上九与六三相遇也。六三居泽之上，下雨之象。“遇雨则吉”，遇六三则吉。上九与六三相遇，和合共济以救乖睽之世，故“吉”。上九处乖睽之极，必定会向和合的方向转化，所以“吉”利也。

《象》曰：“遇雨”之“吉”，群疑亡也。

“疑”，猜疑。与六三相应，三为群，坎为疑，三变坎，疑不见，“群疑亡也”。遇到阴阳和合之雨而获得“吉”祥，上九的各种猜疑就自然消失了。

蹇卦䷦第三十九

蹇 ䷦（艮下坎上）

《帛书易》、《归藏易》皆同。

来知德：蹇，难也。为卦艮下坎上，坎险艮止，险在前，见险而止，不能前进，蹇之义也。

蹇：利西南，不利东北。利见大人，贞吉。

蹇，卦名，艮下坎上。与解卦相综，与睽卦䷥相错。后天八卦方位，坤为西南，六二为坤卦之正位，与九五为正应，故说“利西南”。艮为东北，艮为止，止而险，故说“不利东北”。“大人”指九五。互体离为见，二五得位相应，故“利见大人”。九五为阳刚有为之君，得六二贤臣的辅佐，可获“吉”祥。

《彖》曰：蹇，难也，险在前也。见险而能止，知矣哉。“蹇利西南”，往得中也。“不利东北”，其道穷也。“利见大人”，往有功也。当位“贞吉”，以正邦也。蹇之时用大矣哉！

“蹇”：跛足，行走艰难。卦之外卦为前，内卦为后。外卦为坎险，故说“险在前也”。“知”，智也。艮为止。看见前面有坎险而停止前进，是明智之举。六二前往应于九五之中正，故说“往得中也”。“中”，适中、合宜之意。险难之时行走于西南平易之地，是合适的。“其道穷也”，知道东北为坎险不利之地，还要前往，其道更是困穷。“往有功也”，蹇难之时，只有依靠天下贤才之大人，才能救济天下之蹇难，故而“利见大人”。“大人”，指九五。九五以阳刚居君位，九五以阳刚中正之德而能救济天下之蹇难，故前“往”而“有功”。“当位”，九五与六二均当位。初六虽然以阴居阳位，但处于卑下之位。五爻变为坤，坤为邦，九五处坤之中位，故有“正邦”之象，说明光明而不偏邪，能以明德而取信天下，故而邦国就能安定。艮为时。处于蹇难之时，济蹇的功用是多么重大啊！

《象》曰：山上有水，蹇。君子以反身修德。

上坎为水，下艮为山，故有“山上有水”之象。山是岩难，水是阻难，山上积有水，更增加了险难，故说“蹇”。艮为君子、为身。艮与震综，震为德。“君子”观此卦象，认识到在险难之时，宜于“反”求自“身”，修养德行，方能达到济蹇救世的目的。

初六：往蹇，来誉。

“往”，前往，往进。“来”，犹退也。艮为名，故为“誉”。本爻失位与六四相应，前往遇六二之阻，故说“往蹇”。阳来居初，得位以阳承六二，为“来誉”。初六处蹇卦之始，阴柔位卑而上无应与，在“蹇”难之时不宜上进前往，上进前“往”必有“蹇”难，唯有原地等待九三之“来”，才可以获得美好的赞“誉”。

《象》曰：“往蹇来誉”，宜待也。

“宜待”，指本爻动为正位以等待与六四相应。往前行有“蹇”难，退回来等待获得美誉，说明必须待时而往，宜于等待时机，时行则行，其道光明。

六二：王臣蹇蹇，匪躬之故。

“王”，指九五；“臣”，指六二。外卦之坎为国王的蹇难，互体之坎为臣属的蹇难，“王”和“臣”都陷于坎险之中，故称“蹇蹇”。坤为躬。“躬”，自身。王陷于坎险之中，不能救济其世之蹇难；臣陷于坎险之中，没有自身的自由，有“匪躬”之象。但是，六二柔顺居中，具有中正之美德，能为济蹇而牺牲自身，不是为了自身，而是为了国家的缘“故”。

《象》曰：“王臣蹇蹇”，终无尤也。

“无尤”，没有过错。艮为终。坤为患、为忧伤。虽然王和臣都陷入坎险之中，但都得位得中，又与九五相应与，所以最“终”没有过错。

九三：往蹇，来反。

九三为本卦成卦之主。往前行走必遇蹇难，九三处下卦之终，上卦为坎，往前行而遇坎险；九三与六二相比，“来”，犹归来也，回归“来”反比于六二，则安然无事。六二虽阴柔，不能建济蹇之功，但具有中正之德，希望有刚健之友而协助之，欢迎九三返回来与之亲比。九三取六二的谦逊之德，六二取九三的阳刚之德，刚柔相济，可以成就济蹇之功。

《象》曰：“往蹇来反”，内喜之也。

“内”，指内卦的六二之阴。九三之阴乐于返归于六二之阴。“之”，代词，指九三。“内喜之”，九三据二阴，说明下二阴喜欢九三来反与之亲比。

六四：往蹇，来连。

“连”，连接也。六四处在两坎陷之中，前往无应与，故“往蹇”。六四阴柔，无济蹇之才能，归来与九三比应，相互帮助以救济蹇难之世。

《象》曰："往蹇来连"，位当实也。

"当位"，六四以阴爻居阴位。"实"指九三，九三为阳、为实。六四与九三相比，六四之阴虚，比应九三之阳实，故称"实也"。

九五：大蹇，朋来。

九五为本卦主卦之主。阳为大。九五以阳刚居坎险之中，故称"大蹇"。"朋"，指六四、上六二阴爻。九五的上下两爻皆正位，当大蹇之时，朋友纷然而来协助九五以济蹇难之世。

《象》曰："大蹇朋来"，以中节也。

九五阳刚居中，故"中"。艮为节。"节"，符节，古代朝廷传达命令的凭证。九五下与六二相应，如合符节一样。说明在大蹇之时，不是孤立无援，有朋友来帮助。

上六：往蹇，来硕；吉，利见大人。

上六处蹇卦之极，往前行必遇蹇险。"硕"，指九三。艮为硕。"来硕"者，来归就应九三。上六阴柔，无济蹇的才能，又居上卦之极，前往必遇蹇难，必须来归就应九三。九三阳刚居正位，内卦之阴都乐于归从，归就九三可以建济蹇之大功，故"吉"也。互体离，离为目、为见，大人指九五，有"利见大人"之象。九三为济蹇难，建立了大功，当然利于晋"见"国君、"大人"。

《象》曰："往蹇来硕"，志在内也。"利见大人"，以从贵也。

"内"，指内卦的六二、九三。九五应六二，上六应九三。九五、上六与内卦的六二、九三合作才能救蹇险之世，故说"志在内也"。"贵"，指九五。"以从贵也"，遵"从"九五之尊贵的君主。

解卦䷧第四十

解 ䷧（坎下震上）

《帛书易》缺，《归藏易》作“荔”。

来知德：解者，难之散也。居险能动，则出于险之外矣，解之象也。又雷雨交作，阴阳和畅，百物解散，亦解之象也。

解：利西南。无所往，其来复吉。有攸往，夙吉。

解，卦名，下坎上震。与家人卦䷤相错。坎为险，震为动，居险而能动，险难缓解之象。西南为坤方，九四居坤之初，上遇二阴，故说“利西南”。坤阴柔顺安静，在经过蹇难之后，人心思安，只有用坤阴柔顺安静的方法，才能缓解险难。六五与上六为二阴。得敌不通，故说“无攸往”。解与蹇综，蹇卦艮止，故“无所往”。六五来复于二，各得其正，故说“其来复吉”。九二前往至五之阳位，故说“有攸往”。“夙”，早也。坎为夜，震为晨，天明故“吉”。有了险难，由黑夜而走向光明，故“吉”祥。

《彖》曰：解，险以动，动而免乎险，解。“解，利西南”，往得众也。“其来复吉”，乃得中也。“有攸往，夙吉”，往有功也。天地解而雷雨作，雷雨作而百果草木皆甲坼。解之时大矣哉！

解卦之下卦为坎，为险；上卦为震，为动，故说“险以动”。有了险难，奋起而震动，极力抗争，则可以脱离坎险之中，故说“免乎险”，故取卦名为“解”也。坤为地，为众。九二前往、后退皆遇坤阴，故说“往返得众”。九五来居二，故“乃得中也”。“中”，适宜、合宜。“得中”，谓无险难可解，退守静候，是十分合于时宜的。九二前往居五，得众，故说“往有功”，前往解难必能建立功业。震与艮综，艮为天，震为地，震为雷，坎为雨，有“雷雨”兴起之象。“雷雨”兴起，时当春天，阳气上升，天地舒解。震为春天，故有“百果草木”之象。离为甲。春天“百果草木”的种子都舒解萌芽。“坼”，破也。震为动，震动故百果草木的种子的外壳破裂，意即萌芽。由此可见，舒解的时机是多么重“大”啊！

《象》曰：雷雨作，解。君子以赦过宥罪。

震为雷，坎为雨。“作”，兴起。“雷雨”兴起，象征春天到来。春天到来，万物复苏，生机萌发，舒解之象。震综艮，艮为君子。坎为罪，震为解。“宥”，音 yòu，宽大。“君子”观此卦象，应该“赦”免有过错、宽“宥”有“罪”之人。

初六：无咎。

初六处解卦之始，象征险难已经初步舒解。初六以阴柔居下，上与九四相应，故“无咎”也。

《象》曰：刚柔之际，义“无咎”也。

“刚”，指九四；“柔”，指初六。“际”，交际，即是相应。“刚柔之际”，指初六与九四交相应。阴为义。“义”，理也。“义无咎也”，由于刚柔相济，合乎宇宙自然之理，就没有“咎”害。

九二：田获三狐，得黄矢，贞吉。

九二为本卦主卦之主。“田”，通“畋”，打猎也。本爻动为艮，艮为狐。坎为弓。离为三、为黄矢。故有“田获三狐，得黄矢”之象。打猎获得三只狐狸，狐狸代表隐伏之患。“黄矢”，比喻九二中正刚直。九二上应六五之君，处在险难已经初解之时，应当承担清除隐患的重任。由于九二具有刚直中正之德，只要坚守正道，就能担起这个重任，获得“吉”祥。

《象》曰："九二贞吉"，得中道也。

九二居中，故"得中道也"。"九二"之"贞吉"，是因为九二居中，"得中道"的缘故。

六三：负且乘，致寇至，贞吝。

解与蹇综，艮为负。"负"，负重。坎为车。六三居坎之上，故有"乘"之象。坎又为盗，"寇"盗之象也。负重而乘大车，是告诉别人有珍贵的财物，必招致寇盗的抢劫。在解难之时，六三不中不正，乘凌于九二阳刚之上，攀附九四之下，犹如小人窃据高位，就像负重搭乘大车一样，处于危险的境地。因此，六三应该坚守正道，防止"危"吝之事发生。

《象》曰："负且乘"，亦可丑也。自我致戎，又谁咎也。

坤为丑。"丑"，愚蠢。负重而乘大车，是愚蠢的事情。互体离为"戎"，坎为寇盗。六三位不当，是不应该所居的位置，犹如"负且乘"，自己招来寇兵之祸，能把"咎"害归罪给"谁"呢？

九四：解而拇，朋至斯孚。

九四为本卦成卦之主。震为足，九四为震之初爻，故有"拇"之象。"而"，汝（你）也。"拇"，大足趾，以喻九四依附于六三之小人。"朋"，指六五、上六。本爻动，互体坎为孚、为信。"解其拇"，要像舒解你大足趾的隐痛一样摆脱小人的依附，于是朋友就会诚信地和你交往。

《象》曰："解而拇"，未当位也。

九四以阳爻居阴位，失位，故说"未当位也"，所以需要朋友的帮助以解脱困境。

六五：君子维有解，吉，有孚于小人。

震综艮，艮为君子。"维"，系也。六五以阴居尊位，又近比于九四，与九二相应，比喻柔顺中正之君。在舒解之时，若谦虚礼贤下士，能得贤人君子之助而舒解之，故“吉”也。这样就能以诚信之心感化“小人”。

《象》曰：“君子有解”，“小人”退也。

六五与九四相比。九四为震卦的主爻。震综艮，艮为君子。九四应该升至五。五位当，故能“有解”，故说“君子有解”。“退”，六五应该退居四，说明“小人”没有逞能的环境而自行“退”却了。

上六：公用射隼于高墉之上，获之，无不利。

“隼”，音 sǔn，鸷鸟，猛禽。“公”，王公大人，指上六。震为公、为射、为隼。上六为解卦之极，故为高。“墉”，城墙。离为墉。公用箭射高城上的恶鸟，一箭射中。六居解卦之终极，柔顺得正，能摆脱攀附之小人，就像“射隼而获之”一样。能摆脱攀附的小人，舒解的工作已经完成，故说“无不利”也。

《象》曰：“公用射隼”，以解悖也。

坎为悖。“悖”，背逆也。下卦为坎，互体亦为坎，双重坎险。上六居重坎之外，故有“解悖”之象。六三以阴居阳，位不正，而且又负且乘，不应于上，为悖逆之人也。用“公用射隼”比喻解脱悖逆者。

损卦䷨第四十一

损 ䷨（兑下艮上）

《帛书易》同，《归藏易》作“员”。

来知德：损者，减损也。其卦损下刚卦，益上柔卦（来知德原文如此），此损之义也。又泽深山高，损其深以增其高，此损之象也。

损：有孚，元吉，无咎，可贞，利有攸往。曷之用？二簋可用享。

损，卦名，减损也。与益卦相综，与咸卦䷞相错。损卦下卦为兑、为阴卦，阴卦多阳；上卦艮为阳卦，阳卦多阴，损下卦之阳益上卦之阴，故称为“损”。本卦象六爻皆有应，故有“孚”之象。“孚”，诚信。三爻变为乾，乾为元。“元”，大也。有诚信之德，成事大吉，没有咎害，可以坚守正道。下卦各爻与上卦各爻都相应，故“利有攸往”，利于有所前往、前进。“曷”，音 hé，何也。“曷之用”，有何用处。互体震为簋。“簋”，音 guǐ，盛饭的圆型器皿，盛行于西周时期。坤数为二，故有“二簋”之象。兑为享。“享”，奉献、祭祀。“二簋可用享”，两簋饭食可以用来奉献给在上位者或祭祀神灵。

《彖》曰：损，损下益上，其道上行。损而“有孚，元吉，无咎，可贞，利有攸往。曷之用？二簋可用享”。“二簋”应有时，损刚益柔有时。损益盈虚，与时偕行。

以下卦之九二阳益上卦六五之阴，故有“损下益上”之象。犹如臣子忠心为国君做事，百姓向国君交纳赋税、服徭役一样。上能止，下顺从，上下交泰，其志相同，故“其道上行也”。损而又有诚信，因而能获得“元吉、无咎、可贞、利有攸往”这四种善事。减损之道有何用呢？用两簋饭食就可以奉献给神灵。奉献二簋，应讲究时宜，损下卦之阳刚益上卦之阴柔也要讲究时适。互体坤与乾错，乾为盈，坤为虚。损，减少。益，增加；盈，充实；虚，空虚。事物的减少、增加、充实、空虚，是随着时间的推移而变化的，强调“损之时”的重要性。

《象》曰：山下有泽，损。君子以惩忿窒欲。

上艮为山，下兑为泽，故有“山下有泽”之象。“惩”，止也。互体为震，震为武人，为急躁，故有“忿”之象。“忿”，怒也。“惩忿”，止息忿怒。“窒”，闭塞也。坤为闭塞。震为口，表示有饮食之欲望。“窒欲”，节制欲望。君子观此卦象，应该息止忿怒，节制邪恶，减损自己不善的行为。

初九：已事遄往，无咎。酌损之。

“已”，竟也，“已成”之意。“事”，损刚益柔之事。互体震为行、为奔驰，故“遄”。“遄”，音 chuán，疾速也。损刚益柔向国君交纳赋税之事要迅速去做，并且使之完成，因而没有“咎”害。初九与六四相应，故有损刚益柔之事。“酌损之”，损刚不能损得过头，要减损得适度。初九以阳爻居阳位，有过刚之象，虽然过刚，但要酌情减损为好。

《象》曰：“已事遄往”，尚合志也。

“尚”同上，指上卦之六四。坤为志。损刚益柔之事，合乎六四之志。六四为阴，初九为阳，为正应，损刚益柔之事之所以能迅速完成，是因为合乎六四的志向、愿望。

九二：利贞，征凶。弗损，益之。

利于坚守正道，不利于前往，若急于前往，必有“凶”险。九二以阳居中，适中而宜，没有多余；六五以阴居中，也是适中而宜，没有不足。若损下益上，或损上益下，皆失其中。所以九二利于坚守中道，不要盲目而益上，若盲目益上，必招致“凶”险。九二与六五虽得中，但都不正，故说“弗损，益之”。九二不要自己减损，只要坚守中道，就能增益其上。

《象》曰：“九二利贞”，中以为志也。

九二居中，故为“中”。二为坤位。坤为志。“中以为志也”，以坚守中正之道作为自己的志向。

六三：三人行，则损一人。一人行，则得其友。

六三为本卦成卦之主。“三”，指六三、六四、六五三阴爻。互体震为人。“一人”，指六三。若六三、六四、六五三人同求于上九，上九必受损。六三一人上求于上九，则必得其朋友。六三与上九相应，六三上求于上九，上九必然答应与之为朋友。

《象》曰："一人行"，"三"则疑也。

互体坤为疑。一人上求于上九，必得应合；若三人同求于上九，上九将疑惑而不知所从。

六四：损其疾，使遄有喜，无咎。

本爻动，互体为坎，坎为疾，故有"疾"之象。"疾"，疾病、心疾。初九阳爻处阳位，阳刚过盛，故"疾"。"其"，指初九。六四与初九为正应，初九损己之过刚而益六四之阴虚，因而有"损其疾"之象。"遄"，速也。互体坤错乾，乾为喜。使初九以正位速往，六四以正位速纳，使之减损其初九过刚之"疾"而使刚柔平衡，故有"喜"庆而又"无咎"害。

《象》曰："损其疾"，亦可"喜"也。

减损初九过刚之疾，是因为六四迅速接纳的缘故。故初九与六四皆有"喜"庆也。

六五：或益之十朋之龟，弗克违，元吉。

六五为本卦主卦之主。互体为坤、为"十"。六五下应九二之阳，阴应阳或阳应阴皆为"朋"。大象为离，离为龟，"龟"之象也。又艮为龟。两龟为一"朋"，"十朋"为大宝，比喻受益之大。朋和"龟"皆为古代货币单位。《说文·贝部》："古者货贝而宝龟。"六五在应当减损之时，柔顺虚中，与九二相应，有礼贤下士之德，天下之人皆宾服之，因而受天下人之大益。"弗克违"，六五受益"十朋之龟"不能推辞，因以德受益，非不义之益，故能获得大大的"吉"祥。

《象》曰："六五元吉"，自上佑也。

"上"，指上九。上九为阳，为天。"自上佑也"，六五与上九相比，表示六五有来自上天的保佑。

上九：弗损益之。无咎，贞吉，利有攸往，得臣，无家。

上九为本卦成卦之主。上九居损卦之极，将由损下益上而转化成为损上益下，上卦艮山之土流失而益下卦之兑泽，但上九已到以下益上之极，毋需自损而向下施益之惠。艮，止也。当损之时，必止之以不损，故“无咎”。坚守正道，可获“吉”祥。六三利于前往，与上九相应，故说“利有攸往”。阳为君，阴为臣，上九得六三之应，故有“得臣”之象。艮为家。本爻动为坤，坤为国，艮不见，故有“无家”之象。“得臣”有国，有国才有“家”，无国则“无家”。

《象》曰：“弗损益之”，大得志也。

坤为志，上九据下之坤阴，阳乘驾于阴之上，有“大得志”之象。上九转为损上益下，必得臣下之普遍爱戴。不损下而又益之，大得臣民拥戴之心。得民之心者，必得其民也，所以“大得志也”。

益卦䷩第四十二

益 ䷩（震下巽上）

《帛书易》同，《归藏易》作“諴”（音 xián）。

来知德：益与损相综，益之震上而为艮，则损下以益上，所以名损。损之艮下而为震，则损上以益下也，所以名益也。

益：利有攸往，利涉大川。

益，卦名，“增益”的意思。与恒䷟卦相错。九五阳刚过剩，表示国君极为富有，应该减损富有以益下民。损上益下，则减损国君之富，使之利益于民众，故为“益”。减损国君之富不为“损”，只有利益从民才为“益”。这是《易传》的人民性立场。坤为大川，初九得位，与六四为正应，六四在坤体中，故说“利涉大川”。

《象》曰：益，损上益下，民说无疆。自上下下，其道大光。“利有攸往”，中正有庆。“利涉大川”，木道乃行。益动而巽，日进无疆。天施地生，其益无方。凡益之道，与时偕行。

以损上之阳而益下，故说“损上益下”。坤为民。“说”同“悦”。震为乐、为悦，故有“民悦”之象。互体坤为广、为地，广大的土地，故有“无疆”之象。“无疆”，“无限”的意思。九五为君，阳爻处阳位，阳为实、为富，表示富有。六二为阴、为虚，表示贫困。减损君上之富有，以增益下民之贫困，民众就会感到无限欢乐。九五与六二为正应，表示“自上下下”。第一个“下”字是动词，有下到、下施之意。君上之恩泽下施到下民百姓之中，其道义大为光明。“中正”，指九五。坤与乾错，乾为喜。九五刚中居正而又能益下，必得民众的拥护，因而利于有所前“往”，必有喜“庆”之事。“木道”，木船，指初九。益卦之上卦为巽，巽为木，故有“木道乃行”之象。震为舟，坤为水，表示乘舟而行。乘舟而涉大川，乃通行无阻。“益”之下卦为震、为动，上卦为巽、为逊、为顺。在损上益下之时，下者震动而上巽顺，则增益就会日日增进而广大。九五为阳，为天，与六二相应，表示向下施予阳气或恩德，故有“天施”之象。震为生，坤为地，故有“地生”之象。“方”，方域，有限。“无方”，没有穷尽。“天施地生，其益无方”，上天施降阳气，地受之而化生万物，天地施益遍及万方，犹即国君施与恩泽于百姓，其受益无穷尽。互体为艮，艮为时。“与时偕行”，增益之道要因时间的变化而施行，当益则益，当损则损，不可以丰满的而再增益之，更不可以本来亏欠的而再减损之。

《象》曰：风雷，益。君子以见善则迁，有过则改。

益卦之上卦为巽，巽为风；下卦为震，震为雷，因而有“风雷”

之象。古人认为，风烈则雷迅，雷激则风怒，两者相互增益，故说“益”。坤错为乾，乾为喜。坤为迁。“迁”，就也。坤为过。君子观此卦象，看见善德善行就迁就而学习之，有了过错就迅速改正，从而增益自己的德行。

初九：利用为大作，元吉，无咎。

初九为本卦成卦之主。“用”，犹“于”也。震为春、为耕。春天，农民大兴耕作。春耕为“大作”，春天利于做耕作的大事。初九处益卦之初，阳刚得位，上九与六四为正应，有处下获益之象，利于大有作为，大“吉”大利，没有“咎”害。

《象》曰：“元吉无咎”，下不厚事也。

“下”，指下位。“厚事”，重大之事。震为决燥，坤为事。初九处震卦之初，地位最为卑下，又决燥，不宜于做大事。只有做到尽善尽美，大“吉”大利，才能“无咎”。

六二：或益之十朋之龟，弗克违，永贞吉。王用享于帝，吉。

与损卦相综，损卦之六五，转为本卦之六二，故本爻辞与损卦的六五相同。互体为坤，十为坤之成数，互体艮为龟。坤为朋。六二上应九五，九五之君奖授“十朋之龟”，不能推辞。两龟为一“朋”。六二阴居中位得正，上与九五阳刚正应，故“弗克违”。“克”，能也。由于六二虚心处下，尽心事奉九五之君，因而得到“十朋之龟”的大赏赐，不能推辞不受。只有永远坚守正道，可获吉祥。坤为王、为帝。震为祭祀。王又享祭天帝，求上天保佑，故获“吉”祥。

《象》曰：“或益之”，自外来也。

“自外来”，指六二之益来自外卦之九五。六二与九五为正应，六二在损上益下之时，往上得到九五之增益。

六三：益之用凶事，无咎。有孚中行，告公用圭。

互体为坤。六三居坤之中，坤为凶、为事，故有“凶事”之象。

上九意欲益六三，为九五所隔阻，故“凶”。但是六三与上九为正应，说明已经受益很多，必须用所受之益，去补救亏损者，才能“无咎”。坤为孚。“孚”，信也。“中行”指九五。六三与六二、六四都同信于九五，故有“有孚中行”之象。震为言，为“告”，故有“告”之象。“公”，共也，指六二、六四。六二、六三、六四共同上应于九五。震为玉，“圭”之象。震又为诸侯。“公”，指诸侯。“告公用圭”，谓诸侯共同朝觐天子，手执玉圭以表示诚信。六三不当位与上九相应，表示受益至多，但不能因受益多而忘忧，必须像执圭告公一样，诚信守中而不要走向偏邪。

《象》曰：“益用凶事”，固有之也。

益之六三受益很多，如果不用以拯救亏损则凶。三多凶，凶为六三所“固有”的特征。

六四：中行告公，从，利用为依迁国。

“中行”，指九五。震为告。坤为臣、为众。六四与九五相比，以柔顺从阳，故“从”。六四得位不居中。“中行告公，从”，如果六四以中道可行之事告于九五，九五顺从之，表示损上益下之义。巽，顺从也。“依”，依从，依止。艮为止，故有“依”之象。坤为国，震为动，国动，故有“迁国”之象，“迁国”，迁移国都。六四上承九五，依从于王“迁”移“国”都，以有益于民众。

《象》曰：“告公从”，以益志也。

坤为志。六四以中道可行之事告之于九五，六四求益于九五，九五顺从，表示实现了损上益下之“志”。

九五：有孚惠心，勿问元吉。有孚惠我德。

九五为本卦主卦之主。“惠”，顺也。坤为顺、为心。“惠心”，顺心也。震为问。互体为艮，与震相错，震不见，故“勿问”。“勿问”，犹言不必要问。九五得位得中，以阳刚中正之德居尊位，下与六二为正应，怀有诚实惠民之心以益下，故“元吉”。“我”，指九五。坤为我。坤错乾，乾为德。由于九五有惠益下民之诚心，天下的人必将以真诚之心回报九五的恩“德”。

《象》曰：“有孚惠心”，勿问之矣。“惠我德”，大得志也。

阳为大，乾为得，坤为志。故有“大得志”之象，大得损上益下之志，得民众的真诚回报。

上九：莫益之，或击之。立心勿恒，凶。

上九与九五相敌，没有增益的可能，故“莫益之”。“莫”，无也。上九与六三相应，若益六三，为五所阻止。互体艮为手，故有“或击之”之象。坤为心，巽为不果，故说“立心无恒”，犹豫不定。上九居益卦之极，物极必反，损上益下将会转化为损下益上的趋势。没有人增益他，却有人攻击他，心意不安定，有“凶”险之象。若损上以益下，民之心就会恒定不变，必得百姓欢悦而拥护，就没有人会攻击了。

《象》曰：“莫益之”，偏辞也。“或击之”，自外来也。

“偏辞”，褊狭之辞。上九与六三相应，上九以阳爻居阴位，六三以阴爻居阳位，上九不能益下，六三不能受上九之益。益卦之本义是损上益下，上九不能益下，与卦义相违背，故说“莫益之，偏辞也”。“外”，指九五。九五与上九相敌，上九欲下益六三，就会招致九五的攻击，故说“自外来也”。

夬卦䷪第四十三

夬 ䷪ **（乾下兑上）**

《帛书易》同，《归藏易》作“规”。

来知德：夬者，决也，阳决阴也，三月之卦也。其卦乾下兑上，以二体论，水在天上，势必及下，决之象也。以爻论，五阳长盛，一阴将消，亦决之象也。

夬：扬于王庭，孚号有厉，告自邑。不利即戎，利有攸往。

夬，卦名。与姤卦相综，与剥卦䷖相错。“夬”，音 guài，决也，绝也。兑上缺，故绝也。乾为扬、为王，巽错为艮，艮为庭，故有“扬于王庭”之象。“扬”，宣扬、宣布。“王庭”，百官会聚之处。国君在王庭里宣扬诰令，决断制裁小人，表示公正无私。乾为孚。兑为口、为号。“号”，号令。乾为厉，故有“孚号有厉”之象，是说以诚信的态度号令众人防备危险。兑为告。乾错坤，坤为躬、为自、为邑、为众。“告自邑”，告诉邑内的众人。乾为戎。一阴处五阳之上，故“不利即戎”，即“不利”于兵“戎”相见，“利”于有所前“往”。九三与上六正应，前往能裁小人而达到和谐。

《彖》曰：夬，决也。刚决柔也。健而说，决而和。“扬于王庭”，柔乘五刚也。“孚号有厉”，其危乃光也。“告自邑，不利即戎”，所尚乃穷也。“利有攸往”，刚长乃终也。

“夬”，决断也。按十二月消息卦，夬卦为三月之卦，为五阳刚在下，一阴柔在上。阳为君子，阴为小人。五阳刚在下表示君子的势力强大；一阴柔在上，表示小人的势力微弱。因而君子能决断、战胜小人，故说“刚决柔也”。“说”通“悦”。乾为健，兑为悦，故说“健而悦”。“决而和”，君子以刚健之德，以和悦的态度决断小人，达到与小人和睦相处。“柔乘五刚也”，上六一阴柔乘于五阳刚之上，虽然有小人在上，但有众多君子主持公道，王庭仍然会公正无私。“光”，广也。“孚号有厉，其危乃光也”，朝廷虽然用诚信的态度号召众人，但是有小人在上，仍然有危险，这种危险可能漫延广大。“尚”，同上。“穷”，极也。“所尚乃穷也”，“告自邑”即告戒上六。上六为夬卦之极，已经到穷极之地，因而不利于有兵戎之事。“刚长乃终也”，阳刚决胜阴柔已经“终”结。

《象》曰：泽上于天，夬。君子以施禄及下，居德则忌。

上卦为兑、为泽，下卦为乾、为天，故有“泽上于天”之象。泽上于天，犹天上有水汽，阴阳相决，水气凝聚降而为雨，故以“夬”为卦名。乾为君子，为禄，水润泽于下，化育万物，故有“施禄及下”之象。乾错坤，坤为居。“居”，积也。乾为德。互体均为乾，故说“居德”也。君子观此卦象，应该施恩泽于下。如果修善积德而不施恩泽于下，则会招致“忌”恨。

初九：壮于前趾，往不胜，为咎。

“壮”，伤也。初九为震卦主爻，震为足。初为震的初爻，故为“趾”。震为动，阳遇阳为敌，故为“壮于前趾”。初九处夬卦之始，上与九四无应与，要想决断，力量不足，若要执意前往必伤其足“趾”。急躁冒进，前“往”而不会获“胜”，还会招来“咎”害。不能取胜而盲目前“往”，必招致“咎”害。

《象》曰：“不胜”而“往”，咎也。

初与四为敌应，没有条件取胜。没有胜算而盲目前“往”，必有“咎”害。告诫人们凡事开始都必须谨慎，才能有取胜的把握。

九二：惕号，莫夜有戎，勿恤。

乾为惕，为号令，故说“惕号”。“莫”，通“暮”。乾错坤，坤为暮夜。兑为兵戎。“恤”，忧也。时刻警惕，即使夜间有出现兵戎之事，也不必忧虑。

《象》曰：“有戎勿恤”，得中道也。

二居中，乾为道。九二以阳刚居中位，有阳刚中正之德，并以“中”正之“道”行事，故即使有兵戎之事，也无须忧虑。

九三：壮于頄，有凶。君子夬夬独行，遇雨若濡，有愠，勿咎。

九三阳爻处阳位，故“壮”。“壮”，大壮也。“頄”，音 qiú，历来解释为“颧骨”，章太炎释“頄”为“胫肉”，小腿之肉[①]。九三为艮爻，艮为腓、为胫，小腿也。“壮于頄”，伤到了小腿，不能行走，故有“凶”险之象。乾为君子。九三上下无比应。“夬夬”，孤立的样子。“独行”，指本爻独与上六相应，君子独自前行无人相助而决断小人。“遇雨”，指上卦兑为泽、为雨，故说“遇雨”。“濡”，湿也。乾为衣。“遇雨若濡”，遇雨打湿了衣服，比喻在与小人周旋时遇到小的麻烦。“愠”，心情不快意。“有愠”，周围的君子对与小人周旋产生不快意，但是没有“咎”害，即不会被小人所伤。

《象》曰：“君子夬夬”，终无咎也。

乾为终。九三与上六为正应。君子刚毅果断，终究能决制小人而没有“咎”害。

九四：臀无肤，其行次且。牵羊悔亡，闻言不信。

“臀无肤”，臀部没有了皮肤。兑与艮错，艮为肤。本爻动为坎，坎为臀。兑为毁折，“无肤”之象。乾为行。九四位不当，上下无应，为阳所困，故有“次且”之象。“次且”，读为 zī jū，即趑趄，行动困难的样子。臀部没有皮肤，行动十分困难。兑为羊，与巽相综，巽为绳，牵羊之象。“羊”谓抵狠难移动的动物。九四以阳刚居阴柔之位，说明九四虽然刚强，但是决断不足，若与九五之阳刚相牵系，可以补充九四决断之不足而悔亡。坤为悔。乾与坤错，不见坤体，故有“悔亡”之象。兑为耳，故说“闻”。乾为言，故说“言”，又为信；兑为口、为言。互体为乾为内，兑为上卦为外，乾之言在内，兑之言在外，两言相背，故有“闻言不信”之象。“闻言不信”，九四失正，虽有阳刚之体而无阳刚之志，其言“不”足为“信”。

① 《章太炎全集》（一）第 314 页，上海人民出版社，1984。

《象》曰："其行次且"，位不当也。"闻言不信"，聪不明也。

九四阳爻处阴位，位不当。兑为耳，故有"聪"之象。"聪"，听也。"聪不明也"，虽能听但不能明白其道理。本爻动为坎，坎为耳痛，耳痛则听不明也。

九五：苋陆夬夬，中行无咎。

九五为本卦主卦之主。"苋"，音 xiàn。"苋"，山羊细角。兑为羊，故有"苋"之象。兑与艮错，艮为山、为陆。"夬夬"，孤立的样子。"苋陆夬夬"，羊在陆地上孤立无助。象征九五为君得不到臣民的拥护，难以决制朝廷中的小人。九五阳刚得位，但是下无应与。九五得中，乾为行。在孤立无助不能决制小人的情况下，只有按中正之道行事，方能没有"咎"害。

《象》曰："中行无咎"，中未光也。

兑为黯昧。"光"，广也，故有"未光"之象。"中未光也"，由于九五孤立无助，其中正之道未能发扬光大也。

上六：无号，终有凶。

上六为本卦成卦之主。兑为口、为号。"号"，号啕，痛哭。上六阴柔处阴位，象征不能决制下五个阳刚，虽无须痛哭，终会招致凶险。上六为夬卦之极，必定要向相反的方向转化，故"终有凶"。

《象》曰："无号"之"凶"，终不可长也。

一阴在上，为众阳所逼，必会遭到失败，所以有"终不可长"之象。

姤卦䷫第四十四

姤 ䷫ **（巽下乾上）**

《帛书易》缺，《归藏易》作"夜"。

来知德：姤，遇也，五月之卦也。一阴生于下，阴与阳遇，以其本非所望而卒然值之，如不期而遇者，故为姤也。

姤：女壮，勿用取女。

姤，卦名，音 gòu，遇也。与复卦䷗相错。古代娶女必定在夜晚，所以叫“婚”。姤卦下巽上乾，象征阴遇阳，即女遇男，婚姤之象，故卦义为姤。“取”，娶也。“壮”，强壮。一阴柔承五阳刚，象征一女遇五男，过于强壮之女不宜娶为妻子。

《彖》曰：姤，遇也，柔遇刚也。“勿用取女”，不可与长也。天地相遇，品物咸章也。刚遇中正，天下大行也。姤之时义，大矣哉！

“姤”，一阴柔与五阳相遇，故说“柔遇刚也”。“不可与长也”，娶强壮不正之女为妻，不可能长久相处。阴遇阳，“天地相遇”也。乾错坤，坤为万物。“品物”，品类之物及万物。“章”，同彰，彰显也，犹言繁茂。按十二月消息卦，姤为五月之卦，正是万物生长茂盛之时。巽为草木、为高、为长，故有“品物咸章”之象。天为阳，地为阴，天地间的阴阳相遇，万物发育生长繁茂。“刚遇中正”，指九二之阳刚遇九五之刚中。刚健诚信之臣遇阳刚有为之君，则天下的教化将大为畅行也。巽错震，震为时。可见，相遇得适时是多么重要啊！

《象》曰：天下有风，姤。后以施命诰四方。

卦之上卦为乾，乾为天；下卦为巽，巽为风，故有“天下有风”之象。风行天下，万物全都与风相遇，故卦义为“姤”。乾为后、为君。巽为命、为诰。乾错坤，坤为四方。“后”，君王。“诰”，诰命，发布诰命。君王观此卦象，发布诰命，晓谕四方之民，使四方之民人人皆知。

初六：系于金柅，贞吉。有攸往，见凶，羸豕孚蹢躅。

初六为本卦成卦之主。巽为绳，故说“系”。“柅”，音 ní，织布用的一种工具，俗称梭子。乾为金，巽为木，故有“金柅”之象。

"金柅"，阳刚之物，指九二。初六与九二相比。"系于金柅"，意谓初六之阴柔为九二阳刚所系，表示家庭主妇织布以供丈夫之用，男耕女织为古代社会之正道，坚守这个正道就可以获得"吉"祥。"见"，现也。一阴柔处五阳刚下，阴阳极不平衡，如果前往，必会出现"凶"象。巽错为震，震为凶。巽为羸，为豕。"羸"，音 léi，瘦弱。"羸豕"，羸弱之猪，指初六。巽为进退，故有"蹢躅"之象。"蹢"，音 zhī，《说文》，驻足。"躅"，音 zhú，《说文》，行走。"蹢躅"，踌躇不定。初六以阴爻处阳位，位不当。以羸弱之猪踌躇不定，比喻告诫只能坚守其位，否则必遇"凶"险。

《象》曰："系于金柅"，柔道牵也。

"牵"，牵连也。"柔道牵也"，重申阴柔的初六为九二阳刚之所牵制。

九二：包有鱼，无咎，不利宾。

九二为本卦主卦之主。"包"，包裹也。巽为白茅，故说"包"。巽为鱼，鱼为阴性之物，指初六。"包有鱼"，九二阳刚居中，下据初六，象征"包有鱼"。九二得中位，故"无咎"。巽为宾。姤为五月之卦，五月天气炎热，白茅包裹着的鱼已腐败不能食用，所以不利于用来款待"宾"客。

《象》曰："包有鱼"，义不及"宾"也。

"义"，宜也。九二阳爻处中位，阳为义。"义不及宾"，腐败的鱼按道理不宜于用来款待宾客。

九三：臀无肤，其行次且。厉，无大咎。

姤卦与夬卦相综，姤卦之九三与夬卦九四相同，故皆有"臀无肤，其行次且"之象。乾为行。九三以阳爻处阳位，有过刚之象，上无应与，没有相遇的对象，故"厉"。但九三得位，故没有大的"咎"害。

《象》曰："其行次且"，行未牵也。

"次且"，即趑趄。九三上下无比应，或上或下，踌躇不定。九三处于孤立状态，其行动未曾"牵"系别人，得不到别人的帮助。

九四：包无鱼，起凶。

"包"、"鱼"同九二解。九四不中不正，与初六为正应，初六为九二所包，故有"包无鱼"之象。阴为民。"包无鱼"，以喻九四失民之象。"起"，动也。九四虽与初六相应，但为九二、九三所阻隔，因而丧失其民。九四失其民，与九二相争，因不中不正，必招致"凶"险。

《象》曰："无鱼之凶"，远民也。

"民"，指初六，九四远离初六，故说"远民"。"远民"，远离下民。远离下民，丧失民心，故遭受失民之"凶"。

九五：以杞包瓜，含章，有陨自天。

九五亦为本卦主卦之主。巽为杞，乾为果，瓜果之象。按十二月消息卦，姤为五月之卦，枸杞与瓜果皆为五月成熟之物，故有"瓜"之象。"以杞包瓜"，以杞木做的盆盘盛瓜果。乾为含、为大明，故为章。"含章"，含藏章美。以杞盆盛瓜果，含藏有章美之象。"陨"，从高处下落之物。乾为天，巽为陨，故说"有陨自天"。九五为君，人君的诰命自天而降，神圣而威严。

《象》曰："九五含章"，中正也。"有陨自天"，志不舍命也。

九五当遇之时，虽不与民相遇，但有"含章""中正"之美德，施行诰命于天下，犹如天下有风，没有物不与相遇的，九五之相遇何其广大啊！九五居中，故有"含章"之美德。乾为志、为命。"志"，心志。"舍"，违背。"志不舍命"，心志"不"违背天"命"。

上九：姤其角，吝，无咎。

乾为头。上九居乾之上，故有"角"之象。上九处姤卦之终，所遇已经到了极尽处，没有发展的余地了，故有悔“吝”。既无所遇，因而就不与之相争，也就不会有“咎”害。

《象》曰：“姤其角”，上穷吝也。

相遇到了极尽处，是因为上九是姤卦的穷极之位，物极必反，故必生悔“吝”。

萃卦䷬第四十五

萃 ䷬（坤下兑上）

《帛书易》作“卒”，《归藏易》不明。

来知德：萃者，聚也。水润泽其地，万物群聚而生，萃之象也。又上悦而下顺，九五刚中，而二以柔中应之，萃之由也。

萃：亨，王假有庙，利见大人。亨，利贞。用大牲吉，利有攸往。

萃，卦名。与升卦相综，与大畜卦䷙相错。“萃”，音 cuì，聚也。萃卦下坤上兑，坤为万物，会聚于泽中，故为“萃”。“王”，指九五，以阳爻居君位。互体艮为庙。“假”，至也。巽为入，故有“王假有庙”之象。第一个“亨”，祭也。君王进入宗庙进行祭祀，是最大的聚会。聚会之时，利于晋见大人。第二个“亨”字，通也。晋见大人，前途亨通，利于坚守正道。兑为秋，故说“利贞”。坤为牛，巽为豕，兑为羊，牛、猪、羊皆为“大牲”。巽为利。六二与九五为正应。所以，大聚宗庙之时，用大牲祭祀鬼神，可获得“吉”祥，利于有所前“往”。

《彖》曰："萃"，聚也。顺以说，刚中而应，故聚也。"王假有庙"，致孝享也。"利见大人亨"，聚以正也。"用大牲吉，利有攸往"，顺天命也。观其所聚，而天地万物之情可见矣！

"萃"，会聚、团聚。坤为顺，兑为悦，故说"顺以悦"。九五为君，以阳刚居中位，并与六二为正应，故说"刚中而应"。阳刚居尊位，并坚守中正之道，又应合于下，能得下民之拥护而聚合民众，故萃卦之卦义为"聚"也。君王到宗庙祭祀祖先神灵，表明对祖宗的孝敬。"大人"指九五之君，君、臣、民之聚会，使臣民利于晋见大人，说明九五之君行其正道，以悦下之德聚会臣民，故"亨"通。天指九五，巽为命。天道的本质是刚健而不失其中正之道。萃卦九五以阳刚居中，并且悦而顺，正合于天命，故说"顺天命也"。互体艮为观，坤为万物。观察其所会聚的万物，天地万物的情状就可以看得"见"了。

《象》曰：泽上于地，萃。君子以除戎器，戒不虞。

萃卦之上卦为兑，兑为泽；下卦为坤，坤为地，故有"泽上于地"之象。地上之低洼处为泽，为水流会聚之处，故称为"萃"。"萃"，会聚也。艮为君子。"除"，修治。兑为斧钺，艮为刀兵，故有"戎器"之象。"除戎器"，修治、保管好武器。"虞"，预料。坤为乱，艮为止，"戒不虞"，预防无法预料的事情发生。君子观此卦象，应该修治兵器，戒备在群聚之时发生的不测动乱事件。

初六：有孚，不终，乃乱乃萃。若号，一握为笑。勿恤，往无咎。

初六以阴柔处会聚之初，上与九四相应。坤为顺，兑为悦，上和悦而下顺从，故"有孚"。初六与九四相应，相应则相会聚，但是初六企图上攀九五之君与之会聚，因为初六与九五不相应，最终不能与之相聚，故有"不终"之象。坤为乱、为聚。企图与九五相聚，是迷乱的举动，故说“乃乱乃聚”。互体巽为号，故有“若号”之象。艮为手，“握”之象。本爻动为震，震为笑，有“笑”之象。“恤”，忧也。坤为忧。初六与九四相应，故说“勿恤”。倘若呼号九四，九四必定和悦而应之，握手相笑而会聚。这样没有忧虑，前往没有“咎”害。初六为下、为民，何以能与九五之君会聚呢？

《象》曰：“乃乱乃萃”，其志乱也。

坤为志、为乱。行为迷乱，与不该会聚者相会聚，说明心志迷乱。

六二：引吉，无咎。孚乃利用禴。

“引”，牵引、引导。六二与九五为正应，六二受九五之召唤而会聚，可获“吉”祥而没有“咎”害。“禴”，音 yuè，夏祭，夏天只用饭菜不用大牲的微薄祭祀。六二与九五为正应，故为“孚”。互体巽错震，震为帝、为祭祀，坤为吝啬，故有“孚乃利用禴”之象。只要诚信中正，即使用微薄的祭品，也可以取信于神灵而获得保佑。

《象》曰：“引吉无咎”，中未变也。

六二应九五均居中，故说“中未变也”。六二受九五之召唤会聚而无咎害，说明六二与九五居中守正的德操没有改变。

六三：萃如嗟如，无攸利。往无咎，小吝。

“嗟”，叹息，伤心。巽为嗟。六三处下卦之终，以阴柔处阳位，位不正，上又无应与，想求会聚而没有人与之会聚而伤心，故有“嗟如”之象。巽为利。六三位不当，上无应与，故说“无攸利”。但与九四相比，所以前往与之会聚，没有“咎”害。六三与九四虽为相比，但是均失位不正，不是阴阳的正应，故“小”有“吝”难。

《象》曰：“往无咎”，上巽也。

“巽”，顺也。“上巽”，向上顺从于四、五之阳刚。萃卦之卦义为会聚，向上顺从于阳刚，前往与之会聚，故“无咎”也。

九四：大吉，无咎。

九四不中不正，居多惧之地，本不吉利。但九四以阳刚之德率领三阴，当萃聚之时，率三阴而会聚于九五，上悦而下顺，故可获大吉大利而“无咎”害。

《象》曰：“大吉无咎”，位不当也。

九四失位不正，未处尊位，本不应该大吉，但能率领三阴而会聚于九五，因而获得“大吉”，没有“咎”害。

九五：萃有位，无咎，匪孚。元永贞，悔亡。

九五为本卦成卦之主，又为主卦之主。“有位”：当位、得位。九五为萃卦之主，高居尊位。当会聚之时，臣民皆来会聚，故“无咎”。“匪”，不也。九五取信于六二，但是为九四所阻隔，不能取信于六二，故有“匪孚”之象。“元”者，善也。九五阳爻处阳位，有乾元永贞之善德。“永贞”，永远坚守正道。“悔亡”，悔恨之事必将消亡。

《象》曰：“萃有位”，志未光也。

巽为志。兑为暗昧。巽错为艮，艮为光明，艮隐藏不现，故说“志未光也”。会聚之时，九五高居尊位，而其会聚之“志”“未”能“光”大。

上六：赍咨涕洟，无咎。

“赍”音jí。“赍咨”，嗟叹之声。兑为口，故有“赍咨”之象。互体艮为鼻。“洟”，鼻液也。兑为泽、为水。故有“涕洟”之象。“涕洟”，痛哭流涕。上六萃卦之终而无应与，又以阴柔乘凌于九五之阳刚，欲求会聚而不可得，非常恐惧，故痛哭流涕。因其恐惧，故谨慎行事，故“无咎”也

《象》曰：“赍咨涕洟”，未安上也。

哀叹而又痛哭流涕，说明上六“未”能“安”于困穷之“上”位。

升卦☷第四十六

升 ䷭ （巽下坤上）

《帛书易》作“登”，《归藏易》作“称”。

来知德：升者，进而上也。为卦巽下坤上，木生地中，长而益高，升之象也。又综萃，萃下卦之坤，上升而为升之上卦，亦升之象也。

升：元亨，用见大人，勿恤，南征吉。

升，卦名，下巽上坤。与无妄卦䷘相错。巽为木，坤为地，地中生木，象征上升。巽，逊也。坤，顺也。树木渐渐地生长，和逊柔顺而上升，故大为“亨”通。“大人”，指九二。九二与六五相应，九二虽为大人，但属臣位，六五之君欲用九二，故说“用见大人”。坤为忧、为恤。二与五相应，故“勿恤”。“用”于上“见大人”，没有忧虑。震为南、为征，九三与上六正应，故说“南征吉”，向“南征”伐可获“吉”祥。

《彖》曰：柔以时升，巽而顺，刚中而应，是以大亨。“用见大人，勿恤”，有庆也。“南征吉”，志行也。

升卦是以萃卦之下坤上升而来的，坤为柔顺，故说“柔以时升”。升卦之下卦为巽，上卦为坤，坤为顺，故说“巽而顺”。九二阳刚居中，上应于六五，故说“刚中而应”。二升至五，故有“有庆”之象。升卦以大通之德，“用见大人”，必有吉庆之事。震为南，巽为志，坤为行。向“南征”伐就是向坤“升”之“志”而“行”。就是说“南征吉”，是因为合乎坤的上“升”之“志”。

《象》曰：地中生木，升。君子以顺德，积小以高大。

升卦之下卦巽为木，上卦坤为地，有“地中生木”之象。木生于地中，有逐渐长大上升之势，故有上“升”之象。坤为顺、为德。坤又为阴、为小、为积。巽为高、为长。互体兑错艮，艮为君子。君子观此卦象，应以柔顺之德，积小善以成就崇高，做出伟大的事业来。

初六：允升，大吉。

初六为本卦成卦之主。“允”，宜也。“允升”，宜于上升。初六处升卦之始，下卦巽为木，木生土中，日长而上，故有“允升”之象。初上升遇九二之阳，初与二相比，故“大吉”，宜于上升。

《象》曰：“允升大吉”，上合志也。

初与二相比，故说“上合志”也。巽为志。宜于上升而大吉，是因为合于巽木“上升”之“志”也。

九二：孚乃利用禴，无咎。

九二与六五相应，所以说“孚”。“禴”，夏天的薄祭。九二为阳刚中正之臣，上应于六五，为柔弱之君所任用，只要心怀中正诚信，就可以获得君王的信用而“无咎”害。是说只要心怀诚信，即使夏天用微薄的祭品祭祀神灵，也可以获得神灵的保佑，赞扬中正诚信的重要性。

《象》曰：“九二”之“孚”，有喜也。

震为喜。二与五相应，故有“有喜”之象。九二以诚信之德，被六五之君所任用，必有“喜”庆的事情到来。

九三：升虚邑。

阳实阴虚，九三为阳，为实。上卦坤为阴、为虚、为邑。九三临近于虚邑之坤，上升至坤，故有“升虚邑”之象。

《象》曰：“升虚邑”，无所疑也。

坤为疑。九三上升遇六四之阴，阳遇阴为通，故“无所疑也”。九三上升至虚邑是必然没有可疑“惑”的。

六四：王亨用于岐山，吉，无咎。

互体震为王，指六五。兑为亨。“王”，指周文王。“亨”，祭祀。“岐山”，在今陕西省岐山县东北。巽为岐，升与萃综，艮为山，故有“岐山”之象。“王亨用于岐山”，周文王到岐山祭祀神灵，可获“吉”祥而“无咎”害。这里用周文王顺从殷王的典故，说明六四处上卦之下，以阴柔处阴位，在上升之时，宜于以柔顺之德坚守臣子之位，可获“吉”祥而“无咎”害。

《象》曰：“王亨用于岐山”，顺事也。

坤为顺、为事。“顺事”，指周文王顺从事服殷王之事，说明“柔以时升”的道理，是说处在柔弱的条件下，要顺从环境之所逼，等待时机。

六五：贞吉，升阶。

六五为本卦主卦之主，与九二相应。坚守正道，可获吉祥，故“贞吉”。坤为土，互体震为高，故有“升阶”之象。“升阶”九二上升至五，各得其正之志。就像沿着阶梯一步步上升一样，九二上应六五，犹如成就事业，得到君王的嘉赏，故可获“吉”祥。

《象》曰：“贞吉升阶”，大得志也。

坤为志。九二坚守正道，步步上升，阳升至五而得正位，故说“大得志也”。

上六：冥升，利于不息之贞。

坤为晦冥，故说“冥”。“冥”，昏昧。上六处升卦之极，也居坤阴之极，昏昧上升不已之象。坤为死，震为息，故有“不息”之象。“息”，增长。不可轻易妄为，利于坚守正道。

《象》曰：“冥升”在上，消不富也。

坤为消、为不富，故说“消不富也”。昏昧而上升，处于极高之上位，说明上升之势已经“消”弱而不会有所增“富”了。

下经（下）

困卦䷮第四十七

困 ䷮（坎下兑上）

《帛书易》、《归藏易》皆同。

来知德：困者，困穷也。为卦水居泽下，枯涸无水，困之义也。又六爻皆为阴所揜，小人之揜君子也，穷困之象也。

困：亨。贞，大人吉，无咎。有言不信。

困，卦名，困穷也。与井卦相综，与贲卦䷕相错。下坎上兑，水在泽下，象征“困”穷。水在泽下，即泽中无水，泽中的草木、鱼类皆处于困穷的境地，故卦名为“困”。困卦之下卦为坎，坎为阳；上卦为兑，兑为阴，阳下阴上，阴阳交合，故“亨”通。“大人”，指九二与九五。九二与九五均阳刚居中。只要坚守正道，即使处于困穷之时，也能自己救济自己，故“吉”祥而“无咎”害。兑为口，有“言”之象；坎为耳痛，耳痛不能听，故说“有言不信”。一个人处于困穷之时，自己说的话不被人相信，此时应少说为佳。

《彖》曰：困，刚揜也。险以说，困而不失其所亨，其唯君子乎！“贞大人吉”，以刚中也。“有言不信”，尚口乃穷也。

“揜”，同“掩”。困卦之下卦坎为刚，上卦兑为柔，阳刚处阴柔之下，被阴所掩盖，故有“刚揜”之象。又九五之阳刚，为上六之阴所掩。阳刚被掩盖，犹如有才德的君子被无才的小人所掩盖，处于“困”穷的境地，以此释卦名。坎为险，兑为悦，故有“险以悦”之象。坎为君子。一个人处在困难危“险”之中时，还能和“悦”以待人，而不失其亨美之德，大概只有君子才能做到这样吧！坚守正道，大人可获“吉”祥，是因为九二、九五都是阳刚居中。人处在困境的时候，只有修德行事，才能救济自己的困穷。兑为口，上爻变，口不见了，故有“尚口乃穷”之象。在困穷时，如果只崇尚口说，不但不能解困，还会导致更大的困“穷”。

《象》曰：泽无水，困。君子以致命遂志。

水在泽下，泽中无水，表示泽中水已经枯竭，故说“无水”。“致”，尽也。“致命”，献出生命。互体巽为命，兑为毁折，故有“致命”之象。“遂”，就，成功，“遂志”，使志向成功。坎为君子。君子观此卦象，应该在困穷之时，要不惜献出自己的生命去实现自己的“志”向。

初六：臀困于株木，入于幽谷，三岁不觌。

“株木”，无枝叶之木。坎为臀，互体巽为木，坎为险阻，故有“臀困于株木”之象。巽为入，坎为幽、为陷、为谷，初六又处困卦之下位，为地深之下，故有“入于幽谷”之象。初六处困卦之始，又在坎险之中，虽与九四相应，但九四失位处于困穷的境地，无人相救以解其困，就像臀股坐在株木之上，陷入到了幽谷不能自拔一样。坎与离错，离为三、为年、为岁、为目，离隐于坎中，故有“三岁不觌”之象。“觌”，音 dí，见也。“三岁不觌”，隐藏三年不露面。

《象》曰："入于幽谷"，幽不明也。

互体离为明，初六处在离明之外，故说"不明也"。"入于幽谷"，意谓处在幽暗不明的困穷境地。

九二：困于酒食，朱绂方来，利用亨祀。征凶，无咎。

九二为本卦成卦之主。坎为酒，兑为食。困卦之下卦坎为酒，上卦兑为食，故有"酒食之象"。"困于酒食"，是说困穷到连酒食都没有。坎为赤、为朱。巽为绳、为绂，故有"朱绂"之象。"绂"，音fú，丝带。"朱绂"，古代贵族祭祀宗庙时穿的朱色饰带。"方来"，指荣禄即将到来。因九二居中，虽困穷到酒食都没有，但坚守中正之道，荣禄即将到来。与九五相应，兑为亨，利于用以主持祭祀宗庙的大礼。九二与九五虽相应，但为敌应，不宜于出征。此时出"征"多有"凶"险，但九二得中，故"无咎"也。

《象》曰："困于酒食"，中有庆也。

"中"，指九二居中。坎为锡（赐）、为赏。虽然"困于酒食"，但坚守中之道，不做偏离道德的事，就会有九五之君赏赐这类喜"庆"的事情到来。

六三：困于石，据于蒺藜。入于其宫，不见其妻，凶。

兑错艮，艮为石，石在前，"困于石"之象，指九四。"据"，依也。"蒺藜"，一年生草本植物，果实有刺。坎为蒺藜，坎在后，故有"据于蒺藜"之象，指六三，被上下皆阳刚的东西卡住，故"困"。坎为宫，坎之中宫，兑之中宫，皆为阳爻；互体巽为入、为妻、为妇、为阴。"宫"，室也。宫中只有阳刚之男，故有回到家中"不见其妻"之象。六三不中不正，当困之时，上困于九五无情之君，下依于有刺的九二之阳刚，因而自身难保，"妻"室丧亡，故"凶"。

《象》曰："据于蒺藜"，乘刚也。"入于其宫，不见其妻"，不祥也。

"乘刚"，指乘九二之阳刚。"不祥"，不祥之兆。本爻动为大过，棺椁之象，死期将至，故“不祥也”。

九四：来徐徐，困于金车，吝，有终。

自上而下曰来。“来”者，指九四来应于初六，为九二所阻挡，只能迟疑缓慢而行，故说“徐徐”。“金车”，指九二。坎为车，九二为乾阳，乾为金，“金车”之象。九四与初六为应，但不中不正，志在与初六应合，故有“徐徐”而“来”之象；但为九二所隔，故有“困于金车”之象，因而有悔吝的事情发生。由于九四与初六均为位不当，但是相应，虽然有受困不能速来与之相应而使吝难的事情发生，终会有交互感应的时候，故最“终”会有好的结果出现。

《象》曰：“来徐徐”，志在下也。虽不当位，有与也。

坎为志。九四有志于向下与初六应合，故说“志在下也”。“与”，相应也。九四以阳爻居阴位，位不当，但与初六之阴相应与，故说“有与”也。所以，九四位虽不当，但终有好结果。

九五：劓刖，困于赤绂。乃徐有说，利用祭祀。

九五为本卦主卦之主。“劓刖”，古代的刑法。“劓”，音 yì，古代割鼻的酷刑。“刖”，音 yuè，古代砍足的酷刑。兑错艮，艮为鼻。互体巽错为震，震为足。互体离为兵，兑为刑，艮鼻震足不见，故有“劓刖”之象。“赤绂”，古代贵族祭祀时穿着的红色饰带，这里用来比喻九五之尊位。九五以阳刚居阳位，行事过于刚猛，犹如用残酷的刑法统治臣民，使得众叛亲离，虽高居尊位，但仍处“困”穷之境地。“徐”，渐也。二动为坤，坤为徐。兑为悦。“说”，“悦”也，故有“乃徐有说”之象。由于九五居中得正，只要坚守中正之德，勇于改正过猛的行为，就能渐渐摆脱困境而喜悦。与上六相比，兑为食，故说“利用祭祀”。举行祭祀，求得神灵的保护，就能获得吉利。

《象》曰：“劓刖”，志未得也。“乃徐有说”，以中直也。“利用祭祀”，受福也。

坎为志。“志未得也”，九五用残酷的刑罚统治民众，说明九五济困的心志未能得以实现。九五居中，乾为直，故说“以中直也”。乾为福。九五能渐渐摆脱困境，是因为九五处阳刚中正之位，利于祭祀，受神灵的保护而获得“福”庆。

上六：困于葛藟，据于鼿卼，曰动悔有悔，征吉。

巽为草茅，为葛藟。“藟”，音 lěi。“葛藟”，藤蔓类植物，故有“困于葛藟”之象。“鼿”，音 niè。“卼”，音 wú。“鼿卼”，危而不安的样子。据于九五阳刚之上，下与六三无应，故有“据于鼿卼”之象。凌驾于刚强凶猛的国君之上，又无人帮助，所以处于危险不安的地方。由于被藤蔓所缠绕，又困于危而不安的地方，所以“动悔有悔”。前“悔”为悔恨，后“悔”为悔悟。上六居困卦之极，以阴柔乘凌二刚，又无应与，犹如受藤蔓之缠绕，又处于危险之地，说明上六处于困穷的境地。“曰”，发语词。“动悔”，动辄生悔恨；“有悔”，经过悔恨而有所悔悟。与九五相比，困极必通，向前“征”伐，可获“吉”祥。

《象》曰：“困于葛藟”，未当也；“动悔有悔”，吉行也。

“未当”，不适当。上六处困之极，乘凌二阳刚而被困，是因为所处的位置不适当，所以“动悔有悔”。“吉行”，行动、运动就会吉祥。吉者，意谓困极必通。否极泰来，困极必变通泰，通泰就能获得“吉”祥。

井卦䷯第四十八

井䷯（巽下坎上）

《帛书易》、《归藏易》皆同。

来知德：井者，地中之象也。为卦坎上巽下。巽者，入也。水入于下，而取于上，井之义也。坎为水，汲水者，以木承水而上，亦井之义也。

井：改邑不改井，无丧无得，往来井井。汔至，亦未繘井，羸其瓶，凶。

井，卦名。与噬嗑卦䷔相错。下巽上坎，坎为水，巽为木。水下有木，水“井”之象。古代人掘井，以木来隔井壁之土，以免于坍塌，故水井之下有木。坤为邑。“邑”，城邑、村邑。泰初往坤中，改坤为坎，故有“改邑”之象。互体兑为井，井仍然存在，故说“不改井”。城邑可以改建，而井不可改迁，井为人类生活之必需。“丧”，减少。“得”，增加。坤为丧。泰卦之初爻前往五位之中，虽毁坤象，但成就“井”象，故说“无丧”。泰卦的五爻来之初，失位无应，故有“无得”之象。井水养人之需，取之不会减少，注之不会增加，故有“无丧无得”之象。井与困综，对井卦来说坎往于上，对困卦来说坎来于下。兑为井。困卦上兑，井卦互体为兑。无论是困卦还是井卦均有兑卦，故有“往来井井”之象。“往来井井”，说明不断往来之人反复汲取井中之水，而井水源源不竭供养人民。“汔”，音 qì，接近。“繘”，音 jú，井绳。“羸”，弱也。巽为绳。互体离为瓶、为瓮，兑为毁折。汲水之瓶接近井口而未出井口，若力气弱小的人，力不胜任，将瓶坠入井中，毁坏汲水瓶，不能汲水，故“凶”。

《彖》曰：巽乎水而上水，井。井养而不穷也。“改邑不改井”，乃以刚中也。“汔至亦未繘井”，未有功也。“羸其瓶”，是以“凶”也。

“巽”，指下卦巽，顺也。“水”，指上卦坎。顺乎水的渗透本性，而从地下引出水，就是水“井”。兑为口，故有井水“养”人之象。坎为水、为通，井水源源不竭，故“井养而不穷也”，井水养育人类之功没有穷尽。“刚中”，指九二、九五阳刚居中。九五阳刚居中，改坤邑为坎。九二阳刚居中，位不当，阴柔没有能居中位，故有“改邑不改井”之象。九二、九五两爻始终恒居中位，说明井水养人之德恒久不变。“汔至亦未繘井”，汲水接近至井口而未能提出井口，未能实现汲水养人的目的，故“未有功也”，是因为九二与九五敌应的缘故。由于汲水的人体弱不能胜任而毁坏了汲水的瓮瓶，不能用瓮瓶汲水，“是以凶也”。

《象》曰：木上有水，井。君子以劳民劝相。

下巽为木，上坎为水，故有“木上有水”之象，犹如树木体内有水滋润，由根茎向上运行，像水井不断出水滋养人民一样，故取卦名为“井”。坎为众、为民、为劳，故有“劳民”之象。“劝”，劝告也。“相”，导也。兑为口、为言、为告。互体兑错为艮，艮为君子。君子观此卦象，效法井水养人之德，尽力为民众服务，并教导“劝”告百姓互“相”帮助。

初六：井泥不食，旧井无禽。

初六阴浊在下，本爻为土，故有“泥”之象。兑为口，为食。兑综巽，兑不见，故有“不食”之象。“禽”通擒，获也。初六上无应与，故说“无禽”。水井年久失修，淤泥堵塞，泉眼不通，即使去汲水也会一无所获。

《象》曰：“井泥不食”，下也。“旧井无禽”，时舍也。

初六以阴柔处下，上无应与，正如井底淤泥堵塞而不出泉一样。井底有泥而水不能食用，是因为阴柔处“下”也。初六为废井。艮为时、为止，故为“舍”。“舍”，舍弃也。“时舍”，为当时所舍弃不用。

九二：井谷射鲋，瓮敝漏。

九二为本卦成卦之主。兑为井。“谷”，山谷、河谷。“射”，注也。巽为鱼。“鲋”，音 fù，小鱼。“瓮”，音 wèng，古代用来汲水的陶器。九二与九五为两阳刚不相应，与初六相比，犹如九二之井不能向上出水，反而向下注入谷底，供养小鱼而已。互体离为瓶、为瓮，兑为毁折。既然水不能上出，就像汲水的器具“敝”破而水“漏”掉，不能供人食用一样。

《象》**曰：“井谷射鲋”，无与也。**

“与”，相应也。“无与”，指九二与九五相敌无应与。

九三：井渫不食，为我心恻。可用汲，王明并受其福。

“渫”，音 xiè，清除污浊，使水清洁。兑为食。九三得正，又与上六正应，上居坎水之上，故有“井渫”之象。水清澈本可以食用，但为五阳所阻不得为食。“为”，使也。兑为使。坎为忧。“恻”，心痛。水井淘洗清洁而不被食用，故说“为我心恻”。坎为幽暗。“王”，指九五，九五为君。君王不能老是受蒙蔽而不明，总会有明白之时。九五为阳，阳为明，故有“王明”之象。三与上正应，受上的吸引，井水不穷。坎为受、为福。圣明的君“王”用井水供养人民，使天下的臣民“受”其“福”泽。

《象》**曰：“井渫不食”，行恻也。求“王明”，“受福”也。**

“不食”，因为受幽暗的阻止“行恻”。其行为不受人理解而悲恻，为此上求九五的圣明。坎为求，为受、为福。由于君王圣明，使臣民均享受到君王的“福”泽。

六四：井甃，无咎。

兑为井。“甃”，音 zhōu，修治也。用砖来修治水井为“甃”。用砖来修治水井，无有“咎”害。六四阴柔得正，为坎之初，坎为水，井中有水，表明井已经修治过；又临近九五之君，修井储泉，人民用水供养九五之君，故“无咎”也。

《象》**曰：“井甃无咎”，修井也。**

“甃”，见九二注。修井储藏井水，以实现井水养人之用，当然无咎。

九五：井洌，寒泉食。

九五为本卦主卦之主。“洌”，音 liè，水清澈甘洌也。坎为寒、为泉。互体兑为食。井中之泉清澈甘甜，故可以“食”用。

《象》曰：**“寒泉之食”，中正也。**

九五阳刚居中，与上六亲比，犹如寒泉般的清澈之水向上涌出，供人食用，实现井养之功。“中正”,九五阳刚居中，具有中正之德也。

上六：井收，勿幕。有孚，元吉。

“收”，成也。“井收”，井成也。“幕”，盖也，覆也。坎为隐伏，故有“盖覆”之象。井水之功已告成功，毋需盖住井口。上六为井卦之终，下与九三相应，意谓井水已经汲出，水井养颐之功已经完成。坎为孚。“孚”，诚信。“元”，大也。上六与九三相应，此时心怀诚信，就可以获得大“吉”大利。

《象》曰：**“元吉”在“上”，大成也。**

大吉大利呈现于上，井养之功已经大成。上六与九三相应，互体兑错艮，艮为成。初与二变为既济卦，故“大成也”。

革卦䷰第四十九

革 ䷰ **（离下兑上）**

《帛书易》作“勒”，《归藏易》作“革”。

来知德：革者，变革也。泽在上，火在下。火燃则水涸，水决则火灭。又中少二女不相得，故其卦为变革也。

革：己日乃孚，元亨利贞，悔亡。

革，卦名。与鼎卦相综，与蒙卦䷃相错。下离为火，上兑为泽，泽下有火，象征变革。“革”，改也。“己”，天干的第六位，指六二。离为日。“孚”，信也。己为土，土为信。六二与九五为正应，故有“己日乃孚”之象。“己日乃孚”，是说己日推行改革，可以取得民众的信任。离为夏，故为“元亨”。兑为秋，故为“利贞”。“元、亨、利、贞”为春、夏、秋、冬。互体巽错震，震为春。离为夏。兑为秋。离错坎，坎为冬。一年四季春夏秋冬的变化，是最大的变革。推行改革，坚守正道，“悔”恨将消“亡”，不可能有悔恨的事情发生。

《彖》曰：革，水火相息。二女同居，其志不相得，曰革。“己日乃孚”，革而信之。文明以说，大“亨”以正，革而当，其“悔”乃“亡”。天地革而四时成。汤武革命，顺乎天而应乎人。革之时，大矣哉。

“息”，灭也。革卦上卦为泽，泽为水；下卦为离，为火。水在火上，水势大于火势，水灭火；火势大于水势，火灭水，故说“水火相息”。水火相互息灭，改变了水火的本来面貌，故为“革”。离为中女，兑为少女，与蒙卦相错，蒙卦上艮为“居”，故有“二女同居”之象。互体巽为志。二上至五为兑，巽兑正相反，巽志不能实现，故说“其志不可得”。二女同居一室，犹言二女同嫁一夫。二女同嫁一夫，则必相互猜疑嫉妒而争吵，其心志不得统一，必须改变二女同居的状态，故取卦名曰“革”。“己”为土，离为日。“孚”，信也。“革而信之”，己日推行改革，使改革的法令和政策能取信于众。“说”同“悦”。互体乾错坤，坤为文；离为明，兑为悦，故有“文明以悦”之象。乾为大。革卦之六二以阴爻居阴位，得正得中；九五以阳爻居阳位，得正得中，并且为正应，阳上而阴下，“亨’通之象，故曰“大亨以正”。君上推行的改革，合乎中正之道，并且得臣下之拥护，说明改革得当，其悔恨就会消“亡”。“汤武革命”，指商汤灭夏、周武王灭殷的历史事件。商汤灭夏，周武王灭殷，是顺乎天道合乎人心的。巽错艮，艮为时。变革的时机对于社会发展的意义是多么重“大”啊！

《象》曰：泽中有火，革。君子以治历明时。

革卦为内离外兑，离为火，兑为泽，故说“泽中有火”。泽中有火，说明泽中已经无水。泽中无水，说明泽已经发生了变“革”，不成其为泽了，故取卦名为“革”。“治历”，以日月等天体所运行的历程为准来确定历法，以确定四季的时间，指导人类社会的生产实践活动。乾为寒，离为暑，巽为风，兑为雨，革卦中寒暑风雨全都具有。互体为乾，乾为君子。君子观此卦象，制定历法，使人“明”白一年四季的“时”间变化。

初九：巩用黄牛之革。

“巩”，音 gǒng，以皮捆缚物体，使之固定。革卦的下卦为离，离为牛；互体乾错坤，坤为黄，故有“黄牛”之象。互体巽为绳，故说“巩用黄牛之革”，用皮革来缚束着黄牛。初九为革卦之始，当革之时，以阳之才，可以变革。但是，初九居卑下的地位，上无应与，因而没有实行变革的权力，又无推行变革之人，为此无实行变革的现实性。既然无变革的现实性，就不能盲目地进行变革，因而用黄牛之革比喻之，不使盲动。

《象》曰：“巩用黄牛”，不可以有为也。

初九上无应与，没有实现变革的条件，故“不可以有为也”。说明需要等待条件成熟时才能实行变革，不可盲目行动。

六二：己日乃革之，征吉，无咎。

六二为本卦成卦之主。六二为阴土，己属土，离为日，故有“己日乃革”之象。乾为行。“征”，前行、前进也。六二以阴柔得中得正，上行与九五为正应。当革之时，上得九五的支持，下得臣民的信任，故“征吉，无咎”，前进可获“吉”祥而“无咎”害。

《象》曰：“己日革之”，行有嘉也。

乾为嘉。“嘉”，美也。六二上行遇九五之阳，故说“行有嘉”。

前进必有功劳而获得嘉美，即“征吉”也。

九三：征凶，贞厉。革言三就，有孚。

九三与九四相敌，若向前进发，必遇九四阳刚之阻挡，矛盾冲突有凶险的事情发生，故“凶”。九三阳爻居阳位，为正位。“厉”，危险。只有坚守正道，可以防止危险的事情发生。兑为言，兑为毁折，故有“革言”之象。离为三。“就”，成也。九三阳居阳位，故“有孚”。变革的计划再三反复谋划，就能获得成功，在实施其计划时，要诚守信用。

《象》曰：“革言三就”，又何之矣？

九三处下卦之极，有“革”道初成之象，但是宜于稳步前进。九三阳刚居阳，有急躁上进之象，急躁上进必遭凶险，故以“征凶，贞厉”警告之。“之”，往也。变革已经初见成效，又何必急躁前进呢？

九四：悔亡，有孚改命，吉。

九四以阳爻处阴位，位不当，故“悔”。离为夏，兑为秋，九四由离进入兑，即已改夏命为秋命。说明九四当革之时、不得不革，顺应情势，故“悔亡”。九四居乾卦之中，乾为信。互体巽为命，巽与兑综，巽不见，表示巽命已改，故说“改命”。用诚信之心顺应情势革除旧命，不但可以消除悔恨，还可以获得“吉”祥。

《象》曰：“改命”之“吉”，信志也。

乾为信，巽为志。“信志”，相信九四改命之志。九四处于当革之时、不得不革之势，九四的改革必上信于天，下信于民，故说“信志也”。

九五：大人虎变，未占有孚。

九五为本卦主卦之主。“大人”，指九五。九五得位得中，象征有阳刚之才又为中正之德的国君，是实行改革的主导者，故为卦之主。兑与艮错，艮为虎。兑为秋。秋天鸟兽都要渐渐地更换羽毛，以适应气候的变化，故有“变”更之象。“虎变”，虎的皮毛发生大的变化，说明大人推行变革，使朝纲大变。乾为信，不必“占”问，定知能显现诚信之德。

《象》曰：“大人虎变”，其文炳也。

“文”，文采。“炳”，光明、光彩、显著。乾错坤，坤为文。离为明。“虎变”，虎的皮毛到了秋天换了新毛之后，更加光彩明美，比喻大人推行变革所取得的成就十分光彩夺目。

上六：君子豹变，小人革面，征凶，居贞吉。

乾为虎、为豹。“豹”，猫科动物，比虎小。“豹变”，豹换上新毛。豹换毛虽不及虎换毛那么光彩夺目，仍然有新鲜的面貌。犹言上六当革之时，虽不及九五之炳然光明，而仍有成绩之显现。上六为阴，阴为小人。艮为面。艮与兑错，艮面已经被兑改变，故说“革面”。君子改革有显著的成绩，小人也改变旧日之成习。上六处变革之极，此时若前进不止，必有凶险。事物到了极点，必将走向反面，只有居守正道，可获“吉”祥。

《象》曰：“君子豹变”，其文蔚也。“小人革面”，顺以从君也。

下与九三相应，离为文。“文蔚”，文采耀然。上六助九五之君完成变革，其文采耀然。“文蔚”与“文炳”之文采有其程度的不同，“文炳”之明强于“文蔚”之明。小人革去其旧习，说明“顺从”国“君”所推行的大变革而作出相应的选择。

鼎卦䷱第五十

鼎䷱**（巽下离上）**

《帛书易》缺，《归藏易》均同。

来知德：鼎者，烹饪之器。其卦巽下离上，下阴为足，二、三、四阳为腹，五阴为耳，上阳为铉，鼎之象也。又以巽木入离火而致烹饪，鼎之用也。

鼎：元吉，亨。

鼎，卦名。与屯卦䷂相错。下巽上离，象征烹饪之器。此以卦形之象释卦名。鼎卦的下阴爻为鼎之足，二、三、四三阳爻为鼎之腹，第五阴爻为鼎之耳，上阳爻为鼎之铉。鼎有将生的食物经过烹饪而成为熟的作用，熟食对于生食是一种新的东西，所以鼎有取新的意义。“元”，指上九，下与六五相比，故大“吉”大利而又“亨”通。

《彖》曰：**鼎，象也。以木巽火，亨饪也。圣人亨以享上帝，而大亨以养圣贤。巽而耳目聪明，柔进而上行，得中而应乎刚，是以“元亨”。**

“象”，卦形之象。“鼎，象也”，是说鼎卦是以卦形之象来命名的。鼎卦之下卦巽为木。“巽”，顺也。上卦离为火。“亨”即烹也。下上二卦，犹如以木顺从火，就像生火烹煮食物一样。乾为圣人，兑为耳，离为目。圣人烹饪食物来祭祀上帝，大量烹饪食物来供养圣贤。离为明。烹饪以养贤，谦逊而接受贤人的辅佐，就能使之耳目聪明而不闭塞。“柔进”指初六前进。“得中”，指六五，初六上行至六五“得中”，下又应九二之阳刚。国君以柔顺之德居中正之尊位，任用在下面的阳刚的贤者，所以“元吉，亨”，大吉而“亨”通。

《象》曰：**木上有火，鼎。君子以正位凝命。**

鼎卦之下卦巽为木，上卦离为火，有“木上有火”之象，象征用鼎烹饪食物。“君子”，指九三，鼎卦有五爻不当位，只有九三得正得位。坤阴初为凝，“凝”，成也。巽为命。“得中”，指九二，与六五相应。乾为君子。君子观此卦象，要明确自己所处的地位，从而完成君上所赋予的使“命”。

初六：鼎颠趾，利出否。得妾以其子，无咎。

初为鼎之足，故曰“趾”。巽为臭腐。“否”，鼎中的废弃之物。初六处鼎卦之下，在烹饪之前，清洗干净鼎之后，需要颠倒其鼎，以利倒出鼎中的废污之物，故“利出否”。巽为长女，位卑在下，妾之象也。巽错震，震为长男，子之象也。娶妾生子，妾因子而贵，由侧室扶为正室，颠倒了侧正，但是没有咎害。

《象》曰：“鼎颠趾”，未悖也。“利出否”，以从贵也。

“悖”，逆也。初六顺从九二之阳，故说“未悖也”。“未悖”，没有违背事理。是说在清洗鼎时，不颠倒鼎就倒不出鼎中的废污之物，所以颠倒鼎，使鼎足朝上，没有违背事理。“贵”，指九四。“从贵”，初六应顺从九四，犹言去污以纳新“从贵”也。

九二：鼎有实，我仇有疾，不我能即，吉。

二、三、四为鼎的腹部，九二居下卦之中，阳为实，所以有“鼎有实”之象。互体乾错坤，坤为我，指九二。“仇”，匹对也，指初六，九二与初六相比，并且阴阳相匹配。五爻卦为坎，坎为疾。“疾”，妒也。“即”，靠近、接近。与我相匹配的初六嫉妒我，但它不能阻止我与六五靠近，我坚守正道，就可以获得“吉”祥。

《象》曰：“鼎有实”，慎所之也。“我仇有疾”，终无尤也。

“之”，往也。“慎所之”，谨慎前行，与六五靠近。“尤”，过失。乾为终。互体乾错坤，坤为尤，坤隐不见，故“终无尤”，终究没有过失。坚守中道，谨慎行事，因而最“终”不会有过失。

九三：鼎耳革，其行塞，雉膏不食，方雨亏悔，终吉。

“革”，脱落也。互体兑为耳。巽为陨落，故说“鼎耳革”。巽与震错，震为行。三爻变成坎，坎为险阻，故说“其行塞”，道路阻塞不通。离为鸟、为雉。坎为水。兑为膏。“雉”，野鸡。“雉膏”，野鸡煮成的羹汤。鼎中烹满食物，由于鼎耳脱落，行路阻塞，不能移至就餐之处；又膏汤在上，与九三无应，故有“雉膏不食”之象。兑为雨。“亏悔”，少有悔恨。天正下着“雨”，雨水渗入鼎中，有些“悔”恨，最终可获得“吉”祥。

《象》曰：“鼎耳革”，失其义也。

“义”，宜也。乾错坤，坤为义，坤不见，故说“失其义”，指“雉膏不食”一事。膏汤本来是要供人食用的，但是由于“鼎耳革”，没有达到目的，是“失其宜”的事情，如果早有准备就不可能出现这样的事情。

九四：鼎足折，覆公饾，其刑渥，凶。

互体兑与震错，震为足。兑为毁折，故有“鼎足折”之象。“覆”，倒也。“公”，指六五。震为颠倒、为覆，又为君、为公。“饾”音 sù，糁也，米粥菜汤之类的食物。由于“鼎足折”，而倒覆了奉献给六五的美食。兑为刑。“渥”，大也。倒覆了鼎中的美食，说明九四不能胜任大事，其罪甚大，故“凶”也。九四上承六五，为近君之大臣，重任在身，但自身不中不正，又下与初六相应，任用阴柔之小人，有自不量力不胜其任之象，犹如“鼎足折，覆公饾”一样。智小而谋大，事不量力，不能胜其重任，必引来灾祸，故“凶”。

《象》曰：“覆公饾”，信如何也！

九四在乾卦中，乾为信。王公的美食都被倾覆，这样不能胜其任的人，值得信任吗！

六五：鼎黄耳，金铉，利贞。

六五为本卦成卦之主，又为主卦之主。离为黄中，兑为耳。“黄”，中和之色。六五以阴为鼎耳，故称“黄耳”。“铉”，音 xuàn，抬鼎的杠。乾为金，“金铉”，以金属制成的杠。以六五之阴柔纳九二之刚，故称“金铉”。九二之阳刚与六五阴柔相应，故“利贞”也。

《象》曰：“鼎黄耳”，中以为实也。

六五得中与九二相应，阳为实，指九二，所以有“以中为实也”。六五之君虽然阴虚不富，但鼎中却有丰实之物以养贤人。

上九：鼎玉铉，大吉，无不利。

上九亦为本卦主卦之主。“铉”，指鼎盖。乾为玉。“玉铉”，是用玉做成的鼎盖。上九为鼎之极，象征鼎中装满食物。揭开鼎盖，鼎中的美食就可以供养贤人，故“大吉，无不利”也。

《象》曰：“玉铉”在“上”，刚柔节也。

“节”，调节。上九以阳刚居阴柔之位，以阳刚调节阴柔。凡烹饪食物都要以刚柔调节得好为最佳的操作方法，咸淡、辛辣等味道调节得好的美食，能更好地养贤，因而鼎颐之道大成。

震卦☳第五十一

震䷲（**震下震上**）

《帛书易》作“辰”，《归藏易》作“釐”（音 xī）。

来知德：震者，动也。一阳始于二阴之下，震而动也，其象为雷。

震：亨。震来虩虩，笑言哑哑。震惊百里，不丧匕鬯。

震，卦名。与艮卦相综，与巽卦䷸相错。震为雷、为动。下震上震，象征雷声震动。一阳生于二阴之下，必动而上进，故“亨”通。九四来应于初九，故说“震来”。“虩”，音 xì。“虩虩”，恐惧貌。震为惊恐。九四位不当，又处于雷声之中，故产生恐惧。人闻雷声而产生恐惧感，不会做冒险之事，可以保其自身的安全。震为笑言。“哑哑”，笑声。“笑言哑哑”，有说有“笑”，十分高兴。人怀恐惧不做冒险之事而获得安宁和福庆，因而有说有笑。“丧”，失也。坤为丧，坤不见，故说“不丧”，不丧失，不放弃。震为百，互体艮为里。互体坎为匕。上震为鬯。“匕”，音 bì，古代取食的用具，类似勺。“鬯”，音 chàng，古代用于祭祀的一种香酒。“匕鬯”，用匕提取祭祀用的香酒，表示祭祀。震为长子。长子举行祭祀之时，巨大的雷声震惊百里，举行祭祀的长子镇定自若而不放弃祭祀，表示对祖先神灵的至诚。

《彖》曰：震，亨。“震来虩虩”，恐致福也。“笑言哑哑”，后有则也。“震惊百里”，惊远而惧迩也。出可以守宗庙社稷，以为祭主也。

一阳生于二阴之下，春雷震动，万物复苏，故“亨”通。震为福。雷声震动，令人恐惧，因其恐惧而自修其德，最后必有福庆的到来，故说“致福”。震为后。互体坎为则。“则”，法则，即礼法之规定。因恐惧而后遵守礼法，带来福庆而有欢笑。震为惊、为惧、为远。艮为近。坎为惧。“惊远惧迩”，远者惊恐，近者畏惧，说明威震声势浩大。震为出、为祭祀、震为长子，为祭祀之“主”。艮为守、为社稷、为宗庙。长子有王位继承权，也是祭祀的主祭人，必定要出来守宗庙、保社稷，以维护天下的安宁。

《象》曰：洊雷，震。君子以恐惧修省。

“洊”，音 jiàn，再也。震卦为两震卦相重，象征二雷相继发生，威震天下。互体艮为君子。四爻变为坤，坤为身。震为惊恐。君子观此卦象，应该恐惧雷霆之威，自我修行德行，因九四与初九敌应，得不到帮助，应该反省自己的过错。

初九：震来虩虩，后笑言哑哑，吉。

初九为本卦成卦之主。“后”，阳在下也。震为后。初九为震卦的成卦之主，处震卦之初。初与四为阳，二、三、五、上为阴，为阳所动。初九始动，感到惶恐畏惧之后，若能谨惧行事，必会带来福庆而喜悦欢笑。初九之阳遇六二、六三之阴，所以获得“吉”祥。

《象》曰："震来虩虩"，恐致福也。"笑言哑哑"，后有则也。

阳为福。雷霆震动，因恐惧而带来"福"庆；坎为则、为德。因恐惧而守礼法，没有做非礼非法的事情，十分高兴，有说有"笑"。

六二：震来，厉。亿丧贝，跻于九陵，勿逐，七日得。

震一阳来复于下，故说"震来"。六二乘初九之阳刚，故有危"厉"。震雷到来，出现危险。"亿"，十万为亿，大也。三爻变为离。离为贝。坤为丧。"贝"，古代货币。"亿丧贝"，丧失了大量的货币。震为足，乘凌初九之上，故说"跻"。"跻"，登也。艮为陵，艮阳在上，为老阳，老阳为九，故有"九陵"之象。坎为盗，艮为日，震为逐，数七。"九陵"，高的山岭。"跻于九陵"，盗贼偷了货币，登上高山去躲避起来了，不要去追逐，"七日"后丧失的贝币就可以复"得"。

《象》曰："震来厉"，乘刚也。

"乘刚也"，初为阳，二为阴，阴乘凌于阳刚之上，故有危"厉"。

六三：震苏苏，震行无眚。

震为恐惧，故说"苏苏"。"苏苏"，迟缓的样子。坎为眚。"眚"，音 shěng，灾也。震雷滚滚，迟缓不安，但只要自己警惕前行就不会有灾祸发生。

《象》曰："震苏苏"，位不当也。

六三以阴爻居阳位，故"位不当"，比喻人处于不利的地位有不安之感。

九四：震遂泥。

"遂"，借为"队"，"队"即古"坠"字。"遂泥"，坠入泥泞之中。艮为土，在坎水中，故有"遂泥"之象。因为震雷滚滚使人惊骇而坠入"泥"中。

《象》曰："震遂泥"，未光也。

坎为隐伏，惊雷震动而坠入"泥"泞之中，比喻受外界威力的逼迫而惊惶失措，说明九四的阳刚之德“未光也”，即未能弘扬光大。

六五：震往来厉。亿无丧，有事。

六五为本卦主卦之主。由下而上曰“往”，由上而下曰“来”。六五以柔居尊位，当雷震之时，前“往”遇上六之阴得敌，下“来”则乘九四之阳刚而不利，故有或往或来，皆有危厉之象。“亿”，大也。“亿无丧”，大无丧也。“有事”，指匕鬯祭祀之事。六五为君位，为尊位，虽然往来皆有危厉，但它以阴柔居中，不会使主祭神灵的事情有所妨碍或损失。

《象》曰：“震往来厉”，危行六五处中位。其“事”在中，大“无丧”也。

“危行”，上下往来都有危险。“其事在中”，六五做事坚守中道，就可以没有大的“丧”失。

上六：震索索，视矍矍，征凶。震不于其躬，于其邻，无咎。婚媾有言。

“索索”，犹言“缩缩”，足不正，双足畏缩难行，与六三的“苏苏”迟缓不安的状态相同。“矍”，音 jué。震为目眚，眼睛有病。上六处震目之上，有目不正之象。“矍矍”，目不正，双目左顾右盼内心不安的样子。震为征。雷震之时，惶恐万分，畏缩难行，上六无应与，故“征凶”。在内心不安的情况下，贸然进取，必有凶险。艮为躬，震为邻，艮与震综，故有“不于其躬，于其邻”之象。“躬”，自身。若雷动在震及近邻还未震及自身时，就恐惧修省自己的品德，则不会招来“咎”害。“邻”，指九三所说的“苏苏”，知道恐惧而有戒备，故“无咎”。震为婚媾、为言。“有言”，发生言语争端。震为长男，互体坎为中男，震综艮为少男，三男俱备，没有女象，若有婚姻，则必有言语上的争吵。

《象》曰："震索索"，中未得也。虽"凶""无咎"，畏邻戒也。

"中未得也"，即未得中，上六未处中位。震为畏惧、为邻、为戒。虽然凶险但无咎害，是由于畏惧邻居受到雷震的惊恐而早有所戒备。

艮卦☶第五十二

艮 ䷳（艮下艮上）

《帛书易》作"根"，《归藏易》作"狠"。

来知德：艮者，止也。一阳止于二阴之上，阳自下升，极上而止，此止之义也。又其象为山，下坤土，乃山之质。一阳覆冒于其上，重浊者在下，轻清者在上，亦止之象也。

艮：艮其背，不获其身。行其庭，不见其人，无咎。

艮，卦名。与兑卦☱相错。下艮上艮，象征静止、抑止。艮为背。"艮其背"，使人的背静止，背静止，身体就不能自由运动。艮为身、为庭、为人。人的背静止了，就没有行动的自由了，故"不获其身"。即使行动也只能在门庭中，不与外面的人接触，所以有"不见其人"之象。因静止抑制了不良行为的发生，故"无咎"害。

《彖》曰：艮，止也。时止则止，时行则行，动静不失其时，其道光明。"艮其止"，止其所也。上下敌应，不相与也，是以"不获其身，行其庭，不见其人，无咎"也。

"艮"的意思就是静止。艮为时、为止，故说"时止则止"，该静止时就静止；艮综震，震为行、为动，故说"时行则行"，该行动时就行动。止为静，行为动。静止与行动都不失去时机，其行止之道光明灿烂。艮为道，艮卦阳在上，故光明。人除了睡觉之外，成天都在劳作运动，转身、弯腰都会让背部发生运动，让背静止就限制了全身自由，真是静止到了该静止的地方，所以说“艮其背，止其所也”。“其”，指示代词。初六与六四、六二与六五、九三与上九，上下六爻都相敌应，所以说“不相与也”，正因为如此，所以才有“不获其身，不见其人，无咎”之象。

《象》曰：兼山，艮，君子以思不出其位。

“兼”，重也。艮卦为两山相重，故说“兼山，艮”。艮为君子、为位、为止，故有“不出”之象。互体坎，坎为思，所以“君子以思不出其位”。君子观此卦象，应该思考自己的行动是否超越了自己的名分和社会地“位”。

初六：艮其趾，无咎。利永贞。

艮为止，限止。艮与震综，震为趾。“趾”，足趾。“趾”在人体的下部，脚的最前端，人的行动以趾动为开始。“艮其趾”，足趾该止时，则应该停止。初六位不当，与六四无应与，不做不应该做的事情，就会“无咎”。但是，只能利于永远坚守正定的静止，做该做的事情，否则不利。

《象》曰：“艮其趾”，未失正也。

“利永贞”，是因为“未失正”。初六以阴居阳位，本为失正；但初六处艮卦之初，不该做的事情在开始时就不做，没有失去“正”常做事的道理。

六二：艮其腓，不拯其随，其心不快。

“腓”，小腿肚。凡艮卦初爻为足，二就为腓。“艮其腓”，制止小腿的活动。艮为手，故有“拯”象。“拯”，举也。互体震为随。九三为阳，六二为阴，阴随阳，故说“不拯其随”。坎为心、为忧。“随”，随从。六二与九三相比，本可以随从九三，但让小腿肚静止不动，不能举步让自己应该随从九三，故“不拯其随，其心不快”。就是说不应该行动时，即使心中不快也不要有所行动，只有“动静不失其时”，才“其道光明”。

《象》曰：“不拯其随”，未退听也。

坎为耳，故有“听”之象。“听”，听从。“退”，退下。未退下听从初六，六二与初六不相比，所以没有可能“听”从。

九三：艮其限，列其夤，厉熏心。

九三为本卦主卦之主。坎为腰，九三在卦的中部，犹如人的腰部。“限”，腰部，为人身的中部。“列”，通裂。互体震为动，为开、为裂。坎为脊、为马肉，故说“夤”。“夤”，音 yín，背脊肉。制止腰部运动，造成腰部脊肉分裂，故说“列其夤”。“厉”，危也。震为厉，艮为火，互体坎为心，故有“厉熏心”之象。腰部脊肉分裂疼痛难忍，像火“熏心”一样，故有危“厉”。

《象》曰：“艮其限”，危熏心也。

制止人的腰部不动，撕裂其夹背上的肉，有如烈火熏心一样危“厉”。

六四：艮其身，无咎。

“身”，上身。艮为身。“艮其身”，限制上身运动。六四在卦的中上部，如人身体在中上部一样。初为趾，二为腓，三为腰，身在腰之上。故六四为“身”。六四当位，故“无咎”。

《象》曰：“艮其身”，止诸躬也。

艮为止，艮为躬。“躬”，自己的上身。“止诸躬”，自己静止自己的身体，使之不急躁，不盲动，就会“无咎”。

六五：艮其辅，言有序，悔亡。

“辅”，上牙床。艮为辅。“艮其辅”，限制自己的上牙床，使之不随便说话。互体为震，震为言。“言”，说话的意思。上卦为艮，震消失，意为不应当随便说话，应该说话时候才说话，不应该说话时候就不说话，故说“言有序”。说话有条有理，朴实可信，令人信服，就不会有“悔”恨的事情发生。

《象》：“艮其辅”，以中正也。

“以中正也”，六五居上卦之中位。居中守正，故“悔亡”也。六五居中，但位不当。“中”，正也。尚秉和疑“正”为衍生字。

上九：敦艮，吉。

上九为本卦成卦之主。“敦”，敦厚笃实。艮为敦。两山相重，故敦厚笃实。“敦艮”，用敦厚的德行去抑止邪恶，因而可获得“吉”祥。

《象》曰：“敦艮”之“吉”，以厚终也。

艮为山，故为厚，又为终。“以厚终也”，以“敦”厚的品德去处世做事，最“终”必会有好的结果，要求人要终身保持忠厚笃实的品德。

渐卦䷴第五十三

渐 ䷴（艮下巽上）

《帛书易》、《归藏易》皆同。

来知德：渐者，渐进也。为卦艮下巽上，有不遽进之义，渐之义也。木在山上，以渐而高，渐之象也。

渐：女归吉，利贞。

渐，卦名，下艮上巽，象征渐进。与归妹卦相综又相错。“归”，嫁也。“女归”，嫁女。巽为女，艮为男，上下二卦皆阴承阳，女顺从男，有“女归”之象。嫁女按照礼的规定（见咸卦六二注）以渐进的顺序进行，可获得吉祥。“利贞”，利于坚守礼法的正道。

《彖》曰：渐之进也，“女归吉”也。进得位，往有功也。进以正，可以正邦也。其位刚得中也，止而巽，动不穷也。

“渐之进也”，意为渐进之进，像嫁女那样渐进有序地前进，可获

“吉”祥。“进得位”，渐卦上进的二、三、四、五等四爻皆当位。五得位，与二为正应，故“有功”。艮为邦，“邦”，国家。大为邦，小为国。“进以正，可以正邦也”，渐进前往可以治国安邦。九五以阳爻处阳位，又处中位，一个具有中正之德的阳刚之君，是可以治理好国家的，进一步说明前往可以建立功业。“其位，刚得中也”，指九五以阳刚居中正之位。艮为止，巽为逊。五爻变为震，为动。坎为通，故“动无穷”。静止而又和逊，渐进地行动就会通达，不会走进困“穷”的境地。

《象》曰：山上有木，渐。君子以居贤德善俗。

渐卦之上为巽，巽为木；下卦为艮，艮为山，因而有“山上有木”之象。山上之木长大是一个渐进的过程，故起卦名为“渐”。“居”，积也。互体坎为积。艮为贤德。巽为风俗。艮为君子。君子观此卦象，要逐渐积累贤良之德，通过渐进的教育过程，使民间形成“善”的风“俗”。

初六：鸿渐于干，小子厉，有言无咎。

艮为鸿。“鸿”，大雁也。“渐”，进也。“干”，水岸边。互体坎为水。初六水的下边，故有“干”象。艮为小子。以雁飞进河岸边来比喻人，小子进到了河岸边会有落水的危险。艮综震，震为言。“有言无咎”，有大人之言劝告，不应当进的地方不要去，故“无咎”害。

《象》曰：“小子”之“厉”，义无咎也。

初爻为阴，阴为义。“义”，宜也。当进之时适宜于以渐而进，以渐而进，就会“无咎”也。

六二：鸿渐于磐，饮食衎衎，吉。

九二为本卦成卦之主。“磐”，水岸边的石头。艮为石。“衎”，音kàn。“衎衎”，喜乐之貌。震为乐。坎为饮食。大雁飞行渐进到水边的石头上，有水有鱼可以“饮食”，因而欢喜快乐，可获“吉”祥。

《象》曰："饮食衎衎"，不素饱也。

六二以阴柔居中，上与九五为正应，故有"吉"祥之象。巽为白，"素"也。坎中实为饱。"素饱"，即是"素餐"。六二为臣位，上承九三，与九五为正应，说明六二之臣能尽为人臣之道，为国尽职尽责，不是白吃饭的。

九三：鸿渐于陆，夫征不复，妇孕不育，凶。利御寇。

艮为陆。"陆"，（水岸边）高而平之地。大雁从水边渐进到陆地，犹如"丈征不复，妇孕不育"一样有凶陷之象。艮为阳，为成年男子。震为征。互体为坎，阳陷坎中不出，故有"夫征不复"之象。巽为妇，互体离为孕。三爻变为坤，离象消失，故有"妇孕不育"之象。大雁本为水鸟，应该生活在水边，进入远离水边的陆地，给自己的生存带来不利，所以有"凶"险。但是，鸿渐于高平之处，视野宽阔，容易发现来犯之敌寇，利于御防。巽为寇，艮为守御，为坚，故"利御寇"也。

《象》曰："夫征不复"，离群丑也。"妇孕不育"，失其道也。"利用御寇"，顺相保也。

"丑"，众也。初六、六二为半坤，坤为众、为丑。男子出征不回归，是因为"离群丑也"。"离"，丽也。九三上无应，只附丽下二阴，没有主动性。艮为道，坎为失。"道"，方法。妇女怀孕不生育，是因为没有保胎的正确方法。三爻变为坤，坤为顺，坎险不见，故"顺相保也"。人民和顺团结，就能利于防御敌寇，相互保护。

六四：鸿渐于木，或得其桷，无咎。

"桷"，音 jué，平直的树枝。巽为绳、为长木、为交。艮为小木，坎为脊。互体离为丽、为附。小木附于长木之上，用绳编织起来，像背脊一样宽厚，大雁站在平直的树枝之上十分安全。六四与九五相亲比，故"无咎"。

《象》曰："或得其桷"，顺以巽也。

"顺以巽"，上卦为巽，六四以阴柔上顺承九五之阳刚。

九五：鸿渐于陵，妇三岁不孕，终莫之胜，吉。

九五为本卦主卦之主。"陵"，丘陵，高于陆地。艮为山，九五与六四为半艮，故为"陵"。巽为妇。坎为三岁。本爻动为震，震为孕，震不见，故说"妇三岁不孕"。九五与六二为正应，艮为终，只半艮，故"终莫之胜"。最终没有能阻止怀孕，终于取得"胜"利，故获"吉"祥。

《象》曰："终莫之胜吉"，得所愿也。

坎为心愿。九五阳刚得正，下与六二相应，虽然有三、四相隔阻，终究能获"胜"。"得所愿也"，与六二应和的愿望，终能够得以实现。

上九：鸿渐于陆，其羽可用为仪，吉。

"陆"疑为"阿"。"阿"，大陵，大的山丘。大雁由九五之陵渐进于大陆，才合乎渐进的逻辑。巽为羽仪。大雁渐进于大陵，其羽毛可以用作"仪"饰，显示出光辉美丽，可以获得"吉"祥。

《象》曰："其羽可用为仪吉"，不可乱也。

渐进到了极高处，显示出光辉美丽，可能会发生转化了，所以，其行为要谨慎小心。上九处卦之极，阳爻处阴位，位不当，又无应与，故说"不可为乱"，不可以盲自乱动。

归妹卦☳☱第五十四

归妹 ䷵ **（兑下震上）**

《帛书易》、《归藏易》均同。

来知德：妇人谓嫁曰归。女之长者姊，少者曰妹。因兑为少女，故曰妹。为卦兑下震上，以少女从长男，其情又以悦而动，皆非正也，故曰归妹。

归妹：征凶，无攸利。

“归妹”，卦名。兑为少女，震为长男。少女嫁给年龄大的长男，长男迷恋年轻美貌的妻子，不宜于出征。震为征、为车。兑为泽，有出征时战车陷入泽中之象，故“征凶”。巽为利，巽与兑综，故说“无攸利”。

《彖》曰：归妹，天地之大义也。天地不交，而万物不兴。归妹人之终始也。说以动，所归妹也。“征凶”，位不当也。“无攸利”，柔乘刚也。

“归妹”卦的卦义是男女交感，女悦男动，这是人类社会得以存在、延续和发展的必要条件。此卦震为阳，兑为阴；坎为阳，离为阴。由男女交感引申为阴阳交感，是“天地之大义”，即是宇宙发展的普遍规律。如果天地之间的阴阳不相交感，万物就不能存在、延续和兴盛。男婚女嫁是人生的大事，是人类生命延续的开始，也是人生的终身大事。兑为悦，震为动。少女喜悦愿意嫁给长男，长男也愿意以主动的姿态接受少女，“所归妹也”，因此婚姻获得了成功。二、四阳爻居阴位，三、五阴爻居阳位，皆为“位不当”。出征时主帅六五柔弱，下级军官九二好强，不听从指挥而专用事，故“凶”。六三驾乘于九二、六五驾乘于九四之上，皆为“柔乘刚”，意为柔弱之人主宰事务，不能有所成功，故“无攸利”。

象曰：泽上有雷，归妹；君子以永终知敝。

兑为泽，震为雷，兑泽在下，震雷在上，故说“泽上有雷”。泽中水气上升到天上，形成云雾雷电，说明少女有上升顺从震男之心志，故有“泽上有雷，归妹”之象。震为君子，坤为永终、为敝。“敝”，破坏也。兑为毁折。君子既要认识到婚姻是永久的终身的大事，又要认识到婚姻可能有走向崩溃败坏的弊端。

初九：归妹以娣，跛能履，征吉。

“娣”，音 dì，妻子之妹。古代有妹妹陪姐姐出嫁的风俗，陪嫁之妹妹为妾。“跛”，足有残疾的人。兑为毁折，震为足，所以有“跛”足之象。“履”，践履，行走。兑为妾，妾虽然足有残疾，但能行走。初九阳爻居阳位，位当，说明“娣”有德又有能力操持好家庭，丈夫若要出征或出远门，没有后顾之忧，故“吉”。

象曰：“归妹以娣”，以恒也。“跛能履吉”，相承也。

“恒”，常也，常道。初九阳爻处阳位，得正位，故说“恒”。古人认为有妻有妾为人伦的恒常之道。“承”，佐也。“佐”，助也。本爻动，承九二之阳，故为“承”。表示以妹为妾，能帮助正妻管理好家庭。

九二：眇能视，利幽人之贞。

“眇”，音 miǎo，瞎了一只眼。互体离为目，兑为毁折，目有毁损，故有“眇”之象。兑综巽，巽为白眼，也有“眇”视之象。兑为昧、为幽，震为人，故有“幽人”之象。“幽”，不明。“幽人”，指瞎了眼睛的妻妹。“贞”，正也。九二阳爻居阴位，位不当，但九二为中位，与六五相应。所以妻妹虽然足和眼都有残疾，但她品德端正，能坚守中正之妇德。

象曰：“利幽人之贞”，未变常也。

兑为常。“娣”坚守中正之德，没有改变夫妻的恒常之道。

六三：归妹以须，反归以娣。

六三为本卦成卦之主。“须”，同“媭”（音 xū），姊也。震为反生，故有“反”象。六三为下卦之上位，本不应该是地位卑贱的，但是不中不正，六三又为兑卦的主爻，说明她善于用和悦之貌迷惑人。“反归”，被丈夫休退，返归回娘家。由于姐姐德行不正，反而把妾妹休退回娘家。

象曰：“归妹以须”，未当也。

阴爻处阳位，位不当，故“未当也”。

九四：归妹愆期，迟归有时。

“愆”，过也，过时，谓女子过时不嫁。九四是阳爻处阴位，与初九敌应。互体坎为月，离为日，有日“期”之象。四爻变为坤，日月不相见，故有“愆期”之象。归妹卦上卦震为春，下卦兑为秋，下互离为夏，上互坎为冬，有春、夏、秋、冬一年四时之象。四时循环，故说“有时”，即有出嫁的时期。

象曰：“愆期之志”，有待而行也。

互体坎为志。“志”，心愿、想法。“愆期”的目的不是不想出嫁，而是等待时机。虽然“愆期”，仍然“有”时机。震为行。“行”，嫁也。“待”，等待。只要等待，就有机会出嫁。

六五：帝乙归妹，其君之袂，不如其娣之袂良。月几望，吉。

六五为本卦主卦之主。“帝乙”，殷代帝王名，殷纣王之父。“归妹”，殷王帝乙嫁少女于周文王。“君”，指出嫁之少女，古代诸侯之妻称为“小君”。“袂”，音 mèi，衣袖。古礼规定，人的穿着是否合于礼容全在衣袖上。“良”，美好。三爻为娣，变为乾，乾为衣，故有“袂良”之象。“不如其娣之袂良”，是说出嫁少女的衣袖没有陪嫁妹妹的衣袖美丽。五爻变为兑，兑为缺损之象，所以说“不如其娣之袂良”。互体坎为月，离为日，震为东，兑为西，日月东西相望。五爻为阴，为月；二爻为阳，为日，日月相对之意。“月几望”，指阴历十六日。六五之爻阴，不在坎之中而在坎之末，说明月光已过盈满而与日相对，故说“月几望”。六五阴柔居中居尊，下应九二，有德的君主帝乙下嫁女于周文王，时间又在“月几望”时，所以“吉”利。

象曰：“帝乙归妹”，“不如其娣之袂良”也。其位在中，以贵行也。

六五为上卦之中位，故说“其位在中”。出嫁之少女为帝王之女，故“贵”；又有中正之德而出嫁，所以，不必做过多的装饰，因而姐姐用来做装饰的衣袖就没有陪嫁妹妹的衣袖美丽。

上六：女承筐无实，士刲羊无血，无攸利。

上六亦为本卦成卦之主。兑为女，震为士、为竹。震为仰盂，中虚无实，有“筐”之象。“刲”，音 kuī，“宰杀”的意思。兑为羊。互体坎为血。震综艮，艮为手，有操持之象。离为戈兵，有宰杀之象。下卦兑为羊，羊在下；互体坎为血，血在上，故有“无血”之象。女子筐里没有东西，男士宰羊又没实现，故“无攸利”。

象曰：“上六无实”，“承”虚“筐”也。

上六为阴，无阳，故“无实”。震为仰盂，上爻有底而中虚，故说“承虚筐也”。

丰卦䷶第五十五

丰 ䷶（离下震上）

《帛书易》、《归藏易》均同。

来知德：丰，盛大也。其卦离下震上，以明而动，盛大之由也；又雷电交作，有盛大之势，乃丰之象也。

丰：亨，王假之，勿忧，宜日中。

“丰”，卦名，与旅卦相综，与涣卦䷺相错。震为阳卦，离为阴卦，下离卦之九三与上震卦之上六相应，故“亨”。震为王。“假”，至也，“到”的意思。“王假至”，丰大之德只有君王才能达到。坎为险、为陷，有“忧”虑之象。互体为大坎，二阳居坎中，能刚强地面对坎陷，没有真正的忧虑，君王有丰大之德而亨通，故“勿忧”。九四宜升至五，离为日、为中，故说“宜日中”。王想要成就一番事业，宜于像中午的太阳一样，把自己施政的业绩光照于天下。

《彖》曰：丰，大也。明以动，故丰。“王假之”，尚大也。“勿忧宜日中”，宜照天下也。日中则昃，月盈则食。天地盈虚，与时消息，而况于人乎？况于鬼神乎？

离为大，震也为大，均有“大”之象，故“丰，大也”。离为明，震为动，故“明以动”。君王以实际行动推行明德政治，得百姓之拥护，能取得丰大的成就，不应该有忧虑。中天的太阳正是最光明的时候，宜于像中天的太阳那样去推行德政，才能普照天下。离为日，兑为月，震为行。“昃”，偏斜。日运行到中天就会偏斜。“食”，亏损。月盈满了就会亏损。太阳不能永远在正中，它会偏斜的；月亮不能永远是盈满的，它会亏损的。乾为盈，坤为虚。“盈”，丰满。“虚”，虚空。“消”，衰弱、衰退、衰落；“息”，生长、发展、向上。宇宙天地间的任何事物，都会随着时间的变化而变化，消、息、盈、虚是宇宙运动的普遍规律，不论是人世间的或者神秘的事物都是如此，没有永远不变的事物。

《象》曰：雷电皆至，丰。君子以折狱致刑。

震为雷，离为电，离下震上，故“雷电皆至”。雷与电是天上极大的自然景象，故“丰”大也。“折狱”，“决断狱讼”的意思。“致刑”，“行刑”的意思。震为刑，离为明，为折，说明治狱者以明察的眼光治理刑狱，在刑罚严明的情况下处理讼狱，施行刑罚。

初九：遇其配主，虽旬无咎，往有尚。

“遇”，相遇，指本爻与九四相遇。离为明，初九为明之初，即明之“主”。震为动，九四为动之初始，与初九相应“配”，所以说“遇其配主”。十日为一旬，离为日，震为十，故有“旬”之象。初九是阳爻处阳位，位当，所遇之配主九四位不当，但有阳刚之德与初九相配应，故“无咎”。“往”，前往，指由初九到九四。“尚”，上也。由初九向上六是一个必然过程。

《象》曰："虽旬无咎"，过旬灾也。

"过旬"，超过九四而上进到六五，六五为君位。阴为柔，一个柔弱昏暗之君。初九为最下位，一个最下等的强悍的人，遇上柔弱昏暗之君，必定会带来"灾"害。

六二：丰其蔀，日中见斗，往得疑疾，有孚发若，吉。

六二为本卦成卦之主。"丰"，大也。"蔀"，音 bù，用席盖成的棚子，荫蔽之象。本爻动为乾，有覆盖之象，昏暗不明。与六五敌应，六五阴暗，故有"丰其蔀"之象。"斗"，高亨认为"斗当作主，主乃古'烛'字"。由于昏暗不明，中午也要用烛来照明。"往"，前往。六二上应六五，六五为柔弱之君，昏暗不明，对忠诚于自己的臣属疑心重重。"孚"，诚信。离为明，心底光明，有"有孚"之象。"发"，启发、感发。六二阴爻处阴位，当位，又为中位。说明六二之臣属具有忠诚于君上的德行，虽然遭到怀疑，不要心怀怨恨，要以中正竭诚之心去感发君王，让他解除疑惑，取得他的信任，忠实为他服务，便可获得"吉"祥。

《象》曰："有孚发若"，信以发志也。

离为心。"志"，心也。"信"，忠信、诚信。"志"，指国君的心志。忠诚的臣子就能发现国君的心意。

九三：丰其沛，日中见沬，折其右肱，无咎。

"沛"，饰也。离为饰。"饰"，幡幔也，"沛"之象。"沬"，水也。本爻动为坎，坎为水，"沬"之象。下卦离为日、为中。中午幡幔内沬水浸漫，因光线不明而仆倒，伤其右手。兑为毁折。阳爻为右，阴爻为左，九三为阳爻，故有"右"之象。"肱"，手臂。互体兑错艮，艮为手，故说"折其右肱"。九三，阳爻处阳位，位当，又与上六正应，故"无咎"也。

《象》曰："丰其沛"，不可大事也。"折其右肱"，终不可用也。

互体兑错艮。艮，止也。明而动，动而又止，不可以成就大事。伤了右手，丧失了做事的功能，所以"终不可用也"。

九四：丰其蔀，日中见斗，遇其夷主，吉。

"丰其蔀，日中见斗"，见前注。"夷"，平也。震为山崩。山崩，山夷为平地，故有"夷"之象。"夷主"指初九，九四与初九同为卦之初爻，并同为阳爻，功德平等。初九说"遇其配主"，指九四爻。九四与初九同德相助，故"吉"也。

《象》曰："丰其蔀"，位不当也。"日中见斗"，幽不明也。"遇其夷主"，"吉"行也。

九四阳爻处阴位，故为"位不当也"。因有丰大的棚子遮着，幽暗而不明。震为行，九四与六五相比，故"遇其夷主，吉也"，前往可获得"吉"祥。

六五：来章，有庆誉，吉。

六五为本卦主卦之主。"来"是指六二来应六五，六二阴爻处阴位，当位，九五虽位不当，但是为君位，所以六二主动来应六五之君，真诚为国君服务。"章"，明也。离为明。六五与六二，皆为中位。震为福，故为"庆"。政治清明而行动，发布清明的政令，必有"吉"庆和美好的名"誉"，故"吉"也。

《象》曰："六五"之"吉"，有庆也。

六五之君有中正之德，实行清明的政令，一定"吉"祥，一定有喜"庆"的事情到来。

上六：丰其屋，蔀其家，窥其户，阒其无人，三岁不觌，凶。

"丰"，大也。"蔀"，棚席。"窥"，从缝隙或隐蔽处偷看。"阒"，音 qù，空寂。"觌"，音 dí，见也。震综艮，艮为家、为屋、为户。一幢大的房屋，用棚席遮盖起来，窥看其门户，室内空寂"无人"。

离为目，有“窥”视之象。震为人，互体巽为伏，故有“无人”之象。离为三，震为岁。三年都不见屋内有人，“凶”之象。

《象》曰：“丰其屋”，天际翔也；“窥其户，阒其无人”，自藏也。

五为天位，上六处天之外，震为飞翔，故说“天际翔”。上六与九三正应，互体巽为隐伏，故说“自藏”也。

旅卦䷷第五十六

旅 ䷷（艮下离上）

《帛书易》、《归藏易》均同。

来知德：旅，羁旅也。为卦山内而火外。内为主，外为客。山止而不动，犹舍馆也。火动而不止，犹行人也，故曰旅。

旅：小亨，旅贞吉。

“旅”，卦名，与节卦䷻相错。艮为少男、为童、为小。上离为阴，阴气浊而下降；下艮为阳，阳气轻而上升，上下相交感故“亨”。离，丽也。丽，附也。旅，做客于外。下山上火，火附丽于山上犹人做客于外，故为“旅”。“贞”，正也。在外做客，行为举止端正，故“吉”也。

《彖》曰：“旅，小亨”，柔得中乎外，而顺乎刚，止而丽乎明，是以小亨，“旅贞吉”也。旅之时义，大矣哉！

六五为柔，居外卦之中位，故说“柔得中乎外”。“顺乎刚”，指下卦艮，艮为阳卦，阳为刚；或六五上下皆为阳刚，故说“顺乎刚”。艮为止，离为丽、为明。旅行本是小事，是以“小亨”。艮为时。“时”，时机、时候。旅行的“时”候，遵循中正之德是最大的事情。

《象》曰：山上有火，旅；君子以明慎用刑，而不留狱。

旅卦之下卦为艮，艮为山；上卦为离，离为火，故说“山上有火”。“山上有火”，是火附丽于草木而存在，人在外面旅游，是依附于他乡的生活资源而生存，犹火依附于山的草木一样。“君子”，指君王。艮为君子、为明。艮为慎、为止。兑为刑、为拘狱。君主在治理讼狱时，不但要明察事实真相，谨慎用刑罚，还要从速判决，不要拖延时间。

初六：旅琐琐，斯其所，取灾。

“琐”借为惢。惢，音 suǒ，疑惑。互体大坎为疑。“斯”，此也，“这里”的意思。“所”，住所。艮为所。“斯其所”，旅行时住的地方。初出门旅行的人，总是心里疑惑不安。艮为手，为取，离为灾。初六，位不当；柔弱之臣民向九四强悍之人求索，故有“取灾”之象。

《象》曰：“旅琐琐”，志穷“灾”也。

艮为心志。初六有向上的心志，与九四虽然相应，但都位不当，不能实现自己的志向，故“穷”。九四临近六五，阳刚而遇柔弱之君，初六向上求志，不但不能实现，还有遇到“灾”害的危险。

六二：旅即次，怀其资，得童仆贞。

“即”，到达。“次”，舍也，旅行之人的住所，旅馆或宾馆之类。六二为当位，互体巽为利、为资财，故说“怀其资”。巽为获得。艮为少男，故有“童仆”之象；六二上承阳刚，有“得童仆”之象。“贞”，正也。六二位中，故“贞”正也。

象曰：“得童仆贞”，终无尤也。

“尤”，过失、过错。艮为终。六二得中得正，故“终无尤”。出门旅行，有安全的住所，有资财，有专门的服务人员照顾，整个过程都不会有过失而出现问题。

九三：旅焚其次，丧其童仆，贞厉。

“次”，停留，这里指行人的住所。九三近离，离为火，艮为居，故“焚其次”，烧毁了住所。“丧”，失也。三爻变为坤，坤为女、为妇，艮男不见；互体兑为陨落，故有“丧其童仆”之象。九三与上九敌应，故“贞”。“厉”，危也。九三居下卦之上位，刚而不中。过刚无应，没有朋友，故危“厉”也。

《象》曰：“旅焚其次”，亦以伤矣。以旅与下，其义丧也。

“伤”，指童仆受伤。互体为兑，兑为毁折、为伤害，故“伤矣”。“下”，指初二。在旅行时烧毁房舍，童仆受“伤”，宜与童仆协作才能共渡难关，但是丧失了主尊仆贱（古代等级制度）的规矩。九三阳爻处阳刚之位，刚而过刚，则必会遭此祸害。

九四：旅于处，得其资斧，我心不快。

“处”，处所，即舍次，旅舍。“旅处”，暂时的居处。艮为土，土的性质稳定，所以九三为“旅其次”。离为火，火的性质不稳定，故此爻有“旅其处”之象。互体兑为金。“资”，资财也，财货、金银之类的东西。“斧”，斧头，用以防身。互体上兑为金，下巽为木，木贯穿于金，“斧”之象。本爻动为坤，坤为我。巽为志、为心。离错坎，坎为忧，有“不快”之象。旅行暂在外，有钱财，有防身的工具，本应该是安全的，但是“我心不快”。因九四之阳刚下顺从初六之阴柔，意味着寄希望于非理想之人，故“我心不快”。

《象》曰：“旅于处”，未得位也。“得其资斧”，“心”未“快”也。

九四阳爻处阴位，所以说“未得位也”。在旅行中应该是以安全安定为快，九四暂留居处而不安定。又为初六所系，故而“心未快也”。

六五：射雉一矢亡，终以誉命。

六五为本卦成卦之主，又为主卦之主。“射”，射击、射杀。射雉必有矢。雉，音 zhì，俗称野鸡。离为雉。离错坎，坎为矢，弓矢之象。本爻动为乾，乾为一，有“一”之象。开始为离，离含有“雉”“矢”之象。本爻动为乾，离不存在，不见“雉”与“矢”，故有

“雉”飞、“矢亡”之象。“誉”，美誉。互体兑为口，为悦，以口中言语喜悦于人，即赞颂别人，故为“誉”。“命”，名也。“誉命”，光荣美丽的名声。互体巽为命。旅行之时虽然遭受了“毁舍丧仆”的不幸，以“雉飞矢亡”为喻，说明损失不大，最终得了“誉命”。离为文明。文明得中，下能够顺于九四，又能够应于六二，说明旅行之人持守文明中正之德，终将获得美好的声誉。

《象》曰：“终以誉命”，上逮也。

“上”，上九。“逮”，及也。六五与上九相比，说明获得的美好名声能逮及上九。

上九：鸟焚其巢，旅人先笑后号咷。丧牛于易，凶。

“离”为网罟，故有“巢”之象。离为鸟、为火。互体巽为风，风遇火，风使火烈，有“焚”烧之象。鸟巢位于风烈火急之中，故说“焚其巢”。“旅人”，指九三。九三为人位，与上九为正应位，故称“旅人”。互体兑为悦，欢笑之象，与同旅行的人相欢笑。“咷”，音táo，“号啕大哭”的意思。本爻动为震，震动不安定。上九又处旅卦之极，又阳刚处阴位，有险难之象，故号啕痛哭。离为牛，牛之象。艮为田、为易。“易”，“田场”的意思。本卦内艮外离，上九在艮之外，即牛在田场之外，故有“丧牛于易”之象。烧毁了房舍，丧失了牛群，故“凶”。

《象》曰：以“旅”在“上”，其义“焚”也。“丧牛于易”，终莫之闻也。

“上”，指上九。“义”，宜也。上九处于危险之地，宜其巢被焚，牛走失。应爻三变，互体为坎，坎为耳、为隐伏。艮为终。“莫之闻”，莫闻之的倒装句。“闻”，听见、知晓。由于被隐伏起来了，所以“终”究没有被知晓。

巽卦☴第五十七

巽 ䷸ (巽下巽上)

《帛书易》缺，《归藏易》同。

来知德：巽，入也。二阴伏于四阳之下，能巽顺乎阳，故名为巽。其象为风，风亦取入义，亦巽之义也。

巽：小亨。利有攸往，利见大人。

巽，卦名。与兑卦相综，与震卦䷲相错。“小”，指阴。本卦上下皆为巽，巽为阴卦。阳大阴小，故“小”也。巽，顺也。顺从阳刚，故“亨”也。总是顺从阳刚，没有了自主，内心不快，故“小亨”也。互体为兑，兑为商、为利。虽然“小亨”，但“利攸往”。巽为吉、为利、为见、为王、为君子。并且阳刚居二、五得中，故“利见大人”。

《彖》曰：重巽以申命，刚巽乎中正而志行。柔皆顺乎刚，是以“小亨，利有攸往，利见大人”。

两巽卦相重，故说“重巽”。巽为命令、为风。“申”，重也。“申命”，重复发出命令。九五之君王一次又一次发出的命令，就像风一样吹遍天下。“刚巽乎中正”，指二与五，二与五皆阳刚居中正之位。巽为心、为志。因具有中正之德，其志能够得以实行。巽卦二阴顺乎四阳，故“柔皆顺乎刚”。只顺从而没有主动性和创造性，不能成就大事业，“是以小亨”。上下皆顺，利于前往，“利见大人”。

《象》曰：随风，巽；君子以申命行事。

“随”，继也，从也。“随风”，巽为风，上下皆巽，前风去而后风继随。阳为君子，指九二。巽为命。君子按照九五之君王发布的“命”令“行事”，就应该像是随风所行那样去做。

初六：进退，利武人之贞。

巽为进退。互体兑为利，错为震，震为武人。本爻动为乾，乾为武人。“贞”，正也。初六为阴爻居阳位，位不正，变得正，故说“利武人之贞”。

《象》曰：“进退”，志疑也。“利武人之贞”，志治也。

初六以阴柔居下位，为巽卦的主爻，谦逊而又谦逊，卑谦过度，是非可否，无所适从，故有“进退”不决之象。由于进退无所适从，心志就疑惑不定。“贞”,正也。巽为志，互体兑错艮，艮为治。“治”，治理也，有序不乱。“志治”，心志不乱。“武人”的进退以正为标准。其心志不乱，故“利”也。

九二：巽在床下。用史巫纷若。吉，无咎。

“巽”一阴在下，二阳在上，“床”之象。巽为伏，二与五敌应，下与初相比，故说“床下”。“史巫”，指祝史和巫觋。“祝史”，掌祭祀的官员。“巫觋”，女巫和男巫的合称。巽与兑综，兑为巫，有“史巫”之象；又兑为口舌，史巫专门用嘴巴说事，并且说法不一，故说“纷若”。九二居中，故“吉，无咎”。

《象》曰：“纷若”之“吉”，得中也。

史巫只用嘴巴祈祷而获得吉祥，是因为九二居下卦之中位，故说“得中也”。

九三：频巽，吝。

“频”，通颦也，不快乐。九三居下巽卦之上，与上无应，故不快乐，故说“吝”难也。

《象》曰：“频巽”之“吝”，志穷也。

九三的“吝”难，是因“志穷也”。巽为心志，与上无应，下又乘凌于阳刚之上，无人帮助，其志不能实现，故“志穷也”。

六四：悔亡，田获三品。

六四为本卦之正位，为成卦之主，又为主卦之主。六四为坤爻，坤为悔。六四阴爻处阴位，位当，故“悔亡”。互体离为戈兵，巽错震，震为动，为田猎。兑为羊，离为牛，巽为豕。有羊、牛、豕三种猎获，故说“田获三品”。又离为三，亦“三品”。“品”，类也。“三品”即是三类。

《象》曰：“田获三品”，有功也。

因为打猎获得了三种猎物，巽为利，故说“有功也”。

九五：贞吉，悔亡。无不利。无初有终，先庚三日，后庚三日，吉。

九五为本卦主卦之主。九五居君位，为巽卦之主，是发出政令的地方，刚健而又中正，故“贞吉，悔亡”。巽为利，故“无不利”。“无初”指初六，初六之巽，巽而又巽，过于谦逊，不免有“悔”，无良好的开端，至九五则必“悔亡”。因九五刚健中正，掌握有权力，故“无初有终”。古人以甲、乙、丙、丁、戊、己、庚、辛、壬、癸记日。尚秉和：“震纳庚”，“先庚三日”即庚前之丁日，丁属火，互体离为三，离为南方。“后庚三日”为庚后之癸日，癸属水，上爻变为坎，为水，为北方。坎错为离，离为火。水火既济故“吉”。

《象》曰：“九五”之“吉”，位正中也。

九五阳爻处阳位，位正中，又刚健，没有不“吉”利的。

上九：巽在床下，丧其资斧，贞凶。

巽为床。上九当巽卦之终，阴在下第四爻，上欲比乎四，所以有“巽在床下”之象。九二说“巽在床下”，与初六相比。九三过刚，九五居中，故不说“巽在床下”。本爻动为坎，坎为盗。巽为资财，互体离、兑均为斧，故有“丧其资斧”之象。丧失资财和防卫的戈斧，仍然处于“凶险”的境地。“贞”，正也，巽卦之本德。因为上九为巽卦之极，即将走向反面，故虽正亦“凶”。

《象》曰：“巽在床下”，上穷也。“丧其资斧”，正乎凶也。

“上”，指上九。上到了事物发展的极致，故“穷”。因为“丧其资斧”，虽然巽具有谦逊之德，但仍然处于“凶”的境地。

兑卦䷹第五十八

兑 ䷹（兑下兑上）

《帛书易》作“夺”，《归藏易》作“兑”。

来知德：兑，悦也。一阴进于二阳之上，喜悦之见于外也，故为悦。

兑：亨。利贞。

“兑”，卦名。与艮卦䷳相错。兑为悦，一阴凌驾于二阳之上，阳得阴而悦。九二和九五皆为阳刚，上下卦的外爻均为阴柔，刚中而柔外，故“亨”通也。上卦为兑，兑为秋，故“利贞”。

《彖》曰：兑，说也。刚中而柔外，说以“利贞”，是以顺乎天，而应乎人。说以先民，民忘其劳；说以犯难，民忘其死；说之大，民劝矣哉！

“说”，悦也。与艮卦䷳相错。兑为悦。“刚中”指二与五，柔外指三与上。阳刚居中，中心诚实之象。阴柔在外，待人接物温和之象。对外虽然柔悦，而内心却诚实刚健，故“贞”正。因贞正，故“利”。五为天位，上六顺从之，故说“顺乎天”。三为人位，互体巽，巽为应，二应乎三，故说“应乎人”。“说”，“悦”也。“先”，本意为

“前进”，这里是“引导”、“领导”的意思。坎为民、为劳、为险难、为棺椁，故为“死”。中正之君用民众喜悦的政策来引导和领导民众，民众就心悦诚服，为国君服务就忘记了劳苦。“犯”，至、到、“奔赴”的意思。统治者用悦民的政策使民众奔赴危“难”，民众不畏“死”亡而前往。坎为劝。“劝”，“勸”的简体字，勉也，“奋勉”、“勤勉”的意思。“大”，广大。“说之大”，悦民政策的意义十分广大，统治者把悦民的政策推行广大，民众都会勤勉而努力地工作。

《象》曰：**丽泽，兑；君子以朋友讲习。**

“丽”，两也，偶也。兑为泽。“丽泽”，指两个兑泽相重。“兑”，悦也。兑错艮，艮为君子。一阴在二阳之上，阴气下沉阳气上升，阴阳相遇，相互交感帮助，故为“朋友”。兑为口，为言说，故有“讲习”之象。朋友之间相互交流学习，是一件喜悦的事情。

初九：和兑，吉。

初九阳爻居阳位，处一卦之初，悦而下，故“和”。“兑”为口、为言说。用和悦的态度与人交流说话，会得到别人的尊重和信任，故“吉”也。

《象》曰：**“和兑”之“吉”，行未疑也。**

初与二敌应。本爻动为坎，坎为疑。由于“和悦”而获得吉祥，其行为、行动未曾遭到怀疑。

九二：孚兑，吉，悔亡。

“孚”，信也。九二阳刚居中位，刚中为孚。因以诚信的态度说话和交流，故“吉”。“悔”，悔恨，小不幸。九二阳爻居阴位，位不当。上承六三阴柔，有遇上小人之象。九二有阳刚中正之德，诚信充实，虽然遇上小不幸，但不幸定会消亡的。

《象》曰：**“孚兑”之“吉”，信志也。**

刚中为信。互体巽，巽为志。“志”，心愿。“孚”信交流而“吉”

祥，是因为有真诚的心愿，

六三：来兑，凶。

六三为内卦之上爻，外曰往，内曰来。“来兑”，别人没有要求你说话时就主动说话，让人厌恶。三多凶，位又不当，来得不正，故“凶”。

《象》曰：“来兑”之“凶”，位不当也。

六三以阴爻居阳位，位不当。因位不当，故“凶”。

九四：商兑，未宁。介疾有喜。

“商”，商讨也。兑为口，为言，语言交流，故有“商”讨之象；互体巽，巽为不果，商讨没有结果。商讨没有结果，故“未宁”也。上与九五不相比，九五为君，为公，无法商讨；下比于三为普通百姓，不能商讨。故有商讨“未宁”之象。“介”通“疥”。“疥”，疥疮之类的小毛病，用以比喻小小的不幸。本爻动为坎，坎为疾。与三相比，六三爻变为乾，乾为喜。小小的疥疾痊愈了，故有“有喜”之象。上有明君的保护，下有百姓的支持，因而“有喜”庆。

《象》曰：“九四”之“喜”，有庆也。

乾阳为庆。九四下比六三为有应，三、四皆为人位，协调相比，故“有庆也”。

九五：孚于剥，有厉。

九五为本卦主卦之主。“孚”，信也。“剥”通驳，辩解。兑为口、为言，有辩解之象。上六为阴，阴为小人，九五接近上六之小人。如果诚信于上六小人之辩驳，就可能危“厉”。兑为毁折、为灭，故“有厉”也。

《象》曰：“孚于剥”，位正当也。

“剥”，割裂也。九五为中位，为诚信之位。阳爻居中，刚健而中，故“正”。阳爻居阳位，故为当位。所居之位“正”而“当”，就能真诚地与小人之道割裂开来，危险就自然不存在了。

上六：引兑。

上六为本卦之正位，为成卦之主。兑错艮，艮为手，故有“引”之象。“引”，引申，引而申之，把喜悦引申而扩大。上六为悦之极，故用“引兑”。没有说吉凶，是因为九五已经有危厉之戒。九五都有危厉，上六就更不用说了。上六与九五相比应，借引九五之光，以扩大引申喜悦。

《象》曰：“上六引兑”，未光也。

兑为暗昧，故“未光也”。“光”，广也。虽有引申喜悦之愿，然而处于不利的地位，不可能发扬“光”大也。

涣卦䷺第五十九

涣 ䷺（坎下巽上）

《帛书易》同，《归藏易》作“奂”。

来知德：涣者，离散也。其卦坎下巽上，风行水上，有披离解散之意，故为涣。

涣：亨。王假有庙，利涉大川，利贞。

“涣”，卦名。与节卦相综，与丰卦䷶相错。本卦上为巽、为阴，下卦为坎、为阳，阳上阴下相交感，故“亨”通。六四变为乾，乾为君、为王。互体艮为宗庙。“假”，“至”也。国王去宗庙祭祀，祈求神灵的保护，以聚会人心，利于涉渡大川大河，以喻治理天下之艰难。巽为木、为舟；坎为大川，故说“利涉大川”。九二虽居中，但位不当，故“利贞”。用以渡涉大川之艰难为戒，防备人心之涣散，宜于坚守正道以汇聚人心。

《彖》曰：涣，亨。刚来而不穷，柔得位乎外而上同。“王假有庙”，王乃在中也。利涉大川，乘木有功也。

涣卦坎下巽上，坎为阳，巽为阴，故“亨”通。自外而内曰来。九二自外卦之乾爻而来，一阳来居坤中，成坎。坎为水、为大川，有水流不穷之象。“柔得位乎外而上同”，指六四，阴爻居阴位，为“得位”。六四为外卦之初爻，故说“外”。“上”指上九。六四与上九相应，故称“同”。“王”，指九五。九五为尊位，为君位；同时九五为上卦之中位，故有“王乃在中”之象。巽为木，坎为水、为大川，木在水上行走，有“乘木”之象。二与五同功。有了木舟就可以涉渡大川，故“有功也”。

《象》曰：风行水上，涣；先王以享于帝立庙。

上卦巽为风，下卦坎为水，故有“风行水上”之象。“涣”，散乱。风行水上，激起波浪，水被风吹而散乱。六四变为乾，乾为亨、为享、为宗庙。祭祀为古代四大政事（民，食、丧、祭）之一。“先王”祭祀天帝，建立宗庙，祭祀祖先，为了凝聚散释的人心。

初六：用拯，马壮，吉。

“拯”，救也，助也。初六为离散之初，坎为困、为险，有险难之象。坎为马、为壮，有“马壮”之象。但是离散的程度不深，有挽救的可能性，故说“用拯”。初与四为相应位，六四变为乾，乾为良马。在内力和外力的共同努力下，能解决离散不深的状态，故“吉”。

《象》曰：“初六”之“吉”，顺也。

“顺”，指初六顺从九二。初六阴柔居九二阳刚之下，故柔“顺”刚也。

九二：涣奔其机，悔亡。

“涣”，涣散。“奔”，急走也。坎为急走之壮马，故有出“奔”之象，即要尽快走出离散的状态。“机”，关键，机要。涣散到九二进入了关键的时机，故有“悔”之象。九二得九五强健的帮助，定能走出离散的这个不利的关键，故“悔亡”，悔吝的不利因素就会消亡。

《象》曰：“涣奔其机”，得愿也。

“愿”，心愿。坎为心愿。急于想要走出离散状态的心愿，因得九五之强力帮助得以实现，故“得愿也”。

六三：涣其躬，无悔。

“躬”，自身，亲自，指六三自身。坎为主人（自身）、为悔。六三居下卦之终，离散到了这个地步有转机的可能。本卦只有六三有应与，即六三与上九相应。六三亲自上求援于上九，以阴求阳，宜于有所“悔”，但志在救离散，故“无悔也”。

《象》曰：“涣其躬”，志在外也。

坎为志。“志”，求援的心愿。“外”，指外卦之上九，向上九求援以解济离散之不利。

六四：涣其群，元吉。涣有丘，匪夷所思。

六四为本卦成卦之主。“群”，指众多的小人。坎为群，为众。互体艮为阍寺（小人），六四为阴，阴即小人之类。六四上承九五，阴爻居阴位，位当；下无应与，则内无私交。当担当济涣的大任时，正直而无私心，故有“涣其群”之象。得九五之帮助，故“元吉”。“匪”，不是。“夷”，平常。坎为思。互体艮为丘陵，不平坦之貌。救济众多之离散，是不平坦的。故“匪夷所思”，不是有平常智慧的人所能思考得到的。

《象》曰：“涣其群，元吉”，光大也。

六四正直无私，又得九五之助，而又光明正大，故“元吉”。互体大象为离。离为光，为大，故有“光大”之象。

九五：涣汗其大号，涣王居，无咎。

九五为本卦主卦之主。巽为风，风以散之。坎为水，“汗”之象。

巽综兑，兑为口，“号”之象。九五为君，又阳爻居阳位，“大号”之象。国王要救济全国之涣散，要大声号令全国民众，付出流汗的辛苦。九五为君、为王，本爻动成坤，坤为王，为居。当离涣之时，国王必须稳居其王位，以稳定全国之大局，这样就可以没有咎害。

《象》曰：**“王居无咎”，正位也。**

“正位”，指九五阳爻居阳位，为尊位，为正位。

上九：涣其血，去逖出，无咎。

本爻动为坎，坎为血。“血”，伤害也。巽为斧。巽错震，震为杀。互体大象离，离为戈兵，出“血”之象。离散到了极点时，必然民生凋敝，直至兵戎相见，生灵涂炭，故有“血”之象。互体震，震为出、为去。“去”，离开。上九为乾爻，乾为远。“逖”，远也。离乱时离开家乡，逃到远处，故“无咎”。

《象》曰：**“涣其血”，远害也。**

本爻在涣卦之上位，远离下卦之坎险；坎为陷、为凶，故有“远害”之象。虽然离散到最严重的地步，有血伤的现象出现，但它远离坎陷之地，没有大的关系。

节卦䷻第六十

节 ䷻（兑下坎上）

《帛书易》、《归藏易》皆同。

来知德：节者，有限而止也。为卦下兑上坎，泽上有水，其容有限，若增之则溢矣，故为节。

节：亨。苦节，不可贞。

“节”，卦名，与旅卦䷷相错。“节”，止也。坎为水，水为无形之物，泽聚水，不使乱流，有“节”止之象。水性润下，与泽中之水聚合为一，节止有度，故“亨”通。坎为苦。“苦”，尽力。“苦节”，尽力节止，尽力过度则违背常理；适当地节止，则可以行得通。故节止没有固定的标准，只有因时而行中道，故“不可贞”。“贞”，正也。

《彖》曰：**节，“亨”，刚柔分，而刚得中。“苦节不可贞”，其道穷也。说以行险，当位以节，中正以通。天地节而四时成，节以制度，不伤财，不害民。**

本卦下兑上坎。坎为阳卦，为刚。兑为阴卦，为柔。阳刚在上，阴柔在下，故“刚柔分”。九二为阳，为刚，居下卦之中位。九五为阳，为刚，居上卦之中位，故有“刚得中”之象。说明君臣皆阳刚得中，都遵守节止的规定。节止的政策都得以执行，故“亨”。坎为困穷。“穷”，指上六。上六阴柔乘九五之阳刚，位于终极之位，处于转化和不利的险位，故“其道穷也”。“说”，“悦”也。兑为悦。互体震为动、为行。坎，险也，所以有“行险”之象。说明“节”止不能冒险，要以和悦为要。“当位”，指九五。“中正”，指二、五。坎为通。说明节止要适当，只有中正才能“亨”“通”。三爻变为乾，为天。五爻变为坤，为地。互体震为春，坎错离为夏，兑为秋，坎为冬，故有“四时”之象。秋收冬藏，有完“成”之象。天地以阴阳二气互为节制，阳节之以阴，阴节之以阳，阴阳交相节止，完成了四时的变化。震为威、为戒，故有“制度”之象。兑为毁折，坎为陷，均有“伤害”之象。上爻变为巽，为资财。坤为民。国王按制度规定进行节制，就既“不伤财”也“不害民”，适中而止。

《象》曰：**泽上有水，节；君子以制数度，议德行。**

本卦下兑上坎，下兑为泽，上坎为水，故“泽上有水”。说明水节止在泽中，而没有泛滥成灾。“制”，制定。“数度”，法度，即礼数法度。坎为矫揉，“制”作之象。震为威、为戒，法“度”之象。

“议”，评论。兑为口，为言说，故有评“议”之象。兑为节、为信，“德行”之象。互体艮为君子。君子制定法度，并以此为标准，去评论衡量人的“德行”，以推行“节”止的政策。

初九：不出户庭，无咎。

互体艮，艮为门、为庭。一扇门为户，两扇门为门。本爻初为一，故取“户”象。前有阳刚蔽塞，故有“不出户庭”之象。与六四阴柔相应，六四为坎险之初，险难在前，不宜于出门，亦有“不出”之象。初九阳爻居阳位，得正居节卦之初，又与险难相应，故“不出户庭”。位当，知道可行就应当行，不当行就不要行动，知道掌握好时机，就“无咎”害。

《象》曰：“不出户庭”，知通塞也。

互体震为车、为足、为行走，通达之象。互体艮为丘、为山、为高山，故有阻“塞”之象。乾阳为知，互体震为通，故有“知通塞”之象。说明初九深知路途通畅则出行，阻塞则止。在节止之初，因时而行也。

九二：不出门庭，凶。

互体艮为门，两扇门为门，本爻为九二，故有“门”之象。“门庭”，门内庭院。本爻为内卦之中位，故有“门庭”之象。九二阳刚居阴位，上无应与，无援无助，当节止之时，“不出门庭”为好，若出门庭有必有“凶”之象。

《象》曰：“不出门庭，凶”，失时极也。

“时”，时机。节止要掌握好时机。“失时”，丧失掉了节止的时机。“极”，中也。九二为中位，但是失位失应，故“失时极也”。“时止则止，时行则行，动静不失其时，其道光明”，说明时机的重要性。

六三：不节若，则嗟若，无咎。

“嗟”，叹息。“若”，语气词。兑为口，坎为忧。九三处兑卦之上位，有喜悦到了极点之象。喜极则生悲叹，故有“嗟若”之象。六三当节止之时，不能不节，但六三阴爻居阳位，位不当，不具有能节止的德操。“不节”之后，又产生“嗟叹”，但是“无咎”。虽然前有坎险，但节止不能前进，就不会遇上险难，所以“无咎”。

《象》曰：“不节”之“嗟”，又谁咎也。

“不节”，不主动过度节止。主动回避险难，又有谁能够施予咎害呢？“无咎”，即是说“咎由自取”，自己主动回避“咎”害，就不会有“咎”害。

六四：安节，亨。

六四阴爻处阴位，当位，故“安”。下与初九为正应，故“亨”。

《象》曰：“安节”之“亨”，承上道也。

互体艮为安。下爻对于上爻来说为“承”。“承上道”，指上承九五。九五阳为君，六四阴为臣，上承君王之道。六四与九五相比，说明臣下与君上相沟通，能沟通就能亨通，所以有“安节之亨”。

九五：甘节，吉；往有尚。

九五为本卦成卦之主，又为主卦之主。本爻动为坤，坤为土，其数为五，其味为甘，有“甘”之象。下卦兑为悦，故有“甘节”之象。前四爻皆节止自我，本爻则为节止别人。兑为内卦，坎为外卦，节止自我之外的人。九五阳刚得中，故“吉”。“往”，向前。“尚”，尊尚。九五为节卦之主，居兑悦之上位，向前推行节止的政策，必然得到臣民的尊尚，故有“往有尚”之象。

《象》曰：“甘节”之“吉”，居位中也。

“居位中也”，指九五居上卦之正中之位。

上六：苦节，贞凶，悔亡。

坎为苦。“苦节”，节止过分。上六为节卦之极，有过头之象。“贞”，正也。上六得位为正。虽然得位，但是处于上位，超过了中道，故“贞凶”。因得位，故“悔亡”。

《象》曰："苦节贞凶"，其道穷也。

"穷"，尽也。上六到了节止的尽头，达到了困穷的地步，所以虽"贞"正，亦"凶"险。

中孚卦䷼第六十一

中孚 ䷼（兑下巽上）

《帛书易》作"中复"，《归藏易》作"大明"。

来知德：孚，信也。为卦二阴在内，四阳在外，而二五之阳皆得其中。以一卦六爻言之，为中虚。以二体之二五言之，为中实，皆孚之象也。又下悦以应上，上巽以顺下，亦有孚之义。

中孚：豚鱼吉。利涉大川，利贞。

中孚，卦名。与小过卦相错，无相综卦。"豚"，小猪。巽为豕、为豚、为鱼。只要中心诚信，即使用小猪和鱼这样的微薄之物来祭祀鬼神，亦可以取信于鬼神，获得"吉"祥。巽为利。兑为泽、为涉、为水、为川，故有"利涉大川"之象。"贞"，正也，利于坚守正道。初爻和上爻变为坎。坎，险也。若信而不正，就会陷入凶邪之地，故要求利于行中正之道。

《彖》曰：中孚，柔在内而刚得中。说而巽，孚，乃化邦也。"豚鱼吉"，信及豚鱼也。"利涉大川"，乘木舟虚也。中孚以"利贞"，乃应乎天也。

"中"，借为"忠"，诚也。"孚"，信也。"中孚"，中心诚信。巽为得、为中，故说"得中"。兑为契、为信。中孚卦是下兑上巽，两阴爻在内，故"柔在内"。九二和九五，都为阳刚，故"刚得中"。"说"，"悦"也。兑为悦。上卦为巽，故"说而巽"。中孚卦是外刚强而内柔顺。巽为风、为入。“孚”，信也。喜悦而入于民心，故“孚”信。国君以忠信之德能够化育邦国，使之文明。此卦外坚而中空，舟之象。巽为木，兑为泽、为水，水泽之上有中空之木，故有“乘木舟”之象。中心诚信而又坚守正道，就能顺应天之道。“天”，指九五。中间二阴顺应九五，故说“乃应乎天也”。“诚者，天之道也。”天道诚信不出差错，才能合乎规律地运行。

《象》曰：**泽上有风，中孚；君子以议狱缓死。**

中孚下卦为兑，兑为泽；上卦为巽，巽为风，故“泽上有风”。泽上之风，遍及一切，没有偏私而守诚信，故有“中孚”之象。三、四爻变，上下均为乾，乾为“君子”。兑为口，为言，“议”之象。大象为离，离为明。心底明亮才有理智。心里明亮理智，才利于“议狱”。“议狱”、断狱要有理智，否则就有可能产生冤狱。互体震为雷、为威、为刑狱。巽为不果，没有结果，故说“缓”。兑为毁折，故有“死”之象。君子以诚信之德，实事求是地判狱，就能宽缓死刑。

初九：虞吉。有它不燕。

互体艮，艮为虞。“虞”，安也。阳爻居阳位，故“虞吉”。又初九与六四为正应，六四得正位，初九诚信之志未变，与六四相应和，故“虞吉”。互体震为晏乐。“燕”，晏乐也。“它”，指九二。初与四应和，受九二所阻拦，故有“不燕”之象。有向上追求的志向，但受到阻止，心中不快乐。

《象》曰：**“初九虞吉”，志未变也。**

初九位当，表示诚守忠信之志。巽为志，坚守初位而不与六四应和，故说“志未变也”。坚守诚信之志，不越险阻而他求，所以“安吉”。

九二：鸣鹤在阴，其子和之；我有好爵，吾与尔靡之。

九二为本卦主卦之主。“鹤”，常栖息在水边的飞鸟。“阴”，水之南。大象离为南，水之南为阴。互体震为鸣、为鹤，故有“鸣鹤在阴”之象。上巽错为震，为鹤、为鸣；震为长男，为长子。巽错震为阳，下兑为阴，阴阳相应，故有“其子和之”之象。“爵”，饮酒的器具，引申为酒。震为爵、为嘉，故有“好爵（酒）”之象。“我”和“吾”指九二，“尔”，指九五。“靡”，音 mí，共同。我有好酒，愿与你共同畅饮。二与五为相应位，所以说“吾与尔靡之”。

《象》曰：“其子和之”，中心愿也。

子鹤与老鹤相应和是出于心中自愿。九二与九五都为下上卦之中位，且为相应位，巽为志、为心，故“中心愿也”。九二与九五的真诚愿望相应和，中心相应和，就能谐和与协调。

六三：得敌，或鼓或罢，或泣或歌。

阳遇阳，阴遇阴为“敌”。六三前行上遇六四之阴，故说“得敌”。“鼓”，动也。互体震为鼓、为动；“罢”，停止。互体艮为山、为止，故有“或鼓或罢”之象。大象离错为坎，坎为忧、为水、为泣；兑为口、为喜、为歌，故有“或泣或歌”之象。说明愿望不相同，或不真诚，就会相敌对、矛盾、冲突。结果就会或攻击，或停止；就会或哭泣或欢笑，不协调而闹矛盾纠纷。

《象》曰：“或鼓或罢”，位不当也。

六三为阴爻居阳位，故说“位不当”。因位不当，故有“或鼓或罢”之象。

六四：月几望，马匹亡，无咎。

六四为本卦成卦之主。兑为月，为西；互体震为日，为东。“几”，通“既”。“望”，满也。“既望”，指农历十六日，超过了十五日。六四越出兑卦，并且也在震卦的最上位，有超过之象，所以说“月几望”。互体震为马，本爻动离为牛，见牛不见马，故有“马匹亡”之象。“匹”，对也，指与初九正应。巽为顺，以诚信上顺从九五之尊，虽不当位，但“无咎”。

《象》曰：**“马匹亡”，绝类上也**。

“绝”，断也。“类”，指三与四，同为阴类。虽然“马匹亡”了，断绝同阴类之人相交，诚实地顺从于上，就不会有咎害。

九五：有孚挛如，无咎。

九五亦为本卦主卦之主。“孚”，信也。“挛”，音 luán，相连也。诚信上下相连接。九五为中孚卦之主，下与九二相应，故“有孚挛如”。九五阳刚居中，为诚信之主，故“无咎”。中心诚信，就不会有“咎”害。

象曰：“有孚挛如”，位正当也。

九五阳爻居阳位，当位，又为中位。“正”，中也。故“位正当也”。

上九：翰音登于天，贞凶。

“翰音”，鸡也。上九与六三相应，互体为震，震为翰、为音，故有“翰音”之象。巽为鸡，为高。上九为天位，卦之极高处，故有“翰音登于天”之象。九二说“鸣鹤”，本爻说“翰音”，是因为鸡为诚信之物，每天准时鸣叫报时，上九到了诚信的极高点，就会走向反面。又巽为陨落，故虽“贞”（正）亦“凶”。任何事物到了极致，都要走向反面，这是正常的规律。诚信的反面是欺骗，故“凶”。

《象》曰：**“翰音登于天”，何可长也**。

鸡的鸣叫声虽然能登达于天，它只鸣叫于天明之时，是不能长久的。上九为中孚卦之极，物极必反，故说“何可长也”。

小过卦䷽六十二

小过䷽（艮下震上）

《帛书易》少过，《归藏易》同。

来知德：小过，过也。小谓阴也，为卦四阴二阳，阴多于阳。小者过也，故曰小过。

小过：亨，利贞。可小事，不可大事。飞鸟遗之音，不宜上宜下，大吉。

“小过”，卦名。“大过”卦䷛四阳二阴，四阳居中，不相应，均以阳刚为主，阳刚为大，阳大过于阴，故为“大过”；“小过”卦四阴二阳，二阳居中，也不相应，阴柔为小，并过于阳，故为“小过”。上互体兑为秋，故说“利贞”。震为长男、为兄长；艮为少男、为小弟。兄尊严于上，弟恭敬于下，兄弟和睦；初六与九四、九三与上六，皆相应；震动于外，艮静于内，内外和顺，故“亨”。“利贞”，即利于兄友弟恭之正。二、五为阴柔，阴小阳大，阴柔居中，故“可小事”；三、四阳刚失中，阳失位不中，故“不可大事”。与中孚相错，有离象。离为雉，“飞鸟”之象。中孚错为小过，为坎象，见坎不见离，有鸟飞走之象，故说“飞鸟”。互体兑为口，有“遗音”之象。要使人能听见“飞鸟之遗音”，“不宜上”（飞得高）只“宜下”（飞得低）。九三上与九四相敌，故“不宜上”；下与六二相比，故“宜下”。由于“亨”通又“利贞”，故“大吉”也。

《彖》曰：小过，小者过而“亨”也。过以“利贞”，与时行也。柔得中，是以“小事吉”也。刚失位而不中，是以“不可大事”也。

有“飞鸟”之象焉。“飞鸟遗之音”，不宜上宜下，大吉，上逆而下顺也。

此用卦体卦象解释卦名。小过卦四阴二阳，阴为小，其数量超过了阳，故名为“小过”。“过而亨”，是说可以过于柔，不可以过于刚。由于二、五阴柔得中，故“亨”。因二柔得中，虽过亦利于贞正。上震为雷、为动，下艮为山、为止。阴过多而与阳不平衡，必须因时而动而行而过，才能有利，才能合于贞正（中道协合）之道。二、五阴柔居中位，没阳刚之气，只宜于做小事而吉。“阳失位而不中”，指九四，阳爻居阴位，又为震卦之主，容易盲动而失败，所以“不可大事也”。二阳居卦体之中，象征鸟的身子；二阴分别居两旁，像鸟的翅膀鼓动而飞翔，故“有飞鸟之象焉”。震为鹄、为鸟、为鸣，故有“飞鸟之遗音”之象。上卦为震，二阴驾逆于阳刚之上；下卦为艮，二阴顺从于阳刚之下，故说“上逆而下顺也”。

《象》曰：山上有雷。小过：君子以行过乎恭，丧过乎哀，用过乎俭。

小过卦为上震下艮，艮为山，震为雷，有“山上有雷”之象。艮为君子，震为行。二爻变，互体为乾，乾为敬，故为恭。震在乾之上，故“行过于恭”。三爻变为坤，坤为哀；互体坎为棺椁，坤在坎之上，故“丧过于哀”。艮为节俭，坤为用，坤在艮之上，故“用过于俭”。君子的一切行事都要以表现中道的“礼”为标准，“行过于恭，丧过乎哀，用过乎俭”，只是小小的超过礼的规定，不是违背“礼”的大过。

初六：飞鸟以凶。

高亨认为，应该为“飞鸟以矢凶”，疑脱“矢”字。大象为坎，坎为矢。小过卦有飞鸟之象，所以初六取“飞鸟”之象。初六阴居阳位，位不当。初与上均为阴柔，象征鸟的翅膀的末端；初六处艮止之初，应该静止而偏要飞，上为震卦之极，象征已经飞得很高，已经无力再飞，遭矢之伤，故“凶”。

《象》曰：“飞鸟以凶”，不可如何也。

由于鸟不应该飞却要飞，所以有“凶”象。不可为非要为，就无可奈何了，故“不可如何也”。

六二：过其祖，遇其妣；不及其君，遇其臣；无咎。

六二为本卦之主。艮为祖考。六二，位当。二与五均为阴。“祖”，祖父。三与四为阳，为人位，所以三为父，四为“祖”。五在祖父之上，故“过其祖”。祖母为“妣”，指六五。六五虽为阴，但为尊，故为“妣”。“遇”，相逢。二与五为相应位，故“遇其妣”。震为君，六二与六五不相应，故“不及其君”。六二为臣位，与臣相遇，故“遇其臣”。六二虽为阴，居臣位，中正诚信，又远离国君，故“无咎。”

《象》曰：“不及其君”，“臣”不可“过”也。

六二居九三之下，九三为阳，为艮卦之主。阳为尊，为君，故“不及其君”。六二居中，为臣位。说明臣遵守为臣之道，中正诚信，“不可”越“过”君臣之道。

九三：弗过，防之，从或戕之，凶。

小过卦阳不能过于阴。九三阳爻居阳位，以刚居正，以“弗过”警示之。九三居二阴之上，阴为小人，应该提防众多小人之害，故要“防之”。“戕”，害也。艮为斧、为矢；互体兑为毁折，均有“戕”害之象。“从”，顺从众阴。对于小人只能提防，不能顺从。顺从就有可能受到戕害，故“凶”。

《象》曰：“从或戕之”，“凶”如何也！

不提防而顺从小人，就可能受到戕害。“凶如之何！”说明九三之凶是多么严重，要严重警戒之。

九四：无咎，弗过，遇之。往厉必戒，勿用永贞。

九四为本卦成卦之主。九四阳爻居阴位，位不当，故有“咎”之象。九四阳刚居阴位，刚而又柔，不会有“弗过”（小过）界限，故“无咎”。九四阴在上，故“遇之”。震为动，九四为震卦之主爻，阳气动而上升，阴气重而下沉，阴阳交感；加上九四与六五相比，故有“遇”象。“往”指前往顺从六五之阴。五为君位，阴居阳位，位不当，一个柔弱之君，并且受小人之包围，前去顺从这样的国君，是危险的。“厉”，危也。由于九四处在这样的位置，必须警“戒”之。四为臣位，阳刚之臣，不要在柔弱的国君的面前去追求被任用，应该永远坚守贞正之德操，否则有危险。

《象》曰：“弗过遇之”，位不当也。“往厉必戒”，终不可长也。

阳爻处阴位，“位不当”。往上顺从于六五之阴，必有危险，必须警戒之。艮为终，九四位不当，故说“终不可长也”。所处的地位与所想做的事不相当，如果非要前往顺从于六五，最终是“不可长”久的。

六五：密云不雨，自我西郊，公弋取彼在穴。

六五为本卦主卦之主。小过卦之大象为坎，坎为云。互体兑为泽，为雨。震动于上，艮止于下；互体为巽，巽为风，风吹散了密云，故有“不雨”之象。震为来、为来自。艮为鼻，所以又为“我”。兑为西。本爻动为乾，乾为田、为郊野，故有“西郊”之象。震为君、为帝。因阴居尊位，不足为尊，所以不称“君”只称“公”。“弋”，音 yì，用绳系在箭上射鸟。坎为弓，“弋”之象。互体巽为绳，亦“弋”之象。坎为取。“彼”，指鸟。“取彼”，取鸟也。坎为“穴”，象征鸟巢。鸟巢多在高处，今六五至高，故不说“飞”而说“穴”。五爻变为兑，震卦之动不见了，象征鸟不飞而停留在鸟巢中，故有“在穴”之象。鸟在巢穴中，想用“弋”射的方式来取得穴中的鸟，是达不到目的的。

《象》曰："密云不雨"，已上也。

六五阴居阳位，阴过于阳，用"密云不雨"来说明，虽然有下雨的现象出现，但却没有下雨，说明做事达不到目的。互体上兑为破，下巽为顺，宜下不宜上。今已高高在上，所以说"已上也"。

上六：弗遇，过之。飞鸟离之，凶，是谓灾眚。

与九三正应。但是上六隔六五，不能与九三之阳相遇，故说"弗遇"。上六居高位，已过乎阳，故"过之"。本爻动为旅卦，旅卦上九有"鸟焚其巢"，鸟巢被烧，飞鸟离去，故"凶"。"灾"，天灾。大象坎为眚。"眚"，灾祸。上六处小过卦和震卦之极，不止而过于行动，由小过而变成大过，必然带来天灾人祸。

《象》曰："弗遇过之"，已亢也。

"亢"，高也。不与阳相遇而又过乎阳，处于高位，故"已亢也"，比六五更高高在上了。

既济卦䷾第六十三

既济 ䷾ **（离下坎上）**

《帛书易》同，《归藏易》作"岑霁"。

来知德：既济者，事之已成也。为卦水火相交，各得其用。又六爻之位，各得其正，故为既济。

既济：亨小，利贞，初吉，终乱。

既济，卦名。与未济卦相综相错。"既"，已也。"济"，成也。"既济"表示"事已成"，"完成"、"成功"的意思。高亨认为，"亨小"误倒，应为"小亨"。离为阴卦，阴为小。开初吉而最后乱，故为"小亨"。本卦六爻都当位，并且皆阴阳相应。"亨"，通也。阴阳相应，故“亨”通。“贞”，正也。六爻得正，不偏邪，故有利。“初吉”，指下卦离之中位，阴爻居阴得正，表示事物的发展，开初顺利安吉。“终乱”，指上卦坎之中位，虽然阳爻居阳位，但陷入阴的包围之中，表示事物发展到最终阶段，不顺利，处于危乱之中。

《彖》曰：“既济，亨”，小者亨也。“利贞”，刚柔正而位当也。“初吉”，柔得中也；“终”止则“乱”，其道穷也。

既济各相应爻都阴阳相应，相应即是相济，相济故“亨”通。“小者，亨也”，下卦离为阴、为小，六二阴居阴位，与九五正应，故“亨也”。阳为刚，阴为柔，六爻中三阴三阳，皆各得其正而当位，故说“刚柔正而位当也”。“柔得中”，指下卦六二。“既济”为已成之事，“终”，事物发展到了终极的阶段，完成事物发展的一个周期了，要向新的发展周期转化了。“止”，停止。“穷”，困也。完成了一个周期，不向新的周期转化，则必定混乱。只有变才能通，通才能长久，如果就此停滞不前则其道困“穷也”。

《象》曰：水在火上，既济；君子以思患而豫防之。

既济卦下卦为离，离为火；上卦为坎，坎为水，故“水在火上”。世上常发生火灾，救火必用水，水在火上，表示救火能够完成。三阳得位，阳为君子。坎为心思、为患。“患”，灾难。“豫防”，即预防。“思患而豫防”，就是对任何事情都要防患于未然，早有预防，如防火灾应该预备有消防用水，就像是水在火上一样。

初九：曳其轮，濡其尾，无咎。

“曳”，音 yè，牵引、拖拉。离错为坎，坎为轮、为曳、为濡。“曳其轮”，牵引其轮，控制它运行的方向和速度。“濡”，湿也，与未济卦相综，未济卦有“小狐汔济”之象。离错坎，坎为狐。狐狸过河都高翘起尾巴。“濡其尾”，狐狸的尾巴浸湿了，但并不影响它过河，故没有“咎”害。

《象》曰："曳其轮"，义无咎也。

"曳其轮"，意思是说做事要谨慎小心。初九得正，与六四为正应，故"义"。做事谨慎小心，按道"义"说就没有"咎"害了。

六二：妇丧其茀，勿逐，七日得。

六二为本卦成卦之主，又为主卦之主。离为中女，有妇人之象。"丧"，丢失。"茀"，音 fú，妇人车旁挡风尘的竹帘子。坎为茀、为盗贼，故有"丧"失之象。"逐"，追赶。三爻变为震，震为逐，震象不见，故说"勿逐"，不要去追赶。此爻变为乾，乾为一，坎为六，一加六为七，离为日，故有"七日"之象。七日后丧失掉的车帘子会有人送回来，因为六二得中当位，与五阳刚正应，为君之妇人，君王妇人的车帘谁敢盗去不归还呢？故"七日得"也。

《象》曰："七日得"，以中道也。

六二阴爻居中位，当位，得中道，故"以中道也"。

九三：高宗伐鬼方，三年克之，小人勿用。

"高宗"，殷王，名武丁，高宗是他的庙号。本爻动为坤，坤为王。离为戈兵，本爻动为震，戈兵震动，伐国之象。"鬼方"，西羌国名。离为国、为方。"克"，胜也。《汉书·西羌传》载："高宗伐西戎鬼方，三年乃克。"离为三、为年。六三为内卦之终，表示事已成，故说"克之"。离为阴，阴小，三为人位，故有"小人"之象。本爻动，互体为艮，艮止也，故有"勿用"之象。事既成功之后，不能高枕无忧，须防患于未然，故"小人勿用"，不能使用小人，用小人要坏事。

《象》曰："三年克之"，惫也。

"惫"，音 bèi，极度疲劳。坎为劳。三年伐鬼方，极度疲劳，警告不再进行战争。

六四：繻有衣袽，终日戒。

"繻"，音 rú，通"襦"，蚕丝制成的华丽的短袄。"袽"，音 rú，破敝的衣服。“有”犹“或”也。本爻动为乾，乾为衣，错为坤，坤为帛，“繻”之象。又兑为毁折，敝衣之象。由华丽的“繻”衣将可能变成破敝的“袽”衣，以象征已成功的事物可能走向反面，既济中也存在着未济，因此要“终日戒”备。“终日”，尽日也。离为日，六四居离卦之上，故有“终日”之象。六四出离入坎，阴柔得位，知道济道将要变革。坎险在前，要十分谨慎行事，必须“终日戒”备，才能顺利前行。

《象》曰：“终日戒”，有所疑也。

坎为疑。六四上承阳刚，临近君位，有功劳的臣子面对刚健之君，必要心存“疑”惧，故要时时保持警惕。

九五：东邻杀牛，不如西邻之禴祭，实受其福。

离为东，坎为西。本爻动为坤，坤为邻。离为牛，兑为毁折，坎为血，故有“东邻杀牛”之象。“禴”，音 yuè。“禴祭”，夏四月举行的对祖先的薄祭。离为夏。坎为薄。东邻杀牛举行盛大的祭祀，不如西邻进行微薄之祭能受到神灵更多的福祉。坎为西，九五当坎之中，五得位，所以能比东邻受到更多的福祉。九五阳爻居阳位，阳为实。坎为获、为得、为受。坤为祉、为福，故有“实受其福”之象。九五在既济卦之终，特别警示修德的重要性。修德重在内在的德行，不在外在的形式。

《象》曰：“东邻杀牛”，不如西邻之时也；“实受其福”，吉大来也。

“时”，时机，适时。祭祀必须按规定的时间进行。西邻的“禴祭”合乎礼的规定，并且适时。坎错离，离为时，故有“时”之象。“福”，吉也。“吉”，福也。坎为福，有福故吉。九五阳爻处阳位，阳为大，与六二正应，故有“吉大来”之象。九五阳刚居中，具有刚健中正之德，当既济之终时，必定有大吉大福到来。掌握好时机，坚守中正之德，就能“福”到“吉”来。

上六：濡其首，厉。

“濡”，被水淹没。坎为水，故有水淹之象。“首”，头也。坎为首，故有“首”之象。“厉”，危险。坎为陷、为险。水淹没了头，故“厉”也。上六居既济卦之终，坎险之上，阴柔乘刚，既济之道已穷尽，则应该求之于未济，故与未济初六“濡其尾”相接。

《象》曰：**“濡其首，厉”，何可久也。**

水已淹过了头，十分危险，能长久吗？居高必危，坎险之深处，不可长久。任何成功都是暂时的，不断地创造新的成功才合乎易道之规律。

未济卦䷿第六十四

未济 ䷿（**坎下离上**）

《帛书易》、《归藏易》皆同。

来知德：未济，事未成之时也。水火不交，不相为用。其六爻皆失位，故为未济。

未济：亨。小狐汔济，濡其尾，无攸利。

未济，卦名。“未济”，未完成之事。坎水在下，离火在上，阴阳不相交；六爻皆位不当，故曰“未济。”“亨”，指上下二卦各爻皆相应。坎为狐，为下卦，故为“小狐”。“汔”，水干涸。坎为水，河边水浅之处。坎又为隐伏、为穴。“濡”，沾湿也。小狐不知水的深浅，只见河边水浅而过河，过到中间水深处，而“濡其尾”，不能继续过河了，如此未能完成济河之事，因而“无”所“利”。

《象》曰：**未济，“亨”，柔得中也。“小狐汔济”，未出中也。“濡其尾，无攸利”；不续终也。虽不当位，刚柔应也。**

“柔得中”，指六五爻。阴居阳位得中，既不弱柔无为，又不刚猛盲为，未济最终必济，故“亨”。“未出中”，指九二，在水的深处，小狐从水边浅处过河，未能走出水的深处。初在二之下，有“尾”之象。水深沾湿了尾巴，未能完成渡河，无所利，是因为“不续终也”，半途而废，没有坚持到最终。未济卦六爻皆不当位，但是初为柔，四为阳刚，二为刚，五为柔，三为柔，上为刚，皆刚柔相应，所以“亨”通。在未济中含有既济卦，互体上为坎，下为离，水火既济，故“亨”通。

《象》曰：火在水上，未济；君子以慎辨物居方。

未济卦上为离为火，下卦为坎、为水，故有“火在水上”之象。火炎上，水润下，阴阳不相交，故“未济”。未济卦为否卦的九五来之二，否乾为君子。艮为慎、为居。乾为阳物，坤为阴物。故“君子以慎辨物”。坤为居、为方。阴阳当位为“方”。未济六爻皆不当位，表示要谨慎辨别事物的性质，按事物的性质办事，才能方正不出乱子。

初六：濡其尾，吝。

坎为狐、为水。九二为坎卦之主，初在下，有“尾”之象。“吝”，难也。动物过河涉水都翘起尾巴。“濡其尾”，表示不能济渡，遇到了困难，故有“吝”难。未济与既济相综，未济之初六为既济之上六，既济上六说“濡其首”，未济初六说“濡其尾”，表示未济与既济首尾相接。

《象》曰：“濡其尾”，亦不知极也。

“极”，终也。“不知极”即是“不续终”。小狐自不量力，猛闯过河，遇水深沾湿了尾巴，又不知道坚持到达终极之处。

九二：曳其轮，贞，吉。

九二为本卦成卦之主。坎为曳、为轮，故有“曳其轮“之象。两阴夹一阳，轮之象。“曳”，拖也。“曳其轮”，用手拖住车轮，不使急速而进，方能得以济成。九二阳刚居柔得中，未济之时，能自止不轻易前进，行其中道，不为险所困也，故“吉”。

《象》曰：“九二贞，吉”，中以行正也。

九二之所以“贞，吉”，是因为“中以行正也”。九二阳刚居中位。“中”，正也。

六三：未济，征凶，利涉大川。

六三居坎上，即将出坎险，可以“济”也，但未出坎险中，故“未济”也。六三阴爻居阳位，位不当，阴柔未济，故“征凶”。坎为往、为之、为师、为险、为凶，故有“征凶”之象。互体离为舟，浮坎水之上。又本爻动为巽，巽为木，木在水上，舟之象。坎为水、为川，故“利涉大川”。初因“濡其尾”，行而未济；二曳其轮不行，三坎之极，水越深，必须依靠舟船方能渡河。若不用舟船直接渡河，必遇凶险。阴柔不中不正，故“征凶”。但六三与上九相应，若依赖于舟船，就能“利涉大川”。

《象》曰：“未济征凶”，位不当也。

阴柔居阳刚之位，故“位不当”。

九四：贞吉，悔亡，震用伐鬼方，三年有赏于大国。

九四阳刚居阴位，位不当，故有“悔”象。但又出坎入离，坎为险，离为明，从坎险进入阳刚文明之地，只要坚守正道，就“贞吉”，因而“悔”恨也就消“亡”了。本爻动，互体为震，震为动。离为戈兵，戈兵震动，“伐”国之象。“鬼方”，西羌国名。离为国，为“鬼方”。未济与既济相综，未济之九四为既济之九三，故都有“伐鬼方”之象。“大国”对“鬼方”而言。“高宗伐鬼方，三年克之。”离为三，为年。既济九五阳爻处阳位，为刚健之君，用武力伐鬼方，虽然打了胜仗，但极为疲惫。未济六五为阴爻居阳位，武力不及既济之君，不用武力征服，而用怀柔政策，经过三年的时间，鬼方顺服于大国，大国给以封赏，故“有赏于大国”。震为舍，引申为“遗”，给予，故有“赏”赐之象。

《象》曰：**“贞吉悔亡”，志行也。**

九四已经脱离坎险，进入光明之境，渡济的志向可以进“行”了。

六五：贞吉，无悔。君子之光，有孚，吉。

六五为本卦主卦之主。六五与九二相应，虚心下求九二共同渡济，故“贞吉，无悔”。又本爻动为乾，乾为君子、为日。离为明，六五为离卦之主，文明而光辉，故说“君子之光”。“孚”，信也。六五中正诚信，虚怀若谷，故有“孚”象。中正诚信，故“吉”祥。

《象》曰：**“君子之光”，其晖吉也。**

日光叫“晖”。离为光。六五承乘皆阳刚，两阳相助为明，所以说“君子之光”，特别晖明。光“晖”明亮，故“吉”也。

上九：有孚于饮酒，无咎。濡其首，有孚失是。

“有孚”，接承六五之“有孚”。上九阳爻居阴位，位不当。坎为酒，离错坎，亦为酒。上九为未济之极，有转化为既济之势，只有坚持六五诚信中正之道，节制饮酒，可以“无咎”。未济与既济相综，既济卦之初爻为未济之上爻，皆有“濡”之象。既济说“濡其尾”，未济说“濡其首”，以示首尾相接。“首”，头也。头在人体的最上端，故上九有“首”之象。未济之时，饮酒过量，渡济时必定会沉没，故说“濡其首”。“是”，正也。“失是”，失正。未济卦六爻皆不当位，故“失是（正）”。即使有诚信，也会有“濡其首”的危险，是因为“失”正也。

《象》曰：**“饮酒”“濡首”，亦不知节也。**

坎为节。“节”，节制。五爻变为乾，乾为知，乾象不见，故说“不知节”。饮酒过量而不知道节制，做事应该谨慎才好。

《传》解篇

《易传》又称《十翼》，是《周易》的重要组成部分。除《彖辞传》上下、《象辞传》上下，分附于六十四卦卦爻辞之后，《文言》分附于乾坤二卦之后外，单独成立的还有《系辞传》上下、《说卦传》、《序卦传》和《杂卦传》共十个部分，所以称为“十翼”。《易传》到底为谁所作，作于何时，自汉代以来大致有四种意见：第一种意见认为，全由孔子所作，这是自东汉以来的传统说法；第二种意见认为，只有《彖》、《象》为孔子所作，其余的为孔子弟子或后学所作；第三种意见认为，全不是孔子所作，它或出于战国中期，或出于战国末期，或出于西汉昭帝和宣帝之间甚至以后；第四种意见认为，基本上为孔子所作，但是其中记述前人遗闻的部分，有门人弟子在平日孔子讲述时所作的记录，其思想应属于孔子，也有后人窜入的部分[①]。认为全由孔子所作的传统说法，太绝对了；认为全不由孔子所作，走向另一个极端，显然也是不合乎历史的。第四种意见持中一些。传统说的全由孔子所作，绝对不是空穴来风，全否定为孔子所作是没有证据的。“基本上为孔子所作”，思想是属于孔子的说法，既没有盲目肯定也没有全盘否定传统的说法，这应该是一种正确的意见。

① 参见廖名春等所著的《周易研究史》第36页，湖南出版社，1991。

系辞传上

《系辞传》分为上下篇，是通论《周易》的作者、成书年代、创作过程、运用方法、八卦起源、《周易》意蕴、功能、筮法的论文。《系辞传上》共十三章，起自“天尊地卑”终至“存乎德行”，主要论述了乾坤的内涵，在《周易》中的地位，八卦的形成，卜筮的方法和过程，易理易象的价值、神妙性和对人事的指导意义。

第一章

天尊地卑，乾坤定矣。

上为天，下为地，人在中央，这是《周易》认定的宇宙模式。从形体而言，称之为天地。“尊”，高也。“卑”，低也。“天尊地卑”，即天高地低。从性质而言，称之为乾坤。“乾”，健也；“坤”，顺也。“乾”为纯阳之气，轻盈上升而成象；“坤”为纯阴之气，重浊下沉而成形。乾阳之气形成天，坤阴之气凝成地，宇宙的基本模式就这样确定了。乾坤二卦只是模仿乾阳和坤阴的性质而已。

卑高以陈，贵贱位矣。

“以”，通“已”，已经。“陈”，列也，陈列，排列。“位”，通“立”，确立。坤为地、为卑。乾为天、为高，天高地卑的情形已经陈列展示出来。乾为阳、为贵，坤为阴、为贱，社会上的卑贱的位次也就依次确立。

动静有常，刚柔断矣。

“常”，恒常、规律。天为阳、为动、为刚；地为阴、为静、为柔。古人认为，天常动，地常静，天动地静是恒常的规律。“断”，分也，分明、清楚。天阳故刚，地阴故柔，刚柔的情况就分明了。

方以类聚，物以群分，吉凶生矣。

高亨认为，“方”应当是“人”，由于篆文中“人”与“方”字形十分相似，而误把“人”当作“方”。高亨的说法是对的，今有“人以群分”的说法。人是划分为阶级、阶层的，社会地位、身份的不同，价值追求、道德涵养的不同，职业、工作方式的不同，使得人只有同类才能相聚在一起。人类有不同民族、不同社会集团和不同的利益群体，由于利益的不同而产生矛盾，出现了善与恶两种道德观。“物”，指生物，即动物和植物。动植物又各分其群类。人为了生存各自争取、争夺其食物和生存空间，产生了善恶。对人有利的为“吉”，不利的为“凶”，这样就产生出“吉凶”了。

在天成象，在地成形，变化见矣。

“象”，日月星辰之类；“形”，山脉、河流、动物、植物之类。“见”，现也。日月的东升西落，月亮的盈亏，昼夜的交替，寒暑的往来，四季的推移，山川的变迁，岩石的溶蚀，动物的生长和繁衍，植物的繁荣和枯萎等等，都是天地万物的变化的表现。

这一段论述天地与乾坤的关系，从中揭示出“尊卑”、“贵贱”、“动静”、“刚柔”、“人物”、“类群”、“聚分”、“象形”、“变化”诸对矛盾，是阴阳这对矛盾范畴的具体表现，它们揭示了天地之间的矛盾对立的情形。《系辞传上》开宗明义地说明易道阴阳对待、互补、协调、统一的规律，来说明“一阴一阳之谓道”的辩证法，明确宣示了讲“变化”是《周易》哲学的本质特征。

是故刚柔相摩，八卦相荡。

“是故”，连接词，“所以”的意思。“刚柔”，即阴阳，阳为刚，阴为柔。“摩”，交也，交错、交感。“相摩”，指阴阳相互交感、交错。乾坤两卦的初爻相摩成震巽二卦，中爻相摩成坎离二卦，上爻相摩成艮兑二卦，于是形成了八卦。“荡”，推移变化。“相荡”，指八卦相互推移。八卦相互推移变化而衍成六十四卦。八卦也有阴阳，坤、巽、离、兑四卦为阴卦，为柔；乾、震、坎、艮四卦为阳卦，为刚。其核心是阴阳，是宇宙万物所共有的本质性的东西。

鼓之以雷霆，润之以风雨；

“鼓”，动也。震为雷。雷出地下，震动山川。震与艮综，故“霆”为艮。震艮二卦相综。雷霆震动山川，草木蓬勃生长，故说“鼓”也。巽为风，巽兑二卦亦相综，兑为雨。阴在巽下为风，阴在泽上为云为雨。“润”，滋润。春风带来雨水，雨水滋润草木。

日月运行，一寒一暑。

离为日，坎为月。日南至，月北至是冬天，为寒；日北至，月南至为夏天，为暑。日月运行，春夏秋冬，暑往寒来，变化无穷。

乾道成男，坤道成女。

“乾道”，乾阳之道。“坤道”，坤阴之道。“成”，为也。乾为纯阳之卦，为男性。坤为纯阴之卦，为女性。宇宙中的阳性和阴性，犹如人的男性和女性一样，阴阳交感发生变化。这里再次强调乾为阳、坤为阴的性质。

这一段论述刚柔相摩形成八卦、八卦相荡形成六十四卦的规律，运用雷霆、风雨、日月、寒暑等自然现象的变化来说明阴阳相摩相荡的普遍性，最后把自然界一切存在和变化都归结到乾坤阴阳之道上面，用以说明阴阳规律的普遍意义。

乾知大始，坤作成物。

“知”，知道、认识。乾为阳性因子，为生命之元，认识了乾元的性质，就会知道生命的源始；坤为阴性因子，为生命之所成，认识了阴性因子与阳性因子和合的规律，就会知道生命是如何形成的。“作”，创造、形成。生命形成以后，按自己的规律生长繁衍，形成了宇宙间的万物。

乾以易知，坤以简能；

“易”，平易、平常。“知”，通“智”，智巧。乾道以它固有的本性和规律创始万物，显得很平易，像是很有智慧；坤道也按它固有的规律而成就万物，好似简单而有能力。

易则易知，简则易从；

“易”即“简”，“简”即“易”。世间任何复杂的事物，只要认识到它的本质，掌握了它的规律之后就平易而不显得复杂，也就易于认知了。同样，掌握了事物的规律之后，就简单了，也就易于遵从，便于实践了。

易知则有亲，易从则有功；

“易知”，易于认知。掌握了事物的规律之后，就易于知晓事物，认识了事物后就会有亲近感，不会对它感到神秘而疏远。“易从”，易于遵从，易于实行。易于实行，就会产生功效，建立功业。

有亲则可久，有功则可大；

认识了天道的规律，对天道就不会有神秘感和恐惧感，就会“亲”近它而永“久”地遵循它。认识了坤道的规律，就可以利用地上的资源做出有利于人类的“功”业，有了功业就可以成就“大”的事业。

可久则贤人之德，可大则贤人之业。

“可久”，指天道运行的规律。贤人要仿效天道永恒不变的法则，保持其美好的仁义道德。“可大”，指地道包含的丰富的资源。贤人应该利用地道的丰富的资源，建立利于大众的功业。

易简，而天下之理得矣；

“易简”是对天道和地道规律的归纳和概括。天道“易”，地道“简”。乾为阳，坤为阴，阴阳对待、交感、转化，使宇宙万物运动、变化、发展。掌握了阴阳变化的规律，就明白宇宙变化之理，因此说从“易简”中可以得“天下之理”。

天下之理得，而成位乎其中矣。

“成”，犹“定”，确定。“成位乎其中”，指人在天地中的位置。得到了天下万物之理后，从中可以明确人在天下之中的位置。“天下之理”包含天道、人道和地道之理。宇宙由天地人三才构成，人是宇宙的中心，人道是核心之道，天道和地道都是为人道服务的。

这一段论述乾坤之道的简易性和可遵从性，贤人可以利用乾坤之道的规律，来发展一番事业。

总结：以上为第一章，它着重论述乾阳坤阴的内容、性质、意义、特点和功能，指出乾坤之理是天下之至理。

第二章

圣人设卦观象，系辞焉而明吉凶（悔吝），刚柔相推而生变化。

“圣人”，按传统的说法，指伏羲氏和周文王。“设”，“立”也，建立，创立。“设卦”，指伏羲氏创立八卦和周文王重为六十四卦。

“观象”，观察卦象和爻象。“系”，联属，连接。“系辞”，指作卦辞联属于卦之下，作爻辞联属于爻之下。这里的“系辞”指的卦爻辞，不是“系辞传”的“系辞”。高亨引《经典释文》为据，认为在“吉凶”后脱“悔吝”二字，通过卦、爻辞来说明卦和爻的吉、凶、悔、吝。阳为刚，阴为柔，阳极变阴，阴极变阳，阴阳对立，相互推动，相互转化，使事物产生变化。

是故吉凶者，失得之象也；悔吝者，忧虞之象也。变化者，进退之象也；刚柔者，昼夜之象也。

“是故”，连接词，承袭上文，“所以”的意思。“吉、凶、悔、吝”都是对人事而言。按照易理行事，就有所“得”，故“吉”；违背易理行事，就会有所“失”，故“凶”。“吉凶”是得失的象征。“悔”，小小的不幸。“吝”，危难。“忧”，忧愁。“虞”，惊恐。小不幸，给人带来忧愁，危难给人带来惊恐，所以“悔吝”是“忧虞”的象征。“变化、刚柔”相对于自然而言。易理认为，阴阳的消长促进事物的变化。阴进阳退，阳进阴退（或阴消阳息，阳消阴息），新的事物前进而来，旧的事物消退而去，所以“变化”象征新事物的到来和旧事物的消退。白昼为阳为刚，黑夜为阴为柔，所以刚柔变化象征昼夜的交替，以此申述《周易》“尚象”的特征。

六爻之动，三极之道也。

“六爻”，指六十四卦的六个爻位，它们分别代表天道、地道、人道。天有阴阳，地有刚柔，人有仁义。“三极”,指天、地、人。“极”，栋梁。天、地、人是构成宇宙的栋梁。六个爻的运动、变化，是天道、地道、人道变化的反映或摹写。

是故君子所居而安者，《易》之序也；所乐而玩者，爻之辞也。

“居”，静居、平常。“安”，安宁。“序”，序位。《周易》很讲序位，卦有卦位，爻有爻位。君子所居的地方要获得安宁，就要像《周易》的序位那样，居在自己应该居的地方，阳爻居阳位，阴爻居阴位。“乐”，快乐、乐意。“玩”，玩味，细细品味，即仔细研究。君子乐于细细研究的应该是“爻辞”，从中领悟爻辞所包含的意蕴。

是故君子居则观其象而玩其辞，动则观其变而玩其占，是以“自天佑之，吉无不利”。

“居”，平素、平时。“观”，观察，仔细观摩，观看。“象”，卦象和爻象。易理存在于“象”中，仔细观察易象，就能明白易理。“玩”，玩味，仔细品味，细心琢磨。“辞”，指卦辞和爻辞。在平时不作为的静居状态时，要观象玩辞，学习易理。“动”，运动、动态、行动。“变”，变化，变易。“占”，卜问，占卜，古代用龟甲或蓍草卜问吉凶的方法。在要有所作为或行动的时候，通过观察卦爻如何变化来决定如何行动，就要研究占卜的方法。“是以”，“所以”的意思。“佑”，保佑。君子通过学习易理易象，修身养性，观象玩占，就能得到上天的保佑，大吉大利，做事没有不顺利的。

总结：以上为第二章。这一章论述卦爻及其变化与宇宙间事物运动变化的关系，指出卦爻及其变化是宇宙事物的象征、仿效；卦爻辞中蕴含着人世中的得失、吉凶、进退的道理。所以君子学好易理，可以指导人的行动。

第三章

彖者，言乎象者也；爻者，言乎变者也。

这里的“彖者”指卦辞，不是指《易传》中的《彖传》。“彖”，断也，以断定一卦的吉凶。“象”从卦的整体来说，“卦辞”根据卦象来论断吉凶，所以说“彖者，言乎象者也”。这里的“爻”，指爻辞，不是指爻画。六十四卦中三百八十四爻，或阴变为阳，或阳变为阴。“变”指爻变。爻辞的内容都是以爻象、爻位为依据的，它们分别说明每一爻的变化，都以某一爻的爻辞为主来论断吉凶，所以说“爻者，言乎变者也”。

吉凶者，言乎其失得也；悔吝者，言乎其小疵也；无咎者，善补过也。

上一章说，“是故吉凶者，失得之象也”，这里说“言乎其失得”，都是以人作为价值判断为标准。前者从认识论的角度说，“吉凶”是人的利益失得的象征；后者从人处世行为的角度说，“吉凶”是利益或有所得，或有所失。“疵”，小毛病。“小疵”，小小的毛病，没有大碍。“无咎”，没有灾害。无咎是因为善于补救过失。人有过错、过失是难免的，有了过错善于即时改正，补救过错所造成的损失，对于事业就不会造成不利。

是故列贵贱者存乎位，齐小大者存乎卦，辨吉凶者存乎辞，忧悔吝者存乎介，震无咎者存乎悔。

“列”，排列、分别。“存”，在也。“位”，爻位。爻位由下往上，初、二、三、四、五、上，六个位置中有贵贱之分。五为君位，为尊位，为贵；二为臣位，为卑、为贱；还有阴位和阳位之分，阳为贵，阴为贱。贵与贱的区别，存在于爻的位置之中，不能混淆贵与贱的区别。“齐”，犹言“正”，这里为“确定”的意思。易卦有小大之分，阴卦为柔为小，阳卦为刚为大，确定事物的小大在于卦所象征的阴与阳。“辨”，辨别。辨别吉与凶在于卦辞和爻辞。“忧”，忧虑、忧思、忧念。“介”，纤介，细小。忧念悔吝在于要注意细小的事情，即要防止细小的不利的事情发生。“震”，动也。“悔”，追悔、悔悟，不是“悔吝”之“悔”。要使人的行动没有咎难的事情，在于要追悔以往发生过的过错、过失，要善于吸取教训，“挽救”的意思。

是故卦有小大，辞有险易；辞也者，各指其所之。

卦有阴卦和阳卦之分，阴卦为小，阳卦为大。“辞”指卦辞和爻辞。“险”，凶险之辞。“易”，平易、平坦，与“凶”相对，意为吉亨之辞。“之”，动词，到、往、趋。卦、爻这两个东西，它们分别指示所应当趋向的或应当回避的方向。

总结：以上为第三章。这一章教人要弄懂“彖、象、爻、变”的内容，进而解释吉、凶、悔、吝和无咎的含义，从而说明《易经》对人事的指导意义。

第四章

《易》与天地准，故能弥纶天地之道。

高亨认为，这一句应该在“范围天地之化而不过”之前，因为它与“范围天地之化”句，合乎逻辑地联系在一起。“准”，均平、齐等。“弥”，遍也，大也。“纶”，音 lún，络也，网络。“弥纶”，普遍包含。《易》所讲的“易理”与天地是相等列的，所以它普遍包含天地之道，即易理揭示的宇宙的普遍规律。

仰以观于天文，俯以察于地理，是故知幽明之故；

“天文”，指天象，日月星辰及其运行的规律；“地理”，指地形，高山、丘陵、河海、平原。“幽”，指隐藏在事物现象背后的内在联系、本质或规律，隐秘而不显现；“明”，指天地间可以用感官感知的事物或现象。“幽明”，指不可感知的事物的内在联系和可以感知的外部现象。“故”，缘故。即对事物何以不可感知和可以感知的缘故。就是说，“天文”和“地理”表现形式及其变化，是由于阴阳及其相互消长的缘故。

原始反终，故知死生之说；

“原”，考查、推究；“始”，初始；“反”，反复推求；“终”，终末、终结。“说”，学说、道理。考查生命的原始，反复推求它的终结，就知道生与死的过程、规律和道理。

精气为物，游魂为变，是故知鬼神之情状。

“精气”，精微之气。古人认为，宇宙万物是由阴阳二气凝聚而成的，人秉受阴阳二气的精微部分，因而与万物不同。气聚而有生命的存在，精气是“神”的物质载体。人的阳神叫魂，人的阴神叫魄，死后叫“魂魄”。“游魂”，魂魄之气游散而使之发生变异，故为“鬼”。“情状”，真实的状况。考察精气如何凝聚成物，魂魄如何游散而发生变异，就可以知道鬼神的真实情况了。

与天地相似，故不违；

《易经》揭示的易理与天地实情相似，所以它不违背天地运行的规律。换言之，易理是天地运行规律的反映。

知周乎万物而道济天下，故不过；

“知”，智也。“周”，周普，广泛地包含。“济”，救济、成就。“过”，偏差、过失。《易经》的智慧包含、概括了宇宙万物。易理（道）能成就天下的事情，而不会发生偏差或过失。

旁行而不流，乐天知命，故不忧；

“旁”，溥也，广泛、普遍。“流”，流溢、溢滥、过分。“不流”，适中。“乐”，喜爱，引申为“认识”。“天”，天道，自然规律；“命”，个人所处的客观外在的生存条件。广泛推行易理而不走向极端，认识自然的规律，知晓自己生存的环境，使自己做事不带盲目性，就不会产生忧愁。

安土敦乎仁，故能爱。

“土”，土地，环境。“敦”，真诚、实实在在。安于自己生存的环境，真诚地施行仁爱，就能得到众人的爱戴。

范围天地之化而不过，曲成万物而不遗，通乎昼夜之道而知，故神无方而《易》无体。

“范围”，包括、包含。“过”，超过、过失、偏差。“曲成”，想方设法成全。“遗”，遗失、遗漏。“通”，通晓。“知”，智慧。“方”，方面、局部。“无体”，没有固定的体式。易理包括了天地变化的规律而不会有偏失，周密地成全万物而不遗漏，通晓昼夜变化的规律有智慧而无不知晓，所以神妙而不局限在某一个方面，因而《易》变化无穷而没有固定的体式。

总结：以上为第四章。此章阐述了易理无所不包、广大悉备的特点以及它的认识功能和指导价值。

第五章

一阴一阳之谓道。继之者善也，成之者性也。

“阴阳”是《周易》哲学的核心范畴。阴阳的对待、消长、转化，即阴消阳长，阳消阴长；阴转化为阳，阳转化为阴的变化规律就是“道”。“继”，传继、传承、接续。《乾·文言》说：“元者，善之长也。”传继乾元之阳气就是“善”。“成”，成就、成功。“性”，生也，生存。“成之者性”，指坤阴顺从乾阳之道而成就地上万物的生命，使之得以生存。

仁者见之谓之仁，知者见之谓之知，百姓日用而不知，故君子之道鲜矣。

“阴阳”之道具有极大的普遍性、包容性和可行性，因而不同的人从不同的角度观察，会有不同的认识。仁者从仁爱的角度观察就是仁爱，智者从智慧的角度观察就是智慧。百姓日常运用阴阳之道，却对它全然不知。“鲜”，少也。“君子之道”，君子所倡导的全面的“道”。仁者智者认识的道是不全面的，百姓全然不知道的“道”，所以，能认识君子的全面之“道”的人就少了。

显诸仁，藏诸用，鼓万物而不与圣人同忧。

“诸”，之于。这里省略了主语“阴阳之道”。“显诸仁”，指“阴阳之道”表现于外的是它生育万物的仁德；“藏诸用”，指“阴阳之道”潜藏于内而不被察觉到的是它生育万物的作用。“鼓”，动也。由于阴阳的作用，化生万物，推动万物产生、变化、发展，它是一个自然的过程；圣人运用“道”促进社会的进步，是与自然过程不同的社会进程。“道”的运动自然无为。圣人以济世救民为己任，总是忧虑能不能实现这样的目标，所以说“道”不会与“圣人同忧”。

盛德大业至矣哉！富有之谓大业，日新之谓盛德。

“盛德大业”，极高的德行，宏大的功业。“至”，极也。阴阳之道为人类树立的仁德和建立的功业算是极高的吧！“富有”，阴阳包含宇宙万物。“大业”，阴阳成就宇宙万物，由于它富有就能成就宇宙万物之大业。“日新”，阴变阳，阳变阴，生生不息，日新月异。阴阳的变化使宇宙不断更新，获得新的生命，就是它的极伟大的仁德。

生生之谓易，成象之谓乾，效法之谓坤，极数知来之谓占，通变之谓事，阴阳不测之谓神。

“生生”，生而又生，生命不息地创新。“易”，变易。变易的本质和过程就是生而又生。“成象”，成为形象、象征。“乾”为天。画出并成为象征天象的符号叫做“乾”。“法”，度也，法则。“坤”，地也。仿效地理的法则而画出的符号叫做“坤”。“极”，尽也。“数”，指大衍之数（50）。“极数”，用50根蓍草来进行卜筮，可以预知未来的事情，就叫做“占”。“通变”，通晓事物变化的规律，按已知的规律做事情，就叫“事”。阴阳变化无穷，有其必然性的一面，也有其偶然的不可预测的一面，这个不可预测的部分就叫“神”。

总结：以上为第五章。此章着重论述《周易》的阴阳之道的内涵、性质以及阴阳之道的认识功能和社会意义。

第六章

夫易，广矣大矣！以言乎远则不御，以言乎迩则静而正，以言乎天地之间则备矣。

“易”即阴阳之道，它是宇宙间最根本的规律，具有广泛性和普遍性，所以说“广矣大矣”，即易道“广大悉备”。“言”，问也，考问、考察。“御”，止也。“不御”，不止，没有边际。用阴阳之道来考察远的事物，没有边际，没有时空的界限。“迩”，近也。“静”，审也，审明；“正”，正确，中正。用阴阳之道来考察近处的事物，审明而正确。“备”，完备。用阴阳之道来考察天地间的一切事物，十分完备而不会缺失。

夫乾，其静也专，其动也直，是以大生焉；

“乾”，天也。“专”，借为“团”，圆也。古人认为天圆地方。天静止时是圆形的，包容着大地。“直”，正也，天运动时是正直无私的，按天固有的规律运动，布云降雨，化育万物，所以能“大生”宇宙万物。

夫坤，其静也翕，其动也辟，是以广生焉。

“坤”，地也。“翕”，音 xī，闭合。“辟”，开启。秋冬时候，地气关闭，草木不生；春夏时候，地气开启，草木生长，所以能“广生”宇宙万物。

广大配天地，变通配四时。阴阳之义配日月，易简之善配至德。

天广地大，故易道的广大与天地相配。春夏秋冬四时变化通达，故易理的变通与四时相配合。阴柔顺，阳刚健，故与日月相配合。平易简约的易理所反映的宇宙的美善原理与至极的德行相配合。

子曰："《易》，其至矣乎！夫《易》，圣人所以崇德而广业也。知崇礼卑，崇效天，卑法地。天地设位，而《易》行乎其中矣。成性存存，道义之门。"

"子"，孔子。"曰"，"说"的意思。"至"，最也。孔子说，《周易》之道是最高最完备的啊！《周易》是圣人用来尊崇道德而广大事业的。"知"，智慧。"崇"，崇高。"礼"，礼节。"卑"，谦卑。《礼记·曲礼》："夫礼者，自卑而尊人。"天高在上，地卑在下，所以崇高效法天，谦卑效法地。"设"，立也。天立于高位，地立于低位，《易》道运行于天地之间。"成性"，用易道修身养性，就能完成人的仁德之性，同时又能使仁德之性存在而又存在，不会丧失，这是通向"道"和"义"的门户。

总结：以上为第六章。此章着重论述易道的巨大功能。

第七章

圣人有以见天下之赜，而拟诸其形容，象其物宜，是故谓之象。

"赜"，音 zé，杂也，复杂。"拟"，模拟，模仿。"宜"，适宜。"是故"，所以。"谓"，叫做。圣人看见天下种种复杂的事物和现象，模仿这些事物的形态和容貌，用它来象征这些事物，使之与物本身相适当、适宜，所以就叫做"象"。

圣人有以见天下之动，而观其会通，以行其典礼，系辞焉以断其吉凶，是故谓之爻。

“会”，合也。“通”，相通。“会通”，会合相通，观察归纳出共同相通的、普遍的规律性东西。“典礼”，典章、礼法制度。运用易理所包含的尊卑、法式的规范，以推行其官方制定的典章礼仪法度。“系”，联属、连接。在爻画的后面连接上言辞，用来推断事物或现象的吉凶，所以叫做“爻”。“爻”，“效仿”的意思，是仿效事物运动变化的符号。

言天下之至赜，而不可恶也；言天下之至动，而不可乱也。

“至”，极也、最也。“恶”，音 wù，鄙视，轻视。在谈到天下最复杂的事物时，不能轻视而胡言乱说。“乱”，错乱，违背。在谈及天下最高的、终极的运动时，不能乱说而违背它的规律。

拟之而后言，议之而后动，拟议以成其变化。

“拟”，模拟。两个“之”字均为指示代词，指代“事物”。“拟之”，模拟事物的形象。“言”，言说，含有“主张”、“学说”、“理论”的意思。易理存在于易象之中，所以“拟之而后言”，就是从易象中去领悟易理，懂得了易理就可以言说，就能讲出道理了。“议”，评论、审议、选择、斟酌。“议之”，审议事物的情状，了解事物的实情，了解事物的实情后而采取行动。“拟议以成其变化”，了解反映事物的易象，从易象中了解其中所包含的道理，用来指导人的行动，就算懂得了《周易》的变化的道理了。

高亨认为，下面应该接“大衍之数”至“定之以吉凶，所以断也”，因错简到了后面去了。来知德认为，以下为孔子引用“鸣鹤在阴”等七条爻辞来证明“拟议以成其变化”的道理。

总结：以上为第七章。此章着重说明“易象”是对天下极复杂物象的模拟；“爻”是对天下事物运动的仿效；“象”和“爻”表达了

《周易》的变化哲学，遵循它就可以指导人们的行动。

第八章

“鸣鹤在阴，其子和之；我有好爵，吾与尔靡之。”

这句为中孚卦九二的爻辞。中孚卦的中心是讲“中正”、“诚信”。“鹤”，一种大型的飞禽，常活动于平原水际和沼泽地带。“阴”，水的南面。“子”，指幼鹤。“和”，唱和，跟着鸣叫。“爵”，酒杯，这里指酒。“靡”，共也。“靡之”，共同饮酒。老鹤在沼泽南边鸣叫着，小鹤也跟着应和而鸣唱；我有美好的酒浆，愿与你共同畅饮。这里借用“鸣鹤”唱和之象，引出有美酒共饮的人际和谐景象。

子曰：“君子居其室，出其言善，则千里之外应之，况其迩者乎？居其室，出其言不善，则千里之外违之，况其迩者乎？言出乎身，加乎民；行发乎迩，见乎远；言行，君子之枢机。枢机之发，荣辱之主也。言行，君子之所以动天地也，可不慎乎？”

“子”，古代对男子的尊称，这里特指“孔子”。这一段着重说明君子的言行要十分谨慎。“居其室”，待在家中。“出其言善”，说出美好的、善良的言语、言论。“应”，应和、响应、赞同、肯定。“迩”，近处、附近，离自己家不远的地方。待在自己的家中，说出善良的言论，即使在千里之外也会有人应和、响应、赞同和肯定，何况离家近的人呢？“违”，违背、反对、不赞成。待在自己家中，说出不善良的言语，千里之外也会有人表示反对、不赞成，何况离家近的人呢？“加”，施及，施以，这里是“影响”的意思。言论出于自身，影响百姓。行为发于近处，远方的人也会看得见。“枢机”，弓弩发射箭的机要。弓弩发出的箭有中的或不中的两种情况，“中”会有所得，“不中”无所得，用以比喻言行或得或失，有所得就荣耀，有所失就会受辱。言行所造成的影响就像是射箭的枢机一样，十分重要，支配着是否能获得荣耀的关键。善良的言论，高尚的行为可能感动天地；不好的言行，会给你带来耻辱，不论是说话或做事，都必须要十分谨慎。

“同人，先号咷而后笑。”

这是同人卦的九五爻辞。同人卦☰☲的二、五得位得中，心底光明，中正无私，同心同德。“咷”，“号咷”，大哭。意为同心同德的人，因做事先遇上不利或失败而号咷大哭，后因转不利为有利、转败为胜而欢笑。

子曰：“君子之道，或出或处，或默或语。二人同心，其利断金；同心之言，其臭如兰。”

“君子之道”，君子处世的道理。“出”，外出、应酬。“处”，呆在家里。“默”，沉默，不说话；“语”，动词，“说话”的意思。“利”，刀刃的锋利。“其利断金”，刀刃的锋利可以截断金属。这里用来说明同心同德、团结一致的巨大作用。“臭”，通嗅，这里指香味。说“同心之言”，像兰花那样芳香。二人同心同德，团结协作，就可以转不利为有利，转败为胜，转悲为喜。所以，“同人，先号咷而后笑”。

“初六，藉用白茅，无咎。”

这是大过卦初六的爻辞。“藉”，垫也。祭祀用品本可以直接放置在地上的，现在用洁白的茅草来作为衬垫安放祭祀用的物品，表示十分慎重严肃，所以是没有咎害的。

子曰：“苟错诸地而可矣，藉之用茅，何咎之有？慎之至也。夫茅之为物薄，而用可重也。慎斯术也以往，其无所失矣。”

“错”通“措”，置放，安放。“诸”，之于。“错诸地”，置之于地上。假若把祭祀的物品直接放在地上也是可以的，现在用洁白的茅草来做垫子，有何咎害呢？“慎之至也”，谨慎到了极点。茅草作为一种物是微薄的，但它用来垫放祭品的作用却是十分重大的。“以往”，以后。用谨慎的方法来做以后的任何事情，都是不会有任何损失的。

“劳谦，君子有终，吉。”

这是谦卦九三的爻辞。谦卦䷎山在地下，表示谦虚。“终”，终结、结果。君子有功劳而又有谦虚的美德，终生都会有好的结果而“吉”祥。

子曰：“劳而不伐，有功而不德，厚之至也，语以其功下人者也。德言盛，礼言恭；谦也者，致恭以存其位者也。”

“伐”，自夸，夸耀。“至”，极也。有功劳而不自我夸耀，有功德而不自以为有德，这是敦厚的德行达到了极高的地步了。“语”，言语，这里是“是说”的意思。“语其功下人者”，是说有功劳还能谦下于人。“言”，言说。“盛”，大也。“德言盛”，说到德行要讲盛大；“礼言恭”，说到礼要讲恭敬。“谦”这个品德，就是要致力于恭敬来保存自己的地位。因为谦恭，不与人争，就能保存其地位而不丧失。

“亢龙有悔。”

这是乾卦的上九爻辞。“亢”，极高。“悔”，悔恨。意思是说，龙飞到了极高处必有所悔恨，因为上九爻是乾卦的最上的爻，物极必反，意味着它要朝相反的方向转化。

子曰：“贵而无位，高而无民，贤人在下位而无辅，是以动而有悔也。”

这一段孔子说的话与《乾卦·文言》说的完全相同，之所以要再重复，是要强调说高亢不利，与上面的劳谦相对应。上九爻处卦之极，因而高贵。阳爻处阴位，故“无位”。阳为君，阴为民，乾为纯阳之卦，故“无民”。九五为君位，九四以下之阳为贤人之象，应该相从九五以相辅佐，上九无位、无民、无辅，不能轻举妄动，否则必有悔恨的事情发生。

“不出户庭，无咎。”

这是节卦的初九爻辞。节卦䷻互体为艮，艮为户、为庭。“户”，门户。“庭”，正室，厅堂。意思是，不出家门，就没有咎害。

子曰：“乱之所生也，则言语以为阶。君不密则失臣，臣不密则失身，几事不密则害成。是以君子慎密而不出也。”

“乱”，祸乱、危乱。“阶”，因也，缘由、因由。“几”，通“机”。“几事”，机密之事。“成”，事情的完成，即做事之终。祸乱之所以发生是语言不节止的缘故。“密”，慎密，谨慎严密。国君说话做事不慎密就会失去臣子，臣子说话做事不慎密就会使身体受到伤害，做机密的事时不慎密就会危及它的最后完成，所以君子做事一定要慎密，不说出不利于完成事情的言语。高亨认为，孔子的这一段解释强调做事要“慎密”，但是与经文意思不符。

子曰：“作《易》者其知盗乎?《易》曰‘负且乘，致寇至。’”

“其”，大概，难道。“其……乎”表示反问，加强语气。作《周易》的人大概会知道盗贼的事情吧?“负且乘，致寇至”，为解卦六三爻辞，意思为背负着东西而又乘坐车子，必然会招致盗贼来抢劫。

“负也者，小人之事也；乘也者，君子之器也。小人而乘君子之器，盗思夺之矣；”

“小人”，庶民百姓。“君子”，贵族、大官。背负东西是庶民百姓的事情，乘的车是君子的器具，庶民背负东西乘坐车子，盗贼就要想法子去抢夺。

“上慢下暴，盗思伐之矣。慢藏诲盗，冶容诲淫。《易》曰‘负且乘，致寇至’，盗之招也。”

“上”，在上位的人。“慢”，轻慢，指不按礼法办事。“下”，下层平民百姓。“暴”，暴力、暴乱。由于在上的人，不按礼法办事，使社会失去了平衡，盗贼就会计谋着进行盗窃作乱。“慢藏诲盗”，不好好地收藏宝物，就等于教诲盗贼来进行偷盗。“冶”，妖媚、妖艳，打扮妖丽的女人就等于教诲男人淫乱。“盗招之也”，“招盗也”的倒装句。“负且乘，致寇至”，盗贼就这样被招来了。

总结，以上为第八章。此章引孔子的话来解释七条经文，以此说“拟之而后言，议之而后动，拟议以成其变化”的思想，从而证明《周易》的以象喻理的特征。

第九章

天一、地二，天三、地四，天五、地六，天七、地八，天九、地十。

《周易》以阳爻一画象征天，所以天数为一；以阴爻两画象征地，所以地数为二。一为奇数，以此类推三、五、七、九均为天数；二为偶数，以此类推四、六、八、十均为地数。

天数五，地数五，五位相得而各有合。天数二十有五，地数三十，凡天地之数五十有五。此所以成变化而行鬼神也。

天数一、三、五、七、九，共五个；地数二、四、六、八、十，共五个。“合”即“和”也。天数五个，地数五个，各自相加得出和数。天数五个相加之和为二十五，地数五个相加之和为三十。天数二十五。“有”，“又”也。地数三十相加之和为五十有五。“五十有五”的演变产生出七、八、六、九这四个数，由这四个数产生出阴爻和阳爻来，由爻组成八卦，再由八卦而重为六十四卦。《周易》神秘莫测的变化，都是由天地之数的变化而产生出来的，“此所以成变化而行鬼神也”。

大衍之数五十，其用四十有九。

“大”，至极。“衍”，演也。先秦称算卦为“衍”，汉朝时称算卦叫“演”。“衍、演”都是“推演”的意思。“大衍之数”，是《周易》用来推演筮法的最大的数。“大衍之数”何以是五十呢？韩康伯《注》引王弼的话说：“演天地之数，所赖者五十也。其用四十有九，则其一不用也。不用而用以之通，非数而数之以成，斯易之太极也。四十有九，数之极也。”大衍之数五十，不用的那个“一”代表太极。孔颖达《周易正义》引京房的话说：“五十者，谓十日、十二辰、二十八宿也，凡五十。其一不用者，天之生气，将欲以虚来实。”此外还有另一种说法，高亨《周易大传今注》引金景芳说：“当作‘大衍之数五十有五’，转写脱去‘有五’二字。”汉代姚信、董遇早有此说：“天地之数五十有五，其六以象六爻之数，故减之而用四十有九”。高亨认为，这正与天地之数五十有五相合，大衍之数应该是五十有五。“其用四十有九”，推演时只用四十九来进行演算。用来进行演算的49根蓍草，又叫做“策”。

分而为二以象两，挂一以象三，揲之以四以象四时，归奇于扐以象闰；五岁再闰，故再扐而后挂。

在进行演算之前，49策合在一起时，表示天地之气未分为阴阳时的混然状态，以象征“太极”。《周易》筮法共分四个步骤：第一步，“分而为二以象两”。信手将49策分成两组，放在桌案的左右两边，以象征两仪。第二步，“挂一以象三”。“挂”，取也。从分成两组的任一组中取出一策来放在一边，这样49策就分成了三份，以象征天地人三才。第三步，“揲之以四以象四时”，以象征春夏秋冬四个时节的运行。“揲”，音 dié，又音 shé，数（shǔ，动词）也，就是把分成两组的策，四四为一组地数。49策挂一以后，只余下了48策。揲四以后的最后结果是，左边余一，右边必余三；左余二，右必余二；

左余三，右必余一；左余四，右也必余四。揲四以后余下的数，不外乎是1、2、3、4，这个余下之数叫“奇”。“奇”，剩余也。第四步，“归奇一扐以象闰”，象征闰年。“扐”，音lè，同“肋”，胸肋骨，“两旁”的意思。将两组揲四之后所余策数归在一起放在旁边，就叫做“再扐而后挂”。本来经过第三步，所要求的策已经出来了，任务已经完成。但《系辞传》的作者，要想求得卦爻的客观论据，非要把它和天象联系起来，特别要加一步“归奇于扐以象闰”，这一步其实已经与筮法无关了。“五岁再闰，故再扐而后挂”，是对“归奇于扐以象闰”的进一步说明。古代历法，五年中有两个闰月。因为五年中有两个闰月，所以“再扐而后挂”。“两”即是“再”。48策分为左右两组之后，左边余数为一扐，右边余数为一扐，因为有两个余数，就是“再扐”。“归奇于扐”就是“再扐”。将两扐归一之后取出来放在一旁“而后挂”。到此，“大衍”之数，经过分二、挂一、揲四、归奇四个步骤之后，完成了一变，要经过三变才形成一爻之象。但是爻画的求得，其实只用了三个步骤。

是故四营而成《易》，十有八变而成卦，八卦而小成。

“四营”，指演算的四个步骤：分二，一营；挂一，二营；揲四，三营；归奇，四营。经过上面四个步骤就可以形成《周易》的卦形，所以说“四营而成《易》”。第一变，49策经过分二、挂一、揲四、归奇之后，减去四或八之后，剩下的策数出现两个数，或44，或40；第二变，又将剩下的44或40策，再分二、揲四，揲四之后的余数不是4就是8，剩下的策数会出现三个数，或40，或36，或32（若一变之后剩下的44，二变减8则得36，减4则得40；若一变之后剩下40，二变减8则得32，减4则得36）。第三变，在或40、或36、或32的基础上，再次经过分二、揲四，揲四之后的余数不是4就是8，剩下的策数出现四个数，或36，或32，或28，或24（若二变之后剩下的是40，三变减8得32，减4得36；若二变之后剩下的是36，减8得28，减4得32；若二变之后剩下的是32，三变减8得24，减4得28)。经过三变之后，必然出现以下四个数，或36，或32，或28，或24。这四个数分别除以4，分别得出九、八、七、六。七、九为奇数，为阳，七为少阳，九为老阳，凡七、九皆定为阳爻，画符号“—”表示，给阳爻命名，只用九不用七。八、六为偶数为阴，八为少阴，六为老阴。凡得八、六皆定为阴爻，画符号“--”表示，给阴爻命名，用六不用八。这样，经过三变而画出一爻，由下往上，经过十八变而画出六爻，以成一卦。“八卦而小成”，九变得出三爻，成为八经卦，它不能包含宇宙万物的全部现象和内容，故称为“小成”。

《乾》之策二百一十有六，《坤》之策百四十有四，凡三百有六十，当期之日。二篇之策，万有一千五百二十，当万物之数也。

乾卦六爻皆为老阳，以九表示，策数是36，以六爻数乘36得216，这就是乾卦的策数。坤卦六爻皆为老阴，以六表示，策数是24，以六爻数乘24得144，这就是坤卦的策数。乾卦策数216与坤卦策数144相加，得360策，正好与一年的三百六十天相等。“当”，相等。“期”，期年，一周年。“当期”，与一年的天数相等。乾为天，坤为地，乾坤策数象征天地的变化一年一周期。《周易》共有64卦，384爻，阴爻192，阳爻192。阴爻数192与阴爻策数24相乘，得出4608策数；阳爻数192与阳爻策数36相乘，得出6912策数。它们的和是11520策数。“当万物之数”，是说11520策数与宇宙万物之数相当，即它象征着宇宙万物的数量。

引而申之，触类而长之，天下之能事毕矣。

“引”，犹续也，继续。“申”，延伸、扩展。“引而申之”，指把八卦引申为六十四卦。“长”，读zhǎng，生长、成长的“长”。“触类而长之”，触及到同类的事物而扩展出去。“能事”，能够存在的事，意即所有的事物。“毕”，尽也，完备。“天下之能事毕也”，天下能有的事物都包容无遗了，即六十四卦的象理反映了宇宙间的一切事物。

显道神德行，是故可与酬酢，可与佑神矣。

“显”，显示，表现。“道”，阴阳变化的规律。“神”，神妙、神秘。“德”，德行，美好的道德。“行”，行为、行动。易卦的象与理有显示道、神、德、行这四种功能。“与”，犹以也。“酬酢”，本为宾主饮酒时相对所行的礼，这里是“应对”的意思。所以《易》理的道、神、德、行可以用来应对天下万物，可以保佑人事而显出神妙的功效。

总结：以上为第九章。此章着重讲《周易》的筮法，论述了以数求象的具体步骤和方法，八卦和六十四卦的形成以及卦的作用和意义。

第十章

子曰：“知变化之道者，其知神之所为乎？”

“变化之道”，指阴阳变化的规律，即易道。“其知神之所为乎”，大概可以知道是神的作为吧？知道阴阳变化的规律，大概就知道它是宇宙间推动一切事物运动的神妙力量吧！阴阳变化的规律是神妙的，它隐藏在事物的内部，支配着事物的运动、变化和发展，使宇宙万物生生不息，而又不显现它的形态，所以就被认为大概是“神之所为”了。在古代，在人们没有认识到事物的内在联系、本质和规律的时候，就会把促使事物运动、变化的内在力量，当作神秘的事物来看待。

“《易》有圣人之道四焉：以言者尚其辞，以动者尚其变，以制器者尚其象，以卜筮者尚其占。”

《周易》有圣人四个方面的道理、理论，即辞、变、象、占。四个“尚”字都有“崇尚”、“尊重”、“重视”的意思。“言”，言语、说话、论说、辩论。“辞”，指卦辞和爻辞。要用《周易》来说理论事、探索义理的，就崇尚其卦爻辞，用以判断是与非。“动”，行动、做事。“变”，指卦与爻的变化。要用《周易》指导自己行动，就崇尚卦爻的变化，以决定进与退。“制器”，制作器物、发明工具。“象”，指卦象。运用《周易》来制作器物的，就崇尚其卦象，从中悟得制器的方法，如“刳木为舟，剡木为楫，盖取诸涣。断木为杵，掘地为臼，盖取诸小过”之类。“卜筮”，古代的占卜。用龟甲叫占，用蓍草叫筮。“占”，卜问，《说文·卜部》：“占，视兆问也。”这里指占卜得来的结果，借以预知吉凶。要用《周易》进行卜筮、预测吉凶的，就要崇尚占卜得出来的结果。

是以君子将有为也，将有行也，问焉而以言，其受命也如响。无有远近幽深，遂知来物。非天下之至精，其孰能与于此？

“为”，作为。“行”，行动。“问”，询问、求问，用卜筮的方法来询问吉凶。“言”，指卦爻辞。“命”，告也，指蓍草受天之命告诉人以吉凶。“如响”，如响之应声，意为回应很快。“君子”要有作为，要有行动的时候，就要用卜筮的方法来占问，卦爻辞就会告诉是吉还是凶，速度之快如响之应声。“远”，未来的事物；“近”，目前的事物；“幽”，幽暗看不见的事物；“深”，深奥难懂的事物。“遂”，就，于是。“来物”，指未来的将要出现的事物，即吉凶、悔吝、休咎等结果。不管是未来的、目前的还是幽暗的、深奥的，都能从卜筮中知道它未来的结果。“精”，精密、精审、精确、精当。如果不是《周易》通晓天下最为精密的道理，它何以能够做到这一点呢？这一句引申说明“以言者尚其辞”的内容。

参伍以变，错综其数，通其变，遂成天下之文。极其数，遂定天下之象。非天下之至变，其孰能与于此？

“参”，掺杂；“伍”，指天数五，地数五。“参伍”，指天数地数阴阳之数相互掺杂以组成“大衍之数”，以蓍草的变化推演出阴阳老少之变。“错”，指卦爻画的一一对应；“综”，指卦的相互颠倒。“错综其数”，错综其六十四卦之数。“文”，文采，指阴阳老少的文采。阳的老少为天的文采、表象；阴的老少为地的文采、表象。“通”，通晓、明白。“变”，指“大衍之数”的变化。“成”，确立，确定。通晓“大衍之数”的变化，于是就确定了天地阴阳的表象。“极”，极究、穷究，详尽地推究。“数”，大衍之数。详尽地推究大衍之数就确定了爻象，由爻象组成八卦，有了八卦就有了卦象，依据卦象来制造器具。古人依据卦象制作出许多的器具，如依据离卦☲的卦象而制作网罟，依据涣卦☴的卦象而制舟楫等等。“至”，极，最，绝对。若《周易》没有认识到天下绝妙变化的道理，谁能做到这一点呢？这一句引申说明“以动者尚其变”和“以制器者尚其象”的内涵。

《易》无思也，无为也，寂然不动，感而遂通天下之故。非天下之至神，其孰能与于此？

“思”，思虑、感情。“无思”，没有思想，意为没有主观意志。“为”，作为。“无为”，没有作为，意为没有主动地追求做什么。“寂”，静止，安静。“寂然不动”，静止不动，意为顺应自然。“感”，动也，触动。“故”，事也。《周易》没有主观意志，没有作为，顺其自然，触动（运用）它的筮法，于是就能通晓天下的一切事物，即能知晓它运动、变化的规律和预知它的未来。若《周易》没有通晓天下的绝妙道理，谁能做到这一点呢？这一句引申说明“以卜筮者尚其占”的内容。

夫《易》，圣人之所以极深而研几也。唯深也，故能通天下之志；唯几也，故能成天下之务；唯神也，故不疾而速，不行而至。子曰“《易》有圣人之道四焉”者，此之谓也。

“极深”，穷究事物最深层的最深邃的道理。“研几”，研究事物最微小变化的先兆。“几者，动之微，吉之先也。”《周易》是“圣人”用来探究事物最深奥的道理进而研究事物微小变化的先兆，以预知未来情状的书。“唯”，唯有，只有。“志”，微小。《易》道唯有深邃，所以就能通天下微小的事物，即认识得深、广。“成”，成就、完成。“务”，事也。《易》道能发现事物变化的先兆，所以能完成做好天下的事情。因为能观察事物变化的先兆，预知它的发展趋势，顺其发展的方向去做事情，就能成就天下的事情。“神”，神妙。“疾”，急也。“速”，快。《易》道神妙，所以不用着急就能很快有所响应，不需要采取行动就能达到目的。孔子说的《易》有“圣人”的四种“道”（辞 、变、象、占），就是这样的。

总结：以上为第十章。此章着重论述称为圣人的“四道”——“辞、变、象、占”的内容，性质和重要的功能。

第十一章

子曰：“夫《易》何为者也？夫《易》开物成务，冒天下之道，如斯而已者也。”

“开物”，揭开事物内在的秘密；“成务”，确定做好事务的办法。“冒”，覆也，这里是“包括”、“概括”的意思。《易》为何而作呢？就是揭开内部的秘密，概括天下事物的道理，如此而已。

是故圣人以通天下之志，以定天下之业，以断天下之疑。

“是故”，所以。“以”，用也。“通”，晓也。“志”，微也。“定”，完成。“业”，事业。“断”，决断、断明。“疑”，疑惑。由于《易》能开物成务，所以圣人用它来通晓天下微密的事情，用它来成就天下的各种事业，用它来断明天下人的种种疑惑。

是故蓍之德圆而神，卦之德方以知，六爻之义易以贡。

“蓍”，指用来卜筮的四十九蓍草。“德”，性质。“圆”，“变化无穷”的意思，指蓍草所进行的反复演算。“神”，神妙。“方”，正也，规定、规范。“贡”，告也，告诉。所以蓍草的性质可以用来进行反复演算，它神妙地得出了爻画和卦形。卦的性质方正无邪而有智慧，六爻的意义就在于它能告诉你吉凶，使人趋吉避凶。

圣人以此洗心，退藏于密，吉凶与民同患；

“洗心”，洗除不必要的忧虑。“退”，静候、等待。“圣人”运用《易》理，就可以洗除不必要的忧患，退而隐藏于静密之处，或吉或凶均与民众共患难，共享欢乐与忧愁。这是在赞扬《周易》的巨大功能。

神以知来，知以藏往。

“神”，神奇、神妙。“知来”，认识、知道未来。《周易》能神妙地预知未来。“知以”之“知”是“智慧”的意思。《周易》的智慧能储藏以往的信息，以作为借鉴之用。

其孰能与于此哉？古之聪明、睿知，神武而不杀者夫。

“其”，用在疑问句前头。“孰能”，谁能。“此”，指示词，指代前面说的内容。“神武”，武功十分精当的人。有谁能够做到这一点呢？只有古代聪明、睿知、有神奇武功而又不乱杀戮的人，才能如此。

是以明于天之道，而察于民之故，是兴神物以前民用。

“是以”，所以。“天之道”，天地的运动规律。“故”，事也。“兴”，起也。“神物”，指蓍草。“前”，引导。此处接着前面说，所以明确天地的运动规律，察知百姓的事情，起用神物来卜筮，以卜筮的结果用来指导和引导百姓的行为和活动。

圣人以此斋戒，以神明其德夫。

“斋”，卜筮前进行的沐浴更衣、清心洁身。“戒”，戒除欲念，不喝酒，不吃荤，不同房等，以表示虔诚恭敬。“德”，性质。卜筮前进行“斋戒”，虔诚恭敬，就是为了使神物显示出它神奇的功能来。

是故阖户谓之坤，辟户谓之乾，一阖一辟谓之变，往来不穷谓之通；见乃谓之象，形乃谓之器，制而用之谓之法，利用出入，民咸用之谓之神。

“阖”，闭也。“辟”，开也。此以门户的关与开比喻阴阳之气运行的变化。阴气储藏于地中，好比门户关闭着，象征冬天；阳气化生万物，犹如门户打开着，象征春天。凡物先藏而后出，所以先说坤。“一阖”，阴气静息，“一辟”，阳气运动。“一阖一辟”，静动交替，动静结合，不固定在一处，就叫做“变”。“往”，往去、消减；“来”，前来，增长。冬天阴来而阳往，春天阳来而阴往。阴阳二气一往一来，事物、四季的变化就亨通、通泰。“见”，通现，显现。神秘莫测的阴阳显现出来了就是“象”，它显现的具体实物形体就是器具、器物。“制”，制作。“法”，效法。利用阴阳之象制作器物供人使用就叫效法（效法易象）。“出”，谓“辟”也，引申为人在外面（社会上）的各种活动；“入”，谓“藏”也，引申为人在家中的日常生活活动。“咸”，均、都。人们出外远行时要利用舟车，在耕作时要利用农具；进入到家里生活时要利用餐具和家具等。就是说人们不论出门在外还是在家里都要利用工具、器物，但都不知道这些工具、器物所以然的道理，就叫“神”妙。

总结：以上为第十一章，此章着重论述易理的认识功能和社会功能，指出它具有“通志”、“定业”、“决疑”的作用。

第十二章

是故《易》有大极，是生两仪，两仪生四象，四象生八卦，八卦定吉凶，吉凶生大业。

“是故”，所以。“大极”，读为“太极”。“太极”，从字面上讲，是“最高”、“极致”的意思。从概念意义上讲，“太极，气也”，指原始未分的混沌状态的元气。“两仪”，指阴阳二气。“四象”，指老阴、少阳、少阴、老阳之气，在筮数为六、七、八、九。太极产生出阴阳，由阴阳产生出四象，由四象产生出八卦。“八卦”，指乾、坤、震、巽、坎、离、艮、兑。八卦衍为六十四卦，根据爻的变动，就可以推断出吉凶来。人们根据对吉凶的判断，趋吉避凶，做事可以获得成功，就可以成就出大的事业来。

是故法象莫大乎天地；变通莫大乎四时；悬象著明莫大乎日月；崇高莫大乎富贵；

“法”，效法、模拟、仿效。“象”，物象、事象。效法物象没有比天地更大的，变化通泰没有比春夏秋冬四个时节更大的，一年四时的变化自然有序、亨通无碍。高悬空中的物象和显示出的光明，没有比日月更大的。尊崇高尚没有比富裕和高贵更大的。

备物致用，立功成器以为天下利，莫大（亦作“善”）乎圣人；

“备”，准备、配备。“备物”，准备好器物。“致”，达到。“立功”，建立功业。“成器”，制成器物，配备好器物，供人使用。建立功业，制成器物，利于天下百姓，没有比圣人更伟大的。

探赜索隐，钩深致远，以定天下之吉凶，成天下之亹亹者，莫大乎蓍龟。

“赜”，杂也，复杂。“索”，求也。“隐”，隐晦、隐秘。“钩”，取也。“致”，致使、推致。“亹”，音 wěi，奋勉。古人把蓍草和乌龟当作神灵之物。“蓍龟”，指用蓍草卜筮和用龟甲占卜等事情。探讨事物的复杂，索求事物的隐秘，钩取事物的深奥，推测事物的未来，用以确定天下的吉凶，促成天下的人勤勉努力的，没有比蓍龟更伟大的。

是故天生神物，圣人则之；天地变化，圣人效之；天垂象，见吉凶，圣人象之；河出图，洛出书，圣人则之。

“神物”，指蓍草和龟甲。“则”，效法。天生出蓍草和龟甲这两种神物，圣人效法蓍草创立筮法，效法龟甲创立卜法。天地之间万事万物复杂变化，圣人创立八卦以效法天地之间的变化。“垂”，示也，向下显示。上天垂示日食月食、五星乱行、彗星陨石等奇异现象，这些天文之象显现出吉凶，圣人创立八卦以象征上天的吉凶。“河”，黄河。“河图”，传说黄河中的龙马身上的图像。“洛”，洛水，黄河下游南岸的大支流，它发源于陕西省洛南县洛源乡，流经河南境内，到巩义市洛口以北汇入黄河。“洛书”，传说洛水中神龟背上的花纹。传说圣人效法河图作八卦，效法洛书作九畴。

《易》有四象，所以示也；系辞焉，所以告也；定之以吉凶，所以断也。

“四象”，指老阴、少阳、少阴、老阳。“所以示也”，指用这四象来显示阴阳刚柔及其变化。“系”，动词，系上、联属、连接。“辞”，指卦、爻辞。“系辞”，指系上卦爻辞。“告”，告诉。在卦形和爻画下面系上（写上）卦爻辞，以告诉人们卦和爻取象的意义。从卦爻辞确“定”何为“吉”，何为“凶”，用以判“断”人们活动的方向，趋吉避凶。

《易》曰："自天佑之，吉无不利。"

这句话为大有卦䷍上九爻辞。"佑"，"保佑"的意思。引述大有上九爻辞来证明，按四象所指示的、卦爻辞所告诉的方法去做，就会有来自上天的保佑，吉祥没有不利。

子曰，"佑者，助也。天之所助者，顺也；人之所助者，信也。履信思乎顺，又以尚贤也，是以'自天佑之，吉无不利'也。"

"佑"是"帮助"的意思。上天都来帮助，一切就会顺利了。"信"，相信、信任。能得到别人的帮助，说明得到了别人的信任。"履"，践履、履行、实行。践行诚信，时时思考着顺从上天，崇敬贤人，所以就能得到上天的帮助，吉祥没有不利的事情发生。

总结：以上为第十二章。此章首先提出"太极"的概念，论述八卦的形成及其功能，八卦的卦象和它的意义。

第十三章

子曰："书不尽言，言不尽意。"然则圣人之意，其不可见乎？

"子曰"，即"孔子说"。"书"，文字。"言"，语言、话语。"意"，意思、意义，引申为思想。孔子说，文字不能完全表达语言，语言不能完全表达意思、思想。"然则"，如是、这样。如果这样，圣人的意思、思想就不可表现了吗？

子曰："圣人立象以尽意，设卦以尽情伪，系辞焉以尽其言，变而通之以尽利，鼓之舞之以尽神。"

这个"子曰"用来回答前面提出的问题。"象"，卦象。"尽"，极致、极限、竭尽、完全、充分。"情伪"，真实与虚假。因为文字、语言不能完全表达圣人的意思，所以圣人就用形象的方式来充分表达他的思想；创立八卦来充分表达他认识到的真实情况和虚假现象；系上卦爻辞来充分表达他的语言；运用卦爻的变化以通晓事物的吉凶来充分满足人们需要的利益。“鼓”，鼓励。“舞”，动也。“鼓之舞之”，犹言鼓励推动。这一句总结前面四句，圣人“立象”、“设卦”、“系辞焉”，使百姓尽受其利；百姓得到了利益，因而受到了鼓舞。圣人让百姓“鼓之舞之”来充分表达《周易》的神妙莫测的功能。

乾坤，其《易》之缊邪！乾坤成列，而《易》立乎其中矣；乾坤毁，则无以见《易》；《易》不可见，则乾坤或几乎息矣。

“乾坤”为纯阳纯阴之卦。“乾”为纯阳之卦，代表阳。“坤”为纯阴之卦，代表阴。整个《周易》的符号和文字系统以及其整个价值体系，都是建立在阴阳以及由阴阳爻所组成的八卦之上的，没有阴阳就没有《周易》，所以说“乾坤其《易》之缊邪”。“缊”，音 yùn，通“蕴”，蕴藏、渊奥、渊源。“邪”同耶，语气助词。就是说，乾坤大概是《周易》得以产生的渊源吧。“成”，创成、创立。“列”，排列、列现，列出。乾坤两卦创立排列出来，《周易》变化的道理就站立在其中了。如果乾坤毁灭，就看不见《周易》变化之理了。如果《周易》不能显现，乾坤就几乎止息停止了。

是故形而上者谓之道，形而下者谓之器，化而裁之谓之变，推而行之谓之通，举而错之天下之民谓之事业。

“形”，有形的实体。“道”，隐藏于事物内部的本质、联系和规律。“器”，有形的实物、器具。存在于有形实体之上的、看不见的内在联系、本质和规律就是“道”。存在于有形实体之下的、占有一定空间的、可以接触到的事物就叫做“器”。“化”，转化，阳转化为阴，阴转化为阳。“裁”，裁制、制约。阴阳相互转化而相互制约就叫做“变”。推此阴阳变化之道而去施行它，做事就能通达顺利。“举”，取也，取用。“错”通“措”，施行。采取阴阳变化之道在天下百姓中去施行，就能成就事业。

是故夫象，圣人有以见天下之赜，而拟诸其形容，象其物宜，是故谓之象。圣人有以见天下之动，而观其会通，以行其典礼，系辞焉以断其吉凶，是故谓之爻。

“象”，指《周易》的爻象和卦象。以下从“圣人有以见天下之赜”到“是故谓之爻”，重复前面第七章的第一段内容，目的是强调“象”和“爻”在《周易》中的重要地位。两个地方各有不同的重点，前面是从“象”和“爻”的根据上说的。本章多了“是故夫象”四个字，它是有重要意义的，说明它是从“象”和“爻”的运用功能上说的，就是说“象”是物象的象征、反映，“爻”是仿效天下一切运动的。一旦物象与运动被模拟、仿效之后，它就具有相对的独立性，这种独立性表现在它的普遍意义和应用功能上。

极天下之赜者存乎卦；鼓天下之动者存乎辞；

“极”，尽也，穷尽。“卦”，指卦象。穷尽天下复杂事物，从中抽象出相通的物象，使它存在于六十四卦中。换言之，六十四卦以及卦与卦之间相互关系的“象”，是对天下复杂物象的概括和归纳。“鼓”，起也，奋起、努力。努力观察天下的各种运动、动态、动作，从中抽象出一个共同的仿效运动的符号“爻”，使它的意义存在于爻辞之中。

化而裁之存乎变；推而行之存乎通；神而明之存乎其人；

阴阳的相互转化存在于卦爻的变化之中。推此阴阳变化之道而去施行它，存在于通泰之中。若要懂得《周易》变通的道理，就要从卦爻中去认识阴阳的变化，从爻和卦的相应、相感中去认识阴阳的通泰。“神”，神秘莫测，指阴阳的变化。“明”，明白、明确、使之明白。要把阴阳变化的神秘性揭示出来，使之明白，存在于人心之中。这个“人”指学习弄通《周易》的能进行卜筮的具体的人。

默而成之，不言而信，存乎德行。

这一句指人如何才能应用好《周易》。“默”，默然于心，就是要用直觉、顿悟去感知易理，以进行卜筮，才能获得成功。因为“书不尽言，言不尽意”，在学习或运用《易》理时，要用直觉和顿悟，不需要用言辞，而是要用实际效果去取得人的相信，这些都存在于人的德行中。即要学习好、应用好《周易》的人，必须要有好的德行。

总结：以上为第十三章。此章强调《周易》以特殊的“易象”方式，详尽地反映人的思想和事物的真实状态。之所以如此，是因为乾坤两卦所代表的阴阳，能概括和包容天下的事物及其变化，爻象和卦象也概括了天下复杂事物的形象。这种具有普遍意义的形上之道，完全可以指导人们从事的各种事业。

系辞传下

《系辞传下》共十二章，主要论述易象、尚象制器、阴阳卦的性质、忧患意识，分析九卦进行道德修养的内涵、《易》理方法的辩证性，告诫人们要树立“知险知阻”的意识和防范意识，探讨如何运用《易》理的辩证法指导人们的行动，达到趋吉避凶的目的。

第一章

八卦成列，象在其中矣；因而重之，爻在其中矣；刚柔相推，变在其中矣；系辞焉而命之，动在其中矣。

“八卦”，指八经卦。“成列”，排成系列，指乾、坤、震、巽、坎、离，艮、兑。八卦含有天地万物之象，故“象在其中”。八卦不能穷尽天地万物之象及其事理，因而重为六十四卦，由三爻卦变为六爻卦。“爻”，交也。天地万物的象、理，不是相互分离的，而是相互交错、交感、交应的。六爻卦中的初与四、二与五、三与上以及各爻位之间有着乘、承、比、应的相互关系。“爻在其中”，是说通过爻位之间的关系来说明六十四卦中包含着天地万物之间的错综关系。阳为刚，阴为柔。“相推”，相互推移、推荡。即阳极变阴，阴极变阳。阴阳相推移，事物的变化就包含在其中。“系辞”，系上六十四卦的卦辞和三百八十四爻的爻辞。“命”，告也，告诉。“动在其中”，是说事物运动变化的道理在卦辞和爻辞之中。“象、爻、变、动”这四者包含了易象和易理的全部。

吉、凶、悔、吝者，生乎动者也；刚柔者，立本者也；变通者，趣时者也。吉凶者，贞胜者也；

“吉、凶、悔、吝”，是判断辞，它是用来判断占卜结果的，即吉祥、凶险、悔恨、吝难。“生乎动者也”，卜筮的结果产生于爻象爻位的运动变化之中。“本”，主体、根本。阳刚阴柔是爻象爻位变动的主体。“变通”，变化通泰，变则通，通则变。“趣”，趋也，趋向、顺应。任何变化都有一个过程，时刚时柔，因时而变，没有固定的时间点。“趋时”，就是要掌握变通的时间点，顺时而行动。“贞”，正也。行为之正则吉，不正则凶。正总能克制不正，故说“贞胜者也。”

天地之道，贞观者也；日月之道，贞明者也；天下之动，贞夫一者也。

这里的三个“贞”字，皆训为正。“观”，示也。“天地之道”，指春、夏、秋、冬运行的规律，它正确无误地展示给人们。“明”，光明。太阳正确无误地给白昼以光明，月亮正确无误地给夜晚以光明。“天下”，宇宙。“夫”，在句子中间起衬字的作用。“一”，统一，同一个。宇宙间一切事物的运动，都遵循着一个统一的规律，即阳极变阴，阴极变阳，阴阳相激荡相推移。

夫乾，确然示人易矣；夫坤，隤然示人简矣。

两个“夫”字均为发语词。乾为天。“确然”，刚健貌。“易”，平易。天以阳刚的形态示人，平易而不难知。坤为地。“隤”，音 tuí。“隤然”，柔顺貌。“简”，简明、简约。地以柔顺的形态示人，简约而易晓。

爻也者，效此者也；象也者，像此者也。爻象动乎内，吉凶见乎外；功业见乎变，圣人之情见乎辞。

“此”，指乾坤之理。爻是仿效乾易坤简的，象是象征乾刚坤柔的。“内”，卦内的六个爻位。“外”，卦爻辞表现出来的意义。“爻象”，指爻的性质和位置。任何一卦的任何一个爻位爻的性质发生了变动，整个卦的性质、意义、时态就发生了变化，所以“爻象动乎内”。由此，它所表现于外的吉凶就不同了。“功业”，建功立业；人们根据爻象的变动而产生出来的吉凶行事，即趋吉避凶，就能建功立业。根据卦变表现于外的时间点，时止则止，时行则行，把握时机，根据时间的变化来调整自己的行动，就能获得事业上的成功。“情”，情怀，价值指向。“见”，表现。圣人指导人们行动的情怀、价值指向都表现在卦辞和爻辞中。

天地之大德曰生，圣人之大宝曰位。何以守位曰仁。何以聚人曰财。理财正辞，禁民为非曰义。

“德”，德行。“生”，生育、生养、生长。天无私覆，地无私载，天地生育万物而不据为私有，所以天地之德是“大德”。天地的最大德行就是生养万物。“圣人”，这里指国家的统治者。“宝”，宝物。“位”，权位，执掌政权。圣人最大的宝物就是政权，掌握着政权才能成就功业。何以能守住政权，就是要实行“仁者爱人”的德政，得到人民的拥护。“财”，财富。何以能把人民团聚在一起，就是要有财富，使人民能得以生息，生活安定。“理财”，对财富的经营管理。“正辞”，颁布如何管理和使用财富的政令言辞。运用道德教育和实施政令来禁止人民做不道德的、非法的事情。“义”，宜也，适宜于社会的道德与法律的规范。

总结：以上为第一章，进一步阐述八卦、象理、爻动、趣时、乾坤易简、天地之道的“贞一”性，进而说明人道的位、仁、财、义，由天道、地道进入人道之理。

第二章

古者包牺氏之王天下也，仰则观象于天，俯则观法于地，观鸟兽之文，与地之宜。近取诸身，远取诸物，于是始作八卦。以通神明之德，以类万物之情。

“古”，指远古时代。“包牺氏”，即是伏羲氏，一作宓牺氏等等，传说中的英雄人物。伏羲、神农、黄帝称为三皇，历代相传伏羲创立八卦。“王”，读为 wàng，管理、领导、统管、管辖。“仰”，举头仰望。“观象于天”，观察天上的日、月、星、辰，由之而取“象”于天，日、星为阳，月、辰为阴。“俯”，相对于“仰”而言。俯观地上的山川湖泊，坚硬的岩石、柔软的泥土，由之而效法于地：坚硬的、明亮的为阳；柔软的、昏暗的为阴。“观鸟兽之文”，观察鸟兽毛色的不同，以区别雌雄。鸟兽皮毛的花纹有雌雄的不同，雌鸟的毛长得特别漂亮美丽。“宜”，事也。“地宜”，地上的事物。“诸”，“之于”也。“近取诸身”，近取之于人自身，人有男女。男为阳，女为阴。远取之天上的日月星辰、地上的山川河流、鸟兽植物；近取于人之男女等，把它们归纳分为阴阳两类事物，把其中的阴性的事物画作“--”，阳性的事物画作“—”，这两个符号叫“爻”。“--”叫阴爻，“—”叫阳爻。用这两个符号作为编码，始创作出八经卦，它们是☰ ☷ ☳ ☴ ☵ ☲ ☶ ☱ 。“通”，通达、贯通。“德”，德性，性质。“神明”，神秘的、隐秘的和普通的、明显的事物。即八卦贯通表现各种各样事物的性质。“类”，各类、归类、总结。“情”，实情、真实的情况。即八卦总结归纳了各类事物的真实情况。“以通以类”，说明八卦的概括性和普遍性。

作结绳而为网罟，以佃以渔，盖取诸“离”。

“作”的主体是包牺氏。“罟”，音 gǔ，网也，网的总称。“以”，用也。“佃”通畋，打猎。“渔”，捕鱼。“盖”，副词，表示推测、推断，“大概”的意思。伏羲氏用绳子结成网罟，用以打猎和捕鱼，大概取之于离卦☲的卦象吧，离卦有网罟的形象。教民食肉从包牺氏开始。

包牺氏没，神农氏作，斫木为耜，揉木为耒，耒耨之利，以教天下，盖取诸“益”。

“没”通殁，过世。“神农氏”，传说中的英雄人物，三皇之一。“作”，兴起。包牺氏死后，神农氏接替统辖天下。“斫”，音 zhuó，砍削。“耜”，音 sì，木头做的锹。“揉”，使被揉作的东西弯曲的制作方法。“耒”，音 lěi，木头制作的弯曲的犁。“耨”，音 nòu，锄（chú）也，即锄头。“耒耨之利”，农业耕作所获得粮食收入利益。教民吃谷粒之类的粮食，从神农氏开始。益卦䷩上巽下震，巽为木，震为动。木入地而动，象征耕作。农业工具的发明，大概取之于益卦的卦象吧。

日中为市，致天下之民，聚天下之货，交易而退，各得其所，盖取诸“噬嗑”。

“日中”，太阳在天的正中，即中午。“市”，墟市、市场、进行交易的场所。“致”，招来、招引。“民”，民众、百姓。“聚”，聚集、汇聚。“货”，货物。“交易”，交换各自的产品。“退”，退出进行交易的墟市，各自回家。这样就各自得了所要的物品，大概取之于噬嗑卦的卦象吧。噬嗑卦䷔为上离下震，离为日，震为动，中午在太阳下面人头攒动，象征市场进行产品交易。

神农氏没，黄帝、尧、舜氏作，通其变，使民不倦；神而化之，使民宜之。《易》穷则变，变则通，通则久，是以“自天佑之，吉无不利”。黄帝、尧、舜垂衣裳而天下治，盖取诸“乾、坤”。

“黄帝”，指轩辕氏。“尧”，指陶唐氏，亦称唐尧。“舜”，指有虞氏，亦叫虞舜。他们都是我国上古历史上的传说人物。神农氏死了以后，黄帝、唐尧、虞舜兴起管辖天下。会通其前代的器物制度，并加以改变创新，人民不断创新器物而不知疲倦，于是新的器物不断地出现，神妙地发生变化，人民的生活更加适宜。“穷”，极也。“通”，通畅、亨通。《周易》中的变是指阴阳之间的变化，阴由量变到了极点，就转化为阳；阳由量变到了极点，就转化为阴，阴阳这种交换的变化、转化推动了事物的发展。通畅就能使长久不断更新，具有生命力。高亨认为，“垂”当借为缀。“缀”，缝也。“垂衣裳”，缝缀衣裳。上服为衣，下服为裳。黄帝、尧、舜让人民穿上了衣裳，使天下获得大治。大概是取之于乾坤的卦象吧。乾为衣，坤为裳。乾上坤下，像上衣下裳。黄帝以前，人民穿毛草兽皮，从黄帝开始人民穿缝制的衣服。

刳木为舟，剡木为楫，舟楫之利，以济不通致远，以利天下，盖取诸“涣”。

“刳”，音 kū，劈开、剜空。把大木剜空，制作成木舟；“剡”，音 yǎn，削也。“楫”，划船用的木桨。“济”，渡也，渡河。运用舟楫来渡济江河，到达很远的地方，以有利于天下的人，大概是取之于涣卦吧。涣卦䷺为下坎上巽，坎为水，巽为木，涣卦的卦象是木在水上，象征木船浮在水上。

服牛乘马，引重致远，以利天下，盖取诸“随”。

“服”，驾奴，使之驯服。“乘”，驾也。用牛马驾着车，拖引重的货物，到达很远的地方，使天下的人都获得利益，大概是取之于随卦吧。随卦䷐为下震上兑，震为动，为车；兑为牛、为马。上为前，下为后。有前面畜牲牵引后面的车子的象征，故说大概取之于随卦吧。

重门击柝，以待暴客，盖取诸“豫”。

“重门”，城门。“柝”，音 tuò，木梆也。晚上击梆以防范盗贼，大概取之于豫卦吧。豫卦䷏下坤上震，坤为地、为城，震为动、为雷。豫卦有城内地上动而声之象。

断木为杵，掘地为臼，臼杵之利，万民以济，盖取诸“小过”。

“杵”，音 chǔ，捣碎谷物的棒槌。“臼”，音 jiù，用石头或木头做成的、中间成凹形的舂谷物的工具。“舂”，音 chōng，把谷物放进臼里捣掉皮壳的动作。古农业时代，百姓在臼里装上谷物，用杵进行捣击，使之脱去外壳而食用。臼杵的利用，使万民得到了帮助，大概是取之于小过吧。小过卦䷽是艮下震上，艮为果蓏（音 luǒ），草类作物的果实为蓏，如稻谷、麦子、小米之类。震动在上，果蓏在下，有杵槌击果实之象。

弦木为弧，剡木为矢，弧矢之利，以威天下，盖取诸“睽”。

“弦”，弓上用来发箭的绳子。“弧”，弓木也，把木揉弯而成为弓。“剡”，音 yǎn，削也，把木削尖为箭矢。弓矢最先是用来打猎的，后来用于部落之间的战争。弓箭的好处，可以用来威震天下，大概取之于睽卦吧。睽卦䷥为下兑上离，兑为竹、为小木；离为绳。睽卦的卦象是绳在小木之上，所以有“弧矢”之象。

上古穴居而野处，后世圣人易之以宫室，上栋下宇，以待风雨，盖取诸“大壮”。

上古时代人类居住在荒野的洞穴里。“圣人”，这里指黄帝、尧、舜。“易”，转也，改变。“宫室”，指房屋。“栋”，屋梁。“宇”，屋檐。“待”，防御。圣人发明房屋，用来防御风雨，大概取之于大壮卦吧。大壮卦䷡为下乾上震，震为筤竹、为萑苇，乾为圆，用竹类和茅草盖成圆形房屋，大壮卦有原始房屋的形象，所以取之于大壮卦。这里说明，黄帝以后，我们的祖先发明了房子。

古之葬者，厚衣之以薪，葬之中野，不封不树，丧期无数，后世圣人易之以棺椁，盖取诸“大过”。

“衣”，作动词用，包裹、缠裹。“薪”，柴草。古代人死了以后，不穿衣服，只用小柴木和茅草厚厚的包裹着尸体埋葬在荒野中。“封”，用泥土堆起坟墓；“树”，种树，在坟墓的周围栽种树木。“不封不树”，就是不堆起坟墓，不栽种树木。“无数”，没有固定丧期的礼仪制度规定。“棺椁”，棺材。内层的叫棺，外层的叫椁。后世圣人放弃了原始的“不封不树”丧葬方法，制定了丧葬的礼仪制度，不但要用“棺椁”下葬，还规定了社会上不同阶级、不同阶层的人使用棺椁的尺寸和大小。大概取之于大过吧。大过卦为䷛内巽外兑，巽为木，兑为洼坑。大过卦之卦象是洼坑中有木材，象征埋葬。

上古结绳而治，后世圣人易之以书契。百官以治，万民以察。盖取诸“夬”。

“结绳”，上古没有文字，用结绳来记事，又说文字起源于结绳记事。“书”，文字。“契”，通楔，刻也。我国早期的书是把文字刻在竹简上的。“书契”是说明发明了文字和书籍。“察”，明也，明察。百官用书契来治理政事，民众用书契来学习文化，明察事理，大概取之于夬卦吧。夬卦䷪为下乾上兑。乾为金，为刀；兑为小木、为竹。古人创造文字，用刀刻于竹简或木棱上，记载生活实践中的事情，夬卦有用刀刻木竹之象。

总结：以上为第二章。这一章从包牺制作八卦、说明八卦卦德和卦象的普遍价值开始，进一步说明八卦的实践功能，具体说明“以制器者尚其象”的内容。从包牺氏发明网罟、神农氏发明农具、市场交易到黄帝、尧、舜发明衣裳、舟楫，驯服牛马，发明柝梆、杵舂，发明房屋，制定丧礼，到发明文字书籍，具体说明了中华民族是怎样进入文明的。这一过程也是人类生产力发展的普遍过程。汉字与书籍的发明，为灿烂的中华文明奠定了坚实的基础，是对人类文明所作出的巨大贡献。

第三章

是故《易》者，象也；象也者，像也。彖者，材也；爻也者，效天下之动者也。是故吉凶生而悔吝著也。

以上各种的制作与发明，皆根源于易象。说明“以制器者尚其象”的易理，同时也说明了《易》的基本的、最大的特征是“象”。所以，用“是故《易》者，象也”来总结、归纳第二章的内容。《易》就是象，象就是宇宙的样貌、象征、形象。“彖”，卦辞。“材”通财，断也，裁度。裁断事物的吉凶。“爻”是仿效天下事物的运动状态的。爻动产生得失，得者为吉，失者为凶。“显”，著也，出现。“悔”，恨也。“吝”，难也。由于产生了吉凶，悔吝就彰显出来了。

总结：以上为第三章。说明《周易》的卦爻象和卦爻辞有判断人事的吉、凶、悔、吝的功能。

第四章

阳卦多阴，阴卦多阳。其故何也？阳卦奇，阴卦耦。其德行何也？阳一君而二民，君子之道也；阴二君而一民，小人之道也。

在八卦中，除乾坤为纯阳纯阴之卦外，其余的六卦分为阴卦和阳卦。阳卦为震卦☳、坎卦☵、艮卦☶，均为一阳二阴，故“阳卦多阴”。阴卦为巽卦☴、离卦☲、兑卦☱，均为一阴二阳，故“阴卦多阳”。为什么阳卦多阴，阴卦多阳？是因为阳卦的卦画为奇，阴卦的卦画为偶。奇数为阳，偶数为阴。阳卦由五画组成，阴卦由四画组成，所以“阳卦多阴，阴卦多阳”。那么他们的性质如何？阳卦表示一个君主两个百姓，说明百姓拥戴君主，是君子之道。阴卦表示两个君主一个百姓，国不能有两个君主，两个君主相互争夺，百姓不知所从，社会不协调，是小人之道。

总结：以上为第四章。说明阳卦和阴卦的特征和性质，并引申出君子之道和小人之道来。

第五章

《易》曰：“憧憧往来，朋从尔思。”

这是咸卦䷞的九四爻辞。“憧”，音 chōng。“憧憧”，动心貌。“憧憧往来”，心思往来不定。由于初与四、二与五、三与上，皆阴阳一一相应，故为“朋”。“朋”，同也，齐也。“尔”，你。“思”，思念、心意。“朋从尔思”，虽然心意不定，最终还是同你的心意相通。

子曰："天下何思何虑？天下同归而殊涂，一致而百虑，天下何思何虑？

这一段借"子曰"来引申和发挥"憧憧往来，朋从尔思"的意义。"思"，思考、思念。"虑"，忧虑、思虑。"同归"，归向、走向同一个目标。"殊"，异也。"涂"，通"途"，道路、路途。"一"，统一、同一于一种思想。"致"同"至"，到达、达到。天下的人何必思考、何必忧虑呢？天下万物都通过不同的途径归向于一个统一的目标，天下各种不同的思虑、主张都会达到一个统一的思想，这是一个自然而然的过程，天下的人何必思考、何必忧虑呢？

日往则月来，月往则日来，日月相推而明生焉；寒往则暑来，暑往则寒来，寒暑相推而岁成焉。

"往"，去也。"来"，到也。"日往"，即日西落。"月来"，即月东升。"月往"，即月西落。"日来"，即日东升。"推"，移也。"明生"，产生光明。日月相互交替推移，东升西落，使大地出现光明。寒冷的冬天去了，酷热的暑天来了；酷热的暑天去了，寒冷的冬天来了，寒暑交替推移，使年岁得以完成。

往者屈也，来者信也，屈信相感而利生焉。

申述"往来"的普遍意义。"屈"，短也、退也。"信"通"伸"，长也、进也。"往者"，远去的事物，远去的事物消短而退；"来者"，走近的事物，走近的事物增长而上进。消退的和增长的事物相互感通就有利益的产生。"屈信（伸）"是一对矛盾，它们的相互作用推动自然的、社会的事物的发展，必然给自然和社会带来利益。

尺蠖之屈，以求信也；龙蛇之蛰，以存身也。精义入神，以致用也；利用安身，以崇德也。

引申、发挥"憧憧往来，朋从尔思"的意蕴。"蠖"，音 hué。"尺蠖"，一种昆虫，又叫屈伸虫。行走时，先屈缩使首尾相接而后伸展出去，以此向前行走。“信”，伸也。屈缩的目的是为了伸展，为了前进。“蛰”，音 zhì，动物在冬天潜伏在地下或洞中不食不动的休眠状态。龙蛇冬眠是为保存其身体（身体是生命的载体），以免冻死。屈为了伸，静为了动。“精义”，精密的道理、理论。“入神”，进入到了神妙的境地。“精义入神”，是学习的过程。“致”，尽也。“致用”，尽其功用，即用也。“以致用也”，是实行、实践的过程。“利用安身，以崇德也”，利用学得来的精微义理，使之施行，能使自身处在安全、安然、安静的状态中，以获得崇高的德行。

过此以往，未之或知也；穷神知化，德之盛也。

“过”，超过。“此”，指上面所说的往与来、屈与伸、静与动、学与用之间交互作用之间的精微道理。“往”，外也。“或”，也许。“未之知”是“未知之”的倒装句。超过上面说的事情，或许就不知道了。“穷神”，研究、穷究事物神妙的道理。“知化”，知道、认识事物的变化，“盛”，大也。能穷究事物的道理和认识事物的变化，就是最大的德行了。

小结：以上为第五章的第一节。进一步说明往来、屈伸、动静、学用的矛盾统一的辩证法以及与修德的关系。

《易》曰：“困于石，据于蒺藜，入于其宫，不见其妻，凶。”

这是困卦九三爻辞。困卦为䷮下坎上兑。被石头挡住了去路或被绊倒，被蒺藜所缠绕，处于艰难的、难以摆脱的境地。回到家室中，不见妻子，凶险之象。

子曰：“非所困而困焉，名必辱；非所据而据焉，身必危。既辱且危，死期将至，妻其可得见邪？”

引申、发挥困卦九三爻辞的意蕴。“困”，困住、困止。不应该被困的时间和地点而被困，名声必然遭到耻辱；“据”，占有、盘踞、纠缠。不应该被纠缠的时间和地点被纠缠，身体必然遭受到危险。处于名声受到耻辱、身体受到危险的时候，死亡即将到来，还有可能见到妻子吗？说明“非所困而困”，“非所据而据”，是做事不行正道而陷入了困境；已经“死期将至”，还想见到妻子，是不现实的。

小结：以上为第五章的第二节，告诫人们行事要有理智，要有预见性。

《易》曰：“公用射隼于高墉之上，获之，无不利。”

这是解卦上六爻辞。解卦䷧为下坎上震，坎为水，震为雷。“隼”，音 sǔn，猛禽。王公用箭射中了城墙上的猛禽，获得了利益。

子曰：“隼者，禽也；弓矢者，器也；射之者，人也。君子藏器于身，待时而动，何不利之有？动而不括，是以出而有获，语成器而动者也。”

引申、发挥解卦上六爻辞的意蕴。“括”，闭也、塞也。“不括”，不闭塞，没有阻挠，顺畅。“隼者”，猛禽。“弓矢者”，武器；“射之者”，猎人。打猎的猎人、武器、猛禽三个条件都具备。“藏器于身”，先有准备；“待时而动”，把握好射击的时间，为何不能获得利呢？然后下决心行动，顺利没有干扰，必然有所收获。“语”，议论、评论。“成器”，现成的武器。评论说，获得成功是因为先准备有武器而后行动的结果。

小结：以上为第五章的第三节。说明做事要获得成功，必须要有准备“藏器于身”，“成器而动”；但是，不能盲目行动，必须“待时而动”，等待时机成熟时，才采取行动。阐明了“条件”和“时机”的辩证法，提升到了哲学思维的层次。

子曰：“小人不耻不仁，不畏不义，不见利不劝，不威不惩。小惩而大诫，此小人之福也。《易》曰‘屦校灭趾，无咎’，此之谓也。”

这里的体例与前面不同，先用“子曰”引申、发挥《经》义后，再用“《易曰》”引出经文。“小人”，德行低下的人。“劝”，勸的简化字，勉也，劝勉，努力。小人不知羞耻，不懂仁德；不敬畏正理，不实行正义；没有利益就没有积极性；没有受到威胁，就不警惕。受到小的惩罚而获得大的告诫，这是小人的幸运。噬嗑卦初九爻辞："屦校灭趾，无咎"，说的就是这个意思。"屦"，音 jù，古代用麻葛制成的一种鞋。"校"，木制的刑具。"屦校"，刑具加在足上。噬嗑卦为䷔下震上离，离错为坎，坎为桎梏、为刑具；下震为足、为趾。"灭"，没也，遮盖。刑具加足趾上，遮盖了足趾，没有受到伤害，故"无咎"。

小结：以上为第五章的第四节，告诫人们要有仁义道德，要有廉耻感，要有道德自觉，不要凭侥幸行事。

善不积不足以成名，恶不积不足以灭身。小人以小善为无益而弗为也，以小恶为无伤而弗去也，故恶积而不可掩，罪大而不可解。《易》曰：'何校灭耳，凶。'"

体例同前，引申、发挥噬嗑卦上九爻辞的意蕴。"善"，好事、善事。"恶"，坏事、恶事。"解"，救也、饶恕。不要以为小善无益于自己而不作，要积小善为大善，就可以成就美名。不要以为小恶无伤害别人而去作，积小恶为大恶，到不可掩盖的程度，就会犯上不可饶恕的罪行，以至于"灭耳"。噬嗑卦䷔为下震上离。离为戈兵、为刑具、为割。"何"，通"荷"，负荷、担荷、加上。"校"，古代刑具。互体坎为耳，有带上了刑具、耳朵被割去之象。"何校灭耳"，刑具加在颈部，灭去耳朵，遭受到重处，故"凶"。

小结：以上为第五章的第五节，告诫人们要多做善事，不要做不利于人的坏事，才能成就美名，不至于招来割耳之罪。

子曰：“危者，安其位者也；亡者，保其存者也；乱者，有其治者也。是故君子安而不忘危，存而不忘亡，治而不忘乱。是以身安而国家可保也。《易》曰：‘其亡！其亡！，系于苞桑。’”

体例同前。引申、发挥否卦九五爻辞的意蕴。今天的倾危是因为曾经安于其位，而不知道会由安宁走向动乱的结果；今天的灭亡是因为曾经总以为能长久保存其政权，而不知道会由存在会走向灭亡的结果；今天的动乱是因为曾经总认为社会会永远的平治，而不知道会由平治走向动乱的结果。所以必须要有“安而不忘危，存而不忘亡，治而不忘乱”的、居安思危的忧患意识，只有这样，才能保住自身的生命安全，也才能保住国家不至于灭亡。否卦䷋为下坤上乾。坤为阴，乾为阳，互不交感，故否（音 pǐ）塞不通。上九爻辞：“休否，大人吉。其亡！其亡！系于苞桑。”“其亡！其亡！”念念不忘其亡。否卦本来否塞不通，由于念念不忘“其亡”，才使“身安而家国可保”从而获得吉祥。否卦一与四、三与上都不当位，故不利；唯有二与五当位而且正应相通，相通有利而吉祥。

小结：以上为第五章的第六节。告诫人们都要居安思危，不能高枕无忧。

子曰：“德薄而位尊，知小而谋大，力小而任重，鲜不及矣！《易》曰：‘鼎折足，覆公[illegible]，其形渥，凶。’言不胜其任也。”

体例同前，引申、发挥鼎卦九四爻辞的意蕴。“鲜”，少也。“及”，及于。德行鄙薄而又居于很高的地位，智慧很小而要去计谋大事，力量很小而要去负任重物，很少有不招来祸害的。鼎卦䷱为下巽上离，九四爻辞说：“鼎折足，覆公餗，其形渥，凶。言不胜其任也。”“餗”，鼎中食物，亦泛指美味佳肴。鼎足折断，鼎中的食物倒了出来，是因为“不胜其任”的缘故。

小结：以上为第五章的第七节。告诫人们做事谋事要量力而行，不要做超过了自己智慧和能力的事情，否则会带来失败。

子曰："知几其神乎？君子上交不谄，下交不渎，其知几乎！几者，动之微，吉之先见者也。君子见几而作，不俟终日。《易》曰：'介于石，不终日，贞吉。'介如石焉，宁用终日？断可识矣！君子知微知彰，知柔知刚，万夫之望。"

体例同前，引申、发挥豫卦六二爻辞的意蕴。"几"，"幾"的简化字，几微、微小的先兆。"神"，神妙。"谄"，音 chǎn，谄媚，巴结奉承。"渎"，轻慢。君子与上交往，不巴结奉承；与下交往，不轻视傲慢，这大概就算是知晓几微了吧。"几"是事物运动中出现的变化的微小的先兆，它能显示出事物的吉凶。君子发现了事物变化的先兆，就要立即采取行动，趋吉避凶，不要等待一天的终止。豫卦䷏为下坤上震，六二爻辞，"介于石，不终日，贞吉"。"介"，中间、中正。"石"，坚定不移。即使处于中正坚定不移的位置，发现了事物变化的先兆，不要等待一天的终止（天黑以后），要马上行动起来。因行得中正，故能获得吉祥。"介如石焉"，中正坚定。"宁"，岂、难道。"宁用终日"？难道要等到天黑以后吗？"断然可识也"，要断然认识到事物的发展由微小到壮大的趋势。君子认识了微小就一定要认识它发展到彰大、认识到了柔就要认识它必然转化为刚的趋势，这是万民所仰望的人物。

小结：以上为第五章的第八节，它告诫人们要认识到事物由微到显、由小到大的发展规律。

子曰："颜氏之子，其殆庶几乎？有不善，未尝不知；知之，未尝复行也。《易》曰：'不远复，无祇悔，元吉。'"

体例同前。引申、发挥复卦初九爻辞的意蕴。"颜氏之子"，指颜回（前 521—前 490），字子渊，亦称颜渊，春秋末鲁国人，孔子最得意高材弟子。“殆”，大概、恐怕。“庶几”，接近，差不多。颜回的德操大概差不多是最完满的吧？他有不善的念头，没有不知道的。一旦知道不善，就不会再次出现的。颜回“不贰过”，不犯同样的错误。“复”，回复。“祇”，大也。“元”，大也。复卦䷗为下震上坤，初九爻辞说：“不远复，无祇悔，元吉”，离开善不远，就回复到善道上来，不但没有大的悔恨，而且还会有大的吉祥。

小结：以上为第五章的第九节。告诫人们知过必改的道理，如果小过不即时改正，就会由小过酿成大过。

“天地絪缊，万物化醇；男女构精，万物化生。《易》曰：‘三人行，则损一人；一人行，则得其友。’言致一也。”

体例同前。引申、发挥损卦六三爻辞的意蕴。“絪缊”，假借为“氤氲”，谓阴阳二气的交融。“醇”，凝厚也。天地阴阳二气交融而生成万物，万物凝厚成各种形体。“男女”，男为雄性、为阳，女为雌、为阴。这里借用男女泛指动物的阴阳。“构”，合也，交合。“精”，精子，生命的种子。男女形体交构使生命的种子交合，即阴阳两性的因子交合而万物化育成长，生生不息。“三人行，则损一人；一人行，则得其友”，为损卦六三爻辞。损卦䷨为下兑上艮，兑为泽，艮为山。“三人”，指六三、六四、六五。三人同行上求于上九阳刚，阳刚必损，阴盛则阳遭损。“一人”，指六三。六三上求于上九阳刚，必得到上九的应与而成为朋友。因为三与上为相应位，并且是阴阳相应，所以说“得其友”。“致”，至也，达到。是说阴阳相求必须达到专心一致。

小结：以上为第五章的第十节，告诫人们做事要合作、相互配合才能达到目的。

子曰："君子安其身而后动，易其心而后语，定其交而后求：君子修此三者，故全也。危以动，则民不与也；惧以语，则民不应也；无交而求，则民不与也：莫之与，则伤之者至矣。《易》曰：'莫益之，或击之，立心勿恒，凶。'"

引申、发挥益卦上九爻辞的意蕴。"安其身"，使自身安定、安宁。"动"，行动。安定自身之后才行动。"易"，平也。"易其心"，使心气平和。"语"，说话，发表言论。使心平静之后而后说话。"定"，确定、肯定。"定其交"，先要有确定的深交而后求助于人。"脩"，同"修"，修养、修行。"三者"，指"安其身而后动"、"易其心而后语"、"定其交而后求"。"全"，两全其美，别人与自己都有益处。自身安宁而后行动，别人就会支持你；自身心灵平和而说话，就能得到别人的拥护；没有先交往而后求助于人，就不能得到人家的帮助。"与"，党与，配合、支持；给予、帮助。相反，如果自身都处于倾危的境地而行动，没有别人支持你；如果自己都内心恐惧而发表议论，没有人相信你；没有与之交往就去求助人，人不会帮助你。"莫之与"，"莫与之"的倒装句，否定句宾语前置。没有人给你利益和帮助，伤害你的人就来了。益卦䷩为下震上巽，《上九爻辞》："莫益之，或击之，立心勿恒，凶。"没有人帮助他，有人攻击他，居心不定，故凶。这是因为"危以动"，"惧以语"，"无交而求"的结果，

小结：以上为第五章的第十一节。这里告诉人们如何进行德行修养。要安以动，易以语、交而求，这样才能自利利他，达到人我利益两全的目的。

总结：以上第五章通过"《易曰》"或"子曰"的方式引申、发挥十一条《经》文的意蕴。阐明往来、屈伸、动静、学用的矛盾统一，具体阐明易道、易理的辩证的思维和道德修养的问题。

第六章

子曰："乾坤，其《易》之门邪？"乾，阳物也；坤，阴物也。阴阳合德而刚柔有体，以体天地之撰，以通神明之德。其称名也，杂而不越。于稽其类，其衰世之意邪？

"其"犹"殆"也，表示推测。"门"，门户。"邪"，通"耶"，疑问语气词。乾坤两卦大概是认识和了解全部易象、易理的门户吧？乾为天，阳性的物象，坤为地，阴性的物象。"德"，性质。阳为刚，阴为柔。"有体"之"体"为形体。阳性和阴性的事物相配合，使刚性和柔性的事物都有其自己的形体。"以体"之"体"犹"分"也。"撰"，具也，具备。用以分别天地间具备的一切事物之间的阴阳差异。"通"，会通。"神明"，幽隐与显明。用以会通幽隐的和显明的事物之间的相同处。"其称名也"，指《易经》卦爻辞所称谓的名称。"杂而不越"，卦爻复杂而不超越卦爻之义理。"于"，发语词。"稽"，考察。"类"，事类。"衰世"，殷纣之世。稽求、考察卦爻辞涉及的事实，大概是表达殷末衰世的忧虞警戒的思想吧！

夫《易》，彰往而察来，而微显阐幽。开而当名辨物，正言断辞则备矣。

"夫"，发语词。"彰往而察来"，彰显以往的事物，察知未来的事物。"微显"，应该作"显微"。"显微"，显示微小的事物。"阐"，明也。"阐幽"，阐明幽隐的事物。"开而当名辨物"，"开"，开创，撰写卦爻辞。"当名"，使名称得当。"辨物"，使物象清晰明辨。"正言断辞则备矣"，"正言"，使言词表达正确。"断"，明也。"断辞"，使卦爻辞的意义明断。"备"，完备，周详。就是说，《周易》的作者在作卦爻辞时，就作了认真的思考，使名称得当、物象清晰、言语正确、辞义明确，进而使之完备地包容了天下万物之理。

其称名也小，其取类也大。其旨远，其辞文，其言曲而中，其事肆而隐。因贰以济民行，以明失得之报。

“其”，指卦爻辞。“称”，举称、称谓。“取类”，取其类似的事物。卦爻辞举称的物名虽然很小，但它所取类比喻的事物却很大。《周易》托象以明义，因而常常取小的事物以喻大的事物。“肆”，直也，直露，明白。卦爻辞旨趣深远，辞语很有文采，语言曲折丰富而切中事理，所论述的事情既明白而又隐奥。“贰”，指阴与阳。用阴阳所形成的八卦之理来济救、指导百姓的行动，让百姓明确吉凶得失的应报。

总结：以上为第六章的内容。阐明乾坤二卦在《周易》中的重要地位、它十分完备地具有彰往察来、显微阐幽、当名辨物、正言断辞的功能，其内容明白而又深入，有指导百姓趋吉避凶的功能。

第七章

《易》之兴也，其于中古乎？作《易》者，其有忧患乎？

“兴”，兴起。“《易》之兴也”，《周易》的兴起，即指《周易》的创作、写作、出现。“其”，大概。“于”，在也。“中古”，殷商的末期。下文具体讲：“《易》之兴也，其当在殷之末世，周之盛德邪？当文王与纣之事邪？”依此说法，《易经》的成书可能是在周文王之时，当然只能是推断。《周易》的兴起大概是在殷商末的中古时期吧？创作《周易》的人，大概是心中怀有忧虑吧？

下面用“三陈九卦”的方式来陈述作《易》者的忧患意识。“三陈九卦”，三次陈述履、谦、复；恒、损、益；困、井、巽等九卦，每一次陈述都给予这九个卦以不同的解释。

是故履，德之基也；谦，德之柄也；复，德之本也；

“是故”，所以。“德”者，得也。得“道”为德。履，履卦。履卦☰为下兑上乾。履卦《象传》说：“君子以辨上下，定民志。”履下兑为泽，上乾为天，天在上，兑在下，上下分明。“礼别异”，礼是用以辨明上下等级关系的。“履”，礼也。“基”，基础。仁义诸德是建立在礼的基础之上的，所以“履，德之基也”。“谦”，谦卦。谦卦☷为下艮上坤，有山在地下之象，表示谦虚。“柄”，根本。谦虚是一种美德，谦卦卦辞说：“亨，君子有终。”谦逊就能一切都亨通，一生都有好的结果。所以，“谦，德之柄也”，是道德施行的根本。“复”，复卦。复卦☷为下震上坤，复五阴一阳，表示一阳复生于下。阳为善，回复善道。“本”，性质、本性。善为人性的本质，人性本善。德行修养是回复到人善的本性上去，所以“复，德之本也。”

小结：这是三陈九卦一陈中的一至三卦，说明履、谦、复三卦是建立道德的三个基本条件。

恒，德之固也；损，德之修也；益，德之裕也；

“恒”恒卦。恒卦☳为下巽上震，雷风并存是自然的永恒现象，故为“恒”。“恒”，恒常、恒久。“固”，坚实、坚牢。恒久地坚持善才能使立身处世有坚实根基。“损”，损卦。损卦☶为下兑上艮，艮为山，兑为泽，损下而益上。“修”，长久、永远。立身处世就是要永远不做不道德的事情，减损不善的思想和行为，所以“损，德之修也”。“益”，益卦。益卦☴为下震上巽，震为雷，巽为风。从卦义上说，损与益是相对的；从卦象上说，它们是相综的，均有损上益下之象。“益”，增加。从道德修养上说，就是要多做善事，增益善德善行。“裕”，饶也，足也，富也。增益善德善事，使立身处世的德行更加富足、富裕。

小结：这是三陈九卦一陈中的四至六卦，说明这三卦是持德立身的基本原则。

困，德之辨也；井，德之地也。巽，德之制也。

“困”，穷也，贫穷，没有出路。人在贫穷、贫困的时候是对一个人重要的考验。孔子说，“君子固穷，小人穷斯滥也”。困卦《象传》说，“君子以致命遂志”。“辨”，分也，分辨、辨别。在穷困时候可以看出人是有德还是无德、是德厚还是德薄，就可以由此分辨得出来，所以说“困，德之辨也”。井卦的《彖传》说，“井养而不穷也”。人的生存离不开水，井以水供养人类而不自私。“地”，地点、处所。人立身处世要像水井那样施养于人，施助于人，所以“井，德之地也”，井是坚守道德的处所。“巽”，顺也、入也。“制”，断也、裁也。人要立身处世，要深入到社会中去，遵从社会公德，但又不能同流合污，要有自己的判断和原则，所以“巽，德之制也。”

小结：这是三陈九卦一陈中的七至九卦。这三卦是说明持德立身的方法。

履，和而至；谦，尊而光；复，小而辨于物；

“履”，礼也。“和”，和顺、和谐。“礼之用，和为贵”。“至”，得当，不偏不颇。“礼”，中和，和谐、和顺。实行“履（礼）”就能使人与人之间和谐而得当，没有偏邪的事情发生。谦卦《彖辞》说：“人道恶盈而好谦，谦尊而光。”谦，谦虚。“尊”，尊重、尊敬、崇敬。“光”，广也，大也、光大。人有谦虚之德，就受人尊敬、尊重，他的德行和事业就能发扬光大。“复”，回复善道。“小”，小的不善。“辨”，分辨，清楚、明白。“物”，人也。即使是小的不善也要分辨清楚，不要去做，这样善的美德就能遍及到所有的人中间去。

小结：这是三陈九卦二陈中的一至三卦，说明这三卦分别具有和、尊、辨的性质，以用于人们的道德修行。

恒，杂而不厌；损，先难而后易；益，长裕而不设；

“恒”，恒久。“杂”，正邪相混杂。“厌”，厌倦，懈怠。在善与恶、正与邪相混杂的环境中，恒久地保持善德、善行而不厌倦放弃。“损”，减少，减损其邪念和不善的行为。“先难”，先经过艰难的道德修行而获得善的美德。“后易”，有了善德和美好的情操，就有了道德的自觉，就容易有善行和做善事。“益”，增益、增加、增多。“裕”，富足、丰厚。“设”，设定、规定、划定。增益其善德，能长久宽裕、富足，施富于人而不受时间和地点的限定。

小结：这是三陈九卦二陈中的四至六卦，说明这三卦分别具有久、减、益的性质，用以修养人们的德行。

困，穷而通；井，居其所而迁；巽，称而隐。

“困”，困难、困穷。“穷”，不通，没有出路。“通”，通达、通畅。在遇上困难，没有出路的时候，只要坚持正道，就通达顺利。“井”，水井。“居其所”，居在水井的位置。“迁”，迁移井水，供人饮用。人居其位，就要施德于人。“巽”，逊也，谦逊。“称”，显扬，显露。“隐”，隐藏，不显露。人要谦虚退让，显扬美誉而又不自我张扬。

小结：这是三陈九卦二陈中的七至九卦，说明这三卦分别具有通泰、迁养、谦逊的性质，用以修养人们的德行。

履以和行，谦以制礼，复以自知；

“以”，犹“可”也。“履”，礼也。礼的本质是划分社会上不同等级之间的界限，它的功用是以和为贵。和是在等级差异中而求和谐的，按礼的规定而行就可以和而不争。“制”犹“从”，顺众。谦就可以顺从于礼、按礼的规定行事。“复”，回复，复归。“自知”，犹自觉也。复就是在行为上自觉回归于善道。

小结：这是三陈九卦三陈中的一至三卦，说明履、谦、复等三卦具有和行、顺礼和自觉的功能，以指导人们的行为。

恒以一德，损以远害，益以兴利，

“一”，专一、不二，不改变。“一德”，始终如一的不改变善德，坚守善道。“远害”，远离危害。减损不善的行为，不做损人利己的事情，就可以远离祸害。“兴”，起也，犹“有”也。增益善行，多做善事，就可以有利于他人和社会。

小结：这是三陈九卦三陈中的四至六卦。说明恒、损、益等三卦具有一德、远害和兴利的功能，以劝告人们多积德行善。

困以寡怨，井以辨义，巽以行权。

“寡怨”，减少怨恨。人在处于困境的时候，要坚守正道，不做不善的事，减少别人对自己的怨恨。“辨”，辨别，分辨。井水以养人利人为德，牺牲自己以满足他人的利益为“义”。在分辨“义”与“不义”时，要以井水之德为准。“巽”，谦逊、退让。“权”，权时，暂时。退让以行一时之计，按暂时的方法行事。

小结：这是三陈九卦三陈中的七至九卦。说明困、井、巽等三卦具有寡怨、辩义和行权的功能，以劝告人们学会处世的方法。

总结：以上是对履、谦、复、恒、损、益、困、井、巽等九卦，分别三次进行详细的陈述、论述，以说明这九卦与道德修养的关系，说明这九卦的含义、性质、意义，以教导人们如何积德行善和立身处世的方法。

第八章

《易》之为书也，不可远。为道也屡迁，变动不居，周流六虚，上下无常，刚柔相易，不可为典要，唯变所适。

“远”，远离。《周易》这部书不可远离自己，要随身携带。古人认为，《周易》是人生教科书，平时观察易象，从象中认识义理；行动前要进行占卜，以探明吉凶，作为行为的指导。“道”，易象中包含的道理、理论。“屡”，屡屡，没有固定的。“居”，安居，静止。易道屡屡迁移变动，没有固定静止的时候。“六虚”，易卦中的六个爻位，六个爻位分有阴阳，但都虚而无体。阴阳周遍不漏地在六个爻位中流动。“无常”，没有固定的状态。阴与阳时而在上位，时而在下位，没有固定的位置。或刚或柔，刚柔时时发生变易。“为”，动词，执著、固执。“典”，常也。“要”，纲要。“典要”，恒常不变的纲要。“不可为典要”，不可以执著于恒常不变的纲要。“适”，到、趋向。唯有变化才是要趋向到达的地方。不变是相对的，变是绝对的。世界上唯一不变的东西就是“变”，只有根据变化的情势而行动，才是正确的方向。

其出入以度，外内使知惧。又明于忧患与故，无有师保，如临父母。

在六十四卦中，下卦为内，上卦为外。由内而外为“出”。由外而内为“入”。“度”，法度、规定。或出或入，都有一定的规则，不可以混乱。是说一个人不论在社会上，还是在家内，都要遵守法度，不能做违背道德和法律的事情。在易卦中，三爻多凶，四爻多惧，这种惧与凶是由所处爻位决定的，犹人处于不同的环境。“惧”，怕也，恐惧心、警戒心。“使知惧”，要使人知晓恐惧，不做不善的事情。“故”，缘故、由来。人处在各种环境中，都要明白忧患的缘故，有所警惕，只要这样做了，即使没有师长的保护，也像在父母身边一样的安全。

初率其辞而揆其方，既有典常。

“初”，开始。“率”，遵循、遵守。“辞”，卦爻辞。“揆”，度也，思度、思索。“方”，道也。“既”，终也。在学习、研究易的过程中，开始要遵循卦爻辞的指导，进而探索其理论、道理，最终可以找到可供遵循的不变的规则或规律。

苟非其人，道不虚行。

“苟”，若，假若。“人”，贤人，指周文王。“虚”，空也。假若没有文王深入研究《周易》的道理，后人就不明白，这样《易》道就难以凭空地推行了。

总结：这一章主要讲从“变动不居”、“唯变所适”中去找到典常不变的法则，说明《周易》变与不变的辩证法，教导人们要按事物的辩证法行事，就能取得理想的效果。

第九章

《易》之为书也，原始要终以为质也。

“原”，察也，考察。“始”，开始。“要”，总要、总结、归纳。“终”，完也，最后。“质”，体也，形体。《周易》这部书，考察事物之所始，归纳事物之终，以画成八卦之卦体。

六爻相杂，唯其时物也。其初难知，其上易知，本末也。初辞拟之，卒成之终。

“六爻”，组成六十四卦的六个爻位。“杂”，错杂。六个爻位的阴阳刚柔相互交错。“时”，时间。“物”，物宜、物象。物象只能反映一定时间条件下的事物的表象。“初”，卦的初爻，只代表一个事物的开始，难以知道他的全体或结局。“上”，指卦的上爻，事物已经完成了它的全过程，他的结果已经显露出来了，易于知道其全部。“本”，指初爻。“末”，指上爻。初爻与上爻为卦的本末。“初辞”，初爻之爻辞。“拟”，拟议，比拟。初爻之辞拟议事物的开始。“卒”，终也，完成，指上爻。到了上爻才能完成了卦义的最终表达的内容。

若夫杂物撰德，辨是与非，则非其中爻不备。

“若夫”，发语辞，“至于”，“至如”的意思。“杂物”，指代表刚柔的物象相混杂。“撰”，撰述、撰写、表现。“撰德”，表现阴阳刚柔的德性。“辨”，“分辨”、“区别”的意思。“中爻”，指卦的二、三、四、五爻。“备”，完备、全面。至于要错杂各种物象，反映阴阳的性质，分别是与非，没有中爻的卦象是不可能完备和全面的。

噫！亦要存亡吉凶，则居可知矣。知者观其彖辞，则思过半矣。

“噫”，语气词，“是啊”的意思。“亦”，语助词，用于句首。“要”，求，求得，想知道。“居”，安坐。是啊！知道了中爻的意义后，要想知道生存、灭亡、吉祥、凶险情况，安坐在家里就行了。“知者”，智者，聪明的人。“观”，观察、研讨。聪明的人认真观察研讨彖辞，要思考的问题就知道过半（说明彖辞极端重要）了。

二与四同功而异位，其善不同：二多誉，四多惧，（远）近也。

“功”，功能、功用。“同功”，二与四都是偶数，都具有阴的功能。“异位”，二为下卦之中位，四为上卦之初位，位置不同，因而善德也不同。二为中位，有中正之德，故“多誉”。四临近五，五为君位，在君王下面做事，故“多惧”，因为离五的远近不同。高亨疑“近”字上脱“远”字，故加上“远”字。远指二，近指四。

柔之为道，不利远者；其要无咎，其用柔中也。

“柔”，阴柔。“远”，远离于阳。“道”，原则、性质。按照刚柔相应的原则，不利于远离阳。“要”，要旨、宗旨。易追求的宗旨是趋利避害，但求无咎，所以应用柔中。“柔中”，指二爻，说明《周易》十分崇尚中道。

三与五同功而异位，三多凶，五多功，贵贱之等也。

三与五都为奇数，都具有阳的功能。三处下卦之极，要向相反方向转化，故“多凶”。五处上卦之中，为君位，为尊位，故“多功”。五为贵，三为贱。“等”，等级、等次。“多凶多功”，是因为三与五所处的贵贱等级的不同。

其柔危，其刚胜邪？

“其”，大概。“其柔危”，大概柔处三与五就有危险吧！“其刚胜”，大概阳刚处三与五就能胜任吧！三与五为阳位，阳为主，阴为从，阳处阳位，故能胜任。“大概”：是指要说明这一原则不是绝对的，要以环境、条件的不同来作判断。

总结：这一章说明六爻的不同特点和功能，特别指出：“若夫杂物撰德，辩是与非，则非其中爻不备”，十分强调中爻的作用。

第十章

《易》之为书也，广大悉备：有天道焉，有地道焉，有人道焉。

“广大”，宽广而又宏大。“悉备”，全都具备，无所不包。“天道”，天的阴阳之道；“地道”，地的刚柔之道；“人道”，人的仁义之道。《周易》这本书无所不包，它包含有天地自然之道和社会人文之道。

兼三才而两之，故六；六者，非它也，三才之道也。

“兼”，同时占有几种东西。“三才”，指天、地、人。“才”通“材”，材质、材料。八经卦由三画组成。下为地，中为人，上为天。“两之”，由八经卦重为六十四卦之后，三才就分而为二，初、二画代表地道的刚与柔、三、四画代表人道的仁与义，五、上画代表天道的阴与阳。“六”，指六爻。六爻不同，没有别的意思，正象征着天地人三才的道理。

道有变动，故曰爻；爻有等，故曰物；物相杂，故曰文；

“道”，易道。“变动”，变化、运动。《周易》是讲变化运动的书，爻仿效天下的一切运动变化，所以说“爻”。“等”，等次。爻有六个爻位，从下往上，是有等次的，叫做“物”象。“杂”，错杂、多样性。阴与阳的物象相互错杂，位于相应的位置，以组成六十四卦，故有多样性的表现，不是单纯一样的。刚柔杂居的状态，叫“文”。“文”，文采、文饰，多样化的意思。

文不当，故吉凶生焉。

“文”，刚柔杂居。“不当”，位不当。刚柔杂居时而产生的位“不当”。阳爻居阴位，阴爻居阳位，叫“位不当”。刚柔所居时，有当位的，有不当位的，所以吉凶就产生了。当位，阴阳、刚柔相应，故吉。位不当，阴阳、刚柔失调而不相应，故“凶”。

总结：这一章主要讲《易》道的广大悉备，它包含天、地、人三才之道，它具有示人事吉凶的功能。

第十一章

《易》之兴也，其当殷之末世，周之盛德邪？当文王与纣之事邪？

“其”，大概。“殷”，即商朝，又叫殷商，我国历史上的第二个王朝，从公元前17世纪至前11世纪，共经历600多年。曾多次迁都，后期盘庚迁殷（今河南安阳）后，叫“殷”。周文王在西岐兴起后，殷商势力衰弱，盘庚后至11代商纣王时，被周武王所灭。“殷之末世”，殷朝末年。“周之盛德”，周文王时周的国势强盛。《周易》这部书的兴起，大概是在殷朝末年、周文王国势不断强盛、殷商国势日趋衰弱的时候吧！大概反映周文王与商纣时代的事情吧！这是一个不确定的、带有疑问的叙述，没有武断地下结论。

是故其辞危。危者使平，易者使倾；其道甚大，百物不废。惧以终始，其要无咎，此之谓《易》之道也。

“辞”，指卦爻辞。“其辞危”，《周易》的卦爻辞充满了危惧的内容。“危”，危惧。危惧之辞具有警戒的作用，使人充满忧患意识，国家能得到平安。“易”，轻易、轻慢。不知危惧，掉以轻心，就会使国家倾覆。“其道”，指卦爻辞中包含的道理。“甚大”，十分宏大。“百物不废”，各种事物都生长、发育、兴旺而不废止，是因凭借着忧患意识而勤勉努力的结果。“惧以终始”，自始至终都保持危惧警戒的意识。“要”，希望。“其要无咎”，就是希望达到没有咎害的良好平安的状态。

总结：这一章从推测《周易》大概产生于殷末周初的时候，指出卦爻辞中充满危惧的思想，由此告诫人们“危者使平，易者使倾”的道理，只有时时充满忧患意识，才能使国家兴旺发达，这是作《易》

的希望和宗旨。

第十二章

夫乾，天下之至健也，德行恒易，以知险；

“乾”，天也。“至健”，乾为纯阳之卦，最为刚健。“德”，性质、规律。“行”，运行。“恒”，久也，长久不变。“易”，平易。“德行恒易”，天道规律的运行恒久而平易。如春夏秋冬的变化，寒往暑来，昼夜的交替、日月的东升西落，都是恒久不变的、平易不繁的规律。“险”，险危，指天道运行中出现的灾异现象，如天旱、水涝、冰雹、雪灾等等。“以知险”，要认识天道恒易中也有它的反面，有可能出现危险的情况，要有防范的准备。

夫坤，天下之至顺也，德行恒简，以知阻。

“坤”，地也。“至顺”，最为柔顺。“德行恒简”，地道运行恒久而简约，如春生、夏长、秋收、冬藏，动物生长繁衍、植物开花结果，都恒常而简约地不断出现。“阻”，阻止、阻塞，诸如高山、峻岭、大河、湖泊乃至山体滑坡、泥石流、地震、火山等地质灾害，阻塞道路、阻碍人们的生活生产活动。“以知阻”，要认识地道恒简中也有它的反面，有可能出现险阻情况，要有防备的准备。

能说诸心，能研诸（侯之）虑，定天下之吉凶，成天下之亹亹者。

“说”，悦也。“诸”，之于。“能说诸心”，能悦之于心，喜悦人的心情。“研”，究也、琢磨。疑“侯之”是衍文，“能说诸心”与“能研诸虑”对文，应删除。“能研诸虑”，能研之于思虑，研磨人的心思。“亹”，音 wěi。“亹亹”，勤勉。《易》能知晓危险与阻塞，以避免忧患，能使人心喜悦；能研究、明白人的心思，能判定天下事物的吉凶得失，能勉励人勤勉奋进。

是故变化云为，吉事有祥；象事知器，占事知来。

“是故”，所以。“云”，有也。“为”，作为，表现。“祥”，吉祥，吉的先兆。按照《易》道变化的规律有所作为，吉利的先兆就显现出来。用《易》象观察所象征的事物，就知道制作器具的方法；用占卜来占断事情，就知道未来的吉凶。

天地设位，圣人成能；人谋鬼谋，百姓与能。

“天地设位”，天地设立了尊卑、贵贱的位置。“圣人成能”，圣人效法天地之道，就能发挥他的能力。“人谋”，与人（卿士）商量、讨论。“鬼谋”，以卜筮的方法向所谓“鬼神”询问、咨询，最后作出行动的决定。“与”，参与。“百姓与能”，百姓都可以参与，而且能够获得占卜的能力。

八卦以象告，爻象以情言；刚柔杂居，而吉凶可见矣。

“八卦”，包括八经卦与六十四卦。“八卦以象告”，八卦以“象”来告诉人们《易》的道理、意蕴。“情”，实情、真实情况。“爻象”，爻辞和卦辞。“爻象以情言”，爻辞和卦辞以实情向人们言说爻卦的意义。“刚柔杂居”，阳刚、阴柔错杂地居于易卦的六个位置上，吉凶的道理就可以显现出来了，即八卦能显示吉凶。

变动以利言，吉凶以情迁。

“变动”，指阴阳爻在爻位上的变动，这些变动是以“利”与“不利”来“言”说的。凡“变动”则通，通则利。“情迁”，阴阳爻所处位置及其变迁的情况。“吉凶”是由阴阳两爻所处的爻位关系的变化来决定的：即是“当位”还是“不当位”、是否“比、应”、是否“得中”等具体情况来确定是“吉”还是“凶”。

是故爱恶相攻而吉凶生，远近相取而悔吝生，情伪相感而利害生。

“攻”，相摩荡，摩击。阴遇阳，阳遇阴相摩而相互吸引，故产生“爱”；阳遇阳，阴遇阴，相摩而相互排斥，故产生“恶”。“而”，则也，即也。相爱则吉，相恶则凶。所以说“爱恶相攻而吉凶生”。“远近”，指是否相应相比而言。应与不应为“远”，指初与四、二与五、三与上的关系，故说“远”。比与不比为“近”，指相邻两爻之间的关系，如初与二、或二与三、或三与四、或四与五、或五与上等，故说“近”。“取”，取舍之取，或者取远应而舍近比，或取近比而舍远应。对远近、相应、亲比的取舍不当，悔恨吝难就产生了。“情伪”，真实、虚假。“感”，感应、感通、交感。是真情相感，还是虚假相感，利与害就产生了。

凡《易》之情，近而不相得则凶；或害之，悔且吝。

“情”，实情、实态。“近”，近比，相邻之间的关系为比。“相得”，相邻两爻阴阳相应为亲比，为“相得”，不相亲比为不“得”。《周易》的真实情态是两爻相近比，“相得”则“吉；不相得则“凶”。或受到伤害、或者悔恨而且吝难。

将叛者其辞惭，中心疑者其辞枝。吉人之辞寡，躁人之辞多，诬善之人其辞游，失其守者其辞屈。

“叛者”，失信、心怀不轨的人。“惭”，惭愧、心怀不安。不守信用、行骗的人，说话游移不定，表现出惭愧的心理；“枝”，枝蔓、分枝、分歧。内心存有疑惑的人，说话前言不搭后语，混乱而不统一。“屈”，屈服、屈曲。吉善的人，言辞精少而通畅；急躁的人，言辞杂多而散乱。“诬”，诬陷。诬陷善良的人，他的言辞浮游而不实在；失去道德情操的人，他的言辞必定屈曲而不在理。

总结：这一章总结归纳《系辞传上、下》篇的精华。从乾坤至健至顺之德对应《上传》乾坤刚柔，进而言“知险知阻”的价值，告诉人们要从阴阳对立的两个方面来认识易道易理，认识吉凶悔吝产生的机制来指导自己的行动，以达到趋吉避凶的目的；同时还要学会识别人，透过人的心理活动，通过外在表现，去看内心的本质，以知人识人。

说卦传

《说卦传》的主要内容是解说八卦所象征的事物，所以取名为《说卦》。着重论述圣人创立八卦的方法、作《易》的目的和初衷、八卦的相错和八卦的方位、八卦的本象以及引申卦象，所有这些充分展示了卦象的丰富性和扩展性，说明了卦象是一个开放的系统。

第一章

昔者圣人之作《易》也，

“昔者”，古时，从前。“圣人”，指伏羲、周文王。

幽赞于神明而生蓍，

“幽”，隐也，暗也。“赞”，助也。“神明”，神祇。天神曰神，地神曰明、曰祇。“蓍”，古代卜筮的一种草，传说是神草。古代伏羲、文王作《易》的时候，神明暗中帮助他们，生出了蓍草，用蓍草创造出揲蓍的方法。

参天两地而倚数，

“参”，三也，阳数、天数。“两”，二也，阴数、地数。“倚”，立也。天数一、三、五、七、九，地数二、四、六、八、十。“参天两地而倚数”，运用天阳之数和地阴之数设立“大衍之数”，以用于推衍。

观变于阴阳而立卦，

“观变于阴阳而立卦”，观察天地万物阴阳的变化，把这些变化概括抽象为“--”和“—”两个符号，运用这两个符号而创立了八卦，用卦来象征天地万物的阴阳，如乾、震、坎、离为阳卦，象征阳性之物；坤、巽、离、兑为阴卦，象征阴性的事物。

发挥于刚柔而生爻，

“发挥”，发散、挥动。“刚柔”，阳为刚，阴为柔。“爻”，爻位。爻位也有阴阳，奇数位为阳位，初、三、五；偶数位为阴位，二、四、上。“发挥于刚柔而生爻”，把阴和阳两个符号发散、移动而生出六个爻位。

和顺于道德而理于义，

“和顺”，谐和、顺从。“道德”，天道与人伦之德。“理”，顺也。“义”，义理也。“和顺于道德而理于义”，以上的“生蓍”、“倚数”、“立卦”、“生爻”都和谐顺从于天道人伦，而且也顺从于万事万物之理。

穷理尽性以至于命。

“命”，客观之必然。“至”，极、最也。“穷理尽性以至于命”，穷究万物之理，极尽万物之本性，直至穷尽宇宙之必然性。

总结：以上为《说卦传》的第一章，本章概论“生蓍”、“依数”、“立卦”、“生爻”的次序，强调易卦和顺于道德仁义，反映了事物的本性和必然性。

第二章

昔者圣人之作《易》也，将以顺性命之理。是以立天之道曰阴与阳，立地之道曰柔与刚，立人之道曰仁与义。兼三才而两之，故《易》六画而成卦；分阴分阳，迭用柔刚，故《易》六位而成章。

从前圣人作《周易》这部书。“将”，欲也，打算。“性命”，万物的性质和不可改变的必然性。“理”，理则、法则。“将以顺性命之理”，打算用它来顺合万物的本性和不可改变的必然性的法则。所以创立天的道理有“阴”和“阳”，地的道理有“刚”与“柔”，人的道理有“仁”和“义”两个方面。把“三才”各自都分而为二，所以《易》的卦由六画组成。“迭”，更替。“章”，条理、有序。把天、地、人三才都分成阴阳，交替运用于六个爻位中，所以《易》六爻就具有条理和章法。

总结：以上为《说卦传》的第二章，论述八卦由三才各自分而为二的模式组成，这个模式，表达天道、地道和人道都是一分为二的，都是对立的统一。

第三章

天地定位，山泽通气，雷风相薄，水火不相射，八卦相错。

乾为天、为阳，坤为地、为阴。天高在上，地卑在下。“天地定位”，说明宇宙整体上为阴阳二元结构，表现为乾与坤的对立统一。艮为山、为阳，兑为泽、为阴。“山泽通气”，说明地中的阴阳二气相通感，表现为艮与兑的对立统一。震为雷、为阳，巽为风、为阴。“薄”，通“搏”，击也。“雷风相薄”，说明天上雷风相互搏击，表现为震与巽的对立统一。坎为水、为阳，离为火、为阴。“不”，疑为衍文，多余的字。“射”，本义为“放箭”，引申为“射击”。“相射”，相互射击，不相容。“水火相射”，说明水与火是不相容的，水灭火，火也灭水（水被火蒸发而灭），表现为坎与离的对立统一。“八卦相错”，说明乾与坤、艮与兑、震与巽、坎与离之间的阴阳是一一对立对应的关系。八卦相错通过八卦之间的阴阳对立，反映宇宙事物的对立与统一。

数往者顺，知来者逆，是故《易》逆数也。

“数”，推算、推测。《周易》的本质和功能是预测未来将要发生的事情，不是追溯以往。“往”，过去发生的事物，要想知道它就用“顺”推的方法，是很容易的。“来”，未来尚未发生的事物，要想知道它就用“逆”推的方法。“逆”，度也，猜度、预料，未来的事物难以预料。韩康伯作注说，“作《易》以逆睹来事，以前（引导、指导）民用”。“往”和“来”是两个相反时间方向的事物，要想知道“往者顺”推，“来者”是难以预料的，只有通过《易》的卦爻来求得，所以说“《易》逆数也”。

总结：以上为《说卦传》的第三章，论述八卦乾与坤、艮与兑、震与巽、坎与离相互对立而又统一的状态以及《易》的逆测功能。

第四章

雷以动之，风以散之；雨以润之，日以烜之；艮以止之，兑以说之；乾以君之，坤以藏之。

这里的八个“之”皆指代“万物”。“烜”，音 xuǎn，本作晅，晒干。“君”，统帅。雷（☳）震动万物，风（☴）发散万物；雨（☵）滋润万物，日（☲）晒暖万物；艮（☶）栖止万物，兑（☱）悦喜万物；乾（☰）君统万物，坤（☷）藏载万物。以上分别说明八卦有震动、风散、坎润、离烜、艮止、兑悦、乾君、坤藏的功能。

总结：以上为《说卦传》的第四章，承前章，进而揭示八卦各自的功用，即雷动、风散、雨润、日烜、艮止、兑悦、乾君、坤藏等等。

第五章

帝出乎震，齐乎巽，相见乎离，致役乎坤，说言乎兑，战乎乾，劳乎坎，成言乎艮。

“帝”，乾元之气，生命始元之气。乾为君、为帝、为元，故“帝”为乾元之气。崔憬说：“‘帝’者，天之王气也。”“役”，事也。“致役”，致力于用事。“说言”“成言”之“言”，均为语助词。生命之元气生出于震（春分），生长整齐于巽（立夏），生长茂盛于离（夏至），万物致力用事（继续成长）于坤（立秋），万物成熟使人喜悦于兑（秋分），交战备藏于乾（立冬），辛苦劳作于坎（冬至），成功养息于艮（立春）。

万物出乎震，震东方也。齐乎巽，巽东南也；齐也者，言万物之絜齐也。离也者，明也，万物皆相见，南方之卦也；圣人南面而听天下，向明而治，盖取诸此也。

这一段继续申述前面的内容。万物出生于震，震于方位为东，于时为春分。万物生长整齐（茂盛）于巽，于方位为东南，于时为立夏。“絜”，音 jié，修整。“絜齐”，修整整齐的意思，是说万物生长茂盛而整整齐齐。离为明，万物生长茂盛，故能“相见”。离于方位为南方，于时为夏至。“听”，处理、判断。“响”，向也，向着。圣人坐北朝南处理天下大事，公正、光明地管理国家事务，大概是取之于这里的《易》象吧。

坤也者，地也，万物皆致养焉，故曰致役乎坤。兑，正秋也，万物之所说也，故曰说言乎兑。战乎乾，乾西北之卦也，言阴阳相薄也。坎者，水也，正北方之卦也，劳卦也，万物之所归也，故曰劳乎坎。艮东北之卦也，万物之所成终而所成始也，故曰成言乎艮。

“致”，取到、得到。“役”，助也。坤为地、为养，于方位为西南，于时为立秋。万物全部在地上得到了养育、得到了帮助，所以说“致役乎坤”。兑为泽、为悦，于方位为西，于时为秋分，万物成熟而令人喜悦。乾于方位为西北，于时为立冬，此时正为阴气和阳气搏斗交战的季节，所以说“战乎乾”。坎为水、为劳，于方位为北，于时为立冬。天阳之气“战乎乾”之后，已经十分疲劳，收归储藏万物的种子，以保存万物的生命，显得十分劳苦，所以说“劳乎坎”。艮为山、为终、为始，于方位为东北，于时为立春。此时万物“成终”，又要“成始”，即生长、发育、成熟、收藏的过程已经终结完成，又孕育着新的生命周期的开始，所以说“成言乎艮”。以上说的离南坎北，震东兑西，巽东南，艮东北，坤西南，乾西北，为后天八卦方位。

总结：以上为《说卦传》的第五章，主要论述了与第三章不同的另一个八卦方位，即后天八卦方位；又把方位和季节结合起来，展示了万物生长、发育、成熟的时空相关性。

第六章

神也者，妙万物而为言者也。

“神”，指乾坤。乾阳坤阴之气相结合神奇地创生了万物，又神妙地化育万物，使万物生长、繁衍。

动万物者，莫疾乎雷。

“疾”，急也。震为雷、为动，震动万物没有比雷更急速的。

桡万物者，莫疾乎风。

“桡”，音 náo，通“挠”。巽为风，吹拂或挠动万物没有比风更急剧的。

燥万物者，莫熯乎火。

“熯”，音 hàn，热也。离为火，干燥万物没有比火更炎热的。

说万物者，莫说乎泽。

“说”，通“悦”，欣悦、喜悦、和悦。兑为泽、为悦，欣悦万物没有比泽更和悦的。

润万物者，莫润乎水。

两个“润”，都为“滋润”、“滋养”、“滋长”的意思。坎为水，滋长万物没有比水更滋润的。

终万物，始万物者，莫盛乎艮。

继前章“万物之所成终而所成始也、故曰成言乎艮”而说。艮为东北之卦，于时为立春，为冬天之终结，春天的开始，也是万物潜藏的终结，新一生命周期的开始。艮为山，前面几卦用的是卦象，如雷、风、火、泽、水，这里用卦名是因为要强调艮卦所代表的时间，即立春这个时节。立春是万物潜藏之终，又是新生长的开始，所以说

"终始"没有比"艮"更盛大的。

故水火不相逮，雷风不相悖，山泽通气，然后能变化，既成万物也。

"逮"，及也。"不相逮"，不相逮及。水火既济，不相互侵犯、和平共处，各自发挥自己的功能。"悖"，违反、排斥。雷与风不相排斥，同时相存相容，雷风并作。山脉之阳气与泽地之阴气相交流、相通泰。"既"，尽也，全部。由于水火既济、雷风并作、山泽之气相通，自然界就产生变化，完成了万物的生长、发育和成熟。

总结：以上为《说卦传》的第六章，进一步论述八卦的性质和功能，强调八卦所象征事物的运动变化，成就了宇宙间的万事万物全部过程。

第七章

乾，健也；坤，顺也；

乾为天、为阳。古人看见太阳东升西落，运行不息，性质刚健，所以乾卦的性质"健"也。坤为地、为阴。古人认为，地静止不动，顺从地接受天阳之气，所以坤卦的性质"顺"也。

震，动也；巽，入也；

震为雷，雷声惊天动地，震动万物，所以震卦的性质"动"也。巽为风，风无处不到，无孔不入，所以巽卦的性质"入"也。

坎，陷也；离，丽也；

坎为水，水存在于低洼险陷处，所以坎卦的性质"陷"也。离为火。丽，附也。火只有附着在能燃烧的物质上才存在，所以离卦的性质"丽"也。

艮，止也；兑，说也。

艮为山，山静止不动，所以艮卦的性质“止”也。兑为泽。“说”同“悦”。泽中水能滋养万物，使万物喜悦，所以兑卦的性质“说”也。

小结：以上为《说卦传》第七章，此章以八卦的基本卦象为依据，论述八卦的基本性质，这是八卦的基本取象之一。

第八章

乾为马，

乾为天、为健行。马是家畜中最能健行的，所以乾又为马。

坤为牛，

坤为地。地承载一切物体，牛是家畜中最能承重载物的，所以坤为牛。

震为龙，

震为雷。古人认为雷冬天潜于地下，春天升到天上发出轰轰之声；龙也是能潜能飞，秋分潜渊，春分登天，且都刚健，所以震又为龙。

巽为鸡，

巽为鸡、为号令。鸡每天凌晨准时鸣叫，像是发出号令一样，所以巽又为鸡。

坎为豕，

坎为水、为坑洼。“豕”，猪也。猪喜欢在坑洼的水中打滚，所以坎又为豕。

离为雉，

离为日、为明、为文明。“雉”，俗称野鸡，有美丽斑斓的羽毛，文采耀眼明亮，所以离又为雉。

艮为狗，

艮为门、为止、为守御。狗坚守着家门，禁止外人进入，所以艮又为狗。

兑为羊。

兑为说（悦）。羊的性格十分温顺柔和，讨人高兴喜悦，所以兑又为羊。

总结：以上为《说卦传》第八章，主要说明八卦象征的八种动物，以实例解说“远取诸物”的原则和方法。这是八卦的基本取象之二。

第九章

乾为首，

“首”，人的头。乾为天，天尊高在上，人的头在人身的最高处，所以乾又为首。

坤为腹，

坤为地，地中储藏着万物。腹中藏有五脏（心、肝、脾、肺、肾）六腑（胆、胃、小肠、大肠、膀胱、三焦），所以坤又为腹。

震为足，

震为雷、为动。人的足走路，不断地移动，所以震又为足。

巽为股，

巽为木，树干。“股”，人的大腿，多肉，有力支撑着人的身体，就像是树干支撑着整棵树一样，所以巽又为股。

坎为耳，

坎为陷为沟。人的耳朵里有沟陷的地方，所以坎又为耳。

离为目，

离为日、为火、为明，太阳和火能照亮万物，使之光明。目有明，能明视万物，所以离又为目。

艮为手，

艮为山、为止，手能止持物体，所以艮又为手。

兑为口。

兑为泽、为悦、为言语、为号令，言语、号令由口出，所以兑又为口。

总结：以上为《说卦传》第九章，主要说明八卦象征人体身上的八个部位，以实例说明“近取诸身”的原则和方法。这是八卦的基本取象之三。

第十章

乾，天也，故称乎父；坤，地也，故称乎母。

乾为天，为阳、为男性，所以称为父。坤为地，为阴、为女性，所以称为母。乾元之阳气与坤元之阴气交感产生出其他六卦，象征天地生出万物，犹如父母交媾生出儿女一样，所以称乾父坤母。

震一索而得男，故谓之长男；巽一索而得女，故谓之长女。

“索”，求也，指乾坤两卦相求相交。坤卦向乾卦求一阳来交于初爻，为震卦☳，为阳卦，叫做“长男”。乾卦向坤卦求一阴来交于初爻，为巽卦☴，为阴卦，叫做“长女”。

坎再索而得男，故谓之中男；离再索而得女，故谓之中女。

坤阴再次求乾阳来交于二爻，为坎卦☵，坎为阳，为中男。乾阳再次求阴来交于二爻，为离卦☲，离为阴，为中女。

艮三索而得男，故谓之少男；兑三索而得女，故谓之少女。

坤阴第三次求乾阳来交于上爻，为艮卦☶，为阳，为少男。乾阳第三次求坤阴来交于上爻，为兑卦☱，为阴，为少女。

总结：以上为《说卦传》第十章，以家庭父母与子女的关系来比喻八卦，说明乾阳坤阴是产生万物的根本，就像家庭中父母产生子女一样。

第十一章

乾为天，为圜，为君，为父，为玉，为金，为寒，为冰，为大赤，为良马，为老马，为瘠马，为驳马，为木果。

"圜"，音 yuán，圆也。以象言，乾为天。以形言，乾为"圜"。古人有天圆地方之说，直观看天像锅一样盖上面，所以"为圜"。天尊高在上，威严无比，所以"为君、为父"。乾为纯阳不杂之卦，所以"为玉"。乾之性刚健坚硬，所以"为金"。乾在后天八卦为西北，为立冬时节，天气寒冷，所以"为寒"；因天气寒冷而结冰，所以"为冰"。太阳为赤，天以太阳为主，所以"为大赤"。良马善跑，奔驰不止，乾刚健不息，所以"为良马"。乾为天，天恒久而存，又为马，所以"为老马"。"瘠"，瘦也，多骨少肉，刚健坚强，乾又为健，所以"为瘠马"。"驳"，马毛色不纯。乾又为大赤、为马，所以"为驳马"。乾为圜，木果是圆的，所以"为木果"。

以上十四象为《说卦传》所取的乾卦卦象，此外还有：为王、为大君、为先王、为高宗、为人、为祖、为君子、为行人、为贤人、为圣人、为大人、为神人、为武人、为善人、为老夫、为大师、为始、为年、为岁、为古、为老、为先、为大、为久、为久远、为远、为仁、为仁圣、为德、为积善、为敬、为旧德、为刚健、为坚刚、为威如、为扬善、为信、为爱、为贤德、为盛德、为福、为禄、为福禄、为福宠、为神福、为介福、为施福、为嘉、为好、为庆、为言、为圭、为金玉、为玉铉、为永、为江、为河、为大川、为江河、为海、为河海、为山陵、为石、为一、为三、为六、为九，为衣、为衣襦、为赤、为冬、为冻、为陵、为郊、为野、为山、为门、为富、为厚、为富实、为百、为甲、为族、为日、为大明、为天休、为大车、为舆、为道、为天道、为道门、为动直、为易、为物、为清、为宗、为知、为盈、为扬、为施、为朱、为旧、为良、为屋宇、为朝、为昼、为老阳、为蓍、为治、为远天、为龙、为虎、为马、为威、为大谋、为精、为行、为行得、为得、为外、为利、为昌、为惕、为惧、为带、为旋、为中、为戎、为直、为顶、为高、为首、为头、为实、为命、为顺、为南、为西北、为坤，等等。

坤为地，为母，为布，为釜，为吝啬，为均，为子母牛，为大舆，为文，为众，为柄，其于地也为黑。

坤为纯阴之气，与乾阳之气交合而生万物，犹如母亲生孩子，所以“为母”。“布”，布满，地上布满万物，所以“为布”。“釜”，锅也。地能成熟万物，养育人类，犹如锅能煮熟食物，所以“为釜”。地只受天阳之气而不付出，所以“为吝啬”。地广生万物而不偏私，所以“为均”。“子母牛”，小母牛，具有很强的生殖能力。地广生万物，像小母牛一样生殖不息，所以“为子母牛”。“大舆”，大车也。地广厚载物，大车也能载物，所以“为大舆”。“文”，文采、多种色彩，地承载着各种颜色的事物，所以“为文”。地承载众多的事物，所以“为众”。因为乾为君，坤为臣、民，臣、民众多，所以“为众”。“柄”，本也。地生万物，都以地为本，所以“为柄”。“黑”，阴暗之色，天色阳明，地色阴暗，所以“其于地也为黑”。

以上十二象为《说卦传》所取的坤卦卦象，此外还有：为妇、为女、为牝、为小人、为土、为迷、为先迷、为方、为囊、为黄、为帛、为北、为坎、为云、为水、为大川、为江淮、为河海、为浆、为自邑、为邑、为国、为天下、为臣、为民、为众民、为万民、为理、为事、为庶政，为我、为躬、为身、为心、为腹、为虚、为乱、为拇、为丧、为经、为苹、为器、为晦、为圃、为末、为能、为小、为朋、为敦、为百、为安、为杀、为死、为顺、为折、为缶、为志、为茅茹、为蓬蒿、为忧恤、为心志、为师、为亏、为毁、为害、为杀、为恶、为鬼、为不富、为舆、为大舆、为载、为物、为牛、为鱼、为夜、为疾、为凶、为后、为贫、为空虚、为品物、为万物、为二、为六、为八、为十、为蛇、为墟、为忧、为疾病、为劳、为毒、为野、为郊、为原、为夕、为业、为暑、为形、为用、为包、为藏、为容、为户、为闭户、为内、为终、为邑师、为朋、为积土、为营、为类、为遏恶、为鬼害、为寡、为师、为行师、为盍、为下、为思、为田、为阖户、为复、为至、为柔、为地龟、为无疆、为疆、为过、为聚、为萃、为财、为积、为致、为绂、为徐、为上、为虎变、为背、为厚、为艮、为居、为败、为永终、为度、为财用、为震、为义门、为不善、为迩、为默、为礼、为密、为老阴、为器用、为布釜、为书、为耻、为基、为怨、为义、为姓、为广、为近，等等。

震为雷，为龙，为玄黄，为旉，为大涂，为长子，为决躁，为苍筤竹，为萑苇。

震为龙，见第八章。“玄”，青色，天之色。黄，地之本色。“玄黄”，天地相杂之色。震初爻为阳，二三为阴，像是地与天的颜色相交杂，所以“为玄黄”。“涂”，通“途”。“大涂”，大路。震为足。大路为用足行走的地方，所以“为大涂”。震为长子，长子即长男，见第十章。“旉”，音 fū，花的通名。震为正春时节，百花盛开，所以

“为旉”。“决躁”，急速也。震为雷，所以又“为决速”。“筤”，音láng。“苍筤竹”，青色，初生的幼竹。震为正春、为青色。正春万物初生，所以“为苍筤竹”。“萑”，音 huān，幼时叫“蒹”，长大叫“萑”；“苇”，长大叫“葭”。“萑苇”为竹类植物，其色青，震为“苍筤竹”，所以又“为萑苇”。

其于马也为善鸣，为馵足，为作足，为的颡。

“其”，指示代词，这里指代震卦。“其于马也”，震卦对于马来说。“善鸣”，声音宏大，震为雷，声音亦宏大，所以“为善鸣”。“馵”，音 zhù，后左脚为白色的马。震为明、为白、为足，所以“为馵足”。“作足”，马腿长，马腿长善奔跑，震为雷，雷声迅速，所以“为作足”。“的”，音 dì，白色也。“颡”，额头。“的颡”，额上有白色的马，额上有白色的马奔跑迅速，震为雷，所以“为的颡”。就是说，震卦对于马来说，有“善鸣”、“馵足”、“作足”、“的颡”之象。

其于稼也为反生。

“其于稼也”，震卦对于庄稼来说。“稼”，庄稼。“反生”，先往下生长，再往上生长。凡植物的种子都是先根须向下生出，扎根稳实，然后幼苗才破土而出，往上生长。震卦☳为一阳在下，二阴在上，像先扎根土壤中，所以有“为反生”。

其究为健，为蕃鲜。

“究”，终结。凡物都有始、有壮、有终结。震为雷，雷动极健，所以有“为健”。“蕃”，草茂也。“鲜”，新鲜。震为正春时节，此时草木繁茂而新鲜，所以“为蕃鲜”。

以上十六象为《说卦传》所取的震卦卦象，此外还有：为帝、为君、为王、为公、为大君、为诸侯、为侯、为建侯、为姬、为人、为父、为伯、为伯主、为子、为长男、为主器长子、为兄、为小子、为公子、为老、为祖、为宗、为季、为士、为官、为元夫、为夫、为老夫、为主、为夫子、为行人、为商人、为商贾、为商贩、为客、为子息、为武人、为冲人、为耕夫、为人师、为神、为神人、为箕子、为万物、为鸟、为飞、为翼、为鹿、为羊、为鸿、为雁、为鹄、为鹤、为鹳、为羽翰、为隼、为鸣、为黄龙、为麋鹿、为兔、为木龟、为凤尾、为胎、为卵、为木、为荐、为草木、为花叶、为稷、为桑、为禾稼、为稼穑、为禾稷、为麦、为黍、为禾麦、为蕃、为竹、为苇、为苇芦、为树、为薇、为薇兰、为萛、为粮、为谷、为百谷、为园、为春、为春耕、为车、为舆、为舆卫、为輹、为篚、为筐、为鬯、为爵、为樽、为瓮、为缶、为瓶、为鼎、为釜、为甑、为船、为鼓、为钟、为卮、为器、为衣、为襦、为袴、为袂、为槽、为玉、为足、为趾、为威武、为武、为动、为往、为征、为行、为骑、为乘、为征伐、为侵伐、为行师、为出奔、为出、为起、为逐、为作、为生、为出生、为跟、为登、为惊走、为归、为狩、为田、为惊卫、为口、为食、为哺、为言、为问、为告、为鸣吠、为呼、为出言、为语、为讲、为议、为声、为音、为音声、为笑、笑言、为大笑、为后笑、为欢、为后语、为歌、为乐、为威、为躁动、为言议、为争讼、为东、为南、为仁、为仁德、为仁贤、为福、为禄、为喜、为福寿、为后福、为福佑、为德、为康荣、为白、为发、为从、为随、为我、为伐、为息、为青、为升跻、为奋、为奔驰、为舟、为警、为惊恐、为哭、为反、为嫁、为襟、为履、为怒、为履蹈、为邻、为陆、为居、为山、为山阴、为陵、为陂、为丘、为门、为更、为雄、为利、为通、为道、为道路、为开、为耜、为孕、为妇、为胎、为旦、为晨、为辰、为时、为岁、为岁年、为后世、为射、为蓍、为陟、为通、为被、为张狂、为宽、为应、为左、为草莽、为交、为守、为中行、为一、为二、为六、为大、为百、为百里、为千、为长阳、为余庆、为嘉、为朝、为周、为嬴、为陈、为楚、为蔡、为晋、为复、为旗、为后、为噬、为趾、为尊、为羽翼、为解、为应、为忿、为武栖、为祭祀、为虚、为声迹、为神、为斗、为登、为华、为发、为东北、为萌芽、为藩，等等。

巽为木，为风，为长女，

巽卦☴为一阴在下，象征木根柔于地下；二阳在上，象征木干刚坚于地上，以卦形取象，所以“为木”。“为风”，为巽卦的本象。“为长女”，见第十章。

为绳直，为工，为白，

巽为木，木工运用墨绳取直，经过加工使之由弯变直，所以引申“为直”。木之所以由弯曲变直，是工匠所为，所以又“为工”。木去其表皮，其内呈白色，所以“为白”。

为长，为高，为进退，为不果，为臭。

“长”，远也。巽为风，风行地上，十分长远，所以“为长”。风行天上，上至云霄，所以“为高”。风行没有一定的方向，或南或北、或东或西、或进或退，所以“为进退”。由于风行没有方向，时进时退，犹豫不定，象征不果决，所以“为不果”。“臭”，气味也，各种气味。气味随风散至远方，所以“为臭”。

其于人也为寡发，为广颡，为多白眼。

“其”，这里指代巽卦。“寡发”，头发稀少。“广颡”，宽广的额头。“多白眼”，眼中多白色（明亮）。高亨注，“古代相面术谓此三种人性木朴”，巽为木，木质朴素。所以对于人来说，“为寡发”、“为广颡”、“为多白眼”。

为近利市三倍，其究为躁卦。

高亨注，“巽为木，人栽植树木，树木成长，或售其果，或卖其材，可得近于三倍之利”，所以巽为利。高亨以巽为木之象出发，作出这样的注释，其意义清楚明白。巽为风，风行急速决躁，所以“为躁卦”。

以上十六象为《说卦传》所取的巽卦卦象，此外还有：为雌、为女、为母、为妇、为老妇、为妻、为处女、为阴、为少女、为少妻、为夫妇、为妪、为姜、为少姜、为绳、为腰带、为绳直、为带、为股、为两股、为耳、为肌、为号、为号命、为号咷、为马、为鱼、为鸡、为鸿、为雁、为鹳、为豕、为豚彘、为豚、为蛇、为虫、为蠹、为蚖、为蛇虺、为蚊、为螟、为蝇、为利、为市、为市利、为近利、为贾市、为利入、为商旅、为旅客、为气、为命、为命令、为有命、为教命、为茅、为草木、为木、为桑、为长木、为杨、为白茅、为杞、为草莽、为草茅、为木果、为兰、为薪、为禾稼、为谷、为百谷、为稻、为萑、为糟糠、为粟、为粮、为馀、为蓼萧、为高楼、为入、为伏、为入伏、为退伏、为处、为同、为庸、为随、为四变、为舞、为年舞、为高舞、为歧、为繻、为交、为户、为齐、为顺、为臭、为虚、为的，为帛、为倍、为绳、为系、为落、为陨落、为烂、为敝漏、为绪、为伲、为床、为袴、为袽、为室、为孝、为随、为通、为四、为五、为凶、为浚、为宫人、为宾客、为志、为盗、为寇、为寇盗、为寇戎、为墉、为病、为疾、为疾病、为药、为覆、为夏、为东南、为田猎、为风俗、为疑、为巢、为枯，等等。

坎为水，为沟渎，为隐伏，为矫鞣，为弓轮。

“为水”，坎卦的本象。“沟渎”，沟渠。水流于沟渠中，又水流形成沟渠，水到渠成，所以“为沟渎”。水隐藏潜伏于地下，隐而不见，所以“为隐伏”。“鞣”，音 róu，通揉，使曲变直为矫，使直变曲为鞣。水在沟渠中流动可直可曲，所以“为矫鞣”。承上象，水在沟渠中流动呈弯曲状，像弓轮一样，所以引申为“弓轮”。

其于人也为加忧，为心病，为耳痛，为血卦，为赤。

“其”，这里及以下三个“其”字均指代坎卦。“其于人也”，坎对于人的取象来说。坎为陷，因怕险陷，故忧，所以“为加忧”。因忧伤而产生心病，所以“为心病”。坎为耳，耳中有水而痛，所以“为耳痛”。血能流动如水，所以“为血”。血赤红，所以“为赤”。

其于马也为美脊，为亟心，为下首，为薄蹄，为曳。

“其于马也”，坎对于马的取象来说。坎为一阳在中，象征阳刚位于中间，有马“脊”之象。阴柔在两边，象征两肋，匀称协调而美丽，所以“为美脊”。“亟”，急也。一阳刚在中心，象征内心急躁好动之马，所以“为亟心”。“下首”，低头。水的本质是向低处流，水无有不下，对于马来说，低头象征精神不振之马，所以“为下首”。“薄蹄”，马蹄因走路而磨损。坎为劳，因马驼载货物过多过重劳累而蹄磨损，所以“为薄蹄”。“曳”，拖引，拖拉。坎为马，所以“为曳”。薄蹄马、曳马，均劳累之马。

其于舆也为多眚，为通，为月，为盗，

“其于舆也”，坎对于“舆”的取象来说。“舆”，大车。“眚”，音shěng，败，损坏。坎为眚。因大车载着很重的货物到很远的地方，多有损坏，所以“为多眚”。坎为水，水没有到达不了的地方，所以“为通”。坎为月，月出现在晚上，运载货物的车子夜行，所以“为月”。坎又为盗，载着货物的车子夜行，招来盗贼抢劫，所以“为盗”。

其于木也为坚多心。

“其于木也”，坎对于木的取象来说：“为坚多心”。坎为蒺藜，为木。坎为一阳在内，两阴柔在外，木干坚刚而外皮柔软，此以卦形取象，所以“为坚多心”。

以上十二象为《说卦传》所取的坎卦卦象，此外还有：为北、为云、为玄云、为川、为大川、为河、为江河、为河水、为众水、为河海、为泉、为渎、为渊、为血、为泣血涟如、为涕洟、为酒、为酒食、为井、为膏、为雨、为沫、为污、为污涂、为泥涂、为冻、为涂、为泥、为濡、为膏、为经、为则、为法、为律、为法律、为刑、为平、为校、为狱、为牢、为桎梏、为圣、为夫、为臣、为人、为罪人、为囹圄、为罪过、为隐伏、为藏伏、为忧危、为陷、为险、为谋、为寇、为盗寇、为震寇、为木、为栋、为穿木、为丛木、为棘、为蒺藜、为蘽棘、为丛棘、为灾、为眚、为躬、为头、为首、为大首、为脊、为耳、为要（腰）、为臀、为肤、为心、为心志、为志、为思、为疑、为忧、为仲、为内、为艰、为马、为军、为弓弹、为弧、为弓弧、为弓、为矢、为悖、为蹇、为破、为聚、为北中、为美、为夜、为阴夜、为恤、为一、为五、为六、为七、为岁、为三岁、为三年、为孚、为冬、为劳、为聚、为校、为毒、为车、为中阳、为鬼方、为闲习、为豕、为亨、为习、为匕、为宫、为马众、为舆、为轮、为轮辐、为茀、为暴、为穿、为西、为中、为伲、为中直、为畏、为畏惧、为宿、为蛰、为和、为室、为屋极、为奸、为郑、为闭、为苦、为疮、为病、为疾病、为疾、为医、为死、为尸、为棺椁、为怨、为食、为饮食、为饱、为肉、为肉脯、为毂、为患、为鬼、为寒、为避、为民、为弟、为狠、为愁苦、为困辱、为劳罢、为患难、为黑、为庐室、为困、为积藏、为蔽、为怀、为可、为孚、为后、为孕、为淫、为幽、为灾、为筐、为无色、为实、为直、为铉、为积、为破、为祭、为薄、为节、为胏，等等。

离为火，为日，为电，为中女，

“为火”，离卦本象。离卦卦象是外阳内阴，阳为明，阴为暗。火也是外阳内暗，所以离“为火”。火光明而有热力，日也光明有热力，所以“为日”。雷电闪光，有光明之象，所以“为电”。“为中女”，见第十章。

为甲胄，为戈兵。

“胄”，盔也。离外刚内柔，像是盔甲保护着柔软的身体，所以“为甲胄”。“戈兵”，武器，也取阳刚在外之象，也是用来保护身体的，所以“为戈兵”。

其于人也为大腹。为乾卦。

离中虚，如大腹之象，所以“为大腹”。离为日为火，乾为日，日和火都能使物干燥，所以“为乾卦”。

为鳖，为蟹，为蠃，为蚌，为龟。

“蠃”，螺也。离外坚而内软，“鳖”、“蟹”、“蠃”、“蚌”、“龟”等都有坚硬的外壳，所以离“为鳖、为蟹、为蠃、为蚌、为龟”。

其于木也为科上槁。

“科”，树木中心空也。“槁”，枯也。离外阳内阴，中空之象。树木中空，其上枝必然枯槁，所以“为科上槁”。

以上十四象为《说卦传》所取的离卦卦象，此外还有：为明、为文、为响明、为文明、为见、为光、为大光、为视、为望、为妇、为女子、为大腹、为目、为明目、为饥、为肤、为牛、为牝牛、为黄牛、为鸟、为雉、为飞、为飞鸟、为巢、为隼、为鹤、为夏、为南、为东、为昼、为星、为网、为网罟、为矢、为戎、为戈矢、为黄矢、为兵革、为甲、为刀、为昼、为斧、为资斧、为苦、为朱、为二、为三、为四、为九、为焚、为泣、为歌、为号、为墉、为城、为不育、为害、为邻、为恶人、为巷、为街巷、为里、为枯、为壶、为道、为草、为黄、为瓶、为瓮、为干肉、为占、为丽、为爵、为中阴、为空虚、为赤、为阳、为乱、为祸、为新、为镜、为槁木，等等。

艮为山，为径路，为小石，

“为山”，艮卦本象。“径”，小路。山上不平，没有大路，所以“为径路”。艮为阳卦，又为阳之少，石坚硬阳刚，所以“为小石”。

为门阙，

艮为门，以卦形取象。“阙”，古代宫殿、寺庙或陵墓前的高大建筑物。通常在门的两旁建楼台，这个台叫做“阙”，中间为通道，艮卦中间空，像是通道，所以“为门阙”。

为果蓏，

“蓏”，音 luǒ。木类的果实为“果”，草类的果实为“蓏”。艮卦方位为东北，于时为立春，是万物成终成始之时，即果实成熟终结，又待萌芽生长，所以“为果蓏”。

为阍寺，

“阍”，音 hūn，阍人，守王宫中门禁令的小臣。“寺”，寺人，执守宫内戒令的小臣，都包含有“禁止”的意思。艮为止，所以“为阍寺”。

为指，

第九章说，艮为手。手的尖端为手指，艮为山，山的顶峰就像是手指，所以“为指”。

为狗，为鼠，为黔喙之属。

第八章说，艮为狗。艮为穴，老鼠生活在洞穴中，所以“为鼠”。“黔”，黑也。“喙”，鸟嘴。“黔喙”，黑色的嘴，指猛禽，凡猛禽之嘴都是黑色的。猛禽的刚坚在嘴上，艮卦的阳刚也在上部，所以“黔喙之属”。

其于木也为坚多节。

“为木”，巽卦本象。巽、坎、离均有木象。“节”，止也。巽为初生柔弱之木，坎为生长茂盛之木，离为枯老槁死之木，艮为生长成熟之木，坚硬而生长停止，艮为止，所以“为坚多节”。

以上十一象为《说卦传》所取的艮卦卦象，此外还有：为人、为我、为身、为头、为目、为手、为肱、为两肱、为臂肘、为肤、为肌肤、为鼻、为背、为皮、为弟、为子、为小子、为季子、为祖、为祖考、为翁、为叔、为夫、为丈夫、为童、为蒙童、为子孙、为孙、为王孙、为仆、为臣妾、为僮仆、为仆夫、为奴隶、为寿、为冠、为簪、为大耋、为握、为抱、为捕、为拘系、为哭、为居、为居处、为安、为床、为城、为墙、为垣、为巷、为野、为外野、为宅、为家、为室、为宫、为宫室、为宫阙、为庭、为堂、为宿、为窗、为牖、为坐、为社稷、为里、为邑、为邦、为国、为王、为臣、为官、为君子、为贤、为贤人、为宗庙、为庙堂、为庭、为户庭、为堂宇、为馆、为宅、为庐、为枕、为视、为宴息、为信、为朋友、为求、为请求、为止持、为鸟、为鹤、为雁、为鸿、为雁、为鹰、为凫、为雀、为鹑、为隼、为鹳、为巢、为喙、为牛、为马、为鹿、为虎、为狼、为豹、为狸、为熊、为狐、为小狐、为龟、为山龟、为蛤、为蜃、为獐、为兵、为剑、为刀、为刀剑、为刀锋、为刀兵、为锋戟、为击刺、为击、为铠、为丘、为丘园、为丘陵、为笃、为笃实、为坚、为天、为终日、为终始、为终、为时、为明、为光明、为火、为光、为观、为星、为雹、为果、为硕果、为匏瓜、为木、为小木、为板、为梁、为梁柱、为桥梁、为待、为小、为五、为七、为八、为季、为定、为多、为硕、为慎、为节、为多节、为阍、为斗、为沫、为友、为厚、为土服、为据、为田、为石、为山石、为沙、为山丘、为山陆、为山陵、为山岳、为山中、为昆仑、为路径、为道、为道路、为尘、为尘土、为岩、为宇、为治理、为社、为首、为尾、为困、为采、为牵引、为名、为革、为定、为右、为坎险、为金、为黔、为成、为须、为酒、为穴、为负荷、为面、为嗟、为隹、为守、为坚、为筵、为荣、为角、为解、为负、为谷、为撕折、为贝、为灾、为独、为钩，等等。

兑为泽，为少女，

坎为水，坎之初由阴变阳，成半坎，下阳刚而上柔软，沼泽之象。兑为少女，见第十章。

为巫，为口舌，

“巫”，从事迷信活动的女性。兑为少女、为口舌。女巫能言善对，所以“为巫”。兑为口，即为口舌，见第九章。

为毁折，为附决。

兑为西方之卦，于时为正秋，谷物成熟收获，禾秆枯槁而拆毁，所以“为毁折”。“附”，顺从。“决”，断也。“附决”，顺从裁断。果实决断地顺人采摘而不持异议，所以“为附决”。

其于地也为刚卤。

“卤”，碱地也。兑为泽，沼泽成盐碱地，盐碱之地坚硬而不生长植物，所以“为刚卤”。

为妾，为羊。

兑为少女，为妹，古代妹陪姊出嫁为妾。兑又为泽，泽的地位低下。妾在家庭中的地位低下，不但在公婆、丈夫之下，也在正妻之下，所以“为妾”。兑为羊，见第八章。

以上九象为《说卦传》所取的兑卦卦象，此外还有：为悦、为口、为言、为牙齿、为齿、为啮、为吞、为辅颊、为耳、为说、为骸、为女、为妻、为妹、为季女、为老妇、为老妾、为水、为雨、为雨水、为渊、为池、为润泽、为水泽、为雨泽、为暗泽、为膏、为井、为酒、为鸡、为燕、为燕雀、为虎、为白虎、为泽龟、为吠、为穴、为孔穴、为拆、为破、为缺破、为破敝、为伤、为刑、为刑人、为小、为密、为小人、为小知、为笑、为声震、为讲习、为二、为四、为五、为七、为跛、为眇、为秦、为嬴、为西、为月、为秋、为八月、为隍、为荣、为亨、为鲁、为刚鲁、为盐卤、为客、为旅客、为华、为资斧、为斧、为斧钺、为兵戎、为见、为享、为食、为飨、为昧、为晦、为暗昧、为常、为朋、为友、为右、为休息、为金、为玦、为契，等等。

总结：这一章主要申述八卦的卦象，根据八卦的基本卦象加以引申，广泛说明八卦所象征的事物。

序卦传

《序卦传》是解释通行本六十四卦顺序的，所以叫《序卦》。1973年出土的《帛书周易》六十四卦排列顺序与通行本《周易》完全不同，通行本《周易》起自乾坤终至既济未济，《帛书周易》起自乾否终至家人益。通行本《周易·序卦传》是以阴阳相互转化、物极必反的理论为依据来解释六十四卦次序的。它用“受之以”这句话把相关的卦联系起来，构成一个似乎有内在因果关系的系统，依经的上下分为上下篇。

上　篇

有天地然后万物生焉，盈天地之间者唯万物，故受之以屯。屯者，盈也。屯者，物之始生也。

乾为天，坤为地，这里没有举卦名，直举卦的实象，不说天地的性质，而说可以感知的天地实体。天在上，地在下，天地构成了宇宙，也是乾坤二卦所取的最大卦象。“有天地然后万物生焉”，说明天地是生长万物的基础，乾元之气与坤元之气相交合而产生万物，天地先于万物而存在，于是充满天地间的只有万物，宇宙间唯一的存在就是“万物”，这是一种合乎实际的、合乎人类生活经验的解释。于是，《序卦》的作者根据这样的立场对六十四卦进行排序。“受”，继也。“受之以《屯》”，就是在坤卦以后接续《屯》卦。“屯者，满也”，屯就是“盈满”的意思。屯卦为下震上坎，天地间充满雷和雨。天上有太阳，地上有各种形成生命的物质元素，又有雷雨的存在，具备了生命形成和存在的条件，所以“物之始生也”。《说文》：“屯，难也，象草木之初生屯然而难”，有物初生的意义。

物生必蒙，故受之以蒙。蒙者，蒙也，物之稚也。

“蒙”，通“萌”，物的幼小状态。“稚”，音 zhì，“幼小”的意思。为何在屯卦之后继之以蒙卦呢？因为初生的万物，必然幼小柔弱，所以接继的是蒙卦。蒙就是萌芽时的幼小的状态。“物之稚也”，补充说明“蒙”就是万物幼稚弱小的时候。

物稚不可不养也，故受之以需；需者，饮食之道也。

“养”，抚养、养育。物幼小，需要养育、抚养，所以在蒙卦之后接续需卦。需是什么意思呢？“需者，饮食之道也”，需不是一般的泛泛的“需”，而是向万物提供饮食养育的道理。需卦是水在天上，天降雨水以滋养万物，说的是饮食之道。

饮食必有讼，故受之以讼。讼必有众起，故受之以师；师者众也。

“讼”，争讼。讼卦内坎外乾，坎为险，乾为刚。内怀险陷而外遇阳刚，必然为了生存相冲突而争讼。由于饮食供养不足，引起纷争、争讼。“讼必有众起”，争讼必聚众闹事，所以继之师卦。师，军队。“师者，众也。”军队是由众人组成的，是用以平息聚众闹事的。师卦为下坎上坤，坤为众，坎为险，聚众做出危险的事情，必须用军队来平息制止。人类社会有了军队，标志着国家的产生。

众必有所比，故受之以比；比者，比也。

有国家必有国王，国王治理国家，必须以亲和的方法，所以继之以比卦。比卦䷇为下坤上坎，意为地上有水。水总是停留在地上，不相分离而相亲比。“比”，比和、亲近。“比者，比也”，就是“比者，亲近也”。国家对于聚众闹事、社会动乱，不能只采取武力的办法，必须要采取亲和、得民的政策。

比必有所畜，故受之以小畜。

“畜”，养也。要实行亲和的政策，必须要养民，使人民的衣食得到保证，所以继之以小畜卦。小畜卦䷈为下乾上巽，乾为天，巽为风，风行天上，比喻国君推行德教的政策。推行德教政策必须要以物质畜养为基础，保证社会和百姓的基本生存。由于古代生产力不发达，只能是“小畜”，“小”，寡也，说明财富不丰盈，只能做到基本保证。

物畜然后有礼，故受之以履；履者，礼也。

有了基本的生活保证以后，就应该对民众进行礼仪教育，使民众具有文明的行为，所以继之履卦。富之就要教之，衣食足知廉辱。履卦䷉为下兑上乾，兑为泽、乾为天，天高在上，兑卑在下。古代的“礼”是规定社会各等级各自应该遵守的规范，不同等级的人，都应该按社会的规范行事。“履者，礼也”，履就是“礼”的意思，所以在小畜卦之后继之以履卦。

履而泰，然后安，故受之以泰；泰者，通也。

由于社会有了礼仪制度，民众各自都按“礼”的规定做事，社会就通泰而安定了，所以继之以泰卦。泰卦䷊为下乾上坤，乾为阳，坤为阴，阳气上升而阴气下降，阴阳发生交感，故通泰。不论是自然还是社会的事物，凡交感就亨通，凡亨通就平和安定。“泰者，通也”，泰就是“亨通”的意思。

物不可以终通，故受之以否。

世上的事物都必定会走向它的反面，任何事物都不可能永远通泰，也会走向它的对立面“否”，所以继之以否。“否”，读为pǐ，不通也。否卦䷋为下坤上乾，阴阳二气不相交感，所以否塞不通。说明世间任何事物都是变的，不是永恒的，都会走向与其相反的方面去。

物不可以终否，故受之以同人。

任何事物都不可能永远否塞不通，也会发生转化，所以继之同人卦。同人卦䷌为下离上乾。乾为君子，离为火、为明。在否塞不通的时候，只有刚健有为的君子才能明察事理，号召众人，上下同心，走出否塞不通的环境。

与人同者，物必归焉，故受之以大有。

“物”，人也。“归”，归从、归附。与人同心同德，人人都会来归从，所以继之以大有。大有卦䷍下乾上离，乾为天，离为火，火在天上象征一国之君明察；国君明察，政治清明，国家富裕，所有者大也。大有者，民众都来归附，国家不但大而且富有。

有大者不可以盈，故受之以谦。

“盈”，满也。国家大而富有，不可自我满足。因为满会遭受损失，只有谦虚才能得到好处，所以继之以谦。谦卦䷎为下艮上坤，艮为山，坤为地，地下有山，象征谦恭。在自然界山在地上，山居地下表示尊高的反居于下。国君认识到满遭损的道理，将富有的财富自觉地捐给贫穷的人，就能给国家带来整体的好处。

有大而能谦必豫，故受之以豫。

“豫”，乐也。国家大有而又捐财富给民众，必然使民众快乐，所以继之以豫。豫卦䷏为下坤上震，坤为地，震为雷，地上有雷。古人认为，雷春天从地下出来，经过夏天，秋天回到地中。春、夏、秋三个季节是万物发育、生长、结果的时节，从自然界来说，万物勃兴而喜悦；从社会来说，人类有生养的物质而快乐，所以用豫卦接续谦卦。

豫必有随，故受之以随。

“随”，追随、随众。随卦䷐为下震上兑，震为阳、为君、为动；兑为阴、为臣、为民、为顺、为悦。国家富有又捐财富给民众，民众生活安定而快乐，国君有诰命而民必定追随响应，所以继之以随。

以喜随人者必有事，故受之以蛊。蛊者，事也。

民众以喜悦的心情追随国君，必然会有所作为而干事，所以继之以蛊。“蛊者，事也”，败坏之事。蛊卦䷑为下巽上艮，巽为风。艮在上为止不动，巽在下巽逊顺从，上下萎靡因循，因喜悦追求享受，上下都无进取之心，社会必生惑乱败坏之事，必须要整治。

有事而后可大，故受之以临。临者，大也。

社会上有了惑乱败坏之事发生，必须要加以治理，所以继之以临卦。临卦䷒为下兑上坤，兑为泽，坤为地。《象传》说：“泽上有地，临。”孔颖达疏：“泽上有地者，欲见地临于泽，在上临下之义。”“临”以上视下，治理之意。虽然地在泽上，但地包容着泽，即是说治理败坏之事，要用包容的方法才能获得实际的效果。去除了败坏的事情，社会得到了治理，就成就了大业。所以说：“临者，大也。”

物大然后可观，故受之以观。

有了大的事业出现，而后可以观察、观看得到，所以继之以观。观卦䷓为下坤上巽，坤为地，巽为风。《象传》说：“风行地上，观。先王以省方观民设教”，象征国君的德教施行于全国，百姓得到德教的润泽。

可观而后有所合，故受之以噬嗑。嗑者，合也。

“合”，融合。噬嗑卦䷔为下震上离。震为电，离也为电，所以“合也”。离又为明、明察。震为雷、为刑。《象传》说：“先王以明罚敕法”，即治理国家不能只用德教德治，还要用法制，要明辨刑罚之轻重，理正法令之疏严，所以要继之以噬嗑。只有用德治和法制相结合，才能使社会的矛盾消解而有所融合。

物不可以苟合而已，故受之以贲。贲者，饰也。

用刑法的强制而形成的融合是勉强的表面的“苟合”，任何“苟合”都是不能长久的，所以要继之以贲。贲者，“文饰”的意思。贲卦䷕为下离上艮，离为火，艮为山，象征山下有火。有火的照耀万木百草都显示出光彩，所以为“贲”。“贲者，饰也。”《象传》说：“山下有火，贲。君子以明庶政，无敢折狱。”君子要明察各项政务，不能以表面现象断狱，要以事实为依据。如果只重文饰，不重实情，必然会走向反面。

致饰然后亨则尽矣，故受之以剥。剥者，剥也。

“致”，尽也，极也。过分的文饰亨通必然穷尽，过度必走向反面，所以继之以剥。“剥者”之“剥”为卦名，“剥也”之“剥”为败坏、剥尽之意。

剥卦䷖为下坤上艮。五阴在下，一阳在上，表示一阳将被剥尽。剥卦之义就是“剥尽”的意思。

物不可以终尽剥，穷上反下，故受之以复。

剥卦是五阴在下，一阳在上，说明阴已经到了极限。物极必反是事物发展的规律，剥到了尽头，就会穷上反下，所以继之以复。剥卦是阴到了尽头，必返归于阳。复卦䷗为下震上坤，一阳复生于下，表示阳气复生，走向新的发展阶段。

复则不妄矣，故受之以无妄。

“不妄”，不能妄为。由剥而复必须是阴极变阳、阳极变阴的有规律反复，不能妄自返复，所以继之无妄。无妄卦䷘为下震上乾，震为雷，乾为天。《象传》说：“天下有雷，物与无妄。先王以茂对时育万物。”要按自然的规律做事，不要违背自然规律。

有无妄然后可畜，故受之以大畜。

“无妄”，不妄自作为，遵循阴阳变化的规律，就可以使天地间万物顺利生长而积聚起来，所以继之大畜。大畜卦䷙为下乾上艮，乾为日，艮为山。《象传》说：“天在山中，大畜。”阳光照耀山中，万物生长茂盛而积聚起来，象征国君不主观妄为，按治国的规律办事，使国家富裕起来。

物畜然后可养，故受之以颐。颐者，养也。

物质财富积聚、丰富起来，就可以养育人民，所以继之以颐。“颐者，养也。”颐卦䷚为下震上艮，上动下止，中间四阴象征柔软的食物，上下各一阳刚象征牙齿，有咀嚼食物之象。人吃下了食物，就得到了养育。

不养则不可动，故受之以大过。

人民和国家得不到给养，就不可能行动做事，是最大的过错，所以继之大过。大过卦䷛为下巽上兑，中间四阳刚，两柔在初和上，阳刚过大，阴阳失去平衡，所以为大过。

物不可以终过，故受之以坎。坎者，陷也。

向相反的方向转化是阴阳变化的本质规律。阳刚不可能永远超过阴柔，过错不可能不改正，所以继之以坎。坎卦䷜为下坎上坎，坎为陷，以坎济大过，不过正不能矫枉，所以继之以坎。

陷必有所丽，故受之以离。离者，丽也。

“丽”，附也。离为火，火是附着在能燃烧的物质上。要从坎陷中解脱出来，要依附于外在的力量，所以继之以离。离就是“附丽”的意思。上经起于乾坤，终于坎离，乾卦为天，坤为地，坎为水，离为日。天地间要有水和阳光才能有生命，才能有男女，水和阳光是天地间生命之所在。

总结：这一节解释上经三十卦的次序。

下　篇

有天地然后有万物，有万物然后有男女，有男女然后有夫妇，有夫妇然后有父子，有父子然后有君臣，有君臣然后有上下，有上下然后礼义有所错。

下经始于咸恒终于既济未济。咸恒二卦讲社会人伦，讲人类爱情、婚姻和家庭。“有天地然后有万物，有万物然后有男女”，有男女就必然产生男女之间的性关系。人为万物之灵，人的性关系必须按照社会的人伦关系来处理。于是就有了夫妇之道，有夫妇就会生出儿女，于是就有父子之间的人伦关系。古代人类社会有君臣关系，有上下左右的关系，必须要制定施行礼义的制度。没有礼义制度的规范，社会就不可能进入文明有序的状态。“错”通“措”，施行。这一段是讲咸卦的，咸，感也。咸卦䷞为下艮上兑，艮为少男，兑为少女，少男少女相感而产生爱情，并且是少男下于少女，表示少男向少女求婚，迎亲于女家，男女有了自己的家庭。为何只讲天地不讲咸卦卦名呢？乾为天为男，坤为地为女，不但包含了男女，而且人伦之道是统属于天地之道的，是天地之道的一个组成部分，下经又是上经的继续，所以只讲天地不讲咸卦卦名。

夫妇之道不可以不久也，故受之以恒。恒者，久也。

以夫妇之道的准则所形成的家庭是社会组成的基本细胞，是社会生产和再生产的组织形式，也是人类自身生产和再生产的组织形式。夫妇之道是不可以不恒久的，所以继之以恒卦。恒卦䷟为下巽上震，巽为风，震为雷，雷风是天地之间永恒的现象，夫妇之道男动女顺，也像雷风一样是永恒而长久的。

物不可以久居其所，故受之以遁。遁者，退也。

任何事物都是变化的，所以它不可能“久居其所”，恒久停止则必衰退，所以继之以遁卦。“遁”，退也，衰退。遁卦䷠为下艮上乾，为六月之卦，阳退阴进。

物不可以终遁，故受之以大壮。

物不可以始终衰退，必须制止它的衰退，所以继之以大壮䷡。《杂卦传》说：“大壮则止，遁则退也。”“壮”，止也。衰退的状态，必须要使之停止。

物不可以终壮，故受之以晋。晋者，进也。

任何事物不可能终究停止，必须要使其前进，所以继之以晋。“晋”，进也，升也。晋卦䷢为下坤上离，坤为地，离为日，象征日出地上冉冉上升，说明事物的静止是暂时的，会由静止而转向前进。

进必有所伤，故受之以明夷。夷者，伤也。

“伤”，损伤。前进必有损伤，是说事物在前进过程中必然有其损伤、衰亡的时候，如太阳中午之后，光明程度慢慢减弱，直到日落而光明消失，所以继之以明夷䷣，阳光减损而消亡。

伤于外者必返其家，故受之以家人。

“反”，同“返”。在外受到了伤害，必返归家中，进行调养生息，所以继之以家人。家人卦䷤为下离上巽，六二与九五皆当位，为正应，象征男主于外，女主于内，家道和谐正定，宜于调养生息，积蓄力量。

家道穷必乖，故受之以睽。睽者，乖也。

如果家道穷尽，必然走向正道的对立面而乖背，所以继之以睽卦。睽卦䷥为下兑上离，九二与六五均不当位，象征男主内，女主外，家道不正，与家人卦正相反，所以说“睽者，乖也”。

乖必有难，故受之以蹇。蹇者，难也。

家道乖背不正，失去和谐，必产生艰难，所以继之以蹇卦。蹇卦䷦为下艮上坎，象征坎陷在前，艮止在后，见陷而止，不能前进，说明处于艰难险阻的时刻。

物不可以终难，故受之以解。解者，缓也。

根据物极必反的道理，任何事物不可能始终处于艰难的状态，必有所缓解，所以继之以解卦。解卦䷧为下坎上震，坎为水，震为雷。《象传》说：“雷雨作，解。”雷雨兴起，象征春天到了，是万物复苏，缓解之象。

缓必有所失，故受之以损。

常处于舒解、缓和的环境中，易于懈怠而不进取，必然招致事业上的损失，所以继之以损。损卦䷨为下兑上艮，兑为泽，艮为山。山下有泽，泽水浸湿山脚，减损之象。

损而不已必益，故受之以益。

损和益是相辅相成的矛盾对立面，不断地减损必然转化到它的反面，所以继之以益。阳进阴退，阳息阴消，阳损阴益，阴消阳息，相反亦是如此。损益盈虚，与时偕行，损到了极点必转化为益。

益而不已必决，故受之以夬。夬者，决也。

“夬”，决也，崩决也。增益不已一定会丰盈，则必崩决。夬卦

☱为五阳在下，一阴在上，标志阳增长到了极限必然要走向反面，如河水不断地增长，河堤必定会崩溃。

决必有所遇，故受之以姤。姤者，遇也。

"遇"，合也。夬卦☱五阳决一柔于上，姤卦☴为一阴在下，五阳在上，一柔合于下。阳极则阴来，阴阳相生相存不可分离，决断分离必然会遇合而重新组成阴阳的统一体。

物相遇而后聚，故受之以萃。萃者，聚也。

万物相遇合而后会聚在一起，所以继之以萃。"萃"，"会聚"的意思。天地阴阳万物亨通，生生不息而会聚。萃卦☱为下坤上兑，坤卦为地、为养，于时为立秋，万物全部生长发育；兑为泽、为悦，于时为秋分，万物全部成熟。万物都生长发育、成熟而会聚。

聚而上者谓之升，故受之以升。

物相会聚而相互竞争，优胜者竞争而出居于上位，就叫做"升"，所以继之以升。升卦☷内为巽为木，外为坤为地。地内有木而生长，所以为"升"。

升而不已必困，故受之以困。

按物极必反的理论，没有止尽地上升必会进入困境，所以继之以困。困卦☱为下为坎为水，上为兑为泽，水被上面的沼泽所困。

困乎上者必反下，故受之以井。

"困乎上"，被上面困止。困于上就向下找出路，向相反的方向发展，所以继之以井。井卦☵为下巽上坎，巽为木，坎为水。用木做井壁，让水溢出而被疏通，服务人类。

井道不可不革，故受之以革。

井道如果多年不修，必然会积有污泥而使井变浅，井水不清净，必须要经常清理、修治，使之革新，所以继之以革。革卦☱为内离外兑，离为火，外为泽，泽中有火，表明已经发生了根本的变革。

革物者莫若鼎，故受之以鼎。

继续申述上面革的意义。使物革新没有比鼎卦更明显的，所以继之以鼎。鼎卦䷱为下巽上离，以卦形取象，䷱像烹饪食物的鼎，食物经过烹煮之后变成了全新的东西，所以说“革物者莫若鼎”。

主器者莫若长子，故受之以震。震者，动也。

“鼎”，国家重器，代表王位或国家政权。“鼎”在这里已经发生了转义。震卦䷲为经卦，震为三男之长，为长子。古代长子可以继承王位，传承国家之重器，所以继之以震。震者，动也。雷动振奋万物，表明主器者进行革新之后，是有发展前途的。

物不可以终动，止之，故受之以艮。艮者，止也。

任何事物不可能运动不已而没有终止，必然有所静止，所以继之以艮。艮，止也。震艮相综，震的反面就是艮。

物不可以终止，故受之以渐。渐者，进也。

任何事物必然是变化的、前进的，世间没有不变化的事物，任何事物不可能永远终止不动，必然有所前进，所以继之以渐。渐，进也，渐进的变化，即渐变。渐卦䷴为下艮上巽，艮为山，巽为木。山上之木渐渐生长，不知不觉就长成大树了，说明静中有进有动。

进必有所归，故受之以归妹。

“归”，归宿，结果。事物渐进的变化到了一定的阶段必然会产生一个结果，归向于另一种状态，所以继之以归妹。归妹是少女出嫁。古代女子出嫁要按“礼”的规定进行：纳亲、问名、纳吉、纳征、请期、迎亲。这个“六礼”是一个渐进的过程，少女出嫁、少男迎亲是最终的归宿和结果。归妹卦䷵为下兑上震，兑为少女，震为长男，女悦男动，婚嫁之象。婚嫁是人生的终始，组成家庭是人生的最终结果，又是新的人口繁衍的开始，所以婚嫁是人生的归宿。

得其所归者必大，故受之以丰。丰者，大也。

从“归妹”上升为一般的“归宿”之“归”。事物的变化是一个连续的过程，由渐变而质变，是必然的归宿；再在新的结果（质态）下由渐而化，以至无穷，事物就是这样连续不已地发展。在新的质态下发展壮大，所以继之以丰。丰，大也。丰卦䷶为下离上震，离为日，震为升，日升到中天，光明盛大，所以丰大也。

穷大者必失其居，故受之以旅。

“穷”，极也。“居”，居所。事物壮大到了极点，必然要“失其居”所，即向相反方向转化，所以继之以旅。旅卦䷷为下艮上离，艮为山，离为火，火依附于山上的草木而存在。旅居他乡而失其居所的人，犹如火附丽于草木而失其自主性，行为受他人限制。

旅而无所容，故受之以巽。巽者，入也。

失其居所的人外出旅行没有容身的地方，只有顺从旅舍的主人的安排，才可以有栖身之处，所以继之以巽。巽，顺也。巽为风，风无处不入。巽，入也。只要适应形势的变化，就没有不能入居的地方。

入而后说之，故受之以兑。兑者，说也。

有了入住栖身的地方而感到喜悦，所以继之以兑。兑为悦，“喜悦”的意思。让人喜悦就能团结人，有朋友的帮助，可以成就事业。

说而后散之，故受之以涣。涣者，离也。

过度喜悦、高兴，忘乎所以，就会产生涣散之心，松懈、分离，所以继之以涣。涣者，离也，“离散”的意思。

物不可以终离，故受之以节。

事物不可能终久地离散下去，必须要加以节制，所以继之以节。节卦䷻为下兑上坎，兑为泽，坎为水，泽上有水之象。水不加节制会到处乱流，节制过度就不通；要节以中道，调节到一定的程度。说明做任何事情都要信守中道才是有益的。

节而信之，故受之以中孚。

用中道来节制离散，就必须会取得诚信，所以继之中孚。中孚卦䷼下兑上巽。“孚”，信也。信，内心诚服。用中道节制外在的行为，内心一定要信守中道，才能达到真正的诚信。

有其信者必行之，故受之以小过。

内心有诚信就必须要按中道行动，但是中道难以掌握，可能产生“过”，过于诚信就会产生迂腐和呆滞，“过”与“不及”都违背了中道，所以继之以小过。但由于信守中道，即使有“过”，也只是“小过”。小过卦䷽为四阴二阳，二阳居中；阴为小，阴小过于阳，所以称为小过。小小地超过，阴阳平衡才合乎中道。

有过物者必济，故受之以既济。

由于阴阳的矛盾运动，排斥、对立、转化，最终必然达到平衡协调和互补的状态，所以继之以既济。“济”，成也。既济，已经完成阴阳的平衡协调状态。既济卦䷾为下离上坎，六个爻位阴阳都当位，初与四、二与五、三与上皆相应，达到了阴阳互补协调的最佳状态。

物不可穷也，故受之以未济终焉。

既济表示已经完成。但是事物的发展是没有止境的，是无限的。从现实上看，某个过程已经完成；但是从事物的发展上看永远没有完成，需要继续发展，所以继之以未济。未济，未完成。未济䷿卦为下坎上离，六个爻位都不当位，初与四、二与五、三与上都不相应。由于不相应、不协调，就必然产生矛盾、冲突，从而促进事物的运动。这是六十四卦的最终的一个卦，它表明《周易》的发展观是一个开放的系统，是一个连续不已的过程，永远不会终结。

杂卦传

《杂卦传》就是在《序卦传》之后杂乱六十四卦的顺序而加以解说的文辞。为什么要杂乱六十四卦的顺序呢？来知德解释说：孔子“恐后学以序卦为定理，不知其中有错有综，有此二体，故杂乱其卦。”即是孔子怕错综卦象失传而专门设立的，目的是为了告诉后人在文王卦序中有错综卦象，即乾坤、坎离、颐大过、中孚小过四对卦只相错而不相综，其余有二十八对卦皆相综。

乾刚坤柔。

此二卦相错。乾为纯阳之卦，故“刚”；坤为纯阴之卦，故“柔”。刚柔为乾坤二卦的性质。

比乐师忧。

此二卦相综。比卦为水在地上，地承载着水，水滋润土地，使万物生长发育，故“乐”；“师”，军旅，军旅要打仗，打仗会有伤亡，故“忧”。

临观之义，或与或求。

此二卦相综。“或”，或者，或者“与”，或者“求”，二者必居其一。“与”，给予、施与；“求”，求取，求得。以上对下曰“临”。“临”，临民，表示国君临民施政，管理国家，要施与人民以德政，要

“教之”“富之”。“观”，观察、观视、巡视，表示国君要到民间视察，求得对民间疾苦的了解。国君治理国家或者施行德政，或“求”得民间实情，以更好地施“与”善政。

屯见而不失其居，蒙杂而著。

此二卦相综。“见”，现也。“著”，显著，彰显。《序卦传》：“屯者，物之始生也。”初生之物刚破土而出于地面上，离地面不远，所以“不失其所居”。“杂”，郭京作“稚”。《序卦传》：“蒙者，蒙也，物之稚也。”物虽然幼稚，但仍然彰显可见。

震起也，艮止也；

此二卦相综。震为雷、为动、为春。春天雷声震动，使万物奋“起”生长。艮为山，为“止”。

损益，盛衰之始也。

此二卦相综。“损”，减损、减少，是衰退的开始；“益”，增益，增加、生长，是益盛的开“始”。

大畜，时也；无妄，［不］灾也。

此二卦相综，“畜”亦作蓄，积蓄也。高亨按：“时”疑借为“庤”。“寺”、“庤”同声系，古通用。“庤”，储备。大畜，积蓄也。高亨认为，“灾”字前应当有“不”字，窜入了下句“而升不来也”。无妄，不妄动。按正道行事做事，就没有“灾”害。

萃聚而升（不）来也，

此二卦相综。萃，聚也。“聚”，集聚。萃卦为集聚之义。高亨认为，“不”字是上句窜入这里的，此句应该是“萃聚而升来也”。升，上升。“来”当读为“倈”。“倈”，伸也。上升即是上伸。

谦轻而豫怠也。

此二卦相综。“轻”，轻视，没有自信。谦虚是一种美德，过度谦虚就会显得不自信，轻视自己。“怠”，怠惰，没有进取心。豫，乐也。过度享乐，就会产生怠惰心而不进取。说明“谦”和“豫”都不能过度，需要保持中道。

噬嗑，食也；贲，无色也。

此二卦相综。噬嗑卦为颐中有物，象征咀嚼食物，所以“噬嗑，食也”。贲，饰也。文饰过度就会失去文采，等于“无色”。

兑见而巽伏也。

此二卦相综。“见”，现也，显现。兑为悦，有喜悦的心情必定会表现出来。“伏”，隐伏。巽为风，风隐伏不可见。

随，无故也；蛊，则饬也。

此二卦相综。“故”，事也，惑乱之事。“无故”，无事。《象传》说：“泽中有雷，随。君子以向晦入宴息。”“向晦”，向晚。“宴息”，安息。随卦的卦义为无事而休息。“蛊”，事也。“饬”，整治也。《象传》说：“山下有风，蛊。君子以振民育德。”蛊卦卦义为在有惑乱之事时，要振济民众，培育民德，对社会进行整治、治理。

剥，烂也；复，反也。

此二卦相综。“剥”，剥落也。“烂”，腐烂也。剥卦象征五阴欲剥落一阳，剥落之物，定会腐烂。“反”通“返”。复卦为返归于阳，剥卦之阴极而阳复生，象征新的生命活力。

晋，昼也；明夷，诛也。

此二卦相综。“昼”，白天。晋卦的卦象是日出地上，日出地上阳光照耀为白天。“诛”，灭也。明夷卦卦象是日入地中，日入地中阳光泯灭变为黑夜。

井通而困，相遇也。

此二卦相综。井不断出水以供人饮用。因为不断出水，说明与地下水相通泰，所以为“通”。高亨：“遇”，遏止也。困卦为水在泽下，水被遏止于地下而不能流出地面。

咸，速也；恒，久也；

此二卦相综。“咸”，感也。咸卦少男少女相互吸引，故交感神速。恒卦为天地间雷风的存在是永恒，所以《彖传》和《序卦传》皆说：“恒，久也。”

涣，离也；节，止也。

此二卦相综。“离”，散也。《序卦传》：“涣，离也。”“节”，节制。节卦《彖传》说：“泽上有水，节。君子以制数度，议德行。”“制”，节止。君子以礼数和法度来节止规范人的行为。

解，缓也；蹇，难也。

此二卦相综。“缓”，舒解。《序卦传》说：“解，缓也。”“难”，陷难。蹇卦《彖传》说：“蹇，难也。”

睽，外也；家人，内也；

此二卦相综。《序卦传》说：“睽，乖也。”“乖”，乖离。睽卦为二女同居一室，二五不当位，少女当家主于内，与中女乖离，乖离必定相疏，相疏则不亲和，形同“外”人。家人，一家之人，故“内”也。

否、泰，反其类也。

此二卦相综。“否”，音 pǐ，闭塞。“泰”，亨通。闭塞与亨通是两类相“反”的事物。

大壮则止，遁则退也。

此二卦相综。大壮，阳刚进到了四，壮终“止”将进入衰退的阶段。“遁”，隐也。隐者，“退”也，即隐退。

大有，众也；同人，亲也。

此二卦相综。“众”，众人，得众。大有卦六五为柔，表示国君实行宽柔的政策而得民众的拥护。同人六二得位得中，与人和同、同心，故“亲”也。

革，去故也；鼎，取新也；

此二卦相综。“故”，过时的、故旧的事物。“革”，革除，就是去掉故旧的事物。“鼎”，烹饪出新的食物，所以“取新也”。

小过，过也；中孚，信也。

此二卦相错。阴为小。小过卦四阴二阳。小过，阴小小过于阳。中孚，中心诚信，故“信也”。

丰，多故也；旅，寡亲也。

此二卦相综。“丰”，大也。“故”，旧也。“丰大”，谓家大业大，多故旧之人。“旅，寡亲也”，本为“亲，寡旅也”，据高亨之说改。在外旅行的人，少有亲人。

离上而坎下也。

此二卦相错。离为火，火热向上，故“上”。坎为水，水流向下，故“下”。

小畜，寡也；履，不处也。

此二卦相综。小畜，小的积蓄，说明财富不多，故“寡也”。“履”，践履。足践履而行，不会停留在一处，所以“不处也”。

需，不进也；讼，不亲也。

此二卦相综。“需”，待也，等待。因需要等待，就不可能前“进”。“讼”，争讼。因为相互争讼，所以“不”相“亲”近。

大过，颠也；颐，养正也。

此二卦相错。“颠”，覆也。大过卦为内巽外兑，巽为木、为舟。大过卦之卦象为泽灭木，表示木舟已经颠覆沉入泽中。颐为口吃食物供人营养，人吃食物以获取营养，是“养”人的“正”道。

归妹，女之终也；渐，女归待男行也。

此二卦相综。“归妹”，女子出嫁。女子出嫁组成家庭，生儿育女，是女子的终身大事。“渐”，渐进。“女归”，女子出嫁。按礼的规定，女子出嫁要有一个渐进的过程。选定出嫁日期之后，女子在家中等待男子来迎亲，才能行走出门。

既济，定也；未济，男之穷也。

此二卦相综。既济，成也。“定”犹成也。“未济”，未完成。未济卦三阳失位，故“男之穷也”。“穷”，极也，到了尽头。六十四卦到了未济已经到了尽头，穷则思变，穷而未穷。

姤，遇也，柔遇刚也。夬，决也，刚决柔也。君子道长，小人道忧也。

此二卦相综。姤卦的《彖传》说：“姤，遇也。”《序卦传》说：“姤者，遇也。”姤卦是一阴柔来与五刚相遇。夬卦的《彖传》说：“夬，决也，刚决柔也”，夬卦为五阳决断一柔。高亨认为：“忧”当读为“消”，古音相近而通用。阳刚为君子，阴柔为小人。“刚决柔”表示“君子道长，小人道消也”。

主要参考文献

王　弼：《周易注》，上海古籍出版社，1990。

李鼎祚：《周易集解》，巴蜀书社，1995。

孔颖达：《周易正义》，上海古籍出版社，1990。

程　颐：《伊川易传》，上海古籍出版社，1990。

朱　熹：《周易本义》，上海古籍出版社，1990。

杨万里：《诚斋易传》，上海古籍出版社，1990。

司马光：《温公易说》，上海古籍出版社，1990。

张　载：《横渠易说》，上海古籍出版社，1990。

杨　简：《杨氏易传》，上海古籍出版社，1990。

苏　轼：《东坡易传》，上海古籍出版社，1990。

来知德：《周易集注》，上海书店，1986。

来知德：《易经来注图解》，巴蜀书社，1988。

智　旭：《周易禅解》，团结出版社，1996。

王申子：《大易缉说》，上海古籍出版社，1990。

毛奇龄：《仲氏易》，上海古籍出版社，1990。

王夫之：《周易外传》，中华书局，1977。

惠　栋：《周易述》，上海古籍出版社，1990。

胡　渭：《易图明辨》，巴蜀书社，1990。

李光地：《周易折中》，上海古籍出版社，1990。
牛钮等撰、李升召标点注释：《日讲易经解义》，海南出版社，2012。
江慎修：《河洛精蕴》，学苑出版社，1989。
陈梦雷：《周易浅述》，上海古籍出版社，1982。
孙星衍：《周易集解》，上海书店，1983。
胡朴安：《周易古史观》，上海古籍出版社，1986。
宋书升：《周易要义》，齐鲁书社，1988。
高　亨：《周易大传今注》，齐鲁书社，1979。
高　亨：《周易古经今注》，中华书局，1894。
李镜池：《周易探原》，中华书局，1976。
宋祚胤：《周易新论》，湖南教育出版社，1982。
尚秉和：《周易尚氏学》，九州出版社，2005。
徐志锐：《周易大传新注》，齐鲁书社，1986。
张立文：《帛书周易注译》，中州古籍出版社，1992。
黄寿祺、张立文：《周易译注》，上海古籍出版社，1989。
金景芳、吕绍刚：《周易全解》，吉林大学出版社，1989。
朱伯崑：《易学哲学史》（上），北京大学出版社，1986。
朱伯崑：《易学哲学史》（中），北京大学出版社，1988。
周振彪著、张立文整理：《周易学说》，花城出版社，2003。
廖名春等：《周易研究史》，湖南出版社，1991。
唐明邦等：《周易纵横录》，湖北人民出版社，1986。
张立文：《周易思想研究》，湖北人民出版社，1980。
刘大钧：《周易概论》，齐鲁书社，1986。
唐明邦主编：《周易评注》，中华书局，1995。
韩永贤：《周易探源》，中国华侨出版社，1990。
孙振声：《易经今译》，湖南人民出版社，1988。
杨庆中：《二十世纪中国易学史》，人民出版社，2000。
周立升：《易经集注导读》，齐鲁书社，2009。

刘玉建:《周易正义导读》,齐鲁书社,2005。
萧汉明:《周易本义导读》,齐鲁书社,2003。
温少峰:《周易八卦释象》,巴蜀书社,2005。
刘子华:《八卦宇宙论与现代天文》,四川科学技术出版社,1989。
宋文安、张文郁:《周易人生哲理博览》,四川人民出版社,1992。
萧元等编:《周易大辞典》,中国工人出版社,1991。
杨树帆:《周易符号思维模型论》,四川人民出版社,1998。
周伦佑:《周易决策学》,青海人民出版社,1999。
何　新:《大易通释》,四川人民出版社,2000。
陈柏青:《周易弥纶鉴》,中国国际文化出版社,2006。

修订本后记

我的《周易正本解》（修订本）得以出版，要特别感谢恩师卿希泰教授的支持和帮助。

《周易正本解》2012年12月出版后，得到了有关专家的肯评和赞扬，也深受读者的欢迎，市场销售也很好。于是我准备出修订本，对之进行了如下修订：一、勘误：改正错字、删除多字、补上掉字；二、修改：对全书进行了认真的审读，对原先表达不够完整、论证不够全面的地方，进行了精细的修改和补充，特别是对第四章第一节、第四节和第六节作了重大的修改和补充论证；三、补充：在《基础篇》第一章中增加了《周易》的形成过程、从数字卦看易卦的形成和《周易》的历史传承，在第二章第二节中增加了数字卦、体卦、用卦、六冲卦和六合卦等基本概念的解释。特别是作为20世纪易学史上最大发现的数字卦，至今学界和世人皆知之甚少，我特地补充作了简要的介绍，以引起学界和社会的更大关注。

我在学习和研究《周易》的过程中，阅读和参考了不少《周易》著作，其中有古代的和近现代的。取象方面除了取《周易》的卦象外，主要取了李鼎祚《周易集解》，尚秉和《周易尚氏学》、《焦氏易林注》以及温少峰《周易八卦释象》中的卦象，为了行文的简洁，未能一一注出，特此说明。在现代人的著作中，主要参考了高亨、李镜池、苏渊雷、金景芳和吕绍纲、黄寿祺和张善文、张立文、徐志锐、朱伯崑、廖名春、刘玉建、萧汉明、周立升等人的著作。高亨、李镜池、宋祚胤、苏渊雷、金景芳、黄寿祺等易学前辈已经作古，徐志锐先生英年早逝。在此对生者表示感谢，对作古者表示追念。

这个《修订本》的出版还要感谢四川大学宗教研究所所长盖建民教授、副所长周冶教授、四川大学古籍整理所杨世文教授、四川省社会科学院李远国研究员等学者和专家支持，还要感谢我的夫人秦桂芳女士，因为“军功章也有她的一半”。

现在正值仲春时节，春暖花开，万物勃新，阳光灿烂，欣欣向荣，祝愿国学的研究与弘扬像春天一样，一样阳光灿烂。

作　者

甲午年二月二十三日于青松斋识

图书在版编目（CIP）数据

周易正本解（修订本）/陈德述著.—成都：巴蜀书社，2015.2（2020.8 重印）

（国家“985 工程”四川大学宗教、哲学与社会研究创新基地丛书/卿希泰主编）

ISBN 978-7-5531-0441-6

Ⅰ.①周… Ⅱ.①陈… Ⅲ.①《周易》-研究 Ⅳ.①B221.5

中国版本图书馆 CIP 数据核字（2014）第 157857 号

周易正本解（修订本）
ZHOUYI ZHENGBENJIE

陈德述 著

责任编辑 王 雷
出 版 巴蜀书社
成都市槐树街 2 号 邮编 610031
总编室电话：（028）86259397
网 址 www.bsbook.com
发 行 巴蜀书社
发行科电话：（028）86259422 86259423
经 销 新华书店
印 刷 成都春晓印务有限公司
版 次 2015 年 2 月第 2 版
印 次 2020 年 8 月第 3 次印刷
成品尺寸 210mm×148mm
印 张 17.875
字 数 450 千字
书 号 ISBN 978-7-5531-0441-6
定 价 65.00 元

本书如有印装质量问题，请与发行科调换